Behindertwerden als Mann

Männlichkeitskonstruktionen bei geistiger Behinderung

Michael Zach

FSC
www.fsc.org
MIX
Papier aus verantwortungsvollen Quellen
Paper from responsible sources
FSC® C105338

Behindertwerden als Mann

Männlichkeitskonstruktionen bei geistiger Behinderung

Michael Zach

Johann Wolfgang Goethe-Universität
Frankfurt am Main 2015

Frankfurter Beiträge zur Erziehungswissenschaft

Reihe Monographien

im Auftrag des Dekanats
des Fachbereichs Erziehungswissenschaften
der Johann Wolfgang Goethe-Universität
herausgegeben von
Andreas Gruschka

Herstellung: Bod - Books on Demand, Norderstedt

Bibliografische Information der Deutschen Bibliothek
Die Deutsche Bibliothek verzeichnet diese Publikation in der Deutschen Nationalbibliografie; detaillierte bibliografische Daten sind im Internet über http://dnb.ddb.de abrufbar.

ISBN 978-3-9816428-2-7

Richi und Christian

In ewiger Freundschaft und Dankbarkeit
für die Unterstützung und Hilfe in allen Lebenslagen

Danksagung

Die Realisierung dieser Forschungsarbeit wäre ohne die tatkräftige Unterstützung vieler engagierter Personen nicht möglich gewesen. Demzufolge gilt mein Dank zunächst den vier Männern, die bereit waren, mit großer Offenheit ihre Lebensgeschichte zu erzählen. Danken möchte ich auch allen Mitarbeiterinnen und Mitarbeitern der von mir untersuchten Behindertenwerkstatt, die mich an ihrem Arbeitsalltag haben teilhaben lassen.

Weiter danke ich Herrn Prof. Dr. Dieter Katzenbach und Herrn Prof. Dr. Joachim Schroeder, die meine Arbeit begleitet haben. Beide standen mir stets tatkräftig beratend zur Seite und haben mir wertvolle Rückmeldungen zu meiner Forschungstätigkeit gegeben. Im Weiteren gilt mein Dank meinem Jugendfreund Richard Heath, der mich zu jeder Zeit in meinem Forschungsvorhaben bestärkt hat. Schließlich möchte ich mich bei Herrn Prof. Dr. Dieter Nittel und Herrn Prof. Dr. Andreas Gruschka bedanken, welche mir die Veröffentlichung meiner Dissertation im Rahmen dieser Hochschulschrift ermöglicht haben.

Frankfurt am Main 11.08.2015 Michael Zach

Abstract

Die vorliegende Studie „Behindertwerden als Mann - Männlichkeitskonstruktionen bei geistiger Behinderung“ ist das Ergebnis eines interdisziplinären Forschungsprozesses. Letzteren betreffend wurden die als sozial hergestellt betrachteten Kategorien Männlichkeit und geistige Behinderung aus der Perspektive der Disability und Gender Studies untersucht. Hierbei ging es darum, zu ergründen, wie sich geistig behinderte Männer als Männer darstellen und erleben, welchen Einfluss geistige Behinderungsprozesse auf die Männlichkeitskonzepte bzw. männlichen Identitätsentwürfe geistig behinderter Männer haben und welche heil- und sonderpädagogischen Implikationen sich daraus ableiten lassen.

Die Arbeit zeigt zunächst theoretisch auf, wie die Herstellungsprozesse von Männlichkeit und geistiger Behinderung erfasst werden können. Hierbei wurden insbesondere dekonstruktivistische Theoriebeiträge von Judith Butler, diskurstheoretische Überlegungen von Michel Foucault, Pierre Bourdieus Habituskonzept, Connells Konzept der Hegemonialen Männlichkeit und die Normalismustheorie Jürgen Links miteinander vermittelt. Insbesondere durch die Rezeption der Normalismustheorie für die heil- u. sonderpädagogische Männlichkeitsforschung wurde der Versuch unternommen, das Konzept der hegemonialen Männlichkeit weiter auszudifferenzieren. Dies diente der Konstitution einer forschungsmethodologischen Grundlage, um marginalisierte Männlichkeiten geistig behinderter Männer unter hegemonial männlichen Gesichtspunkten beobachten zu können.

Der Hauptschwerpunkt der Studie lag jedoch auf der empirischen Erfassung der Herstellungsprozesse von Männlichkeit und geistiger Behinderung. Basierend auf der Theorietradition der Grounded Theory wurden biografisch narrative Interviews mit vier leicht bis mittelgradig geistig behinderten Männern im (jungen) Erwachsenenalter und teilnehmende Beobachtungen in drei Werkstattgruppen einer Werkstatt für behinderte Menschen (WfbM) durchgeführt und ausgewertet.

Als zentrales Ergebnis dieser Arbeit kann zunächst festgehalten werden, dass sich die Männlichkeitskonzepte geistig behinderter Männer nicht grundsätzlich von den Männlichkeitsentwürfen nichtbehinderter Männer unterscheiden. Insgesamt konnte beobachtet werden, dass geistig behinderte Männer sämtliche Zuschreibungen verinnerlicht und in ihren Körperpraxen sozial veräußerlicht haben, die aktuell in westlichen

Industriegesellschaften als männlich konnotiert gelten. Hierzu gehören insbesondere Unabhängigkeit, Aktivität, Durchsetzungsfähigkeit, Stärke und Rationalität. Demnach folgen geistig behinderte Männer tendenziell leistungsorientierten Männlichkeitsvorstellungen.

Trotz dieser Gemeinsamkeit unterscheiden sich die Männlichkeiten geistig behinderter Männer maßgeblich in ihren Darstellungsweisen. Hier zeigt sich eine deutliche Bruchlinie, die entlang der Grenzen der sozialen Herkunftsmilieus verläuft. Je mehr ökonomisches und kulturelles Kapital dort vorhanden ist, umso distinguierter und differenzierter gestalten sich die Männlichkeiten und umgekehrt. Konkret haben sich diejenigen Männer, die aus komfortableren Herkunftskontexten stammen, vornehmlich über intellektuelle Fertigkeiten definiert, während sich Männer aus eher prekären Sozialverhältnissen hauptsächlich über physische Leistungsfähigkeit als Männer dargestellt haben.

Weiter hat sich gezeigt, dass der dispositionierende Einfluss der Herkunftsmilieus bei der Herstellung bestimmter Männlichkeiten nicht überbewertet werden darf. Insbesondere somatisch akzentuierte Männlichkeiten sind vielfach auch Produkt aktueller und früherer Segregationsprozesse. Durch letztere wurden den Männern Ressourcen und Wahlmöglichkeiten vorenthalten, Männlichkeiten jenseits physischer Leistungsnormen zu konstituieren.

Ferner konnte nachgewiesen werden, dass sich die untersuchten Männer trotz geistiger Behinderung (physisch-psychische Disposition) als kompetent und männlich erleben. Demzufolge kann durch diese Studie bestätigt werden, dass die Disposition geistige Behinderung einen sehr viel geringeren Einfluss auf die männlichen Identitätsentwürfe hat, als sich dies vielleicht vermuten ließe. Wesentlich signifikanter stellt sich hingegen der Einfluss sozialer Behinderungsprozesse dar. Um letztere zu bewältigen, unternehmen geistig behinderte Männer große Anstrengungen, wobei aktuelle und frühere Behinderungserfahrungen auch durch Männlichkeit bewältigt bzw. kompensiert werden.

Insgesamt betrachtet erwächst aus den Untersuchungsergebnissen die Möglichkeit, das Handeln und die Lebenskonzepte geistig behinderter Männer besser verstehen zu können. Die Ergebnisse bilden demnach eine praktische und theoretische Reflexionsgrundlage für die Heil- und Sonderpädagogik.

Inhaltsverzeichnis

0. Einleitung

Aktueller Diskussions- und Forschungsstand der Männlichkeitsforschung in der Heil- u. Sonderpädagogik

Zunächst gilt es festzustellen, dass das Thema (geistige) Behinderung und Geschlecht bisher nahezu ausschließlich aus der Perspektive der Frauenforschung bearbeitet worden ist (vgl. hierzu z.B. Schildmann 1983, Meyer-Rey 1994, Friske 1995, Pixa-Kettner 1997 u. Pohl 1999).

Insgesamt betrachtet existiert bisher lediglich in Ansätzen eine Männlichkeitsforschung im Hinblick auf Behinderung im Allgemeinen und geistige Behinderung im Besonderen. Zu den wenigen Autoren, die sich mit Männlichkeit und Behinderung auseinandergesetzt haben gehört beispielsweise Exner. Er hat sich mit den Widersprüchen zwischen Behinderung und Männlichkeit befasst. Er weist insbesondere auf die Probleme behinderter Männer hin, auf der Grundlage traditionell zugeschriebener Männlichkeitserwartungen wie Leistungsstärke, Funktionstüchtigkeit, Anpassungsfähigkeit, psychische/ gesundheitliche Stabilität und Belastungsfähigkeit anerkannte Männlichkeiten hervorzubringen (vgl. 1997, S.2). Aus seiner Sicht müssen behinderte Männer vor dem Hintergrund dieser Idealvorstellungen von Männlichkeit bei dem Versuch zwangsläufig scheitern, traditionellen Männlichkeitsformen zu genügen (vgl. ebd. S.14).

Auch Köbsell bezieht sich in ähnlicher Weise auf diesen Sachverhalt, indem sie deutlich macht, dass behinderte Männer Männlichkeit generieren müssen, ohne über die gesellschaftlich geforderten männlichen Geschlechtseigenschaften zu verfügen. Sie werden durch ihre Hilfsbedürftigkeit als unmännlich betrachtet (vgl. 2010, S. 22). Letzteren Sachverhalt betreffend kann wiederum Exner zitiert werden, der zu der Feststellung gelangt, dass behinderte Männer gesellschaftlich als „geschlechtslose Neutren" (1997, S.2) oder als Kinder wahrgenommen werden. Dies hat zur Konsequenz, dass diese Männer weder von nichtbehinderten Frauen als potentielle Partner, noch von nichtbehinderten Männern als ernstzunehmende Konkurrenten oder Verbündete wahrgenommen werden (vgl. ebd. S.6f.).

Bezogen auf diesen Gesichtspunkt besteht für behinderte Männer die Notwendigkeit, ihre Nichtentsprechung gängiger männlicher Normvorstellungen durch Leistung zu kompensieren (vgl. Hobrecht 1981, S. 116; Sandfort 1993, S. 49 u. Gerschick/ Miller 1993). In ähnlicher Weise stellt sich dieser Sachverhalt speziell auch bei geistig behinderten männlichen Jugendlichen dar. Letztere versuchen ihre Behinderung dadurch auszugleichen, indem sie sich vorzugsweise an männlichen Geschlechtsstereotypien orientieren, welche sich an körperlicher Leistungsfähigkeit bemessen (vgl. Langer 2009, S. 245f.). Langer spricht in diesem Zusammenhang auch von „Geschlecht als Rettungsanker“ (ebd. S.252).

Eine weitere empirische Studie, die sich mit dem Thema Männlichkeit im Hinblick auf Jungen mit Behinderungserfahrungen auseinandersetzt, ist jene von Jo Jerg. Obgleich sich seine Untersuchung überwiegend auf männliche Jugendliche mit körperlichen Beeinträchtigungen bezieht, möchte ich seine Ergebnisse dennoch in Grundzügen skizzieren.

Im Ergebnis hat sich gezeigt, dass die Lebensthemen und Zukunftswünsche körperbehinderter Jungen nicht wesentlich von denen nichtbehinderter männlicher Jugendlicher abweichen (vgl. 2010, S.196). Trotz dieser Ähnlichkeiten unterscheiden sie sich dahingehend von nichtbehinderten Jungen, dass sie mit dem Wiederspruch konfrontiert sind, dass von ihnen die Adaption traditioneller Männlichkeitsvorstellungen erwartet wird, sie jedoch daran gehindert werden, selbige adäquat umzusetzen (vgl. ebd. S.200).

Jerg gelangt zudem zu drei weiteren relevanten Feststellungen. Zum einen unterstreicht er, dass behinderte Jungen, die auf dem Hintergrund gängiger Männlichkeitsnormen gemeinhin als sogenannte marginalisierte Männer betrachtet werden (vgl. ebd. 201), als Jungen und nicht als Behinderte wahrgenommen werden möchten (vgl. ebd. S.195).

Ferner bietet die geschlechtsspezifische Arbeit mit behinderten Jungen eine Möglichkeit, einen Zugang zu diesem Personenkreis zu schaffen, insofern diese an den Bedürfnissen der Adressaten ansetzt (vgl. Jerg 2008 S.99-103) und deren Themen und Interessen ernst nimmt (vgl. ebd. S.70 u. S.111).

Des Weiteren kommt Jerg zu dem Ergebnis, dass im Rahmen der pädagogischen Arbeit mit behinderten Jungen keine Notwendigkeit besteht, eine spezielle Jungenpädagogik installieren zu müssen (vgl. 2010, S.199). Ihm zufolge sollte eine Jungenpädagogik darauf ausgerichtet sein, dass Jungen mit und ohne Behinderungserfahrung Zugangsmöglichkeiten zu allen verfügbaren gesellschaftlichen Ressourcen erhalten (vgl. Jerg 2008, S.14f.). In diesem Zusammenhang sieht Jerg Inklusion als ein menschliches Grundrecht, welches auf Partizipation hin ausgerichtet ist (vgl. 2006a, S.1):

> „Ein inklusives Verständnis heißt u.a.: eine Auflösung der Zwei-Gruppentheorie: hier: behindert - dort: nichtbehindert. Inklusion kennt keine Aufteilung und Spaltung von ‚Integrierbare Jungen' und ‚Nicht-integrierbare Jungen'. Deshalb müssen alle Jungen mit Unterstützungsbedarf gleichberechtigt wie andere Jungen am gemeinsamen Alltag teilhaben können. Inklusion steht somit für die Akzeptanz von Vielfalt" (ebd. S.2).

Damit bezieht er sich explizit auf eine inklusive „Pädagogik der Vielfalt" (Prengel 1995), die auf einem egalitären Differenzbegriff beruht. Nach Prengel ist Gleichheit ohne Differenz gleichbedeutend mit undemokratischer Homogenisierung. Ferner setzt durch Differenz ohne Gleichheit ein undemokratischer Hierarchisierungsprozess ein (vgl. 2001, S.93).

Folglich geht es Jerg um eine Gleichheit, die nicht auf Angleichung beruht, sondern Verschiedenheit emanzipatorisch auf der Grundlage der Einforderung gleicher Rechte entwirft (vgl. Jerg 2006b). Innerhalb dieser ethischen Rahmensetzung sehe ich auch meine Untersuchung verortet, da ich auch wesentliche Herstellungsbedingungen von geistiger Behinderung herausgearbeitet habe. Wie sich noch zeigen wird, kann die Beseitigung dieser Bedingungen wesentlich zur Emanzipation geistig behinderter Männlichkeiten beitragen. Folglich setzten meine Überlegungen nicht defizitorientiert und kompensatorisch an den Untersuchungssubjekten an. Vielmehr werden selbige in ihrem 'So-Sein' als aktive Gestalter ihrer Biografien betrachtet. Daran anknüpfend werde ich nicht primär Verhaltensauffälligkeiten oder männliches Problemverhalten bei kognitiv beeinträchtigten Männern untersuchen, um einer weiteren Stigmatisierung[1] dieser Personengruppe entgegenzuwirken. Im Fokus meines Interesses stehen vielmehr auch die Kompetenz zur Lebensbewältigung geistig behinderter Männer und jene Bedingungen, welche sie darin befördern oder behindern, anerkannte Formen von Männlichkeit hervorzubringen.

Auffällig ist, dass sowohl Jerg, als auch viele weitere Autoren das Thema Behinderung und Männlichkeit nahezu ausschließlich aus der Perspektive der Jungenpädagogik betrachtet haben. Im Mittelpunkt ihres Interesses standen entsprechend männliche behinderte Jugendliche. Dieser Tatbestand resultiert sicher aus dem gewählten Untersuchungskontext. Die meisten Autoren beschäftigen sich hauptsächlich mit Geschlechterfragen im Hinblick auf den Kontext Sonderschule (vgl. z.B. Hoffmann 2006 u. 2011, Langer 2009, Jerg 2010, Thielen 2011). Die Arbeit von Jerg (2010) bildet hier eine Ausnahme, da dort das Thema

Männlichkeit auch in einem außerschulischen sonderpädagogischen Handlungsfeld (Jugendarbeit) aufgegriffen wird.

An das bisher Gesagte anschließend, sah ich die Notwendigkeit, den Rahmen der bisherigen sonderpädagogischen Männlichkeitsforschung kontext- und altersbezogen zu erweitern. In der vorliegenden Untersuchung wurden erstmals auch männliche geistig behinderte Personen vorzugsweise im Erwachsenalter in ein Forschungsprogramm bezüglich Männlichkeit involviert. In dieser Grundentscheidung sah ich die Möglichkeit, Hinweise auf männliche Identitätsentwicklungsverläufe bei geistiger Behinderung zu erhalten, die über das Jugendalter hinausreichen.

Weiterhin betrachtete ich diese Schwerpunktsetzung auch deshalb als notwendig, um einen Beitrag zur Erwachsenenbildungsarbeit mit geistig Behinderten zu leisten, weil der Bildungsaspekt meist fast ausschließlich auf Schulbildung bezogen wurde.

Schließlich sah ich diesen Forschungsschwerpunkt auch deshalb als sinnvoll an, weil hierdurch einer einseitigen nicht altersgemäßen Betrachtungsweise geistig behinderter Männer entgegengewirkt werden sollte. Folglich ging es um die Minimierung des Risikos, das jungenpädagogische Sichtweisen in Ermangelung weiterer Forschung allzu leicht auf erwachsene geistig behinderte Männer übertragen werden könnten.

Um einer Vereinseitigung durch eine derzeit nahezu ausschließlich auf den schulischen Sektor fixierte sonderpädagogische Männlichkeitsforschung entgegenzuwirken, habe ich den Kontext Behindertenwerkstatt gewählt. Als bedeutsam erachtete ich diese Erweiterung auch auf dem Hintergrund der Forschungsergebnisse von Wetherell/ Edley, die zu dem Schluss kamen, dass Männer je nach Kontext variable Formen von Männlichkeit hervorbringen (vgl. 1999, S. 352f.).

Weiter basierte meine Stichproben- und Kontextwahl vor allem auf meinem zentralen Erkenntnisinteresse. Es ging mir darum herauszufinden, welche heil- und sonderpädagogischen Implikationen aus einer Beschäftigung mit dem Thema Männlichkeit bei geistiger Behinderung abgeleitet werden können. Demzufolge wollte ich durch meine Forschungsbemühungen ein Forschungsdesiderat erschließen, um eine weitere theoretische Reflexionsgrundlage für die pädagogische Arbeit mit geistig behinderten Männern zu schaffen.

Abschließend ist darauf hinzuweisen, dass ich in meine Untersuchung nicht nur die Kategorie Behinderung, sondern zuvorderst auch die Kategorie soziale Herkunft mit einbezogen habe. Dies erschien mir deshalb notwendig, weil diese Kategorie bisher nur in der Männlichkeitsforschung bezogen auf nichtbehinderte Männer eine Rolle gespielt hat (vgl. Meuser 2006, S.135-311 u. Behnke 2000, S.124-138). Der Faktor soziale Herkunft wurde allerdings auch deshalb mit berücksichtigt, um eine höhere Variabilität hinsichtlich der Männlichkeiten wahrscheinlicher zu machen.

Zentrale Forschungsfragen

Auf dem Hintergrund des gerade dargestellten Diskussions- und Forschungsstandes gilt es im Folgenden die zentralen Forschungsfragen dieser Arbeit zu formulieren und näher zu erläutern. Die Dissertation befasst sich mit den Männlichkeitskonzepten leicht bis mittelgradig geistig behinderter Männer im frühen Erwachsenalter (21-25 Jahre) und Erwachsenenalter (bis zum 40. Lebensjahr).[2] In diesem Zusammenhang stehen drei miteinander verwobene Forschungsfragen im Mittelpunkt:

1) Wie sehen die Männlichkeitsentwürfe geistig behinderter Männer aus?

2) Unter welchen performativen Herstellungsbedingungen generieren geistig behinderte Männer ihre Männlichkeiten und durch welche dieser Bedingungen erhöht (respektive vermindert) sich das Risiko, dass deren Männlichkeiten 'verletzt' werden?

3) Welche heil- und sonderpädagogischen Implikationen lassen sich aus den Ergebnissen der Forschungsfragen 1 u. 2 ableiten?

Die erste Frage setzt sich mit dem „männliche[n] Habitus" (Brandes 2001 u. 2002, S.85-87) auseinander, den ich zweidimensional analysieren werde: Zunächst ist die „**körpernahe Dimension** des männlichen Habitus" (ebd. S.86 – Hervorh. M.Z.) zu nennen. Hierzu zählen persönliche Vorlieben, Geschmack, Sprache, intellektuelle und praktische Neigungen (Körperpraxen) sowie körperliche Haltungen (vgl. ebd.).

Im Weiteren gilt es „die **Dimension der männlichen Geschlechtsidentität**" (ebd. – Hervorh. M.Z.) zu betrachten. Selbige setzt sich aus mindestens zwei Aspekten zusammen:

- bewusste Einstellungen zum Geschlechterverhältnis: „Fragen des Zusammenlebens der Geschlechter" (ebd. S.87).[3]

- Selbstbeobachtung bzw. Selbstbild ein Mann zu sein: Ebene bewusster und unbewusster kognitiver und emotionaler Einstellungen hinsichtlich Männlichkeit (vgl. ebd. S.86f.): In diesem Zusammenhang gilt es die expliziten und impliziten männlichen Anteile des „Geschlechter-Wissen[s]“[4] (Dölling 2005, S.44) bzw. männliche Geschlechtsstereotypien zu identifizieren, die für die untersuchten Männer relevant sind. Als normative Vergleichs- und Bezugsmatrix wähle ich hierbei die in Kap. 1.1.2 diskurstheoretisch begründeten und von Hausen (1976) herausgearbeiteten Männlichkeitszuschreibungen, welche in je unterschiedlicher Ausprägung nach wie vor in der Gesellschaft eingelagert sind.

Die gewählte Dimensionierung des männlichen Habitus versteht sich als vager Rahmen, bzw. als „[...] *heuristisches Arbeitsmodell* [zur Identifikation von Männlichkeit – M.Z.]. Das heißt, es soll helfen, unterschiedliche theoretische Überlegungen und empirische Untersuchungen aufeinander zu beziehen“ (Brandes 2002, S.87 – Hervorh. i. Orig.).

Hinsichtlich der zweiten Forschungsfrage werden zunächst die Herstellungsprozesse von Männlichkeit insbesondere unter dem Gesichtspunkt geistiger Behinderung untersucht. Ferner stehen dort allerdings auch die sozialen Herstellungsbedingungen von (geistiger) Behinderung selbst im Mittelpunkt.

Im Rahmen der dritten Forschungsfrage wird diskutiert, wie eine Pädagogik bzw. Bildungsarbeit bezogen auf Männer mit Behinderungserfahrungen sinnvollerweise gestaltet sein sollte. Hierbei steht nicht die Intention im Mittelpunkt, ein abstraktes wirklichkeitsfernes Theoriegebäude zu entwerfen. Vielmehr geht es um die Konstitution applizierbarer Theorie. Dahingehend möchte ich allerdings nicht missverstanden werden, denn mit Applizierbarkeit meine ich ausdrücklich nicht, dass ich auf der Basis der aus den Daten generierten Theorie Anleitungen für die pädagogische Praxis erzeugen möchte. Vielmehr geht es mir um die Herstellung einer theoretischen Grundlage für die spätere Reflexion und Begründung pädagogischer Handlungspraxis.

Zum Aufbau der Arbeit

Die vorliegende Arbeit gliedert sich grundsätzlich in einen Theorieteil, einen methodischen Abschnitt und in zwei empirische Auswertungsblöcke.

Im Theorieteil werden die Gegenstände geistige Behinderung und Männlichkeit in einen einheitlichen theoretischen Rahmen eingebettet.

In diesem Zusammenhang wird dem Normaspekt besondere Aufmerksamkeit geschenkt und dezidiert dargestellt, wie (geistige) Behinderung und Geschlecht (Männlichkeit) als soziale Tatbestände aus theoretischer Sicht hergestellt werden. Hierbei werden interaktionistische, sozialkonstruktivistische und dekonstruktivistische Theorielinien gleichermaßen aufgegriffen und diskutiert.

Der sich anschließende Methodenteil dient der Darstellung des Forschungsdesigns. Dort werden die gewählten Erhebungs- u. Auswertungsmethoden kurz vorgestellt und anhand der Forschungsfragen begründet. Ferner werden dort auch Fragen hinsichtlich der Operationalisierung und Dateninterpretation aufgegriffen und erörtert.

Im Anschluss daran werden im ersten empirischen Teil biografisch-narrative Interviewdaten diskutiert. Hierbei werden die subjektiven Sichtweisen der behinderten Untersuchungsteilnehmer hinsichtlich geistiger Behinderung und Männlichkeit betrachtet und zentrale Themen erörtert, die sich diesen Männern bei der Bewältigung ihrer männlichen Identitätsentwürfe stellen.

Im zweiten empirischen Teil werden die Aushandlungs- und Herstellungsprozesse von geistiger Behinderung und Männlichkeit auf der Basis von Beobachtungsprotokollen untersucht. Dieser Teil der Arbeit dient der weiteren Vertiefung diverser Aspekte, die im ersten empirischen Abschnitt herausgearbeitet worden sind. Ferner werden dort auch die Herstellungsbedingungen von Männlichkeit und geistiger Behinderung offengelegt.

Im Schlussteil werden die zu Beginn der Arbeit aufgeworfenen Forschungsfragen beantwortet. Hierbei werden die empirischen Ergebnisse der Arbeit gebündelt und auf ihre erziehungswissenschaftliche Relevanz hin untersucht.

1. Theoretische Betrachtungen

1.1 Eine kurze Historiografie von geistiger Behinderung und Männlichkeit

In der historischen Rückschau wird deutlich, dass sich die Anschauungen der Gegenstände geistige Behinderung und Männlichkeit stets verändert haben. Diese Wandlungsprozesse betreffend, möchte ich den Diskursbegriff von Foucault aufgreifen:

> „Die fundamentale Aufgabe des klassischen ‚Diskurses' ist es, den Dingen einen Namen zuzuteilen und ihre Existenz in diesem Namen zu benennen" (1974, S.164 - Hervorh. i. Orig.).

Durch Diskurs werden entsprechend sinnlich wahrnehmbare Phänomene durch das Aufdrängen einer Identität homogenisiert. Durch diesen Definitionsakt entstehen erst Kranke (medizinischer Diskurs), Delinquente (Kriminalitätsdiskurs), zu Erziehende (Erziehungsdiskurs) oder geistig Behinderte (psychiatrisch-medizinischer/ sonderpädagogischer Diskurs). Diskurs steht demnach für eine sinnliche Tätigkeit, welche den Dingen (Phänomenen) Bedeutungen zuweist, wodurch der diffuse Weltzustand relativiert wird (vgl. Jäger, 2001, S.77). Demzufolge entsteht auf der Grundlage gesellschaftlich materialer Voraussetzungen eine gesellschaftlich kommunizierte, legitimierte und immer wieder transformierte symbolvermittelte Ordnung des Diskurses (vgl. Keller 2001, S.113). Im weiteren Verlauf seines Schaffens hat Foucault den Diskursterminus erweitert:

> Foucault plädiert dafür, „Diskurse [nicht mehr] als Gesamtheit von Zeichen (von bedeutungstragenden Elementen, die auf Inhalte oder Repräsentationen[5] verweisen), sondern als Praktiken zu behandeln, die systematisch die Gegenstände bilden, von denen sie sprechen. Zwar bestehen diese Diskurse aus Zeichen; aber sie benutzen diese Zeichen für mehr als nur zur Bezeichnung der Sachen [...] dieses *mehr* muss man ans Licht bringen und beschreiben" (1981, S.74 - Hervorh. i. Orig.).

Das in diesem Textauszug angeklungene diskursimmanente Surplus lässt sich so interpretieren, dass mit den Bezeichnungspraxen zugleich auch Gegenstände[6] bzw. Themen (z.B. Krankheit, Wahnsinn, geistige Behinderung, Geschlecht, Delinquenz etc.) hervorgebracht werden. Mit diesen Hervorbringungen werden parallel gesellschaftliche Konditionierungen geschaffen, welche die Handlungsmöglichkeiten der Subjekte festlegen. Letztlich werden hierdurch Bedingungen geschaffen, die zu der Entscheidung führen, bestimmte Diskurssubjekte (geistig Behinderte, Kranke etc.) heilen, sedieren, einschließen oder pädagogisieren zu wollen. Die Diskurse und das aus diesen hervortretende Wissen ist stets mit dem Faktor Macht gleichzeitig zu denken, weil dieses Wissen immer auch für diverse Exklusionspraxen funktionalisiert werden kann. Bublitz spricht in diesem Zusammenhang von einer „Politik des Wissens" (2001, S.31f.).

Foucault beschreibt diese Wahrheitspolitik als ein institutionell vernetztes Ausschließungssystem, in dem eine durch Zwangs- und Gewaltmaßnahmen abgesicherte Grenzziehung zwischen den wahren und falschen Aussagen des jeweiligen Diskurses vorgenommen wird (vgl. 1974a, S.10f.). Ob, wann und in welcher Gestalt bestimmte Gegenstände und Konditionierungen in Erscheinung treten, hängt jeweils von den aktuellen sozialen Verhältnissen ab, welche die Gegenstandsform zwar prägen, jedoch nicht determinieren:

> Foucault zufolge wartet der Gegenstand „[...] nicht in der Vorhölle auf die Ordnung, die ihn befreien und ihm gestatten wird, in einer sichtbaren und beredten Objektivität Gestalt anzunehmen; er ist sich selbst nicht präexistent [...] Er existiert unter den positiven Bedingungen eines komplexen Bündels von Beziehungen" (1981, S.68).

Zu diesen Beziehungselementen zählen nach Foucault beispielsweise institutionelle Einrichtungen, ökonomische und gesellschaftliche Entwicklungsverläufe, Normvorstellungen und Taxonomien (vgl. ebd.). Das Zusammenwirken dieser Elemente wird durch ein Regelsystem festgelegt, dass darüber bestimmt, ob, wann, wie lange und in welcher Form bestimmte Diskursgegenstände auftauchen (vgl. ebd. S.58).

1.1.1 Geistige Behinderung als Diskursgegenstand

Genaugenommen ist der Termini bzw. die Begriffsform geistige Behinderung selbst ein Produkt des gerade angesprochenen diskursspezifischen Wandlungsprozesses, der die inhaltliche Bestimmung bzw. die Anschauung des Begriffs geistige Behinderung mit einschließt.

Geistige Behinderung stellt im Grunde eine Begriffsschöpfung dar, die erst 1958 durch den Selbsthilfeverein Lebenshilfe eingeführt worden ist, um abwertende und bereits fest in der Alltagssprache verankerte Vorläuferbezeichnungen von geistiger Behinderung wie Blödsinn, Idiotie oder Schwachsinn durch einen wissenschaftlich akzentuierten Begriff abzulösen. Ziel war es, durch eine differenziertere Beschreibung kognitiver Beeinträchtigungen, einer abermaligen Diskreditierung der ganzen Person entgegenzuwirken (Fornefeld 2000, S.44f.).

Die diskurstheoretische Rekonstruktion von geistiger Behinderung betreffend steht man zunächst vor dem Problem, dass die drei gerade genannten Vorläuferbezeichnungen dieser Behinderungsform in sich unscharf bleiben. Hieraus erwächst die Schwierigkeit, dass nicht eindeutig bestimmt werden kann, inwieweit sich diese Bezeichnungen damals tatsächlich auf Personen bezogen haben, die wir aktuell als geistig Behinderte bezeichnen würden (vgl. Speck, 1979, S.57). Gleichwohl lassen sich historische Entwicklungslinien aufdecken, wie körperliche, kognitive, psychische oder soziale Abweichungen diskursiv erzeugt worden sind und wie mit selbigen verfahren wurde.

Letztere sind demnach keine natürlichen Tatbestände, sondern Gegenstände, die unter bestimmten gesellschaftlichen Bedingungen hergestellt werden. Demnach kann geistige Behinderung als ein historisch Gewordenes verstanden werden. Dieses 'Gewordensein' lässt sich allerdings nur verstehen, wenn man eine Historisierung vornimmt und sich insbesondere den gesellschaftspolitischen, sozio-ökonomischen und ideologischen Bedingungen ab dem 18. Jahrhundert zuwendet.[7]

Entwicklungen im 18. Jahrhundert: Geistige Behinderung als Bedrohung menschlicher Vervollkommnung

Vor der Aufklärungszeit galt Behinderung noch als etwas Schicksalhaftes (vgl. Moser/ Sasse 2008, S.23) und als eine von Gott auferlegte Strafe für die Sünden vorangegangener Generationen (vgl. Speck 1979, S.57). Während der Zeit der Aufklärung ändert sich diese Vorstellung. Behinderung galt jetzt als Bedrohung menschlicher Perfektibilität (vgl. Moser/ Sasse 2008, S.23). Dieser Diskurswandel bezüglich Behinderung war insbesondere für geistig behinderte Menschen von Nachteil, da während der Aufklärung vorzugsweise die menschliche Vernunft im Mittelpunkt des Interesses stand (vgl. ebd. S.24).

Insgesamt ging es damals um die Erschließung und Bestimmung der 'menschlichen Natur' und der Vervollkommnung derselben. Letzterer Aspekt bezog sich im Besonderen auf die sogenannten geistigen Anlagen des Menschen (vgl. ebd.). Am Anfang verhielt es sich dementsprechend so, dass Behinderte von der Steigerung der Perfektibilität, die durch Bildung und Erziehung erwirkt werden sollte, ausgenommen waren. Dies lässt sich insbesondere bei Rousseau aufzeigen, der offen bekannte, sich nicht mit kranken oder behinderten Zöglingen abgeben zu wollen, weil er diese als unnütz betrachtete (vgl. 1987, S.28).

Bei genauerer Hinsicht wird allerdings deutlich, dass Behinderte im weiteren Verlauf der Aufklärung nicht gänzlich als bildungsunwerte Subjekte eingestuft wurden, da sich zu jener Zeit bereits eine Rangliste der Behinderungsformen herauskristallisierte. Diese betreffend bleibt festzuhalten, dass Menschen mit Sinnesbeeinträchtigungen (Blinde, Gehörlose) gesellschaftlich ein sehr viel höheres Ansehen genossen, als geistig behinderte Personen. Dies lag mitunter auch daran, dass erstere im Gegensatz zu den sogenannten Schwachsinnigen prinzipiell als Menschen wahrgenommen wurden, weil man sie als bildsam und nützlich ansah (vgl. Fornefeld 2000, S.31 u. Speck 1999, S.11).

Sogenannte Schwachsinnige und Idioten wurden erst durch die Untersuchungsergebnisse von Itard als bildungsfähige Personen anerkannt (vgl. Jantzen 1987, S.49). Itard hat damals einen im Wald aufgewachsenen Jungen durch Einsatz pädagogischer Maßnahmen in seiner geistigen Entwicklung zu fördern versucht (vgl. Speck 1979, S.58). Sein Bildungsoptimismus gründete darauf, dass er einen Zusammenhang zwischen dem unkultivierten Verhalten dieses Kindes und pädagogischer Deprivation sah (vgl. ebd.). Demnach kann Itard als erster Vertreter einer sozialen Sichtweise von Behinderung bezeichnet werden.

Entwicklungen im 19. Jahrhundert: Geistige Behinderung als Versorgungsproblem und Problem 'sittlich-moralischer Abweichung'

Im Zuge der mit dem Ausgang des 18. Jahrhunderts einsetzenden Industrialisierung wurden Feudalismus und Ständegesellschaft durch eine kapitalistisch orientierte bürgerliche Produktionsgesellschaft abgelöst. Zu deren höchsten Werten zählten Arbeit, Leistung, Bildung und Wissenschaft (vgl. Dörner 1994, S.367-390).

Mit der Industrialisierung setzte zunehmend eine Verstädterung ein, die zu einer umfassenden Landflucht und zu einer sozioökonomischen Neuformierung vormoderner Familienstrukturen führte. Die innerhalb der Familien fest verankerte raum-zeitliche Einheit von Produktion und sozialer Sorge wurde erodiert. Die Produktion wurde aus der häuslichen Hemisphäre in die Fabriken verlagert und die soziale Sorge institutionalisiert (vgl. ebd. S.370). Letzteres wurde notwendig, weil durch die fortschreitende Proletarisierung der Familien die Betreuung behinderter Menschen nicht mehr gewährleistet werden konnte. Demnach wurde

Behinderung nicht mehr ausschließlich als Bedrohung menschlicher Vervollkommnung betrachtet, sondern als Problem der Versorgung. Verstärkt wurde das Versorgungsproblem zusätzlich durch eine massive Verelendung der arbeitenden Bevölkerung im Zuge der Proletarisierung. Die desolaten Wohn- und Hygieneverhältnissen beförderten Krankheit und Behinderung (vgl. Moser/ Sasse 2008, S.26f.)

Im Verlauf dieser Entwicklungen kam es innerhalb des sogenannten Idiotenwesens zu einem sprunghaften Anstieg der Anstaltszahlen (vgl. ebd. S.27). Mit der Intensivierung der Institutionalisierung der sozialen Fürsorge setzte sich zugleich eine allumfassende wissenschaftsbasierte Klassifizierungsmaschinerie in Gang:

> „Durch ein Netz von *diagnostischen Eingriffen* in den Lebenszusammenhang der Bevölkerung [...] [wurde] zunehmend ‚normal' und ‚anormal', ‚gesund' und ‚krank', ‚arbeitsfähig', ‚arbeitswillig', ‚arbeitsunwillig' und ‚arbeitsunfähig' festgestellt [...]" (Jantzen 1987, S.55, Hervorh. i. Orig.).

An diesen Klassifizierungen waren insbesondere die Wissenschaftszweige Biologie und Medizin beteiligt. Durch diese humanwissenschaftlichen Normierungsbemühungen wurden soziale Gegenstände wie Behinderung und Krankheit erst geschaffen, auf die man sich sowohl in Wissenschaft und Sozialpolitik beziehen konnte (vgl. ebd.). Hierdurch etablierten sich zusehends Sichtweisen von Behinderung, Elend, Krankheiten, Armut oder psychischen Problemen, die weit hinter Itard zurückfielen, da diese zunehmend nicht mehr als sozial bedingt betrachtet wurden (vgl. ebd. S.57):

> „Die aufgeklärte bürgerliche Sozialmedizin, des Vormärz, die noch einen engen Zusammenhang von Krankheit und sozialer Lage sah, werden vergessen oder schlimmer noch, werden in Anbetracht der großen Entdeckungen der naturwissenschaftlichen Medizin als vorwissenschaftlich belächelt" (ebd., S. 53).

Demnach wurde geistige Behinderung als ausschließlich pathologischer Zustand betrachtet, was insbesondere während der Zeit des Nationalsozialismus dazu führte, dass geistige Behinderung mit Erbkrankheit gleichgesetzt wurde (vgl. Fornefeld 2000, S.39).

Parallel zu den bisher dargestellten Anschauungsformen von geistiger Behinderung ist noch eine weitere zu nennen, die mit dem Ausbau des Hilfsschulwesens im 18. Jahrhundert in Verbindung steht. Geistige Behinderung wurde in diesem Zusammenhang als „[...] **individuelle, moralisch-sittliche Abweichung** [...]" (Moser/ Sasse 2008, S.29 - Hervorh. i. Orig.) gesehen. Vordergründiges Ziel war es, gemäß der Bestimmung von Erziehungszielen im 18. und 19. Jahrhundert, den

Menschen in Anlehnung an Kant zur Sittlichkeit zu erziehen. Behinderung wurde demnach mit Unsittlichkeit assoziiert (vgl. ebd. S.30). Sogenannte Schwachsinnige galten demnach nicht nur intelligenzbezogen, sondern auch im moralischen Sinne als schwachsinnig und minderwertig (vgl. Jantzen 1987, S.56). Auf dem Hintergrund dieser Vorstellungen wird deutlich, dass Hilfsschulen weniger Orte der Bildung waren, sondern vorrangig gesellschaftliche Disziplinierungseinrichtungen (vgl. Moser/ Sasse 2008, S.28). Dort sollte dem mit Unsittlichkeit assoziierten Tatbestand geistige Behinderung durch sittlich-moralische Erziehung begegnet werden (vgl. ebd. S.30). Geistige Behinderung wurde zu jener Zeit auch ganz allgemein als Gefahr der öffentlichen Ordnung wahrgenommen:

> „Idioten sind geborene Asoziale, bestenfalls dressierbare Automaten. [...] Der Imbezille ist der geborene Antisoziale, der raubt, mordet, Frauen und Kinder schändet. Er ist das zuchtloseste Individuum, das es gibt. Er [...] bedarf der Verschließung in besondere Verwahranstalten“ (Séguin zit. nach Jantzen 1987, S.57).

Zur Wahrung und Wiederherstellung sozialer Ordnung und der Beseitigung des sogenannten natürlichen Disziplinmangels geistig behinderter Menschen, wurden jedoch auch heilpädagogische Züchtigungsmaßnahmen vollzogen, die an Grausamkeit kaum zu überbieten waren (vgl. ebd. S.53).

Entwicklungen im 20. Jahrhundert: Geistige Behinderung als Bedrohung ‘genetischer Höherwertigkeit‘ und ‘Hemmfaktor kapitalistischer Produktion‘

Mit der weiter oben angesprochenen Biologisierung von geistiger Behinderung kam es vermehrt zu einer Begründung menschlicher Ungleichheit durch naturwissenschaftliche Gesetze. Dies hatte zur Folge, dass die Bevölkerung zunehmend in Elite und Masse eingeteilt wurde. Die Mitglieder der gesellschaftlichen Eliten, die Herrschenden und die konservative Intelligenz wurden gegenüber der Masse als biologisch und sozial höherwertiger eingestuft: Sie wurden entsprechend als „[...] Träger des Geistes, der Kultur, des Fortschritts gekennzeichnet und erlebbar gemacht, als rational, gefühlsbeherrscht usw. gekennzeichnet“ (ebd.,S.61). Demgegenüber wurden kranke, arme oder behinderte Personen, die zur sogenannten Masse gerechnet wurden, als biologisch minderwertig eingestuft und mit den Etikettierungen emotional, unberechenbar und triebhaft versehen (vgl. ebd. S.59f.).

Im Rahmen der nationalsozialistischen Politik wurde die Biologisierung von geistiger Behinderung weiter intensiviert, indem die Vererbungstheorien von Charles Darwin und Gregor Mendel auf den Menschen übertragen wurden. Hierdurch wurde die Legitimationsgrundlage für spätere Massentötungen geschaffen.[8] Bei genauerer Hinsicht wird deutlich, dass die Nationalsozialisten an ideologischen Sichtweisen anknüpften, die schon im 19. Jahrhundert angelegt waren. Bereits zu jener Zeit ging man davon aus, dass sich durch Selektion nur Menschen fortpflanzen können, die besonders gut an ihre Umwelt angepasst sind. Zwecks Absicherung gesellschaftlichen Fortschritts wurde damals postuliert, sogenannte weniger Angepasste, zu denen auch geistig behinderte Menschen zählten, zu töten (vgl. Fornefeld 2000, S.38).

Die Vernichtungsaktionen im dritten Reich wurden allerdings nicht nur genetisch gerechtfertigt, sondern auch im Hinblick auf die kapitalistische Produktionssteigerung. Basierend auf Kosten-Nutzenrechnungen wurde von der NS - Propaganda wirkungsvoll in Szene gesetzt, dass behinderte Menschen die Produktivkräfte grundsätzlich vermindern (vgl. Jantzen 1987, S.68). Aus wirtschaftlicher Perspektive wurde demnach die Arbeitskraft behinderter und kranker Menschen als *‚Arbeitskraft minderer Güte*' (ebd. S.30 - Hervorh. i. Orig.) apostrophiert.

Entwicklungen im 20. Jahrhundert: Geistige Behinderung als Problem des Lernens und der Erziehung

Dieser von Moser/ Sasse beschriebene Diskursschwerpunkt von geistiger Behinderung hat sich ab den 70er Jahren des 20. Jahrhunderts etabliert (vgl. 2008, S.31). An diesen Diskurswechsel schloss sich eine Vielzahl weiterer Sichtweisen von geistiger Behinderung an, die zugleich auch in ein geändertes Leitbild eingebettet waren. Im Mittelpunkt stand jetzt die Förderung motorischer, emotionaler und sozialer Kompetenzen geistig Behinderter (vgl. Hähner 1997, S.45).

Trotz dieses Gesinnungswechsels wurden geistig Behinderte zunächst dennoch von einer defizitorientierten Warte aus beobachtet. Dies hatte zur Folge, dass diesem Personenkreis mit einer kompensatorisch ausgerichteten Pädagogik begegnet wurde. In diesem Zusammenhang sei an eine frühe Begriffsdefinition von Bleidick erinnert, der in den siebziger Jahren des letzten Jahrhunderts noch konstatierte, dass Lernbehinderung auf eine Störung von Sinnes- Sprach- und Gehirnfunktionen zurückzuführen sei, denen mit ausgleichenden Maßnahmen zu begegnen wäre (vgl. 1972, S.201).

Solche und ähnliche Defizitsichtweisen, die geistige Behinderung individualisierten und zugleich als Personenmerkmal kennzeichneten, änderten sich erst mit einer weiteren Leitbildverschiebung ab Mitte der 1980er Jahre (vgl. Hähner 1997, S.45). Zudem wurde Behinderung ab diesem Zeitpunkt wieder verstärkt als Phänomen beschrieben, welches durch soziale und umweltbezogene Wechselbeziehungen entsteht (vgl. z.B. Bleidick 1998, S.29 u. Jantzen 1990, S.370).

1.1.2 Männlichkeit als Diskursgegenstand

Zur Entdeckung der Zweigeschlechtlichkeit

Bei der nachfolgenden Betrachtung von Männlichkeit unter diskurshistorischen Gesichtspunkten werde ich gleichermaßen wie bei geistiger Behinderung erst ab dem 18. Jahrhundert ansetzen. Dies begründet sich daraus, dass ich mich mit „hegemoniale[r] Männlichkeit“ (Connell 2006) auseinandersetzen werde, welche vor dem 18. Jahrhundert noch keine tragende Rolle gespielt hat (vgl. ebd. S.88).

An dieser Stelle genügt es zunächst, darauf hinzuweisen, dass hegemoniale Männlichkeit ganz allgemein als ein Handlungsmuster zu verstehen ist, welches einem aktuell gesellschaftlich akzeptierten Ideal von Männlichkeit entspricht (Meuser 2005, S.213). Wie Schmale anmerkt, hatte hegemoniale Männlichkeit vor der Aufklärungszeit deshalb noch keine besondere Relevanz, weil „[...] auf der normativen wie praktischen Ebene zu viele soziale, räumliche, konfessionelle und andere Differenzierungsmomente [...]“ (2003, S.152) existierten. Hegemoniale Männlichkeit hatte sich demnach noch nicht in allen Gesellschaftsbereichen als ein prominentes Ordnungsprinzip etabliert.

Um hegemoniale Männlichkeit in seiner Komplexität und Tragweite verstehen zu können, ist es erforderlich, einen Blick auf die Geschlechtervorstellungen ab dem 18. Jahrhundert zu werfen. Zunächst sei angemerkt, dass die uns heute völlig selbstverständlich erscheinende morphologische Zweigeschlechtlichkeit eine Schöpfung des 18. Jahrhunderts darstellt (vgl. Laqueur 1992, S.172). Vor dieser anatomischen Wende ging man von einem „Ein-Geschlecht-Modell‘ (ebd. S.20) aus, das dadurch charakterisiert war, dass Penis und Vagina nicht als grundverschiedene Organe betrachtet wurden. Vielmehr war man der Ansicht, dass die männlichen Geschlechtsorgane bei der Frau lediglich nach innen gestülpt wären (vgl. ebd. S.80). Demnach wurden Vagina und Ovarien als Negativ zu Penis und Testikeln betrachtet (vgl. ebd. S.98-

107). Der Frauenkörper wurde allerdings nicht nur auf deskriptiver Ebene als Negativmatrix zu dem Körper des Mannes entworfen, sondern auch normativ. Demzufolge galt die Frau im eigentlichen Sinne nicht als Frau, sondern als eine minderwertige Form des Mannes:

> „Frauen sind nach innen gekehrte und weniger vollkommene Männer. Sie haben genau die gleichen Organe, aber an genau den falschen Plätzen" (ebd. S.40).

Mit Aufkommen des „Zwei-Geschlechter-Modell[s]" (ebd. S.30) ab dem 18. Jahrhundert wurde eine „weibliche Sonderanthropologie" (Honegger 1991, S.145) etabliert. Der weibliche Körper wurde in allen Facetten als ein von dem Männerkörper abweichender Körper entworfen (vgl. ebd. S.172). Wesentlich war allerdings keineswegs die bloße ästhetische Unterscheidung männlicher und weiblicher Körper. Vielmehr ist die damit einhergehende Synthese physiologischer männlicher oder weiblicher Körpermerkmale (Geschlechtsorgane, Körperbau, Statur, Physiognomie etc.) mit sogenannten psychischen männlichen oder weiblichen Eigenschaften entscheidend. Die Psychologisierung geschlechtlicher Körper betreffend spricht Honegger auch von einem ‚spiritualisierte[n] Materialismus' (ebd. S.146).

Auf der Basis früherer Beobachtungen, dass Frauen gegenüber Männern sehr viel kleiner waren, weniger Muskelmasse aufwiesen und insgesamt bezogen auf ihre Gliedmaßen filigraner konstituiert waren, wurden Frauen qua ihrer körperlichen Konstitution naturgegeben in einem leidenden Zustand verortet (vgl. ebd. S.147). Demnach wurde Passivität als weibliche Eigenschaft physiologisch legitimiert. Der sogenannten weiblichen Passivität wurde die männlich konnotierte Aktivität gegenübergestellt. Letztere wurde mit der größeren Körperstatur und Muskelmasse der Männer begründet. Auf der Grundlage der anatomisch-organischen Verfasstheit der Frauen wurden damals noch weitere psychische Eigenschaften abgeleitet. Frauen wurden körperbasiert als sanftmütig, zärtlich, gefühlsbetont, empfindlich und moralisch-praktisch veranlagt beschrieben. Demgegenüber wurden Männer auf der Grundlage ihrer Anatomie eher als kraftvoll und rational betrachtet (vgl. ebd. S.148f.). Ferner wurde männliches Geschlecht zu jener Zeit vornehmlich als individuell, das weibliche hingegen als universell klassifiziert. Entsprechend dieser Einteilung wurden Männer als selbstbezogen, selbstständig, kraftvoll und energetisch wahrgenommen, während Frauen als abhängig, hingebungsvoll, sozial verbindend und sympathisch eingestuft wurden (vgl. Hausen 1976, S. 366). Auf der Grundlage der vergeschlechtlichten Gegensatzpaare Aktivität-Passivität, Rationalität-Gefühl und insbesondere Kultur-Natur wurden Männer und Frauen jeweils unterschiedlichen Gesellschafts- und Tätigkeitssphären zugeordnet. Da der Mann als kulturschaffendes Wesen betrachtet wurde (vgl. ebd. S. 369), galt dieser nach damaligen Vorstellungen als besonders geeignet, die öffentliche Sphäre bzw. die der gesellschaftlichen Produktion zu vertreten. Demgegenüber wurden Frauen durch Akzentuierung ihrer Gebärfähigkeit als sogenannte Naturwesen entworfen. Dies hatte zur Folge, dass ihnen der häuslich-private Reproduktionsbereich zugeteilt wurde (vgl. ebd. S.367).

Im Hinblick auf die gerade exemplarisch dargestellten Eigenschaftszuschreibungen haben sich ab dem 18. Jahrhundert ‚Geschlechtscharaktere' (ebd. S.370) etabliert. Letztere traten an die Stelle früherer Definitionen der Stände und partikularer Zuordnungen wie der Rolle des Hausvaters oder der Hausmutter (vgl. ebd.):

Mann - Bestimmung für	**Frau - Bestimmung für**
Außen	Innen
Weite	Nähe
Öffentliches Leben	Häusliches Leben
Aktivität	**Passivität**
Energie, Kraft, Willenskraft	Schwäche, Ergebung, Hingabe
Festigkeit	Wankelmut
Tapferkeit, Kühnheit	Bescheidenheit
Tun	**Sein**
selbstständig	abhängig
strebend, zielgerichtet, wirksam	betriebsam, emsig
erwerbend	bewahrend
gebend	empfangend
Durchsetzungsvermögen	Selbstverleugnung, Anpassung
Gewalt	Liebe, Güte
Antagonismus	Sympathie
Rationalität	**Emotionalität**
Geist	Gefühl, Gemüt
Vernunft	Empfindung
Verstand	Empfänglichkeit
Denken	Rezeptivität
Wissen	Religiosität
Abstrahieren, Urteilen	Verstehen
Tugenden	**Tugenden**
	Schamhaftigkeit, Keuschheit
	Schicklichkeit, Liebenswürdigkeit
	Taktgefühl, Verschönerungsgabe,
Würde	Anmut, Schönheit

Abb.1: ‚Geschlechtscharaktere': Zusammenstellung nach Hausen 1976, S.368.

Bezogen auf diese Eigenschaftsdichotomien sei allerdings ergänzend angemerkt, dass diese erst ab dem 19. Jahrhundert mit Aufkommen einer bürgerlichen Wissenschaftsgesellschaft weitreichend hypostasiert worden sind. An dieser Essentialisierung waren insbesondere die Wissenschaftszweige Psychologie, Medizin, Anthropologie und Psychoanalyse beteiligt (vgl. ebd. S. 369). Vor dem 19. Jahrhundert wurden Männern und Frauen nicht grundsätzlich unterschiedliche Charaktereigenschaften zugeschrieben. Obgleich beide Geschlechter als unterschiedliche Wesen betrachtete wurden, billigte man ihnen zunächst durchaus die gleichen charakterlichen Eigenschaften zu. Der wesentliche Unterschied lag vielmehr auf quantitativer Ebene. Frauen galten beispielsweise ebenfalls als vernunftbegabt, allerdings auf der Grundlage ihrer sogenannten naturbestimmten Unvollkommenheit als weniger vernunftbegabt als Männer (vgl. Connell 2006, S.88).

Abschließend sei darauf hingewiesen, dass diese geschlechtlichen Charaktereigenschaften, die in der Sozialpsychologie heute als „Geschlechterstereotypen“ (Eckes 1997, S.17) bezeichnet werden, auch heute noch teilweise fest in unserem Alltagswissen verankert sind (vgl. z.B. Bergern/ Williams 1991, De Lisi/ Soundranayagam 1990, Lenz 1996, S.169). Zudem zeichnet sich aktuell in den Naturwissenschaften ein Entwicklungstrend ab, der in ähnlicher Weise verfährt wie der naturwissenschaftliche Diskurs im 19. Jahrhundert. In den Neurowissenschaften werden heute ganz nach biologistischer Manier beispielsweise männlich konnotierte Eigenschaftszuschreibungen mit der Physiologie sogenannter männlicher Gehirne erklärt und somit naturalisiert (vgl. hierzu z.B. Hüther 2009).

hegemoniale Männlichkeit

Die besprochenen Männlichkeits- und Weiblichkeitszuschreibungen können mit als Grundpfeiler hegemonialer Männlichkeit betrachtet werden. Der Mann wurde unter Rückbezug auf die Naturwissenschaften qua seiner 'natürlichen Eigenschaften' wie Willenskraft, Stärke, Durchsetzungsvermögen und Rationalität etc. als das einzig legitime Geschlecht angesehen. Die Legitimation der Vormachtstellung des Mannes erfolgte aber auch grundsätzlich auf der Basis der Geringschätzung sogenannter weiblicher Eigenschaften. Die geschlechterwissensbasierte Konstruktion von Weiblichkeit ist demnach für die Konstitution von Männlichkeit im Allgemeinen und für hegemoniale Männlichkeit im Besonderen als Grundvoraussetzung entscheidend: „Ohne den Kontrastbegriff ‚Weiblichkeit‘ existiert ‚Männlichkeit‘ nicht“ (Connell 2006, S.88).

Auf der Grundlage des bisher Gesagten kann hegemoniale Männlichkeit mit Bourdieu als eine vordringliche Begierde der Männer betrachtet werden, Frauen dominieren zu wollen (vgl. 1997, S.215). Dieser Dominanzwunsch richtet sich allerdings auch auf andere weniger hegemonial männlichen Männer. Auf diesen Aspekt komme ich gleich noch näher zu sprechen, wenn ich die Binnenstruktur hegemonialer Männlichkeit beleuchte. Im Hinblick auf den Ursprung von hegemonialer Männlichkeit habe ich weiter oben bereits deutlich gemacht, dass deren Entstehung mit der Bildung einer bürgerlichen Gesellschaft ab dem späten 18. Jahrhundert zusammenfällt. Obgleich es in den Jahrhunderten vor der Aufklärung immer Männer gegeben hat, die Dominanz und Führungsanspruch verkörperten, so beschränkte sich männliche Dominanz lediglich auf bestimmte Machtzentren.

Die wesentliche Veränderung ab dem Zeitalter der Aufklärung bestand aber gerade darin, dass männlicher Machtanspruch dezentralisiert wurde. Letzterer war jetzt nicht mehr allein auf den urbanen Raum oder ein bestimmtes Machtzentrum beschränkt, sondern fand jetzt auch in den ländlichen Regionen seine Zustimmung (vgl. Schmale 2003, S.152f.). Erst ab diesem Zeitpunkt kann von hegemonialer Männlichkeit gesprochen werden.

Die Ausweitung und dezentrale Etablierung hegemonialer Männlichkeit wurde insbesondere auch durch die Verbreitung von Printmedien vorangetrieben (vgl. ebd. S. 189, S.177 u. S.173). Durch diese Medien zeichnete sich eine Vereinheitlichungstendenz des Männlichkeitsdiskurses ab, der von der aufklärerischen Intention getragen wurde, den sogenannten neuen Menschen respektive Mann zu entwerfen (vgl. ebd. S.188). Dieser sogenannte neue Mann bzw. Mensch wurde als aufrecht gehend, stolz, mutig, selbstbewusst, furchtlos, rein und offen charakterisiert. Seele und Körper wurden hierbei als wechselseitig ineinander verschränkte Naturideale gesehen (vgl. ebd. S.187).

Daran anschließend wurden erzieherische Zwangsprogramme für Buben erstellt, um den männlichen Heranwachsenden den Erwerb einer männlichen Identität zu ermöglichen (vgl. ebd. S.177). Hierbei spielte der männliche Körper eine tragende Rolle. Durch unterschiedliche Körpertrainingsmaßnahmen sollten Stärke, Belastbarkeit, Aufopferungsbereitschaft, Pflichtbewusstsein und nicht zuletzt Disziplin gefördert werden (vgl. Frevert 2000 S.115f.).

Insbesondere mit der Einführung der allgemeinen Wehrpflicht wurde hegemoniale Männlichkeit auf eine breite Gesellschaftsbasis gestellt, weil die Rekrutierung unabhängig von Regionsbeheimatung, Religionszugehörigkeit und Sozialstatus erfolgte (vgl. ebd. S.195). Das Militär bildete damals quasi den Kern hegemonialer Männlichkeit, der zwangsläufig soziale Ein- und Ausschließungsprozesse beförderte. Wer sich nicht entsprechend dieser Männlichkeit gebärdete, lief Gefahr, nicht als 'richtiger Mann' zu gelten. Hierzu zählten früher sogenannte Kriegsdienstverweigerer, Selbstverstümmeler, Simulanten, Kriegsunfreiwillige und Feige (vgl. Schmale 2003 S.198). Insgesamt galt die Mitgliedschaft im Militär aus Sicht junger Männer als Indiz für eine anerkannte Virilität. Dies zeigt sich beispielsweise auch daran, dass eine nichtbestehende aktive Mitgliedschaft in diesem Bereich ein schambesetztes Thema darstellte:

> „3. August 1914. Hurra! Endlich habe ich meine Beorderung [...] Stunde um Stunde habe ich auf meinen Befehl gewartet. Heute Vormittag traf ich eine bekannte Dame; ich schämte mich fast, mich in Zivilkleidern vor ihr sehen zu lassen. [...] ich gehöre nicht mehr ins friedliche Leipzig. [...] Denken wir an unser Volk, ans Vaterland, an Gott [...] so werden wir mutig und stark" (Witkop 1928, S.7).

Neben dem Militär hat Connell noch zwei weitere tragende Säulen hegemonialer Männlichkeit benannt, die auch heute noch paradigmatisch für die männlich konnotierten Attributionen Führungsstärke und Durchsetzungskraft stehen. Hierzu gehören insbesondere Führungsbereiche in Politik und Wirtschaft (vgl. 2006, S.98).

Theoretische Spezifizierung hegemonialer Männlichkeit

An dieser Stelle möchte ich zunächst auf ein ganz wesentliches Faktum hinweisen, das maßgeblich zur Verbreitung und Verfestigung hegemonialer Männlichkeit beigetragen hat und auch heute noch maßgeblich zur Affirmation dieses Männlichkeitsprinzips beiträgt. Auf dem Hintergrund von hegemonialer Männlichkeit realisiert sich männliche Herrschaft nicht zwangsläufig in offensichtlicher Form, sondern vielmehr in Gestalt symbolischer Gewalt (vgl. Krais 1993, S.232f.). Letztere funktioniert insbesondere dadurch, indem sie als solche unerkannt bleibt. Dies gelingt ihr dort am besten, wo sie nicht in Form offener physischer und psychischer Gewalttätigkeit und männlichem Egoismus in Erscheinung tritt. In diesem Zusammenhang nennt Bourdieu männliche Dominanzbewegungen, die sich durch betonte Opferbereitschaft, Hingabe und Uneigennützigkeit auszeichnen (vgl. 1997, S.216).

Anhand dieser Aussage lässt sich ein wesentlicher Begründungszusammenhang ableiten, weshalb hegemoniale Männlichkeit von Männern und Frauen gleichermaßen meist auch unwillentlich gestützt wird:

„[…] Hegemonie [bedeutet] auch für Connell deshalb gerade nicht eine geradlinige Herrschaftsstruktur unter Zwang […] Nicht nur, dass alle Männer – auch die relativ unterprivilegierten Gruppen – mehr oder weniger stark von einer ‚patriarchalen Dividende' (bspw. bessere Entlohnung für gleiche Arbeit als Frauen) profitierten. Hegemoniale Männlichkeit greife darüber hinaus die Bedeutungen und Bedürfnisse der ‚Beherrschten' zum Teil durchaus auf und könne auch deshalb auf ein hohes Maß an Konsens und Partizipation durch die subalternen Gruppen zählen" (May 2007, S.42).

Weiter ist festzuhalten, dass hegemoniale Männlichkeit grundsätzlich nicht mit männlicher Praxis gleichgesetzt werden darf. Wie Meuser/ Behnke zu bedenken geben, handelt es sich bei hegemonialer Männlichkeit um ein erzeugendes bzw. generatives hintergründig wirkendes Prinzip und nicht um die Praxis selbst (vgl. 1998, S.16). In diesem Kontext haben Brandes (vgl. 2002, S.47-88) und Meuser (vgl. 2006, S.116-134) Connells Konzept der hegemonialen Männlichkeit weiterentwickelt, indem sie Bourdieus Überlegungen hinsichtlich „Habitus" (1993) rezipiert haben.

Habitus steht nach Bourdieu für ein „System dauerhafter und übertragbarer *Dispositionen*, als strukturierte Strukturen, die wie geschaffen sind, als strukturierende Strukturen zu fungieren" (ebd. S.98 – Hervorh. i. Orig.). In diesem Dispositionssystem sind dauerhaft die „[…] Wahrnehmungs-, Denk- und Handlungsschemata […]" (ebd. S.101) niedergelegt welche die sozialen Praxisformen, den „modus operandi" (ebd. 106) konstituieren.[9] Grundsätzlich ist der Habitus wie Weinbach aus einer systemtheoretischen Perspektive heraus ergänzend anmerkt, als Hybride angelegt. Dieser besteht aus einer psychischen Bewusstseinsseite und einer sozialen Seite (vgl. 2004, S.56f.). Beide Seiten stellen zwei völlig unterschiedliche Seiten ein und derselben Medaille dar, „denn selbst, wenn das Soziale immer Möglichkeitsbedingung des Psychischen ist, so ist das Psychische nicht das Soziale" (Bohn 1991, S.142).

Geht man davon aus, dass hegemoniale Männlichkeit ein generatives Erzeugungsprinzip sozialer Männlichkeit darstellt (vgl. Meuser 2006, S.123), dann kann selbiges zunächst auf einer psychischen Bewusstseinsebene angesiedelt werden. Dort fungiert hegemoniale Männlichkeit als System der Praxisdisposition, das bestimmte Handlungen auf der sozialen objektiv sichtbaren Seite des Habitus ermöglicht bzw. wahrscheinlicher macht und andere wiederum ausschließt oder ihre Realisationswahrscheinlichkeit vermindert:

Diesen Sachverhalt betreffend beschreibt Bourdieu den „[…] Habitus [als] ein System von Grenzen. Wer den Habitus einer Person kennt, der spürt oder weiß intuitiv, welches Verhalten dieser Person verwehrt ist" (1997a, S.33).

Dieses Zitat lässt sich allerdings nicht nur für Praxen allgemein, sondern auch auf die Art und Weise beziehen, wie diese Praxen zur Durchführung gebracht werden (Praxisformen). Bourdieu macht darauf aufmerksam, dass die Praxen durch den Habitus zwar nicht unbedingt verhindert, jedoch sehr wohl in ihrem Beflissenheitsgrad beeinflusst werden. In diesem Zusammenhang kommt er zur Einsicht, dass der Habitus durch den ihn konstituierenden sozialen Ort gebrochen ist (vgl. 1987, S.500-503). Im Hinblick auf Männlichkeit bedeutet diese Feststellung entsprechend, dass je nach sozialer Positionierung und Lebenslage der Männer auch deren Habitus und die von ihnen bevorzugten Männlichkeitspraxen- und Praxisformen variieren (vgl. Brandes 2002, S.116 u. S.129). Der Zusammenhang zwischen „männliche[m] Habitus" (Brandes 2001 u. 2002) und sozialer Herkunft kann insbesondere durch Meuser (2006, S.135-311) und Behnke (2000, S.124-138) weiter empirisch bestätigt werden (vgl. hierzu auch Brandes 2002, S.116-133 und Meuser/ Behnke 1998, S.18-22). Die besagte Korrelation lässt sich jedoch auch anhand meiner Untersuchungsergebnisse bezogen auf geistig behinderte Männer aufzeigen (vgl. Kap. 5.1).

Zusammenfassend kann festgehalten werden, dass der hegemonial männlich verfasste Habitus eine sozial konstruierte innerpsychische Struktur darstellt, welche die sozialen Handlungspraxen und die Praxisformen der Männer strukturiert. Diese kann als eine Art Richtungsweiser oder Matrix betrachtet werden, auf deren Grundlage sich männliche Praxen konstituieren (vgl. Hark, 1999, S.70). Hierbei ist zu beachten, dass durch den Rückbezug auf diese hegemonial männliche Matrix nicht unbedingt männliche Praxisformen auf der Sozialseite des Habitus realisiert werden, die mit den habitualisierten hegemonialen Männlichkeitsidealen übereinstimmen. Konkret zeigt sich dies beispielsweise im Falle unterprivilegierter Gruppen türkischstämmiger Jugendlicher. Selbige folgen auf der Grundlage ihrer Körperpraxen durchaus einer Logik der Dominanz, sie stellen allerdings nach derzeitigen Maßstäben objektiv keine hegemoniale Männlichkeit her. Vielmehr wird durch solche Männlichkeitsinszenierungen heute gerade eine Form sozialer Unterordnung und Marginalisierung markiert (vgl. Meuser 2006, S.129f.).

An diesem Beispiel lässt sich aufzeigen, dass der männliche Habitus in den letzten Jahrzehnten eine Veränderung erfahren hat. Mit anderen Worten wird die kardinale Frage, die hinter dem Prinzip hegemonialer Männlichkeit steht, heute anders beantwortet. Diese Frage lautet: Welche gesellschaftlich akzeptierten Mittel und Strategien werden aktuell zur Absicherung und Legitimation des Patriarchats herangezogen (vgl. Connell 2006, S.98).

Zu den Binnenstrukturen hegemonialer Männlichkeit

Neben Weiblichkeit konstituiert sich Männlichkeit auch in Differenz zu nichthegemonialen Männlichkeiten (vgl. Meuser 2006, S.125). Letztere betreffend nennt Connell zunächst komplizenhafte Männlichkeit (vgl. Connell 2006, S.100). Bei dieser Männlichkeitskonstruktion handelt es sich um einen elementaren Bestandteil der Binnenstruktur hegemonialer Männlichkeit. In der Regel entspricht nur ein sehr geringer Teil der Männer wirklich den Vorstellungen hegemonialer Männlichkeit. Die überwiegende Mehrzahl der Männer bringt hingegen eher komplizenhafte Männlichkeit hervor. Komplizenhafte Männlichkeit hervorbringende Männer agieren in einer gewissen Machtferne. Connell beschreibt diesen Umstand solchermaßen, dass sich die meisten Männer nicht den Risiken und Auseinandersetzungen in vorderster Kampflinie stellen, jedoch trotzdem von der „patriarchalen Dividende“ (ebd.) profitieren. Die patriarchale Dividende steht paradigmatisch für den Zugewinn von Macht, Prestige, den privilegierten Zugang zu beruflichen Positionen und die ökonomische Besserstellung gegenüber Frauen (vgl. ebd. S.103).

Die zweite nichthegemoniale Männlichkeitsform nennt Connell untergeordnete Männlichkeit (vgl. ebd. S.99). Unter dieser Interaktionsform von Männlichkeit fasst er schwerpunktmäßig homosexuelle Männer, die sich am untersten Ende der Bewertungsskala von Männlichkeit befinden. Deren Männlichkeit wird aufgrund diverser Sexualpraktiken aus einer hegemonialen Warte aus mit Weiblichkeit in Beziehung gesetzt. Solche Männer sind oft auch Opfer physischer Gewalt, staatlicher Repressionen und kulturellen Ausschlusses. Untergeordnete Männlichkeit bezieht sich jedoch in manchen Kontexten auch auf heterosexuelle Männer, die auf der Basis normabweichender Männlichkeitspraxen durch Bezeichnungen wie „Schwächling, Schlappschwanz, Muttersöhnchen, Waschlappen, Feigling [...]“ (ebd. S.100) diskriminiert werden.

Schließlich führt Connell noch marginalisierte Männlichkeit an (vgl. ebd. S.101). Letztere bezieht sich auf die Dimensionen Ethnizität und unterprivilegierte Schichtzugehörigkeit. Dieser Männlichkeitsform ordnet er vor allem männliche Personen zu, die sich durch eine große Machtferne auszeichnen und männliche Praxen hervorbringen, die gesellschaftlich an Legitimität verloren haben (vgl. ebd. S.101f.). Unter diese Männlichkeitsform können beispielsweise die Männlichkeiten der oben beschriebenen türkischstämmigen Jugendlichen gefasst werden.

Grundsätzlich können nach Connell hegemoniale, komplizenhafte und untergeordnete Männlichkeit als „interne Relationen der Geschlechterordnung“ (ebd.101) eingeordnet werden. Demgegenüber bezieht sich marginalisierte Männlichkeit auf weitere Differenzierungsachsen wie „Klasse oder Rasse“ (ebd.). Nach meinem Dafürhalten ließen sich noch Behinderung, Alter und Religionszugehörigkeit mit hinzuziehen. Connells Modell greift demnach die Wechselbeziehungen mehrerer Differenzkategorien auf.

Abschließend sei darauf aufmerksam gemacht, dass Männer selten nur in einem der gerade genannten Interaktionsmuster von Männlichkeit vertreten sind. Es muss vielmehr davon ausgegangen werden, dass jeder Mann mehrere Positionen in sich vereint und je nach Kontext gleichermaßen hegemoniale, marginalisierte oder komplizenhafte Männlichkeit hervorbringen kann (vgl. Wetherell/ Edley 1999, S. 352f.).

1.2 (Geistige) Behinderung und (männliches) Geschlecht performativ[10]

In diesem Arbeitsabschnitt werden die Kategorien (geistige) Behinderung und (männliches) Geschlecht in einen weiterführenden theoretischen Rahmen eingebettet. Dies dient zum einen der erkenntnistheoretischen Selbstverortung und terminologischen Spezifizierung. Zudem wird hierdurch auch die Möglichkeit eines dynamischen Vergleichs dieser Kategorien eröffnet. Ein weiterer Zweck der nachfolgenden Betrachtungen liegt aber vor allem darin, eine theoretische Möglichkeit aufzuzeigen, wie soziale Gegenstände wie Behinderung und Geschlecht performativ erzeugt werden.

Wenn von Performativität die Rede ist, geht es um einen Beobachtungsblickwinkel, von dem aus untersucht wird, wie etwas gesagt, gemacht oder getan wird (vgl. Weisser 2005a, S.23). Allgemeiner ausgedrückt geht es hinsichtlich Performativität um die Ergründung der Frage, wie soziale Prozesse ermöglicht, verhindert oder verändert werden (vgl. Wulf 2001, S.12). Im Hinblick auf die Frage nach der Performativität sozialer Handlungen werde ich mich speziell auf der Grundlage der Disability- und Gender Studies bewegen und zudem eine intersektionelle Beobachterperspektive einnehmen. Die Disability Studies setzen sich mit der sozialen Bedingtheit von Behinderung auseinander, während sich die Gender Studies damit befassen, wie soziales Geschlecht (gender) konstruiert wird. Intersektionalität ist im Rahmen dieser Forschungszweige ein fester Bestandteil. Selbige hat ihre Wurzeln in den 1990er Jahren, als im Rahmen der postmodernen Feminist- Gender- und Cultural Studies versucht wurde, die Matrix diverser dominierender Differenzachsen in ihren Wechselwirkungen zu erkunden (vgl. Moser 2006, S.540).[11] Eine intersektionelle Betrachtungsweise eröffnet die Möglichkeit, die Wechselwirkungen sozialer Differenzkategorien wie Behinderung, Geschlecht, Ethnie, soziale Schichtzugehörigkeit, Religion, Alter etc. in den Blick nehmen zu können. Durch diesen Fokus wird einer simplifizierenden kategorialen Betrachtungsweise entgegengewirkt, die zwangsläufig entsteht, wenn ausgewählte Kategorien schlicht aufaddiert werden. - In der Praxis würde sich dies so gestalten, dass eine weibliche Person (Geschlecht) mit dunklerer Hautfarbe (ethnische Herkunft) sowie mit der Diagnose Down-Syndrom (Behinderung) zwangsläufig in dreifacher Weise als sozial benachteiligt betrachtet werden würde. Diese Person würde dann quasi unumschränkt als benachteiligt gelten. Konkret wurde eine ähnlich vereinfachende Kategorienkonjunktion in den frühen Veröffentlichungen der Frauenforschung innerhalb der Behindertenpädagogik vorgenommen, was insbesondere an der Hervorhebung der Mehrfachdiskriminierung behinderter Frauen deutlich wird (vgl. hierzu z.B. Arnade 1991 u. Köbsell 1993):

> Letztere Autorin geht beispielsweise davon aus, dass behinderte Frauen qua „[...] Personalunion zwei gesellschaftlichen Gruppen angehören, die Diskriminierungen ausgesetzt sind: Frauen und Behinderten. Dabei vereinen sie nicht nur die Diskriminierungen beider Gruppen auf sich; vielmehr potenzieren sich die Diskriminierungen bei diesem Zusammenspiel. Man könnte sagen, dass sich die traditionelle Diskriminierung von Frauen und Behinderten hier wie durch ein Prisma verstärkt“ (ebd., S.34).

West/ Fenstermaker kritisieren, dass eine Reflexion diverser Differenzkategorien wie Geschlecht, Klasse, ethnische Zugehörigkeit nicht auf der Basis mathematischer Metaphern erfolgen darf. Die genannten Unterscheidungen können nach ihrer Ansicht nicht einfach addiert, subtrahiert oder multipliziert werden (vgl. 1995, S. 9), weil diese Hervorbringungen keine deterministischen Prognosen hinsichtlich ihrer kontextuellen Relevanz zulassen (vgl. ebd. S.30). Beide Autoren formulieren in diesem Kontext zwei wesentliche Problempunkte:

> „1) Werden Gender, ethnische Zugehörigkeit oder Klasse als additive Kategorien begriffen, dann folgt daraus, dass das Ergebnis nie größer oder kleiner sein wird, als die Summe der Summanden. 2) Sieht man hingegen die einzelnen Kategorien als Multiplikatoren, so wird das Ergebnis größer oder kleiner sein, je nachdem auf welche Kategorie man stärker sein Augenmerk lenkt“ (ebd. S.9 – Übers. M.Z.).

Aus Sicht beider Autoren sollte deshalb untersucht werden, wie diverse Differenzen miteinander und gegeneinander arbeiten, wie sie hervorgebracht werden und wie sie sich wechselseitig in unterschiedlichen Situationen aufheben (vgl. ebd. S.8). In der Praxis bedeutet dies beispielsweise, dass jemand auf der Grundlage seiner dunklen Hautfarbe, seiner Behinderung oder Geschlechtszugehörigkeit nicht zwangsläufig sozialen Benachteiligungen ausgesetzt sein muss. US-Präsident Obama begleitet trotz seiner afroamerikanischen Abstammung das höchste Amt in den USA. Darüber hinaus gibt es heute eine wachsende Anzahl an Frauen, die in Politik und Wirtschaft Führungspositionen einnehmen oder Personen mit einer sogenannten Behinderung, die trotz ihres Behindertenstatus beruflichen Erfolg vorweisen können. Man denke in diesem Zusammenhang beispielsweise an den promovierten Germanisten und Kabarettisten Peter Radke. Mitzudenken wären zudem Männer wie Guido Westerwelle oder Klaus Wowereit, die trotz ihrer Homosexualität dennoch höchste Ämter begleiten. Folglich sind in solchen Zusammenhängen auch andere Differenzachsen wie beispielsweise soziale Herkunft oder formaler Bildungsstatus mitzudenken.

Eine intersektionelle Perspektive einzunehmen bedeutet, entsprechend den Fokus auf die Prozessualität sozialer Hervorbringungen wie Behinderung und Geschlecht zu richten. Demnach werden Geschlecht „doing gender" (West/ Zimmerman 1987) und Behinderung „doing disability" (Moser 2006) je aktuell hervorgebracht. Durch „doing" wird kenntlich gemacht, dass Geschlecht und Behinderung keine strukturell feststehenden Kategorien, sondern ein „Tun" darstellen. Diese sozialen Hervorbringungen werden demnach erst durch soziales Handeln erzeugt, verändert oder aufgelöst. Diese Kontingenz wurde von West/ Fenstermaker durch die spätere Einführung von „doing difference" (1995) aufgegriffen, wodurch beide auch ihr früheres Performativitätskonzept hinsichtlich doing gender einer Revision unterzogen haben. Dieses betreffend gingen die Autoren früher noch davon aus, dass Gender als eine „ongoing interactional accomplishment" (ebd. S.9) zu betrachten sei.[12] Durch doing difference wird das Attribut „ongoing" von beiden Forschern selbstkritisch in Frage gestellt, da die Hervorbringung einer bestimmten doing difference-Kategorie stets ungewiss bleibt:

> „Gender [entsprechend auch disability M.Z.] is also a difference that must be made in particular situations, under particular conditions, and in particular material relations and practices. And so, accordingly, gender [disability M.Z.] [...] differences can, in some situations, also be unmade or simply be irrelevant" (Moser 2006, S.549).

Mit dieser Äußerung ist ein wesentlicher Aspekt benannt, der uns im

Verlauf dieser Arbeit noch begleiten wird, nämlich die Einführung der kontextbezogenen Unterscheidung kategoriale Relevanz/ kategoriale Irrelevanz, die sich an das „undoing gender" - Konzept von Hirschauer (1994, 2001) anlehnt, welches ansatzweise von Moser (2006) hinsichtlich Behinderung aufgegriffen worden ist.[13] Hirschauer setzt mit seinen Überlegungen entsprechend an der Prämisse von West/ Zimmerman an, die aus der Beantwortung ihrer Frage hervorgeht: „[...] can we ever *not* do gender? [...] doing gender is unavoidable" (1987, S.137 - Hervorh. i. Orig.). An dieser Stelle genügt es zunächst darauf hinzuweisen, dass das undoing gender- Konzept die Kernfrage aufgreift, unter welchen Umständen die „[...] *omnirelevance* of sexual status to affairs of daily life [...] " (Garfinkel 1967, S.118 - Hervorh. i. Orig.) aufgehoben wird.

Zur Notwendigkeit der Kombination unterschiedlicher Performativitätskonzepte

West/ Fenstermaker fokussieren als Vertreter des Symbolischen Interaktionismus ihr doing gender-Konzept auf der Ebene interpersoneller Interaktionen. Geschlecht wird aus ihrem Blickwinkel erst in einem wechselseitig aufeinander bezogenen Handeln durch die Handelnden selbst generiert. Durch diese Schwerpunktsetzung bleiben allerdings mindestens zwei Aspekte mehr oder minder vernachlässigt. Zum einen werden durch diese Beobachtungsweise diskurstheoretische und historische Aspekte ausgespart. Geschlecht wird demnach mehr zu einem aktuell hervorgebrachten Gegenstand ohne Geschichte und zu einem sozialen Tatbestand, der fälschlicherweise durch die Handlungsentscheidungen der Interagierenden allein bestimmt wird. Ferner bleiben im Rahmen einer ausschließlich interaktionsbezogenen Betrachtungsweise weitläufigere Rahmenbedingungen hinsichtlich der Geschlechtshervorbringungen wie diverse Kapitalressourcen der Akteure eher außen vor. Zu diesen Ressourcen zählen nach Bourdieu zunächst Geld - „*ökonomische*[s] *Kapital*" (1997a, S.52 - Hervorh. i. Orig.) - Bildung(-stitel), Fähigkeiten und Kompetenzen - „kulturelle[s] Kapital" (ebd. S.53-63) - Sozialbeziehungen und Gruppenzugehörigkeiten - „*soziale*[s] *Kapital*" (ebd. S.63-70 – Hervorh. i.Orig.) - und schließlich „symbolisches Kapital" (ebd. S.77, Anm.20). Die zuletzt genannte Kapitalform steht für eine „[...] Logik des Kennens und Anerkennens" (ebd.). Bourdieu bezeichnet symbolisches Kapital demnach auch „[...] als wahrgenommene und legitim anerkannte Form der drei vorgenannten Kapitalien [...] als Prestige, Renommee usw." (1985, S.11). Grundsätzlich beschreibt die Summe der akkumulierten Kapitalien die Form des sozialen Habitus der

Akteure (vgl. Bourdieu 1993, S.105) und deren soziale Position innerhalb eines sozialen Raumes (vgl. Bourdieu 1987, S.195-213).

Basierend auf dieser Kritik habe ich mich dazu entschieden, das symbolisch interaktionistische Modell von West/ Fenstermaker zwar als Ausgangspunkt meiner Überlegungen zu nehmen, jedoch um einige theoretische Aspekte insbesondere von Pierre Bourdieu und von Judith Butler zu erweitern. Durch eine solche Vorgehensweise möchte ich keinesfalls unterschiedliche Theorietraditionen wie Symbolischen Interaktionismus (West/Fenstermaker), Dekonstruktivismus (Butler) und Sozialkonsruktivismus im Sinne Bourdieus leichtfertig miteinander vermischen. Mir geht es vielmehr darum, nach gemeinsamen Schnittmengen zu suchen, an denen eine weitgefasstere Bestimmung der Differenzkategorien Geschlecht (Männlichkeit) und (geistige) Behinderung möglich wird.

Als wesentliche Schnittstellen sehe ich hier, dass alle Autoren von doing gender sprechen und somit die Prozessualität von Geschlecht gleichermaßen hervorheben. Der Begriff doing gender bzw. die Prozessualität von Geschlecht wird allerdings je nach erkenntnistheoretischer Ausrichtung der genannten Autoren entsprechend unterschiedlich bestimmt. Demzufolge ist es notwendig, an dieser Stelle darzustellen, wie Bourdieu und Butler doing gender im Gegensatz zu West/ Fenstermaker verstehen.

1.2.1 Performativität und doing gender

Performativität bei Judith Butler

Butler spricht von einem „doing of gender“ (1990, S.273). Hierbei geht sie davon aus, dass die „Geschlechtsidentität ein Tun [ist], wenn auch nicht das Tun eines Subjektes, von dem sich sagen ließe, dass es der Tat vorangeht“ (Butler 1991, S. 49). Mit dieser Aussage lässt sich ein Bezug zu zwei in sich zusammenhängenden Problemkomplexen herstellen, die Butler im Rahmen ihrer dekonstruktivistischen Überlegungen zu doing gender benennt: Bei ihr wird das Subjekt an unterschiedlichen Stellen ausschließlich als ein Subjekt der Unterwerfung[14] (vgl. ebd., S.176) charakterisiert, welches unter dem Einfluss einer disziplinären Macht[15] (vgl. ebd. S.199) manifestiert und vom Gesetz durchdrungen wird. Sie geht davon aus, dass die Geschlechtsidentitäten durch eine „Matrix kohärenter Normen“ (ebd. S. 38) hervorgebracht werden, welche sich auf ein „prohibitives Gesetz“ (ebd.) stützen, das sie als „Abfolge normativierender Einschärfungen" (Butler 1997, S. 39) versteht.

Mit diesen Grundlegungen eliminiert sie das autonome Subjekt und steht damit ganz in der Tradition des „[...] Tod[es] des Autors" (Barthes 2000; vgl. hierzu auch Foucault 2003). Eine Äußerung ist nach der Lesart von Butler folglich immer schon durch den Diskurs quasi präcodiert und somit vom Willen eines Agierenden unabhängig zu denken.[16] Damit bezieht sie sich auf das Subjekt des Diskurses (vgl. Foucault 1974, 1974a u. 1981), welches beispielsweise seine geschlechtliche Identität nicht etwa durch die Äußerungen des Körpers (Performanz) konstituiert, sondern durch den Akt der Wiederholung von Konventionen, dem Kern ihres Performativitätskonzeptes:

> „Die Performativität ist demzufolge kein einmaliger ‚Akt', denn sie ist immer die Wiederholung einer oder mehrerer Normen; und in dem Ausmaß, in dem sie in der Gegenwart einen handlungsähnlichen Status erlangt, verschleiert oder verbirgt sie die Konventionen, deren Wiederholung sie ist" (Butler 1997, S. 36).

Was mit Normwiederholung konkret gemeint ist, werde ich zu einem späteren Zeitpunkt noch eingehend darstellen. Wichtig an dieser Stelle ist, dass das auf gesellschaftlichen Normen basierende Gesetz des Symbolischen die Identität des Subjektes bereits ex ante festlegt (vgl. Butler 1991, S.106). Hierdurch wird das intentional handelnde Subjekt quasi teilweise entmündigt. Man möchte meinen, dass eine derartige Subjektvorstellung das Individuum größtenteils in seinem Handeln determiniert. Soweit muss in der Kritik nicht gegangen werden, weil Butler u.a. in „Körper von Gewicht" (1997) die Möglichkeiten der Subversion und Verschiebung des geschlechtlichen Gesetzes untersucht und darauf hinweist, dass eine „[...] Neuformulierung des Gesetzes gegen die Autorität desjenigen, der es vorbringt [...]" (ebd. S.174), durchaus möglich ist. Dadurch bleibt die Gesetzesnormativität allerdings als zentrales Faktum weiterhin bestehen, wenngleich auch in neuakzentuierter Form. Ich werde diesen Sachverhalt im vorliegenden Kapitel gleich noch einer eingehenden kritischen Betrachtung unterziehen. Zunächst möchte ich den für das Performativitätskonzept von Butler zentralen Aspekt der normativen Wiederholung differenziert aufgreifen.

In diesem Zusammenhang hat Butler die Sprechakttheorie Austins rezipiert und sich mit der „illocutionary force" (Austin 1962, S.100) sprachlicher und nichtsprachlicher Äußerungen auseinandergesetzt und auf den Gegenstad Geschlecht übertragen. Allgemein geht sie davon aus, dass eine Norm- bzw. Konventionswiederholung gleichzeitig mit dem Sprechen vollzogen wird. Dieser Sachverhalt sei an einem einfachen Beispiel kurz verdeutlicht:

> An der Einstiegstüre zu einem Achterbahn-Fahrgeschäft eines Freizeitparks begegnen sich ein Angehöriger des Aufsichtspersonals und ein junger Mann, dem man das Down-Syndrom ansieht. Als dieser in die Achterbahn einsteigen möchte, wird er von der Aufsichtsperson angesprochen: „Behinderten ist der Zutritt zu diesem Fahrgeschäft leider untersagt!“ Der junge Mann entfernt sich mit enttäuschter Miene.

Performativ ist diese Äußerung auf der Grundlage des Vollzuges bestimmter Konventionen, welche das hier ausgesprochene Verbot absichern. Die Freizeitparkleitung hat demzufolge einige Bestimmungen oder Vorschriften festgelegt. Mit Butler gesprochen handelt es sich hierbei um „‚codierte‘ iterierbare Äußerung[en]“ (1997, S.36), welche das Aufsichtspersonalmitglied autorisieren, unter bestimmten Umständen die Teilnahme der Achterbahnfahrt zu untersagen. Durch die Verbotsäußerung kommt es zu einer zitatförmigen Wiederholung dieser Vorschrift (Norm). „Die performative Äußerung wirkt also nicht, weil der Sprecher große Autorität besitzt, sondern weil er eine Norm zitiert“ (Tervooren 2001, S.164).

An dieser Stelle scheinen mir einige sprechakttheoretische Erläuterungen angebracht: Durch das Aussprechen der Prohibition wird ein „illokutionärer [Sprech-] Akt“ eingeleitet. Dieser Termini wurden von Austin eingeführt und besagen, dass durch das Sprechen gleichzeitig eine Handlung vollzogen wird, welche er Sprechakt nennt (vgl. 1972, S. 29-31).[17] Dies bedeutet, dass beim Vorgang des Sprechens etwas getan wird (vgl. ebd. S.35). Das Sprechen stellt zwar bereits ein Tun dar, jedoch wird darüber hinaus unter gewissen Umständen zugleich auch eine Handlung eingeleitet, die unmittelbar mit dem Sprechen zeitlich zusammentrifft, indem eine Konvention wiederholt wird (vgl. Butler 1998, S. 31). Dieser zugleich vollzogenen Handlung, z.B. jemanden verheiraten, verurteilen, beleidigen, auffordern oder warnen etc., ist somit die gleiche Handlungswirklichkeit zu eigen, als würde jemand eine physische Handlung (jemanden schlagen, festhalten oder streicheln etc.) vollziehen.

In der Übertragung dieser theoretischen Grundlegung auf Gender geht Butler davon aus, dass Geschlecht ebenfalls ähnlich einem Sprechakt durch eine Norm- bzw. Konventionswiederholungspraxis hervorgebracht wird (vgl. z.B. Butler 1997, S.36-41; 1991, S.198-208). Dies bedeutet, dass durch eine bestimmte vergeschlechtlichte Performanz (ästhetische Äußerungen: Kleidung, Körpermodifikation, Haltung, Gestik, Mimik etc,) zugleich eine Geschlechternorm wiederholt wird.

Im obigen Freizeitparkbeispiel ging es entsprechend um das zeitliche Zusammentreffen der phonetischen Äußerung „Behinderten ist der Zutritt untersagt“ und einer Illokution (Verbot). Bei Butler hingegen geht es hingegen um die Gleichzeitigkeit der Geschlechterperformanz, bzw. der vergeschlechtlichten Nachahmung und der mit dieser in Zusammenhang stehenden Wiederholung einer Geschlechternorm (vgl. 1997, S.156). Hierdurch weist sie die „[...] ‚sexuierten Positionen‘ [...] [als] zitatförmige Praktiken [...]“ (ebd.) aus. Die zitierten Wiederholungen einer Gendernorm werden entsprechend versinnlicht bzw. ästhetisiert:

> Demzufolge erzeugen „[...] die Akte, Gesten und Begehren [...] den Effekt eines inneren Kerns oder einer inneren Substanz; doch erzeugen sie ihn *auf der Oberfläche* des Körpers, und zwar durch das Spiel der bezeichnenden Abwesenheiten, die zwar auf das organisierende Identitätsprinzip hinweisen, aber es niemals enthüllen. Diese im Allgemeinen konstruierten Akte, Gesten und Inszenierungen erweisen sich insofern als *performativ*, als das Wesen oder die Identität, die sie angeblich zum Ausdruck bringen, vielmehr durch leibliche Zeichen und andere diskursive Mittel hergestellte und aufrechterhaltende Fabrikationen/ Erfindungen sind. Das der geschlechtlich bestimmte Körper performativ ist, weist darauf hin, dass er keinen ontologischen Status über die verschiedenen Akte, die seine Realität bilden, hinaus besitzt“ (Butler 1991, S. 200, Hervorh. i. Orig.).

Wichtig ist zu sehen, dass die Performativität von Geschlecht bei Butler, wie bereits angedeutet, auf der Basis eines prohibitiven Gesetzes realisiert wird, wodurch bei ihr die „regulativen Regeln“ (Searle 1983, S.56) ins Zentrum rücken. Infolgedessen wird ein deutlich imperativischer Akzent gesetzt, was für mein Dafürhalten zu einer verkürzten Sichtweise der Performativität von Geschlecht führt. Konkret liegt das imperativische Moment der Geschlechterkonstruktion in der Manifestation „sexuierter Positionen“ (Butler 1997, S.194), indem vorab eindeutig festgelegt wird: „Es ist ein Mädchen [respektive ein Junge - M.Z.]“ (ebd. S.318) oder „Mädchen! [Junge! – M.Z.]“ (ebd. S.325). Diese Formeln lassen sich zweidimensional beschreiben: Zunächst geht es hier um ein „gender assignement“ (Kessler/ McKenna 1978, S.8), eine Geschlechtszuweisung, welche nach der Geburt aufgrund primärer Geschlechtsmerkmale vom Arzt vorgenommen wird. Demgegenüber muss das an das jeweilige biologische bzw. morphologische Geschlecht gebundene soziale Geschlecht immer wieder erneut zugeeignet werden, was als „gender attribution process“ (ebd. S.18) bezeichnet wird. Hierbei handelt es sich um einen Zuschreibungsprozess von Geschlecht, der lebenslänglich interaktional perpetuiert wird (vgl. Treibel 1993, S.142). Diese Zuschreibung erfolgt in den meisten Fällen nicht primär auf der Grundlage äußerer Geschlechtsmerkmale:

„Except from the moment of gender assignement, genitals play little role in gender attribution. [...] our society genitals are almost always concealed. We expect, for example, that all men have penises under their clothes, but we can not see them" (Kessler/ McKenna 1978, S.59).

Bedeutsam sind vielmehr die „culture genitals" (ebd. S.38). Selbige schließen „Gang, Stimme, Gesichtsausdruck, Körperhaltung und Ausstrahlung" (Treibel 1993, S.143) mit ein. Zu berücksichtigen sind ebenfalls bestimmte kleidungsbezogene Codes, die der Geschlechtsidentifikation dienen, obgleich letztere für den besagten Attributionsprozess als alleinige Indizien nicht ausreichen (vgl. Hirschauer 1993, S.34). Ob eine sozial anerkannte Männlichkeits- oder Weiblichkeitszuschreibung erfolgt, ist jedoch ungewiss, weil selbige durch ein „gender assessment" (West/ Zimmerman 1987, S.136) zugeeignet oder verwehrt wird, wodurch die Adäquanz einer vergeschlechtlichten Performanz beurteilt wird. Männer und Frauen müssen sich immer wieder als ebensolche zu erkennen geben, um in ihrer jeweiligen sozialen Geschlechtlichkeit anerkannt zu werden. Gender assessment hat in diesem Zusammenhang die Funktion einer geschlechtlichen Legitimationsinstanz. Selbige ist insofern bedeutsam, weil die Generierung einer sozial anerkannten Geschlechtszugehörigkeit als konstitutive Notwendigkeit für die individuelle Identitätsbildung betrachtet werden kann (vgl. Tyrell 1986, S.453). In ähnlicher Weise erachtet Goffman geschlechtliche Identität als die prominenteste aller „Quelle[n] der Selbstidentifikation" (1994, S.110).

Mit den Worten von Hirschauer geht es in diesem Zusammenhang entsprechend um Bedingungen der Mitgliedschaft hinsichtlich der Geschlechtszugehörigkeit (vgl. 2001, S.17). Demnach ist die Validierung männlicher oder weiblicher Geschlechtszugehörigkeit an eine adäquate Adaption geschlechtlich konnotierter bzw. vergeschlechtlichter Körperpraxen gebunden. Da das Ergebnis der genannten Assessmentprüfung in manchen Fällen ungewiss bleibt, ist es nur allzu verständlich, wenn Weinbach von der „Kontingenzformel ‚Geschlechterrollenidentität'" (2004a, S.39) spricht.

Auch Butler weist auf das Problem des potentiellen Scheiterns hin, wenn sie darauf aufmerksam macht, dass die Übernahme geschlechtlicher Symbolisierungen stets misslingen kann (vgl. 1997, S.147). Darüber hinaus geht es aber auch um eine „normative Heterosexualität" (ebd. S.160), welche eindeutig festlegt, welcher Sex von welchem Geschlecht als begehrenswert betrachtet werden soll (vgl. ebd. S. 146). Dieses Begehren wird mit den „Mitteln des *Ausschlusses*" (ebd. S. 30 – Hervorh. i. Orig.) entsprechend einer „Logik der Verwerfung" (ebd. S. 160) etabliert. Dies führt dazu, dass andere Begehrensmöglichkeiten

(Bi-/ Homosexualität) verhindert oder geleugnet werden müssen, damit ein „[...] ‚Scheitern' des Symbolischen [...]" (ebd.) bzw. einer Subversion des Imperativs hinsichtlich Heterosexualität entgegengewirkt werden kann. Diese Verwerfungs- bzw. Ausschlusspraxen lassen sich auch auf den gender attribution process übertragen, in dem die geschlechtlichen Äußerungen in sozial akzeptierter Weise hervorgebracht werden müssen. Folglich gilt es, jene Realisierungsmöglichkeiten eines männlichen oder weiblichen Genders auszuschließen, die nicht mit den situativ akzeptierten männlichen oder weiblichen Erwartungsvorstellungen korrelieren.

Anmerkungen zu Butlers Normativitätsakzentuierung

Bereits Soiland hat Butler und andere Gendertheoretikerinnen dafür kritisiert, dass sie Gender ausschließlich nach der „Regel des Gesetzes" (2005, S.14), bzw. als „juridische Normierung" (Lemke 2003, S.273) entworfen haben. Soiland konstatiert unter Rückbezug auf Foucault, dass auf der Grundlage einer solchen Sichtweise ausgeblendet wird, dass die Gesellschaftssubjekte heute weniger durch Disziplin und Unterwerfung, sondern mehr durch Selbststeuerung bzw. Ausrichtung subjektiviert werden (vgl. ebd. S.15f.). Diese machtstrategischen Veränderungen werde ich in Kap. 1.2.3 noch auf der Grundlage einiger Überlegungen von Link und Foucault weiter konkretisieren.

Um ein Gegengewicht zur gerade beschriebenen ausschließlich normativ verfassten subjektkonstituierenden Ausrichtung herstellen zu können, möchte ich zunächst bei Wulf ansetzen. Er konstatiert, dass durch die Verwendung des Adjektivs performativ in kulturwissenschaftlichen Zusammenhängen das konstitutive Moment sozialer Handlungen hervorgehoben wird (vgl. 2001, S.12). Durch diese Charakterisierung gelangen die „*konstitutiven* Regeln" (Searle 1983, S.56 - Hervorh. i. Orig.) ins Blickfeld, welche die tendenzielle Verfasstheit des Habitus repräsentieren und das Pedant zu den imperativisch verfassten „*regulativen* Regeln" (ebd. – Hervorh. i. Orig.) darstellen. Durch die Erweiterung der Performativitätstheorie Butlers durch den Aspekt der konstitutiven Regeln wird es aus meiner Sicht möglich, den Aspekt einer eher konstitutiv verfassten Normwiederholung für das Habituskonzept im Allgemeinen und die heutige Verfasstheit des männlichen Habitus im Besonderen fruchtbar zu machen[18].

Nach Searle sind konstitutive Regeln dadurch bestimmt, dass sie ein Verhalten realisieren, welches es ohne diese Regeln nicht gäbe. Letztere stehen in Opposition zu den regulativen Regeln, wonach das Verhalten immer in gleicher Weise beschreibbar ist unter der Voraussetzung, dass jemand diesen Regeln folgt. Regulative Regeln sind zumeist als imperativische Terme: „[...] ‚Tue X‘ oder ‚Wenn Y, tue X‘ [...]“ (1983, S.56 f.) formuliert. Konstitutive Regeln haben hingegen die Form: „[...] ‚X gilt als Y‘ oder ‚X gilt als Y im Kontext C‘“ (ebd.). Searle veranschaulicht diese Unterscheidung u.a. anhand des Fußballspiels: Gesetzt den Fall es gäbe keine (konstitutiven) Fußballregeln, dann wäre es nicht möglich, die Bewegungen der auf einem Rasen befindlichen Personen (z.B. Rennen; gegen den Ball treten etc.) als sinnimmanentes Verhalten im Rahmen eines Fußballspiels zu beschreiben. Wenngleich es im Fußball auch regulative Regelanteile in Form von Imperativen gibt, z.B. spiele den Ball nicht mit den Händen ins Tor oder bringe keinen Spieler mit Absicht zu Fall etc., so lässt sich dieses Spiel nur als Fußballspiel beschreiben, wenn ein Regelwerk konstitutiver Art besteht, weil das Treten gegen einen Ball oder das Rennen über einen Rasen auch ohne besagte Regel möglich wäre (vgl. ebd. S. 57f.).

Wesentlich ist, dass wir es bei der Hervorbringung von Männlichkeit auch mit konstitutiven Regeln zu tun haben. Diese Behauptung lässt sich auch durch Link stützen, der in „Versuch über den Normalismus“ (1997) herausgearbeitet hat, dass wir es gegenwärtig vielmehr mit einer ausrichtenden, regulierenden und normalisierenden Macht und weniger mit einer Macht zu tun haben, welche die Menschen dem Gesetz und der Disziplin unterwirft. Konkretisierend stellt die normalisierende Macht vornehmlich konstitutive Orientierungsbedingungen bereit. Letzteres gilt auch im Hinblick auf die gouvernementale Macht, was in Kap. 1.2.3 noch deutlich werden wird. Foucault weist in diesem Zusammenhang darauf hin, dass die normalisierende Macht Bedingungen schafft, unter denen die Menschen frei sein können (vgl. 2006, S.97f.). Freiheit wird somit im Sinne Foucaults zur zentralen Ermöglichungsbedingung von Macht. Demnach folgert Soiland folgerichtig:

> „Foucault [hatte] früher festgestellt, dass der Rechtsapparat von einem Disziplinarapparat kolonisiert wurde, [jetzt] wird ihm nun klar, dass die Disziplinen mittlerweile von der ‚Freiheit‘ eingeholt werden“ (2005, S.15f.).

Bezogen auf unsere regelbezogenen Überlegungen bedeutet dies entsprechend, dass eher konstitutiv verfasste (Spiel-)Regeln geschaffen werden, welche das Verhalten nicht determinieren, sondern vielmehr dispositionieren. Konstitutive Regeln erzeugen folglich Handlungsspielräume (Freiheitsbedingungen), unter denen bestimmte Verhaltensweisen ermöglicht und andere wiederum verhindert werden.

In Bezug auf Gender liest sich der Term „[...] ,X gilt als Y im Kontext C' [...]" dann wie folgt: X (eine vergeschlechtlichte Performanz) gilt als Y (männlich/ weiblich) im Kontext C (im Rahmen einer eher ausrichtenden, zur Selbststeuerung befähigenden Geschlechternorm, welche vom jeweiligen Milieukontext abhängig ist). Vergegenwärtigen wir uns diesbezüglich folgende Aussage Butlers hinsichtlich normativer Wiederholungen:

> „Die Performativität ist [...] kein einmaliger ‚Akt', denn sie ist immer die Wiederholung einer oder mehrerer Normen; und in dem Ausmaß, in dem sie in der Gegenwart einen handlungsähnlichen Status erlangt, verschleiert oder verbirgt sie die Konventionen, deren Wiederholung sie ist" (1997, S. 36).

Nach meinem Dafürhalten besteht die Möglichkeit, diese Sichtweise zu übernehmen, wenn wir den Begriff der normativen Norm (regulative Regel) um den Begriff der konstitutiven Regel erweitern. Ich möchte hier bewusst von einer Erweiterung und weniger von einem Austausch des Normativitätsansatzes Butlers sprechen, da bezüglich Gender auch stärker imperativisch verfasste Normen existieren, die eher auf der Basis regulativer Regeln formuliert sind. Der Heterosexualitätsimperativ insbesondere für Männer ist hierfür ein gutes Beispiel. Dies bedeutet bezüglich der Verschleierung von Konventionen, dass überdies neben regulativen Regeln auch konstitutive Regeln kaschiert werden.

Dieser Sachverhalt steht mit Bourdieus Überlegungen zum Habitus durchaus in Einklang. Zur Begründung möchte ich zwei Punkte anführen: Der Habitus als generatives Prinzip von Praxis wird von Bourdieu explizit mit „konstitutiven Strukturen" (1979, S.164) in Zusammenhang gebracht, welche ebenfalls mit der generativen Wirkungsweise konstitutiver Regeln korreliert. Darüber hinaus geht es bei ihm auch um den Akt der Verschleierung, in welchem sich die habitualisierten Praxen unbewusst dahingehend realisieren, dass die Genese des Habitus bzw. machtrelationale Wirkzusammenhänge vergessen wurden (vgl. 1993, S.105). Die aus früheren „mimetischen Prozessen" (Wulf 2001a, S.257) abgeleiteten konstitutiven und regulativen Regeln sind als „Leib gewordene Geschichte" (Bourdieu 1985, S.69) nur noch in Form eines impliziten verkörperten Wissens im Habitus eingelagert. Die in Vergessenheit geratenen entstehungsgeschichtlichen Zusammenhänge einer bestimmten vergeschlechtlichten Performanz sind infolgedessen lediglich die Wirkeffekte unterschiedlichster Machtbeziehungen, welche ihre Spuren im Subjekt hinterlassen haben: Mit Butler werden hier „[...] die unkenntlich gewordenen Wirkungen der Macht [...]" zu „Materialität[en]" (Butler 1997, S.345). Anders ausgedrückt handelt es sich bei der Wirkung der Macht um Normen, die durch einen Diskurs hervorgebracht werden und dem Subjekt vorausgehen. Dieses Subjekt stellt folglich nicht das Produkt bereits vorhandener männlicher oder weiblicher Subjekte dar. Vielmehr werden männliche und weibliche Subjekte erst durch die Macht konstitutiver und regulativer Normen diskursiv erzeugt. Die Norm und deren Entstehens- bzw. Machthintergrund bleibt während dieses Subjektivierungsaktes allerdings unsichtbar, so dass der Eindruck entsteht, das soziale Geschlecht (Gender) würde lediglich an ein bereits vorhandenes geschlechtliches Körpersubjekt andocken. Diesen vermeintlichen Vorgang hat Butler entsprechend als Verschleierung von Konventionen dargestellt (vgl. ebd. S. 36).

Daran anschließend sei nochmals auf die diskurshistorischen Ausführungen verwiesen (vgl. Kap. 1.1). Dort hatte ich geschildert, wie im 19. Jahrhundert bestimmte Charaktereigenschaften mit geschlechtlichen Körpern assoziiert wurden. Die besagten geschlechtlichen Attributionen waren folglich bereits vor der Konstruktion biologischer Männer- und Frauenkörper existent. Da diesbezüglich Gender vorausgeht, dient Sex lediglich der weiteren Legitimation von Gender: „Anders gesagt, man erfand zwei biologische Geschlechter, um den sozialen eine neue Grundlage zu geben“ (Laqueur 1992, S.173).

Performativität bei Pierre Bourdieu

Den Performativitätsansatz von Bourdieu sehe ich gewissermaßen als Vermittlungsglied zwischen den Theorieentwürfen von Butler und West/ Fenstermaker. In „Die männliche Herrschaft“ (1997) bezieht sich Bourdieu auf die habituelle Konstruktion von Männlichkeit und entwirft ein „[…] Handeln, daß als *doing gender* beschrieben wird“ (Krais 2002, S.49 – Hervorh. i. Orig.). Auf der Grundlage seiner praxeologischen Überlegungen versucht er die „[...] dialektischen Beziehungen zwischen [...] objektiven Strukturen und den strukturierten Dispositionen" (1979, S.147) zu ergründen. Mit anderen Worten untersucht er die Wechselwirkungen zwischen den objektiv sichtbaren sozialen Gegebenheiten (Sozialseite des Habitus) und den dispositionierenden Habitusstrukturen (Bewusstseinsseite des Habitus), welche bestimmte Praxisformen generieren. Wie wir bereits sehen konnten wird auch im Rahmen der Habitustheorie das Subjekt nicht ausschließlich durch eine präskriptive Norm in seinem Handeln festgelegt. Vielmehr repräsentiert der Habitus ein auf gesellschaftlichen Konventionen basiertes Dispositionssystem, welches die Wahrscheinlichkeit der Realisation bestimmter Handlungen in einem bestimmten sozialen Feld vergrößert oder verringert. Demnach haben wir es bei Bourdieu mit einem Subjekt des praktischen Vollzugs zu tun, welches innerhalb eines bestimmten Sozialfeldes nach mehr oder weniger flexiblen Regeln handelt. Dieses Subjekt kann entsprechend außerhalb der Extrempole Determinismus und Voluntarismus gedacht werden (vgl. 1993, S.103).

Die Verbindung zwischen Praxisvollzug und Bourdieus Praxisbegriff hat bereits Göhlich gesehen. Er spricht von einem Vollzug der Praxis durch den Körper. Auch wenn jemand die Äußerungen seines Körpers nicht bewusst nachvollziehen kann, so werden diese vom Körper dennoch vollzogen (vgl. 2001, S.31). Folglich geht es um ein implizites Körperwissen, welches der Reflexivität des Subjektes nicht gänzlich zugänglich ist. Dieses über ein praktisches Wissen verfügende Subjekt ist somit weder ein Subjekt, das stets selbstreflexiv sein Handeln vor Augen hat, noch ein Subjekt des Praxisvollzuges, welches in völliger Unbewusstheit ohne Intentionalität agiert. Letztere theoretische Annahme ist im Besonderen für vergeschlechtlichte Körperpraxen und somit auch für ein je aktuelles männliches doing gender (doing masculinity) voraussetzungsvoll. Die Handelnden haben durch die relative Intransparenz ihres Habitus nur eine begrenzte Entscheidungsgewalt über die von ihnen hervorgebrachten körperlichen Männlichkeitsäußerungen.

Der Habitus ist bei Bourdieu demnach nicht geschlechtsneutral verfasst. Konkret spricht er von einem „[...] vergeschlechtlichten und vergeschlechtlichenden Habitus [...]“ (1997, S.167), womit er seine frühere Aussage, der Habitus sei ein „[...] System von strukturierten und strukturierenden Dispositionen [...]“ (Bourdieu 1993, S.97) im Hinblick auf das soziale Geschlecht konkretisiert. Allgemein formuliert geht es um eine vergeschlechtlichte Ästhetisierung des Körpers und der Alltagspraxen. Zu einer vergeschlechtlichten Struktur wird der Habitus dadurch, indem vermeintlich biologische Geschlechtsunterschiede (körperliche Geschlechtsmerkmale, Sprache, Mimik und Gestik) als „[...] symbolisches Mittel zur Darstellung der Geschlechterordnung [...]“ (Meuser 2006, S.73) aufgegriffen werden. Diese symbolischen Formen werden dann in den Habitus einverleibt.[19] Die Sexualisierung distinkter sinnlicher Phänomene vollzieht sich in der Regel unbewusst, wodurch Geschlecht insgesamt eine „Naturalisierung“ (Butler 1997, S.133) erfährt. Dies hat zu Folge, dass das habitualisierte Geschlechterwissen als völlig selbstverständlich vorausgesetzt und nicht weiter hinterfragt wird (vgl. Hagemann-White 1988, S.225 u. S.230). So entsteht eine habituell verankerte ‘Genderbeflissenheit‘, welche mit Meuser auch als „habituelle Sicherheit“ (2006, S.312) bezeichnet werden kann. Letztere manifestiert sich insbesondere dadurch, dass das Geschlechterwissen zu einem festen

Bestandteil des „Körpergedächtnis[es]“ (Ölschläger 2005, S.244) wird. In ähnliche Weise bezeichnet Bourdieu den Körper auch als „Gedächtnisstütze“ (Bourdieu 1993, S.126):

> „Der Körper ‚weiß‘ wie man sich darstellen muss, um als Frau bzw. als Mann anerkannt zu werden; im Körper ist die Geschlechtlichkeit habitualisiert“ (Meuser 2006, S.118).

Dieses verkörperte Wissen wird auf der Grundlage mimetischer Vermittlungsprozesse sozial hergestellt (vgl. Wulf 2001a, S.257), dies entspricht der „[...] Inkorporierung einer lebensgeschichtlich erworbenen Darstellungspraxis“ (Meuser 2006, S.74), und andererseits diskursiv durchdrungen durch besagte kulturelle Symbolbildung. Beide Ebenen wirken auf die im Habitus verankerten „Wahrnehmungs-, Denk- und Handlungsschemata“ (Bourdieu 1993, S.101) ein und nehmen Einfluss auf die je aktuellen Praxisformen.

Abschließend kann festhalten werden, dass in Bourdieus Performativitätskonzept der Habitus bei der Herstellung von Männlichkeit und Weiblichkeit als performativ betrachtet werden kann. Bei ihm steht in diesem Zusammenhang der handelnde Körper stark im Mittelpunkt. Demgegenüber akzentuiert Butler stärker die diskursgenerierte kulturelle Geschlechternorm, wodurch die Relevanz des Körpers bei der Geschlechterherstellung eher zurücktritt. Demnach sind in Butlers Performativitätskonzept zuvorderst geschlechtliche Normen performativ, insofern selbige wiederholt werden.

Unabhängig davon, wie soziale Praxisäußerungen performativ hervorgebracht werden, ist für beide Theorieentwürfe letztlich zentral, dass ästhetische Erscheinungen in erster Linie durch Diskurse hergestellt und mit positiven oder negativen Konnotationen versehen werden. Letztere bilden schließlich die Legitimationsgrundlage für je unterschiedliche soziale Positionierungen von Männern und Frauen. Demnach werden „[...] objektiv klassifizierte Praxisformen [...], in klassifizierende, d.h. in ein symbolischen Ausdruck der Klassenstellung [...]“ (1987, S.284) transformiert.

1.2.2 Performativität und doing disability

Eine performative Betrachtungsweise legt nach Wulf und Weisser ihren Beobachtungsschwerpunkt auf die Art und Weise, wie etwas gesagt, gemacht oder getan wird (vgl. Weisser 2005a, S.23) und wie soziale Prozesse realisiert, verhindert oder verändert werden (vgl. Wulf 2001, S.12). Es stellt sich die Frage, in welchem Verhältnis dieser Sachverhalt zum Gegenstand (geistige) Behinderung steht.

Zur Beantwortung dieser Frage möchte ich bei den Disability Studies ansetzen, die sich mit dem (performativen) Fragekomplex beschäftigen, wie Behinderung als soziales Phänomen generiert wird (vgl. Renggli 2004, S.16f.). Bei geistiger Behinderung handelt es sich demnach gleichermaßen wie bei Geschlecht um keine essentielle Erscheinung, sondern um ein Produkt eines je aktuellen Gesellschaftsdiskurses. Mit Weisser kann gefolgert werden:

> „Die Feststellung einer [geistigen] Behinderung [ist] [...] an die Beobachtungsmöglichkeit einer Gesellschaft und spezifisch an das historisch institutionalisierte Konfliktfeld von Erwartungen [...]“(2005, S.22) gebunden.

Durch diesen diskursdurchdrungenen Erwartungshorizont können bestimmte Verhaltens- oder Körpererscheinungsformen den gewohnten Erwartungsrahmen solchermaßen irritieren, dass diese Erscheinungsformen mit dem Diskursgegenstand Behinderung assoziiert werden. Diese Irritation und die damit einhergehende Unterscheidung Nichtbehinderung/ Behinderung wird folglich erst durch die Einführung der Unterscheidung Erwartungserfüllung/ Erwartungsenttäuschung ermöglicht. Mit Weisser geht es hinsichtlich Behinderung allgemein um die „[...] Feststellung, dass etwas nicht geht, von dem man erwartet, *dass* es geht“ (2005, S.15 – Hervh. i. Orig.). Ihm zufolge handelt es sich bei Behinderung um einen „Konflikt zwischen Fähigkeiten und Erwartungen“ (2007, S.240f.)[20]. Auffällig an dieser Feststellung ist deren digitale Akzentuierung. Dieser möchte ich eine relativierende Sichtweise ergänzend gegenüberstellen, weil wir es heute bei genauer Betrachtung tendenziell eher mit analog verfassten Unterscheidungen bezüglich ja/ nein zu tun haben, die mit mehr oder weniger großzügig ausgelegten Übergangszonen ausgestattet sind[21]. Demnach ist die Chiffrierung ja/ nein analog mit Abstufungsgraden zu fassen, wodurch die digitale Unterscheidung etwas geht/ geht nicht in einen abgestuften (flexibilisierten) Modus überführt wird. Dies bedeutet: Etwas geht graduell unter bestimmten Bedingungen/ etwas geht graduell unter bestimmten Umständen nicht. Diese Unterscheidungsform genügt entsprechend auch den Ansprüchen eines prozessualen Begriffs von geistiger Behinderung.

Trotz der benannten Flexibilisierung haben wir es noch immer mit einer alltäglichen und zugleich funktionalen Bestimmung von Behinderung zu tun. Diese stellt allerdings eine bedeutsame „Beobachtung erster Ordnung“[22] (Luhmann 1999, S.93) dar, weil auf der Grundlage dieser Beobachtung im Nachhinein die Bedingungen beobachtet werden können, unter denen Behinderung hervorgebracht wird. Dass die Beobachtung von Erwartungsenttäuschungen durch bestimmte Normalitätsvorstellungen hervorgerufen wird, nimmt der Beobachter erster Ordnung nicht wahr. Für ihn ist dieser Tatbestand der sogenannte blinde Fleck seiner Beobachtungsentscheidung, den er nicht sieht (vgl. ebd. S.187). Nach Krause kann der Beobachter erster Ordnung entsprechend nur die sogenannte Was-Frage beantworten (vgl. 2005, S.95).

Während eines „[…] Beobachtens zweiter Ordnung […]"[23] (Luhmann 1999, S.144) besteht hingegen die Möglichkeit, die „[…] Wie-Ebene des Beobachtens" (Krause 2005, S.95) zu analysieren. Demzufolge kann durch die Einführung der zeitlichen Unterscheidung vorher/ nachher rekonstruiert werden, wie es zur Beobachtung des konstatierten Zustandes Behinderung gekommen ist. Auf dieser Ebene kann folglich beobachtet werden, wodurch ein bestimmtes Ereignis nicht erwartungsgemäß eingetroffen ist, wodurch auch der soziale Behinderungsaspekt doing disability in Erscheinung treten kann.

Die Differenz Behinderung/ Nichtbehinderung stellt nach Auffassung von Weisser ein transversales Unterscheidungsmoment der „[…] Selbstbeschreibung einer Gesellschaft […]" (vgl. 2005, S.41 u. S.65) dar. Hierdurch entwirft er einen universellen Beschreibungsrahmen von Behinderung, auf dessen Grundlage Behinderung nur durch Nichtbehinderung bzw. Normalität in Erscheinung tritt. Anzumerken ist, dass ein zu weit gefasster Rahmen oder gar das Fehlen eines solchen unweigerlich zu einer beliebigen Verwendung des Behinderungsbegriffes führen würde (zur genauen Begründung siehe nachfolgende Endnote[24]). Deshalb ist es notwendig, Behinderung außerhalb eines simplifizierenden funktionalistischen Rahmens zu denken, um die Aufmerksamkeit vom beeinträchtigten Individuum hin zur sozialen Bedingtheit von Behinderung lenken zu können. Dadurch ist es möglich, Behinderung nicht als Merkmal einer Person, sondern als soziales Verhältnis zu begreifen:

> Behinderung ist entsprechend mit Meyer Rey gesprochen nicht etwas an einem Menschen, „[…] sondern […] etwas zwischen ihm und anderen. Es geht dabei um Beziehungen, Relationen, um Kommunikationsphänomene" (1994, S.46)[25].

Im Hinblick auf Behinderung wird weiter evident, dass die Formunterscheidung Nichtbehinderung/ Behinderung in den Referenzrahmen eines Unterscheidungshorizontes von Gleichheit/ Ungleichheit eingeschrieben ist, wobei Behinderung maßgeblich in das Unterscheidungselement der Ungleichheit eingelassen ist (vgl. Weisser 2005a, S.42). Die Spezifikation von Ungleichheit erfolgt jedoch nicht nur auf einer deskriptiven Unterscheidungsebene, sondern zugleich auch auf einer normativen. Nichtbehinderung/ Behinderung stehen demnach gleicherweise wie Männlichkeit/ Weiblichkeit und die „[...] Grunddualismen (Kultur - Natur, Geist- Körper, Vernunft - Gefühl, Haben - Sein, Öffentlichkeit - Privatheit)[...]“ (Lutz/ Wenning 2001, S.17) nicht gleichwertig kongruent nebeneinander. Meist wird die linke Seite der genannten Begriffspaare als höherwertiger eingestuft. In diesem Zusammenhang gilt für den sozialen Gegenstand geistige Behinderung, dass die normative Bewertungsachse der Differenz Männlichkeit/ Weiblichkeit in der Regel über die Unterscheidung Nichtbehinderung/ Behinderung gelegt wird. Somit wird Männlichkeit mit Nichtbehinderung und Behinderung mit Weiblichkeit assoziiert (vgl. Schildmann 2004, S.19 u. 2000, S.90-92):

Nichtbehinderung = männliche Norm	**Behinderung = Abweichung von der männlichen Norm**
nichtbehinderte Männer sind ...	**(geistig) Behinderte und Frauen sind ...**
aktiv	passiv
stark	schwach
unabhängig (selbstständig)	abhängig von Hilfe (unselbstständig)
vernunftbegabt/ rational	unlogisch-irrational (emotional/ lieb)
kompetent	inkompetent

Abb.2: In dieser Tabelle sind auch wesentliche von Köbsell benannte Attributionen hinsichtlich Behinderung eingeflossen (vgl. 2010, S.23).

Das Zusammenspiel dieser Differenzachsen bedeutet für geistig behinderte Männer theoretisch, dass sie normativ betrachtet bezogen auf ihr männliches Geschlecht (Sex) auf der linken und bezogen auf ihre Behinderung (Disability) auf der rechten Unterscheidungsseite verortet werden können. Da allerdings sogenannte männliche Normen nur durch Nichtbehinderung als erfüllt betrachtet werden, nutzt geistig behinderten Männern theoretisch gesehen ihr männlicher Sex nichts. Sie werden demnach besonders durch ihre geistige Behinderung, welche gesellschaftlich als die am geringsten geschätzte Behinderungsform gilt (vgl. Cloerkes 1979, S.167f.), verweiblicht und in ihrer Männlichkeit herabgewürdigt. Damit teilen sie beispielsweise u.a. das Schicksal mancher homosexueller Männer, welche durch die Verletzung des Heteronormativitätsgebotes verweiblicht und somit als Männer diskreditiert werden (vgl. Connell 2006, S.100).

Abschließend möchte ich bezüglich doing disability eine Verbindung zu einigen Aspekten der genderspezifischen Performativitätskonzepte von Butler und Bourdieu herstellen. Zunächst kann festgehalten werden, dass es sich bei einer als normabweichend identifizierten Performanz eines geistig behinderten Menschen nicht um ein behindertes Tun bzw. ein funktional eingeschränktes Tätigsein handelt. Vielmehr sind solche Beobachtungen gleichermaßen wie Geschlecht wiederum als „Materialität“ (Butler 1997, S.345) bzw. als „materielle[r] Effekt“ (ebd. S.34) des Diskurses zu betrachten. Dieser Effekt entfaltet entsprechend negative performative Wirkungen. Diese äußern sich in sozialen Ausschlusspraxen bzw. in Teilhabe- und Ressourcenbarrieren, wodurch ein behindertes Subjekt erst erzeugt wird.

Wie bereits erwähnt, sichert das soziale Geschlecht seine vergeschlechtlichten Körperäußerungen (Performanzen) auf der Grundlage eines regulativen und konstitutiven Normalitätshorizontes ab, der in den Habitus vergeschlechtlicht eingeschrieben vorliegt und von dort auf die Sozialseite des Habitus vergeschlechtlichend wirkt. Dies bedeutet übertragen auf doing disability, dass die Performanz einer nichtbehinderten Person oder nichtpersonalen sozialen Umwelt (architektonische Barrieren, Einschränkung der Bildungsteilhabe durch Sonderpädagogisierung etc.) ihre materiellen oder immateriellen Erwartungen auf der Grundlage unterschiedlich stark akzentuierter regulativer und konstitutiver Regel absichert. Infolgedessen können bestimmte negative performative Wirkungen in Form von doing disability erzeugt werden. Das bedeutet jedoch nicht, dass jede Umweltperformanz (Handlung, Normvorstellung und Objektivierung derselben) zugleich auch performativ sein muss. Hierauf haben bereits Butler (vgl. 1998), Bourdieu (1990) und Austin (1972), obgleich in sprachpragmatischer Akzentuierung, hingewiesen. In diesem Zusammenhang möchte ich lediglich drei Aspekte aufgreifen, die mir für doing disability relevant erscheinen.

1) Zunächst sei auf die Kritik Bourdieus an der Sprechakttheorie verwiesen: Sprache als „symbolische Macht“ (1990, S.71) entwickelt ihm zufolge ihre performative Wirkung nicht aus sich selbst heraus:

> Die „Macht der Wörter ist nichts anderes als die *delegierte Macht* des Sprechers, und seiner Worte – das heißt untrennbar der Gegenstand seines Diskurses und seiner Art zu sprechen – sind allenfalls ein Beweis – neben anderen – der *Delegationsgarantie*, mit der er versehen ist. […] In Wirklichkeit ist der Sprachgebrauch […] von der sozialen Position des Sprechers abhängig“ (ebd. S.73f. – Hervorh. i. Orig.).

Übertragen auf geistig behinderte Menschen kann dieser Einwand bedeuten, dass sie durch ihren oft entmündigten Rechtsstatus womöglich in kaum einer Situation als legitime Sprecher in eigener Sache in Erscheinung treten können. Sie müssen folglich darauf vertrauen, dass ihr selbstbestimmter Präferenzhorizont von gesetzlichen Begleitern oder Assistenzkräften aufgegriffen wird. Ist dies nicht der Fall, dann sind sämtliche Äußerungen dieser Personen wirkungslos.

2) Eine Performanz ist gegebenenfalls auch deshalb nicht performativ, weil jener womöglich keine hintergründige Konvention zugeordnet werden kann: Dies führt dazu, dass die jeweiligen diskursiven oder nicht-diskursiven Äußerungen ihre illokutionäre Kraft verfehlen, weil diese nicht mit einem 'Tun' zeitlich zusammentreffen. Als Beispiel ließe sich hier der Aspekt der De-Kategorisierung von geistiger Behinderung anführen, wodurch auf einer pädagogischen, juristischen oder administrativen Ebene die Grundlage für einen Nachteilsausgleich eliminiert werden würde. Dessen Einforderung (Performanz) bliebe somit wirkungslos, weil mit diesem Äußerungsakt keine normative Rechtsgrundlage zitiert werden könnte. Demnach würde doing disability hervorgebracht werden, weil dann kein Rechtsanspruch auf besondere Fördermaßnahmen bestünde.

3) Eine Performanz kann unter der Voraussetzung nicht performativ sein, wenn diese vom Angesprochenen nicht mitvollzogen wird: Butler beschreibt diesen Sachverhalt in Anlehnung an eine „Anrufung" (Althusser): Ein Polizist ruft „Hallo, Sie da!", worauf sich der Angerufene umdreht und somit als Subjekt, bzw. als Bürger subjektiviert wird (vgl. Butler 1998, S. 42f.). Butler konstatiert, dass bei Althusser die Anrufung noch ausschließlich einseitig ausgerichtet sei (vgl. 1997, S.173), was bedeutet, dass lediglich der Polizist eine Konvention zitiert und somit den Angerufenen zu einem Bürger macht. Sie erweitert den Gedankengang Althussers, indem sie auch die Subjektseite mitdenkt. Nach ihrem Dafürhalten muss der Angerufene den ihm auferlegten Subjektstatus anerkennen. Ist dies nicht der Fall, verfehlt eine Illokution ihre Wirkung. Durch die Nicht-Anerkennung besteht aus ihrer Sicht die Möglichkeit, dass eine Konvention aufgehoben oder verschoben werden kann (vgl. 1997, S.174).

Dieser Sachverhalt scheint mir auch hinsichtlich geistiger Behinderung relevant. Eine Person, welche als geistig behindert beobachtet und infolgedessen in dieser Form bezeichnet wird, vollzieht diesen Subjektstatus womöglich ebenfalls nicht mit. Im weiter oben angeführten Freizeitparkbeispiel hätte der junge Mann der Aufsichtsperson folglich einfach entgegnen können, dass er gar nicht behindert sei und infolgedessen sehr wohl an der Achterbahnfahrt teilnehmen darf.

Zusammenfassend lässt sich festhalten, dass Behinderung im Sinne von doing disability innerhalb einer performativen Theorie grundsätzlich „nicht als Unterschied des Seins, sondern als Unterschied in der Art und Weise, wie etwas vollzogen wird", betrachtet werden muss (Weisser 2005a, S.43). Folglich geht es nicht um Menschen, die auf der Basis ihrer Performanz behindert sind, sondern um körperliche Äußerungsformen, die auf der Grundlage gesellschaftlicher Normerwartungen den „[...] gesellschaftlichen Minimalvorstellungen über eine allgemeine Leistungsfähigkeit [...]" (Feuser 1981, S.127) als behindert bezeichnet werden. Doing disability wird folglich diskursiv durch die Wiederholung dieser Normen seitens eines Außenbeobachters oder durch eine soziale Umwelt hervorgebracht, welche Ressourcen und Zugangsmöglichkeiten reduziert. Daraus folgt, dass die Materialität von doing disability zweidimensional betrachtet werden muss. Einerseits geht es um die Materialität eines Subjektes, dass in einer bestimmten Situation als behindert wahrgenommenen wird, wodurch ein zurückliegender subjektivierender Behinderungsdiskurs im aktuellen Kontext wiederholt wird. Zum anderen geht es jedoch auch um die Materialität ideeller und manifester Barrieren (Normalitätsvorstellungen und Ressourcen/ Zugangsmöglichkeiten). Obgleich oder gerade weil die zurückliegenden Machteffekte (Normalitätsdiskurse) in diesen Barrieren verdeckt vorliegen, können diese verschleiert eingelagerten Diskurse dahingehend wirksam sein, dass sie doing disability aktuell erzeugen und verfestigen. Für geistige Behinderung und für Geschlecht (im Besonderen Männlichkeit) gilt gleichermaßen, dass Normalität das wesentliche Bindeglied zwischen diesen Prozesskategorien darstellt (vgl. Schildmann 2001, S.7). Demnach ist der wesentliche Untersuchungsgegenstand im eigentlichen Sinne nicht Männlichkeit und geistige Behinderung, sondern Normalität und Normabweichung.

Im nächsten Arbeitsabschnitt stellt sich die Frage, um welche Normalität(en) es sich bei diesem Bindeglied oder dem kleinsten gemeinsamen Nenner der genannten Differenzkategorien grundsätzlich handelt.

1.2.3 Zur Herstellung von Normalität

Grundsätzlich liegt Normalität in drei 'Aggregatzuständen' vor:

- „'normative Normalitäten' [...] (ethische) Norm Brauch(tum), Sitte(n) (juristische) Norm, Gesetze" (Link 2003, S.10)

Diesen Normalitätstyp haben wir bei Butler und Searle in seiner präskriptiven Ausrichtung bereits kennengelernt. In diesem Zusammenhang ging es um regulative Regeln. Demnach handelt es sich bei diesen Normen um präskriptive Normen. Diese sind dem Handeln vorgängig.

- „,Norm‘ im Sinne von ‚Üblichkeit‘ Habitus/ Gestus“ (ebd.), habitualisiertes lebensweltbezogenes Alltagswissen

Link sieht diese habitualisierten Idealvorstellungen und Alltagsnormen ebenfalls in der Nähe präskriptiver Normen. Beide Normalitätsformen sind ihm zufolge als „[...] präskriptive Erfüllungsnorm[en] (ja/ nein) mit präfixierter Sanktion idealtypisch dem Handeln präexistent [...]“ (ebd.) zu betrachten. Mit anderen Worten ist dem Handelnden vor seiner mehr oder weniger bewussten Handlungsentscheidung bekannt, wie er sich verhalten sollte und mit welchen Konsequenzen er bei Verhaltensverfehlungen zu rechnen hat. Dieser Sachverhalt gilt entsprechend auch für Männlichkeit innerhalb eines eher traditionalistischen Assessmentrahmens. Bei Nichterfüllung bestimmter Männlichkeitsnormen (Heterosexualität, Stärke, Durchsetzungsfähigkeit etc.) droht ein relativer Ausschluss aus der jeweiligen männlichen Bezugsgruppe oder eine Inferiorisierung innerhalb derselben.

- normalistische Normalitäten (deskriptiv-statistische Normen) (vgl. ebd.).

Normalistische Normen hingegen identifiziert Link als „[...] Orientierungsmarke[n] von Zentraltendenzen eines normal range [...] [‚welche] idealtypisch dem Handeln postexistent“ (ebd.) sind. Diese Normen betreffend werden Verhaltensäußerungen und andere ästhetische Tatbestände ex post aufgegriffen, durch massenhaftes Verdaten erfasst und zugleich als sozial-empirische Evidenzen erzeugt. Der Normalismus ist demnach rezeptiv und generativ zugleich. Infolgedessen handelt es sich um ein normalistisch-diskursives Ereignis (vgl. Link 1997, S.16). Link zufolge liegt die wesentliche Funktion normalistischer Normalitäten in der Kompensation entropischer Dynamiken der Moderne (vgl. 1998, S.96).

Konkret wird durch die Schaffung einzelner „**Basis-Normalfelder**“ (Link 1997, S.321 - Hervorh. i. Orig.) eine Ordnung hergestellt, wodurch diverse Alltagsphänomene (Erscheinungen) homogenisiert werden (vgl. ebd. S.75). Diese Normalfelder differenziert Link wie folgt:

> „Basis-Normalfelder [...] ‚Leistung’, ‚Intelligenz’, ‚Motivation’ (incl. ‚Optimismus/ Pessimismus’), ‚Sicherheit’, ‚Gesundheit’ bzw. ‚Streß’ (incl. ‚mental health’), ‚soziale Kohäsion/Solidarität’ [...], ‚soziale Adaption/ Inadaption’ [...], ‚soziales Prestige’, ‚sexuelle Befriedigung’ [...]“ (ebd.).

Auf der Grundlage dieser Normalfelder werden durch spezielle wissenschaftliche Diskurse unterschiedliche Skalierungen und Graduierungen eingeführt. Die so entstehenden „statistische[n] Steuerungs- bzw. Verteilungskurven [werden] mit Durchschnittswert, Normalitätsspektrum, Grenzwerten und Anormalitätszonen“ (1997, S.76) ausgestattet. Exemplarisch sei hier hinsichtlich einer psychologischen Sichtweise von geistiger Behinderung die gaußsche Normalverteilungskurve des Intelligenzquotienten genannt. Nach diesem Normalverteilungsmodell wird Intelligenzminderung und geistige Behinderung folglich statistisch visualisiert. Mit dieser Kurve wird nicht nur ein intelligenzbezogener Durchschnittswert generiert, sondern auch mehr oder weniger flexible Übergangszonen definiert. In diesem Zusammenhang sind zwei sich gegenüberstehende Normalismusstrategien, namentlich „**Protonormalismus vs. Flexibilitätsnormalismus**“ (ebd. S.75 – Hervorh. i. Orig.) zu nennen. Diese Strategien legen bezogen auf das Basis-Normalfeld Intelligenz das intelligenzbezogene Normalitätsspektrum mit seinen inneren und äußeren Grenzen fest. Auf der Grundlage dieses quantitativen Spektrums wird dann mehr oder weniger flexibel definiert, ab welchem Messwert von einer Intelligenzminderung, Lern- oder geistigen Behinderung oder von einer überdurchschnittlichen Intelligenz bzw. Hochbegabung gesprochen werden kann.

Die gerade genannten Normalismusstrategien werden jetzt kurz näher vorgestellt. Zum besseren Verständnis ihrer Funktionsweisen wird auch ein kurzer historischer Rückblick bezogen auf unterschiedliche Subjektivierungsformen notwendig sein. Durch das Aufzeigen dieser Entwicklungslinien wird zugleich ein Vorschlag zur weiteren Begründung zur Flexibilisierung von Männlichkeit unterbreitet. Mit Hilfe der Darstellung dieser Diskursstrategien ist es zudem möglich, bestimmte Veränderungen des Gegenstandes geistige Behinderung innerhalb der Reformbemühungen und Paradigmenwechsel im Bereich der Heil- und Sonderpädagogik zu erklären.

Protonormalismus

Die Namensgebung dieser Normalismusform resultiert daraus, dass durch diese Strategie ein idealtypisches Muster (Prototyp) erzeugt wird (vgl. Link 1997, S.192). Erstmals trat der Protonormalismus im 18. Jahrhundert in Erscheinung und gehörte bis ins 20. Jahrhundert hinein zur bevorzugten Normalismusvariante (vgl. Link 1997, S.139f. u. 1998, S.96):

> Der „[…] Protonormalismus setzt ‚außengelenkte' Subjektivität, ‚Disziplinierung', ‚Dressur' und ‚Repression' voraus […]" (Link 1998a, S.266) und bildet hinsichtlich der Basis-Normalfelder jeweils starr und stabil verfasste „Stigmagrenzen" (Link 1997, S.349).

Demnach weist diese Normalisierungsstrategie ein enges Verhältnis zur Normativität auf (vgl. Link 2002, S.541f.). Diese Prototypisierung stand zunächst im engen Verhältnis zur Disziplinarmacht (Foucault 1977), die unmittelbar auf den Körper bezogen war. Durch die Einführung einer „Mikrophysik der Macht" (ebd. S.178) wurde ein Instrumentarium bereitgestellt, welches den Körper mit räumlich und zeitlich subtil abgestimmten Zwängen belegen sollte, um einen nützlichen und gelehrsamen Körper zu erzeugen. Diese Manipulation der Körper durch dauerhafte Unterwerfung erfolgte auf der Basis detaillierter Körperkontrollen (vgl. ebd. S.173-175). Diese zielten darauf ab, „[…] Zugriffe auf der Ebene der Mechanik ins Kleinste gehen zu lassen: Bewegungen, Gesten, Haltungen, Schnelligkeit" (ebd. S.175). Zur Ermöglichung dieser Zugriffe wurden sogenannte lebende Tableaus formiert, wodurch eine Taxonomie einer empirisch evidenten Vielfalt hergestellt wurde (vgl. ebd. S.190f.). Das Tableau hatte demnach eine ordnende Funktion, indem es sich auf bereits bestehende begriffliche Wahrnehmungsräume bezog und eine korrelative Umschichtung derselben vornahm (vgl. Foucault 1973, S.127). Folglich ging es um eine weitere Differenzierung bereits bestehender Identitäten (bspw. Kranke, Delinquente, zu Erziehende), welche auf der Grundlage ihrer individuellen Besonderheiten taxonomisch klassifiziert wurden (vgl. Foucault 1977, S.191).

Protonormalismus und Männlichkeit

An diesen Strategietyp anschließend kann für hegemonialen Männlichkeit konstatiert werden, dass auf der Grundlage äußerst rigider Vorstellungen von Männlichkeit ab dem 18. bis weit ins 20. Jahrhundert hinein von einer vorzugsweise protonormalistisch verfassten hegemonialen Männlichkeit ausgegangen werden kann. In diesem Zusammenhang sind insbesondere für die Bereiche Wirtschaft, Politik und Militär die Basisnormalfelder Intelligenz und Leistung von großer Relevanz[26].

Bezogen auf das Habituskonzept Bourdieus kann hinsichtlich Protonormalismus auch von einem protonormalistischen männlichen Habitus gesprochen werden, in dem vorzugsweise regulative Regeln bzw. normative Normen verankert sind. Letztere werden dann zitiert, wenn Männer eher stereotype bzw. traditionelle Formen von Männlichkeit hervorbringen, die sich eng an den in Kap. 1.1.2 dargestellten Eigenschaften orientieren, die gesellschaftlich als männlich konnotiert gelten.

Protonormalismus und geistige Behinderung

Im Hinblick auf den Gegenstand geistige Behinderung und dessen Verhältnis zur Sonderpädagogik kann für den Protonormalismus konstatiert werden, dass sich diese Diskurstrategie noch bis in die 1970er Jahre hinein stark auf die Bestimmung des Verhältnisses von Behinderung und Nichtbehinderung ausgewirkt hat. Während dieser Zeit wurde noch stringent unterschieden, wer als behindert/ nichtbehindert bzw. normal/ anormal zu gelten hatte (vgl. Schildmann 2004, S.124). Dies zeigte sich insbesondere während der Anfangszeit der Integrationspädagogik, als man noch von einer sonderpädagogischen Sichtweise von Integration ausging (vgl. Hinz 2007). Letztere war durch eine ‚Zwei-Gruppen-Theorie‘ (Moser/ Sasse 2008, S.110) gekennzeichnet. Dementsprechend wurde noch ganz nach protonormalistischer Manier bezogen auf behinderte Personen auf der Basis der „[...] Unterscheidung ‚integrierbar‘ und ‚nichtintegrierbar‘[...]“ (Schildmann 2004, S.126) verfahren. Daran anschließend entschied der Grad der Behinderung über das Ausmaß der Besonderung (vgl. Hinz 2002, S.356). Hierbei galt die Regel: „Je fitter, desto integrierbarer, je schwächer, desto weniger integrierbar“ (ebd.). Der protonormalistische Einfluss zeigte sich zu jener Zeit auch an der Bestimmung von Lernbeeinträchtigungen. Letztere wurde zuvorderst als eine „[...] negativ sanktionierte Normabweichung“ (Eberwein 1975) verstanden. Möglich wurde diese Bestimmung wiederum durch einen protonormalen Rückbezug auf das Basis-Normalfeld Leistung. Letzteres betrachtet Schildmann als zentrales Normalfeld für Behinderung allgemein (vgl. 2004, S.12). Die Basisnormalfelder Gesundheit und Intelligenz sind dem Normalfeld Leistung nachgeordnet, weil sich diese vorzugsweise auf den Leistungsaspekt beziehen (vgl. ebd.).

Flexibilitätsnormalismus

Im weiteren historischen Verlauf wurde die körperakzentuierte Disziplinarmacht zusehends durch eine ‚Bio-Macht‘ (Foucault 1983, S.135) abgelöst. Diese Machtformen betreffend beschreibt Foucault erstmals einen Machtbegriff jenseits von Repression. Foucault zufolge setzt die Disziplinarmacht noch ausschließlich auf Verbot oder Zensur. Dies ist eine ressourcenarme und von Monotonie geprägte Taktik, die außerstande ist, etwas zu produzieren (vgl. ebd. S.87):

> Demgegenüber repräsentiert die Bio-Macht eine Machtform, die „[...] dazu bestimmt [ist], Kräfte hervorzubringen, wachsen zu lassen und zu ordnen, anstatt sie zu hemmen, zu beugen oder zu vernichten“ (ebd. S.132).

Vordringliches Ziel dieser Macht war die Sicherung des Gesellschaftskörpers (vgl. ebd.). In diesem Zusammenhang tritt das „Subjekt der Bevölkerung“ (Foucault 2000, S.62) in Erscheinung. Wichtig ist jedoch zu sehen, dass der disziplinierende Zugriff auf den individuellen Körper mit dessen Auftauchen nicht einfach aufgehoben war, sondern in der Bio-Macht weiterhin bestehen blieb (vgl. Foucault 1983, S.135).

Ferner muss noch eine weitere Machtform Erwähnung finden, die im modernen Staatswesen in transformierter bzw. säkularisierter Form wieder aufgegriffen wurde, namentlich die „pastorale Macht“ (Foucault 2006, S.218). Diese dem christlichen Pastorat entstammende Machtvariante war noch gänzlich auf die Regierung der Seelen ausgerichtet, die auf ein jenseitiges Leben vorbereitet werden sollten (vgl. ebd. S.279). Im Sinne einer biblischen Metaphorik rekurriert Foucault in diesem Zusammenhang auf den guten Hirten (vgl. ebd. 247f.). Innerhalb der modernen Regierungsrationalität tauchte diese Machtfigur in transformierter Form wieder auf (vgl. Lemke 2007, S.36), indem es jetzt darum ging, den Menschen in der diesseitigen Welt Sicherheit, Schutz und ausreichende Mittel zu gewährleisten (vgl. Foucault 1994, S.249).

In diesem Kontext ist die gouvernementale Macht, bzw. ‘Gouvernementalität‘ zu nennen, die an die Pastoralmacht anknüpfte (vgl. Foucault 2006a, S.268). Das Hauptcharakteristikum ersterer Machtform stellt die Regierung bzw. die Lenkung (gouvernement) dar (vgl. Foucault 2000, S. 51). Diese Lenkungspolitik war maßgeblich dahingehend ausgerichtet, Bedingungen zu eröffnen, unter denen die Bevölkerung frei sein konnte (vgl. Foucault 2006a, S.97). Freiheit bedeutet im Sinne Foucaults das aktuelle Verhältnis zwischen Regierenden und Regierten“ (ebd.). Macht steht demnach für eine „[...] komplexe strategische Situation [...]“ (Foucault 1983, S.94) ohne fest bestimmbares Machtzentrum (vgl. ebd.). Wesentlich ist, dass von einem relationalen Machtverhältnis nur unter der Prämisse der Freiheit gesprochen werden kann. Den Interaktionsteilnehmern müssen demnach immer mehrere Handlungsoptionen zur Verfügung stehen (vgl. Foucault 2005, S.256f.). Die gouvernementale Macht formierte dementsprechend diverse „Sicherheitsdispositive“ (Foucault 2000, S.64) und griff damit die Bedürfnisse der Bevölkerung auf. Im Zuge dessen wurden bevölkerungsbezogene Statistiken erstellt, aus denen Regelhaftigkeiten im Hinblick auf Krankheitsraten, Unfallhäufigkeiten, Sterberate, diverse Handlungsweisen [...] etc. [...] in quantifizierter Form abgeleitet wurden. Diese statistischen Bevölkerungsdaten flossen in Form optimierter Mittelwerte als Bevölkerungswissen in die besagten Sicherheitsdispositive ein und fungieren dort als Vergleichshorizonte eines utilitaristischen Kalküls (vgl. Foucault 2006, S.19f.).

Im Wesentlichen bleibt festzuhalten, dass die Sicherheitsdispositive jenseits gesetzlicher Präskriptionen funktionierten (vgl. Foucault 1978, S.94). Wesentlich war jetzt nicht mehr eine Norm des Gesetzes, sondern empirische Normalitäten (vgl. Lemke 1997, S.126-150 u. Link 1998a, S.254). Letztere waren in ihren Normalitätsgrenzen nicht ein und für allemal festgelegt, sondern stets der Diskussion und Veränderung unterworfen (vgl. Link 2002, S.540f.). Im Rahmen dieser Flexibilisierung richteten sich die Subjekte an den quantifizierten Normalitäten aus, so dass von einem Subjekt der Selbstlenkung gesprochen werden kann (vgl. Foucault 1994, S.246f.). Für den Flexibilitätsnormalismus war diese Veränderung des Subjektbegriffs von herausragender Bedeutung:

> Diese Normalismusstrategie operiert gegenüber dem Protonormalismus deshalb „[...] mit möglichst ‚breiten' Übergangszonen und mit Taktiken, die auf die ‚Inklusion und ‚Integration' möglichst großer Abschnitte der borderlines in die Normalität zielen" (Link 2001, S.83).

Die Übergangsbereiche zwischen Normalität und Anormalität wurden entsprechend flexibilisiert. Hierdurch entstand ein größeres Spektrum an Freiheit, in dem sich die angesprochene Selbstlenkung realisieren konnte (vgl. Link 1997, S. 80).

Abschließend sei darauf hingewiesen, dass die diskursiv hergestellten proto- und flexibelnormalistischen Normalitäten grundsätzlich in den Habitus integriert werden:

> „Durch den Vorgang der ständigen Wiederholung normierender, diskursiver Konstruktionen [...] entstehen individuelle und kollektive Dispositionen im Subjekt. [...] Dispositionen, als (Subjekt-)Effekte von Diskursen erzeugt, gewährleisten, daß Diskurse materielle Existenzweisen hervorbringen [...] [und] zu inneren [und äußeren Haltungen - M.Z.] werden, ja mehr noch, als subjektive und milieuspezifische ‚Natur' erscheinen" (Bublitz 2003, S.158).

Die Selbstanpassung vollzieht sich im Hinblick auf den Habitus solchermaßen, dass die auf der Grundlage der normalistischen Diskursstrategien gewonnenen Quantitäten im Habitus verankert werden[27]. Durch diese Habitualisierung entwickelt das Subjekt eine Vorstellung davon, inwieweit sein Handeln, sein Verhalten oder sein physisch/ psychischer Zustand noch als normal betrachtet werden kann.

Flexibilitätsnormalismus und Männlichkeit

Hinsichtlich Männlichkeit kann konstatiert werden, dass es heute, wie bereits weiter oben angesprochen, eine größere Anzahl an Männlichkeitskonzepten gibt, die gegenüber den protonomalistischen Männlichkeiten auch eher flexibelnormal angelegt sind (Heilmann 2007, S.14)[28]. Diese Feststellung ist als Indiz dafür zu werten, dass hegemoniale Männlichkeit aktuell teilweise eine flexible Normalisierung erfahren hat. Auf der Grundlage dieser Feststellung werden heute teilweise auch eher flexibelnormalistische Männlichkeiten auf der Sozialseite des männlichen Habitus hervorgebracht, welche die vermeintlichen Unterschiede zwischen Männern untereinander und Männern gegenüber Frauen eher glätten als betonen. Für diesen Fall gilt entsprechend, dass sich Männer dieser Männlichkeitsform eher auf konstitutive Regeln bzw. Geschlechternormen beziehen und weniger auf regulative Regel. Hierdurch können sehr viel flexibler gestaltete Männlichkeiten realisiert werden.

Flexibilitätsnormalismus und geistige Behinderung

Flexibelnormalistische Tendenzen lassen sich auch innerhalb der Sonderpädagogik entdecken. Zum einen wird dies daran deutlich, dass sich die theoretische Stoßrichtung in den letzten zwei bis drei Jahrzehnten dahingehend verschoben hat, dass heute nicht nur der Blick auf Behinderung gerichtet wird, sondern vielmehr auf den Gegenbegriff dieser Kategorie, namentlich Normalität (vgl. Schildmann 2001, S.7). Demzufolge werden Probleme des Lernens vorzugsweise als Gegenstand von Normalität und weniger als Gegenstand von Behinderung betrachtet (Lingenauber 2001, S.125). In diesem Zusammenhang ist zu erwähnen, dass sich im Zeitraum von 1970-2000 in der Sonderpädagogik eine Verschiebung vom Protonormalismus hin zum Flexibilitätsnormalismus vollzogen hat (vgl. Lingenauber 2003, Schildmann 2004). Diese Tendenz zeigt sich insbesondere in den Reformbewegungen der Behindertenpädagogik, namentlich dem Normalisierungsprinzip, den integrationspädagogischen Bemühungen und dem Selbstbestimmungsprinzip (vgl. Weinmann 2001, S.34). Konkret geht es hierbei um die Auflösung der protonormalistischen Trennung von sogenannten Regel- und Sonderschülern (vgl. 2004, S.26). Dementsprechend kam es zu einer Relativierung dieser starren Trennung, weil die bildungsbezogenen Normalitätsgrenzen ausgedehnt wurden (vgl. ebd. S.126). Diese flexibelnormalistische Tendenz zeigt sich konkret an Konzepten wie „Gemeinsames Lernen am gemeinsamen Gegenstand“ (Feuser 1998). Bei Feuser könnte man an anderer Stelle sogar von einer radikalen Flexibilitätsnormalisierung sprechen, welche sich in seiner provokanten These „Geistigbehinderte gibt es nicht“ (1996) ausdrückt.

Auch bei Prengel finden sich solche konsequenten Flexibilisierungstendenzen in ihrem Entwurf einer „Pädagogik der Vielfalt“ (1995). Dort plädiert sie für eine Auflösung sämtlicher Heterogenitätsgrenzen, um „empirisch *und* theoretisch begründet [...] ein nichthierarchisches, freiheitliches und entwicklungsoffenes Miteinander der Verschiedenen [...]“ (ebd. S.96, Hervorh. i. Orig.) zu befördern. Damit bewegt sich Prengel auf der Ebene der Inklusionspädagogik. Bezogen auf Inklusion geht es im Gegensatz zu einer sonderpädagogischen Sichtweise von Integration um eine integrationspädagogische Sicht von Integration (vgl. Hinz, 2007, S.86). Nach diesem Entwurf soll entsprechend die „[...] *Vorstellung von zwei Gruppen innerhalb einer Klasse* [...]“ (ebd. S.84, Hervorh. i. Orig.) aufgehoben werden.

Zum Schluss sei betont, dass es grundsätzlich ungerechtfertigt wäre, den Flexibilitätsnormalismus gegenüber dem Protonormalismus als die bessere Normalisierungsstrategie zu betrachten (vgl. Waldschmidt 2003, S.133). Dies leitet sich daraus ab, dass auch der Flexibilitätsnormalismus eine Grenze hat, deren Überschreitung zwangsläufig zur Anormalisierung führt (vgl. Link 1997 S.340f.). In Bezug auf Männlichkeit bedeutet dies, dass sich bei der Übertretung einer bestimmten Anzahl an Männlichkeitsnormen die Wahrscheinlichkeit erhöht, dass es zu einem relativen sozialen Ausschluss von denjenigen Männern kommt, die eher alternative bzw. flexibelnormalistische Männlichkeiten generieren.

Ich schließe an dieser Stelle meine theoretischen Überlegungen zu geistiger Behinderung und Männlichkeit und wende mich jetzt der qualitativen Untersuchung dieser Gegenstände auf der Grundlage meiner zentralen Forschungsfragen zu. In diesem Zusammenhang muss zunächst die methodische Vorgehensweise dargelegt werden.

2. Forschungsdesign der Untersuchung

2.1 Kontextualisierung der Stichprobe

Die vorliegende Untersuchung wurde in einer in kirchlicher Trägerschaft befindlichen Großeinrichtung der Behindertenhilfe in Südhessen durchgeführt. Letztere umfasste eine sogenannte Schule für Praktisch Bildbare, ein Wohnheim für überwiegend geistig behinderte Personen und eine Werkstatt für behinderte Menschen (WfbM). Hauptzielpersonen waren wie bereits erwähnt leicht bis mittelgradig geistig behinderte Männer im (jungen) Erwachsenenalter. Insgesamt wurden vier Männer mit diesen Merkmalen aus dem Wohnbereich einer Behinderteninstitution ausgewählt und interviewt. Hauptkriterium bei der Stichprobenwahl war allerdings nicht nur Lebensalter und Behinderungsgrad, sondern auch der Faktor soziale Herkunft.

Ferner wurden auch Interview- u. Beobachtungsdaten innerhalb des Erwerbsarbeitssektors erhoben. Dort wurden drei Werkstattgruppen einer WfbM, namentlich Metallwerkstatt, WfbM-Küchengruppe und eine Montage-Verpackungsgruppe ausgewählt. Der Kontext Behindertenwerkstatt wurde deshalb gewählt, weil sich in den Erzählungen der Untersuchungsteilnehmer ein deutlicher Schwerpunkt des Lebensbereiches Arbeit abgezeichnet hat. Bei der Wahl besagter Werkstattgruppen standen drei Kriterien im Vordergrund. Zur Erhöhung der Wahrscheinlichkeit der Datenvariabilität sollten sich die Arbeitsgruppen tätigkeitsbezogen und hinsichtlich der Verhältnisse der Geschlechterverteilung voneinander unterscheiden. Zudem wurde darauf geachtet, dass in den gewählten Arbeitsbereichen auch männliche Mitglieder gearbeitet haben, welche über die gleichen zuvor benannten alters- und behinderungsbezogenen Merkmale verfügt haben. Teilweise wurden diese Arbeitsgruppen allerdings auch deshalb favorisiert, weil ich die Interviewprobanden in ihrem Arbeitsalltag beobachten wollte.

Man könnte einwenden, dass die Anzahl der untersuchten Männer und Werkstattgruppen zu gering bemessen wäre. Diesem möglichen Einwand möchte ich damit begegnen, dass die Aussagekraft qualitativer Daten nicht unbedingt von der Anzahl der Stichproben abhängt (vgl. Pixa-Kettner 1996, S.53). Wesentlich bedeutsamer als die Menge der erhobenen Fälle ist vielmehr die Einhaltung des Gebotes maximaler Verschiedenheit und Ähnlichkeit der entdeckten Tatbestände (vgl. Glaser/ Strauss 1998, S.66f.). Hierdurch wird eine Kontrastierung der Fälle sichergestellt, um einer Vereinseitigung der Untersuchungsergebnisse entgegenwirken zu können.

2.2 Methodische Vorgehensweise

An dieser Stelle wird dargelegt, mit welchen Erhebungs- und Auswertungsinstrumenten ich die Forschungsfragen empirisch erschlossen habe. Die erste Forschungsfrage setzt sich mit dem zweidimensional verfassten männlichen Habitus geistig behinderter Männer auseinander, während sich die zweite Frage auf die Herstellungsbedingungen von Männlichkeit bezieht. Diese Fragen betreffend war es notwendig, erhebungstechnisch auf mehrere Methoden zurückzugreifen. Wie im Theorieteil dieser Arbeit bereits dargelegt, stellt der männliche Habitus ein Konstrukt dar, welches sich einem expliziten Zugang weitgehend entzieht. Es können zwar durchaus kognitive Einstellungsanteile (explizites stereotypes Geschlechterwissen) hinsichtlich Männlichkeit offengelegt werden, der größte Anteil des Männlichkeitswissens liegt allerdings auf einer latenten Ebene eines praktischen Bewusstseins. Auf dieses Wissen kann demnach nur rekonstruierend geschlossen werden. Die von mir durchgeführte Forschung zielt demnach auf die individuellen Lebensentwürfe und die Dimension der Geschlechtsidentität des männlichen Habitus ab. Um dementsprechend die subjektiven Deutungsmuster von Männlichkeit zu erfassen, war es notwendig, Datenmaterial zu generieren, welches eine Rekonstruktion „subjektive[n] Sinns“ (Bourdieu 1993, S.122) zulässt. Demzufolge wurden „narrative Interviews“ (Schütze 1977) - im Besonderen „biografisch narrative Interviews“ (Fischer-Rosenthal/ Rosenthal 1997, S.414) durchgeführt.

Die körpernahe Habitusdimension des männlichen Habitus wurde hingegen über „*teilnehmende Beobachtung*[en]“ (Lüders 2005, S.385, Hervorh. i. Orig.) erforscht. Letztere Erhebungsmethode war über den Habitusaspekt hinaus auch im Hinblick auf die Herstellungsbedingungen von Männlichkeit und geistige Behinderung relevant. An manchen Stellen war es zudem erforderlich, „Experten-Interview[s]“ (Flick 2007, S.214) mit behinderten Werkstattmitarbeitern und nichtbehinderten Assistenzkräften innerhalb des untersuchten Feldes (WfbM) zu erheben. Diese Interviews dienten der Klärung offener Fragen und der weiteren Vertiefung bereits entdeckter Sachverhalte.

Die gerade genannten Erhebungsinstrumente werden jetzt in Grundzügen vorgestellt und deren Wahl begründet. Einige praktische Erfahrungen, die in der Anwendung dieser Erhebungsinstrumente gewonnen wurden, werden von mir ebenfalls erläutert.

2.2.1 Erhebungsmethoden

biografisch-narrative Interviews

Diese Erhebungsmethode zielt darauf ab, die subjektiven Lebenserfahrungen der Befragten einzufangen (vgl. Lindmeier 2008, S.11). In diesem Zusammenhang steht weniger der Lebenslauf der Erzählenden im Vordergrund, sondern deren Lebensgeschichte mit ihren Diskontinuitäten, Widrigkeiten, Neuanfängen und Zukunftsperspektiven (vgl. ebd. S.24)[29]. Die Konstruktionsprozesse der Lebensgeschichte und die Darstellung „*persönlicher Ziel- und Sinnorientierung*" (Vogt 1996, S.47) erfolgt „*historisch-rekonstruktiv*, [...] je aktuell und prospektiv" (ebd. S.38, Hervorh. i. Orig.). Grundsätzlich lässt sich im Rahmen solcher Erzählungen die „Gewordenheit" (ebd. S.47) bestimmter sinnhafter Gegenstände rekonstruieren, zu denen auch geistige Behinderung und Männlichkeit zählen. Diese Rekonstruktionsmöglichkeit bildete mitunter ein wichtiges Kriterium bei der Wahl der Methode biografisch-narrative Interviews. Diese Methodenwahl war entsprechend von der Intention geleitet, die Herstellungsprozesse von geistiger Behinderung und Männlichkeit aus der Perspektive der Betroffenen offenzulegen.

Für biografisch-narrative Interviews ist zunächst das Einbringen einer sogenannten erzählgenerierenden Frage charakteristisch, die zum freien Erzählen animieren soll. Während dieser Interviewphase hält sich der Interviewer zunächst mit seinen Fragen zurück, verfolgt aufmerksam die Äußerungen seines Gegenübers und macht sich Notizen. In dieser Phase versucht der Interviewer die Erzähltätigkeit des Interviewten lediglich durch unterstützende Gesten (z.B. Kopfnicken, M.Z.) und durch Kommentare, die sich nicht direkt auf das Erzählte beziehen (z.B. 'Hmm', M.Z.), aufrecht zu erhalten. Erst in der sich anschließenden Phase des Nachfragens hat der Forscher die Möglichkeit, noch offene Fragen zu den jeweiligen Interviewäußerungen zu stellen (vgl. Fischer-Rosenthal/ Rosenthal 1997, S.414-416).

Begründung der Methodenwahl

Zuvor wurde die Wahl der vorliegenden Erhebungsmethode im Hinblick auf mein Erkenntnisinteresse begründet. Neben diesem Begründungszusammenhang habe ich diese Methode allerdings auch deshalb gewählt, um den Interviewprobanden ein höchstmögliches Maß an erzählerischer Freiheit zuzubilligen. Dies war dem Forschungsprozess dienlich, weil somit hauptsächlich Erzählinhalte thematisiert werden konnten, die den Betroffenen selbst wichtig waren. Mit standardisierten Leitfrageninterviews wäre dies nicht möglich gewesen. Darüber hinaus erschien mir diese Methode auch deshalb angemessen, weil ich den Männern das Gefühl vermitteln wollte, dass ich sie als aktive kompetente Gestalter ihrer Biografie und Experten in eigener Sache wahrnehme[30]. Demzufolge bildeten diese Interviews eine Grundlage zur Selbstbestimmung im doppelten Sinne. Selbstbestimmung bezogen auf die inhaltlich-erzählerische Freiheit der Probanden und Selbstbestimmung im Sinne subjektiver Selbstbeschreibung bzw. biografischer Selbstverortung.

Die besagte Interviewform fand allerdings auch deshalb Verwendung, weil selbige im Gegensatz zu Methoden standardisierter Datengenerierung die Möglichkeit eröffnet, einen 'natürlicheren' bzw. ungezwungeneren Gesprächskontext zu schaffen. Hiermit sollte Vertrauen aufgebaut und die Bereitschaft seitens der Probanden erhöht werden, auch über sehr persönliche Sachverhalte zu sprechen.

Erhebungsablauf, Methodenerfahrungen und Modifikationen

Zunächst wurden die Probanden in angemessener barrierefreier Sprache[31] umfänglich über das Forschungsvorhaben informiert. Erst danach wurde das Einverständnis der Teilnehmer bezüglich der Interviews eingeholt. Auf der Grundlage der positiven mündlichen und schriftlichen Bescheide wurden schließlich auch die Angehörigen der Probanden postalisch informiert und zu einem Informationsgespräch eingeladen. Auch von diesen Personen wurde eine schriftliche Einwilligungserklärung eingefordert. Diese Termine im Voraus waren jedoch nicht nur aus forschungsethischen Gründen relevant. Im Zuge dieser Informationsgespräche konnte bereits ein erstes Vertrauensverhältnis zu den Probanden aufgebaut werden, welches für die Durchführung der Interviews unabdingbar war.

Eine ebenso vertrauensstiftende und zugleich beredsamkeitsfördernde Wirkung hatte zudem die Vereinbarung mit den Probanden, jederzeit selbst entscheiden zu können, ob und inwieweit sie einen Sachverhalt besprechen möchten. Den Untersuchungsteilnehmern wurde zudem auch die Möglichkeit unterbreitet, ihre Erzählungen auf mehrere Interviewtermine verteilen zu dürfen. Durch diese Option ergab sich auch die Chance, vertiefend an bereits erzählte Inhalte anzuknüpfen.

Somit hat sich die Situation ergeben, dass sich sowohl die Anzahl der Interviews, als auch deren Dauer von Proband zu Proband sehr unterschieden. Entsprechend der „Grounded Theory“ (Glaser/ Strauss 1998) folgte die Anberaumung mehrerer Interviewtermine auch gemäß dem „Theoretischen Sampling“ (ebd. S.43):

> „[...] [Letzteres] meint den auf die Generierung von Theorien zielenden Prozeß der Datensammlung, währenddessen der Forscher seine Daten parallel sammelt, kodiert und analysiert sowie darüber entscheidet, welche Daten als nächstes erhoben werden sollen“ (ebd. S.53).

Dieses Sampling unterscheidet sich grundsätzlich von einem statistisch akzentuierten Sampling, nach dem die Grundgesamtheit der zu erhebenden Fälle oder Interviews bereits vorab festgelegt ist (vgl. Flick 2007, S.161). Solange bestimmte Fragen noch nicht beantwortet, neue Fragen auftauchen bzw. noch keine *„theoretische Sättigung“*[32] (Glaser/ Strauss 1998, S.69, Hervorh. i. Orig.) im Zuge der Datenauswertung erreicht ist, sind weitere Daten zu erheben.

Ergänzend sei erwähnt, dass insbesondere aus forschungspragmatischen Gründen nicht gänzlich auf ein statistisches Sampling verzichtet werden konnte[33]. Zu Beginn der Untersuchung waren bereits die Anzahl der zu untersuchenden Orte (Werkstätten) und Interviewprobanden weitestgehend festgelegt. Auch die Merkmale der Teilnehmer und Forschungskontexte waren mit der Auswahl des Untersuchungsorts und der Probanden bereits benannt. Hierzu zählten beispielsweise Alter, Geschlecht, soziale Herkunft, Behinderungsgrade und Werkstattformen.

Vorgehensweise bei der Interviewerhebung

Bei Eröffnung der Interviews wurde jedem Probanden die nachfolgende Frage gestellt: „Wenn du ein Buch über dein Leben schreiben würdest, was sollte dort alles drinstehen, was sollten andere Menschen über dein Leben erfahren?“

Nach einigen Pretests wurde schnell deutlich, dass diese Frage alleine nicht ausreichen würde, um längere zusammenhängende narrative Abschnitte anzuregen. Dies galt auch für die erzählunterstützenden Gesten und die nichtdirektiven Kommentare, von denen ich kurz zuvor gesprochen habe. Aus dieser Einsicht heraus wurde die besagte Erhebungsmethode geringfügig modifiziert. Wie beschrieben, soll sich der Interviewer während der Erzählphase zunächst gänzlich zurücknehmen und erst in der Phase des Nachfragens offene Fragen klären. Ich habe diese beiden Erhebungsphasen dahingehend aufgelockert, indem ich im

Bedarfsfall bereits während der Erzählphase Fragen eingebracht habe, die sich direkt auf die aktuellen Äußerungen der Probanden bezogen. Hierdurch wollte ich die Erzählenden zu einer weitreichenderen Erlebnisschilderung einladen. Im Bedarfsfall habe ich auch selbst diverse Themen und Fragen eingeführt, um dem Erkenntnisinteresse der Arbeit gerecht zu werden. Zum späteren kontrastierenden Vergleich der Daten musste sichergestellt werden, dass sich alle Probanden zu Aspekten wie Behinderung und Männlichkeit geäußert haben. Während der Interviews wurden allerdings auch dann Fragen meinerseits eingebracht, wenn inhaltliche Unklarheiten bestanden, der Erzählfluss zu stark ins Stocken geraten war oder die Probanden nach kurzer Zeit meinten, sie wüssten nichts mehr zu erzählen[34].

Man könnte diese Vorgehensweise dahingehend kritisieren, dass hierdurch vermehrt Themen des Interviewers im Focus standen und weniger die der Befragten. Diese mögliche Kritik kann sicherlich nicht gänzlich entkräftet, jedoch relativiert werden. In vielen Fällen hat sich gezeigt, dass sich die Befragten nicht zu einem von mir eingeführten Thema geäußert haben, wenn selbiges nicht anschlussfähig war. Dass sich die Probanden zu den meisten von mir eingeführten Themen jedoch ausführlich geäußert haben, betrachte ich als Indiz für die Relevanz der von mir eingebrachten Themen für die Interviewten.

In Anlehnung an einige narrative Strategien von Lindmeier wurden zur Unterstützung der Gesprächsprozesse die Gesprächspartner gebeten, zu den Interviewterminen für sie bedeutsame persönliche Gegenstände oder Fotos mitzubringen (vgl. 2008, S.33-38). Auf der Grundlage dieser Medien hatten die Probanden eine assoziative Erzählgrundlage zur Hand, auf die im Bedarfsfall als Erinnerungsstütze zurückgegriffen werden konnte. Zur Planung und Durchführung der Interviews wurden allerdings auch viele Anregungen von Jutta Hagen aufgegriffen, die sich mit der Befragung geistig behinderter Personen beschäftigt hat (vgl. 2002, S.293–306).

Die dargestellte Vorgehensweise hat sich in der Praxis als sehr vorteilhaft erwiesen. In der Regel sind alle Männer sehr ausführlich und differenziert sowohl retrospektiv, aktuell und prospektiv auf ihre Lebenssituation und Lebensgeschichte eingegangen, so dass am Ende des Erhebungszeitraums rund elf Stunden aussagekräftiges Interviewmaterial zur Verfügung stand. Auf diesem Hintergrund wird deutlich, dass auch geistig behinderte Menschen als ernstzunehmende Gesprächspartner zu betrachten sind. Nach Hagen werden geistig behinderte Menschen in vielen Fällen nicht als autorisierte Gesprächspartner wahrgenommen (vgl. ebd. S.293f.).

Dementsprechend konnte durch die vielschichtigen vergangenheits-, gegenwarts- und zukunftsbezogenen Erzählinhalte der Interviewteilnehmer zusätzlich ein gängiges Vorurteil weiter entkräftet werden. Nach Lindmeier werden geistig Behinderte nämlich in ihrem Handeln und Erleben oft ausschließlich als gegenwartsgebunden wahrgenommen (vgl. 2008, S.18).

Teilnehmende Beobachtungen

Diese Erhebungsmethode hat sich aus der Ethnologie und Anthropologie des 19. und 20. Jahrhunderts heraus entwickelt (vgl. Lüders 2005, S.385). Die auf Grundlage dieser Methode erhobenen Daten dienen weniger der Rekonstruktion der subjektiven Sichtweisen der Handelnden, sondern vielmehr der Erhellung kollektiver Handlungsmuster und Orientierungen in sozialen Feldern (vgl. Friebertshäuser 1997, S.504f.). Im Gegensatz zu narrativen Interviews werden durch teilnehmende Beobachtungen die Einstellungen und Handlungsweisen der Akteure nicht ausschließlich über verbale, sondern auch über nonverbale Äußerungen erschlossen (vgl. ebd. S.505).

Das Besondere an dieser Methode besteht ferner darin, dass der Forscher am Alltagsgeschehen der jeweiligen Untersuchungspopulation unmittelbar teilnimmt. Hierdurch hat er die Möglichkeit, Handlungen und soziale Regeln von innen heraus durch eigene Erfahrungen bzw. durch 'Mitmachen' zu verstehen (vgl. Fischer 1992, S.81):

> „Die Technik […] besteht darin, Daten zu erheben, indem man sich selbst, seinen eigenen Körper, seine eigene Persönlichkeit […] den unvorhersehbaren Einflüssen aussetzt, die sich ergeben, wenn man sich unter eine Reihe von Leuten begibt, […] in denen sie auf ihre soziale Lage, ihre Arbeitssituation, ihre ethische Stellung oder was auch immer reagieren“ (Goffman 1996, S.263).

Begründung der Methodenwahl

Im Normalfall sind die Akteure im Feld mit Problemen der alltäglichen Handlungspraxis befasst. Sie betrachten ihren Handlungshorizont, innerhalb dessen sie ihre Probleme bewältigen, als selbstverständlich gegebene Tatsache. Der teilnehmende Beobachter hingegen problematisiert das unhinterfragt Gegebene, indem er anhand der Praktiken im Feld untersucht, wie bestimmte soziale Tatbestände hergestellt werden. Folglich wird das Vertraute durch den Forscher verfremdet (vgl. Lüders

2005, S.390). Da Männlichkeit und geistige Behinderung im Feld der institutionalisierten Behindertenarbeit (WfbM) als etwas fraglos Gegebenes wahrgenommen wird, stellt sich den Handelnden nicht das Problem der Herstellungspraxis. Beide Kategorien stehen demnach aus Sicht der Akteure außerhalb ihrer Handlungsverantwortlichkeit, weil sie selbige nicht als sozial hergestellte Tatbestände betrachten. Sie verbleiben demnach auf der Ebene einer Beobachtung 1. Ordnung. Erst durch die Beobachtung der Praxen von außen im Rahmen einer Beobachtung 2. Ordnung können die Herstellungsprozesse und deren Bedingungsgefüge bzw. Kontextualisierung offengelegt werden. Dies gilt insbesondere für Männlichkeit, weil selbige zuvorderst über Körperpraxen hergestellt wird.

Interviews alleine hätten zur Ergründung von Männlichkeit nicht ausgereicht, weil diese interaktional in den jeweiligen Kontexten performativ generiert und ausgehandelt wird. Darüber hinaus bot die Durchführung teilnehmender Beobachtungen innerhalb der Werkstätten auch die Möglichkeit, die Männer in ihren „natürlichen Umgebung[en] (natural setting)“ (Friebertshäuser 1997, S.504) zu beobachten. Dementsprechend konnten die alltäglichen Lebenswelten und Lebensweisen bestimmter Personen, in unserem Fall geistig behinderte Männer, gezielt untersucht werden (vgl. ebd.). Die „Individuen und Gruppen [...] [wurden] dementsprechend immer im Kontext der sozialen, ökologischen und historischen Umwelt betrachtet“ (ebd.). Dies war notwendig, weil ein zureichendes Verstehen diskursiver und nichtdiskursiver Äußerungen nur aus den Handlungskontexten heraus möglich ist (vgl. Bohnsack 1997, S.3).

Obgleich im Rahmen teilnehmender Beobachtungen die Interaktionen im institutionellen Feld im Vordergrund stehen (vgl. ebd.), wurden zeitweise auch die Individuen mit ihren subjektiven Sichtweisen in den Blick genommen. Bei dieser Vorgehensweise handelt es sich um eine gängige Praxis teilnehmender Beobachtungen (vgl. Friebertshäuser 1997, S.504).

Zwecks Einbeziehung dieser Analyseebene wurden nicht nur die zahlreichen verbalen Äußerungen der Handelnden im Feld während den Beobachtungen mit berücksichtigt, sondern zusätzlich leitfragengestützte Interviews erhoben. Hierbei bezogen sich die Fragen unmittelbar auf zuvor beobachtete Tatbestände oder Fragen, die sich aus den beobachteten Handlungen heraus ergaben.

Zur Ermöglichung teilnehmender Beobachtungen musste als Zugang zum Feld zunächst eine offizielle Forschungsgenehmigung von der Behinderteneinrichtung eingeholt werden. Danach wurden die Werkstattgruppenleitungen von dem Forschungsprojekt in Kenntnis gesetzt, um auch diese als 'Türöffner' zum Feld von dem Forschungsvorhaben zu überzeugen. Ohne deren Vertrauen wäre eine unumschränkte Beobachtungstätigkeit kaum möglich gewesen. Dies gilt auch für die behinderten Akteure im Feld der WfbM. Deshalb wurden in allen drei gewählten Werkstattgruppen alle behinderten Werkstattmitglieder über das geplante Forschungsvorhaben informiert und um ihre Untersuchungseinwilligung gebeten. Als letzter Vorbereitungsschritt wurden Schreiben zur Information und Einverständniserklärungen an die gesetzlichen Begleiter der behinderten Mitarbeiter verschickt.

Die Erhebungsphase gliederte sich in jeder Werkstattgruppe in vier Phasen: Unspezifische (deskriptive) Beobachtungsphase, fokussierte Beobachtungsphase, selektive Beobachtungsphase und Feldaustrittsphase. Während der ersten **unspezifischen Beobachtungsphase** – Flick spricht von „deskriptiver Phase" (1995, S. 157) - galt es, mit den behinderten und nichtbehinderten Werkstattmitgliedern thematisch unspezifisch ins Gespräch zu kommen. Dies diente dem gegenseitigen Kennenlernen und dem Aufbau von Vertrauen. Diese ersten Gespräche zielten auch darauf ab, Arbeitsabläufe und Tagesstrukturen der Beteiligten besser kennenzulernen. In diesem Zusammenhang habe ich den Beteiligten die Möglichkeit gegeben, ihre Arbeit bzw. ihre Arbeitsplätze präsentieren zu können.

Ich übernahm zudem ebenfalls Arbeiten, die von behinderten Werkstattmitgliedern durchgeführt wurden, um die Arbeitsfelder der behinderten Werkstattkräfte am eigenen Leibe zu erfahren. Diese Vorgehensweise bot die Möglichkeit, nahe am Beobachtungsgeschehen sein zu können. Zudem eröffnete die gemeinsame Arbeit die Chance, auch an Alltagsgesprächen der Akteure teilzuhaben und 'natürliche' Beziehungssituationen schaffen zu können. Die Mitarbeitenden haben mich so entsprechend als Teil ihres Arbeitsfeldes wahrnehmen können. Während dieser Forschungsphase ereigneten sich bereits viele Interaktionen, die stellenweise noch keinen Bezug zu den gesetzten Forschungsfragen aufwiesen. Gleichwohl kristallisierten sich jedoch einige thematische Linien heraus, die im Rahmen der spezifischen Beobachtungsphase später aufgegriffen und weiter ausdifferenziert wurden.

Zu Beginn der Forschungstätigkeit stellte sich das Problem, dass ich nicht von allen behinderten Werkstattmitgliedern zu jedem Zeitpunkt meines Forschungsaufenthaltes als willkommener Gast wahrgenommen wurde. Einige behinderte Mitarbeiter hatten die Befürchtung, ich würde sie bei ihren Vorgesetzten denunzieren. Dies war insbesondere in solchen Situationen der Fall, in denen diese Werkstattmitglieder in meinem Beisein bestimmte Werkstattregeln übertraten bzw. sich normative Freiräumen suchten. Um solche Befürchtungen zu entkräften, wurden die Betroffenen meinerseits immer wieder darauf hingewiesen, dass keine sensiblen Informationen an die Hauptverantwortlichen durch mich weitergereicht werden würden. Auch einige nichtbehinderten Mitarbeiter standen meinem Werkstattaufenthalt trotz ihrer grundsätzlichen Befürwortung desselben nicht gänzlich vorbehaltlos gegenüber. Dies zeigt sich beispielsweise an der nachfolgenden Äußerung eines nichtbehinderten Mitarbeiters:

> ‚Ah, da is ja wieder unser Spion @(1)@. Hat er sich wieder unters Volk gemischt @(1)@‘ (BP-G1-8).

Diese sicherlich scherzhaft gemeinte Äußerung interpretiere ich dahingehend, dass sich die pädagogischen Kräfte durch meine Beobachtungstätigkeit stellenweise durchaus kontrolliert gefühlt haben.

Weiterhin ist anzumerken, dass ich bezogen auf meine Rolle im Feld WfbM von den nichtbehinderten Mitarbeitern nicht nur als Forscher, sondern vor allem als Praktikant oder Schüler wahrgenommen wurde (vgl. BP-G1-58-60). Die behinderten Arbeitskräfte haben mich hingegen entweder ebenfalls als behinderten Mitarbeiter betrachtet, weil ich oft die gleichen Arbeiten ausgeführt habe wie sie selbst oder ich wurde von den Behinderten als nichtbehinderter Mitarbeiter bzw. als Assistenzkraft beobachtet. Die überwiegende Mehrheit aller behinderten Belegschaftsmitglieder hat mich jedoch nicht spezifisch als offiziellen Rollenträger, sondern vielmehr unspezifisch bzw. diffuse als Freund identifiziert.[35] Letztere Rolle habe ich als besonders vorteilhaft erlebt, weil durch das fehlende informelle Machtgefälle schnell vertrauensvolle Beziehungen hergestellt werden konnten. Die fremdreferentielle Zuschreibung einer behinderten Mitarbeiterrolle hat sich ebenfalls als nützlich erwiesen, weil ich hierdurch von den meisten behinderten Belegschaftsmitgliedern als ‘einer von ihnen‘ wahrgenommen wurde. Dies hat die Möglichkeit eröffnet, an ‘Insiderwissen‘ partizipieren zu dürfen.

Während der **„fokussierte Beobachtung“** (ebd. - Hervorh. M.Z.) wurden zunächst Themen aufgegriffen, die bereits während der unspezifischen Beobachtungsphase hervorgetreten sind. Zu diesen Themen zählten beispielsweise Anerkennungsprozesse, Männlichkeitsinszenierungen, Bildungsprozesse und Prozesse geistiger „Verbehinderungen“

(Wagner 2009 S.42) im Kontext Behindertenwerkstatt. Verbehinderungen stehen für jede Form sozial hergestellter Benachteiligung. Da diese Themenfelder für die Forschungsfragen von Interesse waren, wurden entsprechend Interaktionen näher in den Blick genommen, welche zur weiteren Erhellung dieser Fragen beitrugen. Viele Fragen tauchten jedoch meist erst während der Beobachtungstätigkeit auf, was mit dazu führte, dass in einigen Fällen leitfragengestützte „Experteninterview[s]" (Vogel 1995) geführt werden mussten. Nichtbehinderte und behinderte Mitarbeiter wurden beispielsweise hinsichtlich ihrer Arbeitssituation befragt, um etwas über deren Probleme und Wünsche erfahren zu können. Diese Fragen dienten jedoch auch der weiteren Plausibilisierung der Bedingungsgefüge, unter denen geistig behinderte und nichtbehinderte Mitarbeiter im Feld Behindertenwerkstatt interagieren müssen.

Während des Beobachtungsprozesses war die Grenze zwischen offener und verdeckter teilnehmender Beobachtung im Übrigen meist fließend. Dies lag daran, dass ich nicht in jede der beobachteten Interaktionen direkt involviert war. In manchen Fällen habe ich aus der Entfernung heraus Szenen beobachtet und dokumentiert. Besonders am Ende der Forschungsphase nahmen die Beteiligten immer weniger wahr, dass sie gerade beobachtet wurden, da sie sich in zunehmendem Maße an meine Anwesenheit gewöhnt und dementsprechend meinem Tätigsein und meinem räumlichen Standort im Feld immer weniger Beachtung geschenkt haben. Nach meinem Dafürhalten erwies sich diese Entwicklung für die Beobachtungsarbeit als sehr vorteilhaft, weil sich die Werkstattmitglieder im Unterschied zur Anfangsphase der Untersuchung ungezwungener und authentischer gaben. Dies gilt für die nichtbehinderten Mitarbeiter gleichermaßen.

Während der „**selektiven Beobachtung**" (Flick 1995, S. 157 - Hervorh. M.Z.) wurde nach ähnlichen und kontrastierenden Verhaltensweisen, Situationen bzw. Phänomen gesucht, die bereits in den beiden vorhergehenden Phasen entdeckt wurden. Die **Feldaustrittsphase** wurde jeweils dann eingeleitet, wenn keine neuen relevanten Sachverhalte mehr in den Beobachtungsfokus traten. In diesem Zusammenhang erinnere ich nochmals an den Aspekt theoretische Sättigung. Darüber hinaus diente die Schlussphase der Datenerhebung auch als Verabschiedungsphase, in welcher die Abstände zwischen den Forschungsaufenthalten sukzessive vergrößert und die Aufenthaltszeiten verkürzt wurden.

Bevor ich die von mir gewählte Auswertungsmethode näher vorstelle, möchte ich im nächsten Abschnitt illustrieren, nach welchen Transkriptionsregeln ich die erhobenen Ton- und Beobachtungsdaten verschriftlicht habe.

Transkriptionsregeln

Die Transkriptionsregeln sind mit wenigen Modifikationen und Ergänzungen an Bohnsack (vgl. 1991, S.193f.) und Dittmar (vgl. 2002, S.148f.) angelehnt:

I:	steht immer für Interviewer (andere Großbuchstaben vor dem Doppelpunkt für die jeweiligen Probanden)
(( ))	nonverbale und paralinguistische Ereignisse/ Kontextinformationen
betonte	Rede
laute	Rede
SEHR LAUTE	Rede (schreiend)
°leise° [M.Z.]	Rede
(3)	Sprechpause (Zahl in der Klammer gibt jeweils die Dauer in Sekunden an)
@(1)@	Lachen (Zahl i.d. Klammer gibt die Dauer des Lachens in Sekunden an)
@das war lustig@	Satz wird lachend ausgesprochen
↑ [M.Z.]	signifikante Sprechgeschwindigkeitssteigerung
↓ [M.Z.]	signifikante Sprechgeschwindigkeitsverminderung
Ich gehe los… | L Hast Du ...	überlappende Rede
was=isch [M.Z.]	zusammengezogene Wörter ohne Sprechpause
( )	Auslassung (akustisch unverständliche Äußerungsinhalte)
(akustisch)	nicht eindeutig verständliche Äußerung
[ ]	Nachträglich eingefügte Kontextinformationen im Fließtext der Arbeit

Hinweis zur gewählten Anredeform der Probanden

An dieser Stelle muss auf eine erklärungswürdige Besonderheit eingegangen werden, die in den narrativen Interviews und den Beobachtungsprotokollen augenscheinlich wird. Die Probanden wurden von dem Interviewer geduzt, obgleich erstere sich in einem adulten Alter befinden. Erklärungsbedürftig ist dieser Tatbestand deshalb, weil sich durch das Duzen der Verdacht einer möglichen Infantilisierung aufdrängen könnte. Hierzu ist folgendes zu sagen: Innerhalb der Werkstattgruppen zählte das Duzen unter den behinderten und nichtbehinderten Werkstattmitgliedern untereinander und zwischen den behinderten und nichtbehinderten Mitarbeitern als allgemein übliche Gepflogenheit zur Herstellung einer Gruppenidentität[36]. Demzufolge habe ich als Forscher die behinderten und nichtbehinderten Werkstattmitarbeiter ebenfalls geduzt und mich dieser Umgangsform angepasst. Mit dieser Entscheidung wurde intendiert, keine künstliche Distanz aufbauen zu wollen, die einen Zugang zum Feld und zu den Akteuren im Feld sicherlich erschwert hätte.

Letzterer Aspekt bezieht sich auch auf die narrativen Interviewsituationen. Durch das Du sollte ein in der Biografiearbeit unabdingbarer höherer Grad an Nähe und Vertrautheit zwischen den Interviewpartnern und mir als Forscher geschaffen werden. Darüber hinaus gestaltete sich die Suche nach geeigneten männlichen Interviewpartnern recht problematisch, weil viele der angefragten Männer mir gegenüber zu wenig Vertrauen aufwiesen. Sie hatten hauptsächlich Angst, dass ihre Angaben zu ihrem Nachteil gereichen könnten, weil sie in manchen Fällen bereits mit dem Gesetz in Berührung gekommen waren oder befürchteten, dass ihre Daten von meiner Seite an nichtbehinderte Assistenzkräfte weitergereicht werden könnten. Demzufolge ging ich auf einige Männer zu, die ich bereits aus meiner früheren pädagogischen Tätigkeit und von meinen Zivildienst her kannte. Im Rahmen dieser früheren Tätigkeiten hat sich die Praxis des Duzens und die Anrede mit Vornamen zwischen mir und den behinderten Männern im Verlauf einiger Ausflüge und Sportaktivitäten entwickelt. Zu einem bestimmten Zeitpunkt habe ich den Männern angeboten, mich Duzen zu dürfen, woraufhin ich ebenfalls das Du von den Männern angeboten bekam. Während den Interviewsituationen wieder zu einer Sie-Form zurückzukehren, erschien mir als befremdend. Diese künstliche Distanz wäre zudem einer vertrauensvollen Biografiearbeit sicherlich abträglich gewesen. Die Interviewteilnehmer wurden allerdings dennoch vor den Interviews gefragt, ob sie mit Sie und ihrem Nachnamen, mit Du und ihrem Vornamen oder mit Sie und ihrem Vornamen angesprochen werden möchten. Die Probanden haben in diesem Zusammenhang ausdrücklich bekundet, mit Vornamen und Du angesprochen werden zu wollen. Demnach ist die besagte Anredeform im gegebenen Kontext ein Aushandlungsprodukt und kein Mittel zur Infantilisierung behinderter Männer im Erwachsenenalter.

2.2.2 Auswertungsverfahren

Datenauswertung nach der Grounded Theory[37] *(GT)*

Zunächst sei angemerkt, dass es sich bei der GT genaugenommen nicht um eine sozialwissenschaftliche Methode handelt. Vielmehr ist die GT „als ein Stil zu verstehen, nach dem man Daten qualitativ analysiert und der auf eine Reihe von charakteristischen Merkmalen hinweist“ (Strauss 1998, S.30).

Die GT wurde in den 1960er Jahren von den nordamerikanischen Sozialwissenschaftlern Barney Glaser und Anselm Strauss in Chicago entwickelt. Beide waren zum damaligen Zeitpunkt mit der Erforschung von Todesvorstellungen von Sterbenden beschäftigt und gelangten zu der Auffassung, dass ihre Fragestellungen nicht mit herkömmlichen qualitativen Methoden zu erschließen waren (vgl. Glaser/ Strauss 1974). Grundsätzlich verstand sich die GT zum damaligen Zeitpunkt auch als Kritik an der ausschließlich deduktionslogischen Theorieentwicklung. Diesbezüglich war zu beobachten, dass einige soziologische Fakultäten die Theorien bedeutender Wissenschaftler mit einem gewissen endgültigen Wahrheitsanspruch zu belegen versuchten (vgl. Glaser/ Strauss 1998, S.19). Tendenziell führte dies zur Verifizierung bestehender Theorien, welche in vielen Fällen ihrem Gegenstand nicht angemessen waren (vgl. ebd. S.39).

Der Zweck der GT besteht hingegen darin, in enger Verbindung zum empirischen Datenmaterial gegenstandsangemessene „Theorien mittlerer Reichweite“ (ebd. S.13) zu generieren, welche auf konkrete Bedingungen eines bestimmten sozialen Wirklichkeitsausschnittes Bezug nehmen[38]. Weiterhin ist anzumerken, dass die GT kein Forschungsinstrument darstellt, das sich in lineare voneinander unabhängige Forschungsphasen unterteilen lässt. Die GT stellt vielmehr ein konsistentes Forschungsprogramm dar, welches sich durch eine Parallelität von Datenerhebung, Datenanalyse und Theoriebildung auszeichnet (vgl. ebd. S.53). Gemäß des sogenannten theoretischen Samplings ist dementsprechend während der Datenerhebung im Vorhinein nicht genau festgelegt, welche Beobachtungen, Interviews oder Dokumente in welchem Ausmaß genau fokussiert werden sollen. Dies entscheidet sich erst im Forschungsverlauf.

Hinsichtlich eines bestimmten gegenstandsbezogenen Interesses, Problems, einer Frage oder Vermutung gilt es zunächst im Untersuchungsfeld Material zu sammeln. Die Datenerhebungen können auf der

Grundlage von Feldbeobachtungen, Interviews, Videoaufzeichnungen und schriftlichen Dokumente jedweder Art durchgeführt werden (vgl. Strauss 1998, S.55). Im Anschluss daran werden die so gewonnenen Rohdaten transkribiert und nachfolgend codiert.

Durch das Codieren wird ein Interpretationszugang zum Material geschaffen (vgl. Strübing 2008, S.19), auf den ich gleich noch ausführlich anhand eines Auswertungsbeispiels eingehen werde. Zunächst genügt es festzuhalten, dass Codes vorläufige Namen oder Bezeichnungen (theoretische Begriffe) für ein bestimmtes in den Daten entdecktes Phänomen darstellen, die neben einen Textabschnitt geschrieben werden. Mit Phänomen wird ein begrifflich-theoretisch gefasstes Ereignis bezeichnet, welches aus den empirischen Daten hervorgeht (vgl. ebd. S. 27).

Zudem gilt es, kontinuierlich Memos zu schreiben (vgl. Strauss 1998, S.37). In diesen werden die Gedanken, Fragen, Hypothesen, Ideen und Kontextwissensbestände des Forschers festgehalten, welche sich auf eine bestimmte Textstelle beziehen. Es sind im Wesentlichen die Codes und Memos, welche die weitere Erhebung der Daten leiten (vgl. ebd. S.46). Demnach verfährt die GT nach einem reziproken Dreischritt bestehend aus Datenerhebung - Datenanalyse (Codierung) - Theoriebildung (Hypothesenerzeugung). Dieser Dreischritt steht unmittelbar mit einer weiteren Trias in Zusammenhang, namentlich Induktion - Deduktion - Verifikation. Die analysierten Daten führen zur Bildung von Hypothesen (Induktion), die systematisch mit weiteren Textstellen in Beziehung gesetzt werden. Aus diesen Hypothesen werden danach deduktiv Implikationen abgeleitet, die dann anschließend während der Phase der Verifikation wiederum am Material überprüft werden. Hierdurch können Aussagen darüber getroffen werden, unter welchen Bedingungen eine Hypothese gültig ist (vgl. Strauss 1998, S.37f.).

Neben dem zirkulär angelegten Induktions- Deduktions- Verifikationsprozess haben wir es in der GT jedoch auch mit der Schlussform der Abduktion zu tun, obgleich Strauss diese nicht explizit benennt (vgl. Hildenbrand 2005, S.34). Die Abduktion ist eine hypothetische Schlussform, in welcher im Verlauf einer Untersuchung erste ad-hoc-Hypothesen erstellt werden. Gesetz und Applikation werden hierdurch gleichzeitig erkannt (vgl. ebd.). Hierbei handelt es sich allerdings nur um eine erste spontane Einschätzung, die nicht unbedingt mit den Tatsachen in Übereinkunft stehen muss. Obgleich es sich bei Abduktion um eine eher unsichere Schlussart handelt, so hat diese jedoch kreatives Potential, weil hierdurch neue Gedanken in den Herstellungsprozess von Theorie eingebracht werden[39].

Begründung der Methodenwahl

Methodologisch ist die GT an den Positionen des Pragmatismus[40] ausgerichtet (vgl. Strauss/ Corbin 1994, S.279). Demnach wird die Erzeugung von Theorie als Prozess verstanden (vgl. Glaser/ Strauss 2005, S.41f.). Nach Strübing geht dieses Theorieverständnis mit der pragmatischen Vorstellung sozialer Wirklichkeit einher. Letztere wird erst im Handeln hergestellt und befindet sich in einem permanenten Modifikationsprozess (vgl. 2008, S.38f.). Eine gegenstandsbegründete Theorie ist demnach ebenfalls permanenten Wandlungsprozessen unterworfen und kann stets nur unter ihren spezifischen Herstellungsbedingungen als vorläufig gültig betrachtet werden (vgl. Glaser/ Strauss 2005, S.41).

Aus diesem prozessualen Theorieverständnis heraus sah ich die GT insbesondere für die Betrachtung von doing disability und doing masculinity als angemessen, da diese konzeptionell gleichermaßen inkonsistente Prozesse darstellen. Die gerade angesprochene zirkuläre Forschungsweise betrachtete ich demnach als angemessene Antwort auf die Instabilität sozialer Handlungsprozesse und der daraus resultierenden Hervorbringungen von Männlichkeit, Behinderung und Nichtbehinderung.

Die GT erschien mir weiterhin auch deshalb als angemessenes Forschungsinstrument, weil diese aus einer symbolisch interaktionistischen Theorietradition[41] stammt, die mit dem doing gender-Konzept, ergänzend mit dem doing disability-Konzept, in unmittelbarer Übereinstimmung steht, auch wenn ich diesbezüglich eine Erweiterung vorgenommen habe (vgl. Kap. 1.2). Methode und theoretischer Hintergrund sind somit konsistent.

Schließlich fiel meine Methodenwahl auch deshalb auf die GT, weil diese dem Pragmatismus nahe steht, welcher paradigmatisch für die Wechselbeziehung zwischen rationaler Erkenntnis und rationaler Zweckdienlichkeit steht (vgl. Peirce 1975, S.101). Theorien entstehen demnach aus den Handlungspraxen, wobei diese Theorien wiederum realitätsnahe Rückschlüsse auf die Handlungspraxen zulassen. Demzufolge bieten solche Theoriegebäude einen handlungsbezogenen Reflexionsrahmen im Sinne einer „Theorie der Praxis“ (Bourdieu 1979). Dies steht auch mit meiner zu Beginn der Arbeit erwähnten Intention in Einklang (vgl. Kap.0), applizierbare Theorie herstellen zu wollen, die datenbasiert spätere Impulse für die sonderpädagogische Handlungspraxis geben soll.

Zur Verfahrensweise der GT - Schritte zur Theoriegenerierung: offenes, axiales und selektives Codieren

„Offenes Codieren“ (Strauss 1998, S.57) soll die Forschungsarbeit eröffnen (vgl. ebd. S.58). Durch dieses Verfahren werden die Daten aufgebrochen und in anderer Form wieder zusammengesetzt (vgl. Flick 2007, S.392). Ein Text wird zunächst in mehr oder weniger große Sinnabschnitte zergliedert bzw. sequenziert, die dann mit Begriffen (Codes) versehen werden, welche die jeweils identifizierten Phänomene beschreiben (vgl. ebd., S.388). Diese Codes werden auch Indikatoren (Verhaltensweisen und Ereignisse) genannt, die sukzessive zu einem verzweigten Codesystem ausdifferenziert werden. Die einzelnen Indikatoren werden im weiteren Untersuchungsverlauf auf Unterschiede und Ähnlichkeiten hin untersucht. Am Ende dieses Vergleichsprozesses steht die konzeptuelle Bündelung der Indikatoren, auf der Grundlage ihres kleinsten gemeinsamen Nenners (vgl. Strauss 1998, S.54). Hierdurch wird ein übergeordneter Code gebildet, der Konzept genannt wird. Die so entstehenden Konzepte werden in einem weiteren Arbeitsschritt wiederum miteinander verglichen und schließlich in Kategorien überführt. Letztere stellen entsprechend die Phänomene dar, die es zu untersuchen gilt (vgl. Strauss/ Corbin 1996, S.51) und können auch als Konzepte mit einem höheren Abstraktionsniveau betrachtet werden (vgl. Strübing 2008, S.21). Diese Vorgehensweise wird auch als „Methode des ständigen Vergleichs“ (Strauss 2005, S.85) bezeichnet. Die Konzept- und Kategorienbildung und die Ermittlung der Eigenschaften derselben erfolgt nach dem „Kodierparadigma“ (Strauss 1996, S.78-83)[42]:

Phänomen	Worum geht es im Text?
Strategien	Wie gehen die Akteure mit dem Phänomen um?
Konsequenzen	Wozu führen die gewählten Strategien?
Kontexte	In welche aktuellen Zusammenhänge ist das Phänomen eingebunden?
Ursachen	Wie kommt das Phänomen zustande?
intervenierende Bedingungen[43]	Auf welchen kulturellen u. biograf. Bedingungen basiert das Phänomen?

Abb. 3: Kodierparadigma nach Strauss (vgl. ebd.) - zu den Frageformulierungen vgl. Strübing 2008, S. 28.

Dieses Paradigma ist auch Grundlage für den weiteren Vergleichsprozess. Die entdeckten Kategorien bzw. Konzepte höherer Ordnung werden jetzt zunehmend axial codiert. Demnach werden die Beziehungen zwischen den Kategorien herausgearbeitet. Dies führt schließlich zur Freilegung besonders relevanter Kategorien, um deren „Achsen" sich die übrigen (Sub-)Kategorien anordnen. Im Rahmen des „selektiven Codierens" wird schließlich eine „Schlüsselkategorie" ermittelt, welche zum Hauptbezugspunkt der nachfolgenden Forschungsbemühungen wird. Es werden gezielt Bedingungen, Konsequenzen etc. gesucht, die vornehmlich auf diese Kernkategorie bezogen sind (vgl. Strauss 1998, S.63)[44].

Modifikation der Auswertungsmethoden

Nach Strauss versteht sich die GT nicht als starres Forschungsprogramm, sondern vielmehr als methodisches Orientierungsangebot außerhalb standardisierter Methoden (vgl. 1998, S.32). Strauss spricht von *„Faustregeln, keine Vorschriften"* (ebd. - Hervorh. i. Orig.). Dies darf allerdings nicht dahingehend missverstanden werden, dass die GT in beliebiger Form angewendet, abgewandelt oder verkürzt werden darf. Theoretisches Sampling, Codieren, Memos schreiben, Konzeptuieren und Kategorisieren gehören nach wie vor zu den festen Bestandteilen des GT-Forschungsprogramms (vgl. ebd. S.33). An diesen Regeln gilt es auch insbesondere deshalb festzuhalten, um den Gütekriterien der GT entsprechen zu können, auf die ich in Kap. 2.2.5 noch eingehen werde.

Für mein Forschungsvorhaben stand nicht die Intention im Vordergrund, eine „integrierte Theorie" (Strauss/ Corbin 1996, S.25) im Sinne der GT zu entwickeln. Es ging mir demnach nicht darum, aus einem komplizierten und daher dem Leser nur schwer vermittelbaren Beziehungsgeflecht unterschiedlicher Achsenkategorien eine Kernkategorie zu extrahieren. Vielmehr wurde die GT als regelgeleitete Suchheuristik zur Anwendung gebracht. Genaugenommen habe ich einen Mittelweg zwischen integrierter Theorieerzeugung und einer die Untersuchung abkürzenden Verfahrensweise gewählt, die Strauss/ Corbin als ‚konzeptionelles Ordnen' (ebd., S.17) bezeichnen. Letzteres Verfahren dient lediglich dem Zweck, ein Kategoriensystem zu erstellen. Da ich Beziehungen zwischen unterschiedlichen Phänomenen (Kategorien) aufgedeckt habe, geht meine Verfahrensweise jedoch weit über den Prozess des bloßen konzeptionellen Ordnens hinaus, ohne allerdings an den selektiven Codierprozess heranzureichen. Diesen Mittelweg habe ich aus drei Gründen gewählt. Zu allererst war mir eine plausible und zugleich transparente Vermittelbarkeit kategorialer Wechselbeziehungen wichtig. Des Weiteren ist der zeitökonomische Aspekt anzuführen, da die vorliegende Untersuchung gemessen am Umfang des vorliegenden

Datenmaterials kaum im Zeitraum von vier Jahren hätte bewältigt werden können. Schließlich wollte ich auch deshalb keine übergeordnete allgemeine Theorie entwerfen, weil ich meine Forschungsbemühungen auch als Versuch verstand, einen bisher nahezu unberücksichtigten Forschungsgegenstand möglichst facettenreich zu erschießen und dessen Untersuchungsfeld für zukünftige Forschungen zu eröffnen.

Im nächsten Abschnitt werde ich kursorisch meine Vorgehensweise bei der Datenauswertung offenlegen. Hierbei werde ich mich allerdings aus darstellungstechnischen Gründen nur auf das offene Codieren beschränken.

2.2.3 Datenauswertungsbeispiel – offenes Codieren

Als erstes gilt es, eine Codematrix zu entwickeln. Bezogen auf meine Untersuchung habe ich auf der Grundlage der Interviewtranskripte und später anhand der Beobachtungsprotokolle in einem ersten Arbeitsschritt eine grobe Ordnungsstruktur geschaffen. Hierzu wurden beispielsweise Basisordner wie Wohnen, Arbeit, institutionalisierte Lernkontexte, (Nicht-) Behinderung, Repräsentationen Sex/ Gender, Körper, Milieu, Sexualität etc. eingerichtet. Im weiteren Verlauf wurden diese Ordner mit einzelnen Codes und Subcodes angereichert und somit kontextualisiert. Zum besseren Vergleich der jeweiligen Äußerungsinhalte der Probanden zu bestimmten Phänomenen wurde diese Ordnungsstruktur für jeden Untersuchungsteilnehmer zur Anwendung gebracht. Diese Vorgehensweise hat sich als sehr hilfreich erwiesen. Wollte ich beispielsweise erfahren, welche Phänomene innerhalb des Lebensbereiches Wohnen in Relation zum Lebensbereich Arbeit relevant waren, so war ein sofortiger Vergleich mit wenig Aufwand möglich. Diese Vorgehensweise bezieht sich auch auf die Beobachtungsphase. Während dieses Forschungsabschnittes wurde ebenfalls ein Kategoriensystem erstellt. Aus Gründen der Übersichtlichkeit wurden diese Codesysteme allerdings nicht miteinander vermischt. Somit können die Daten aus den biografisch-narrativen Interviews und jene aus den teilnehmenden Beobachtungen als zwei eigenständige Datensätze verstanden werden, die mit je unterschiedlicher Schwerpunktsetzung auf die gleichen bereits genannten Forschungsfragen hin ausgerichtet waren.

Zur Darstellung des offenen Codierprozesses, welcher zur Bildung des gerade erwähnten Kategoriensystems geführt hat, möchte ich exemplarisch das Phänomen **„heterosexueller Beziehungswunsch“** herausgreifen. Letzterer ist ein konzeptioneller Baustein der Kategorie doing masculinity bezogen auf den Lebensbereich Wohnen. Die entsprechende Textpassage zu diesem Sachverhalt, befindet sich im nachfolgenden Absatz. Bevor ich dieses Phänomen Zwecks Sequenzierung (Sinnabschnitteinteilung), Datenanalyse und Sub-Codebenennung aufgreife, möchte ich zunächst einige Anmerkungen zum Detaillierungsgrad von Sequenzierungen machen. In der nachfolgenden Darstellung des offenen Codierprozesses habe ich beispielsweise weitestgehend eine „**Zeile-für-Zeile-Analyse**“ (Strauss/ Corbin 1996, S.53 – Hervorh. i. Orig.) bzw. Sequenzierung gewählt. Wie Strauss (vgl. 1998, S.62) zu bedenken gibt, kann eine intensivere Analyse nur partiell erfolgen. Als Faustregel gibt er dem Forscher an die Hand, immer dann zu einer mikroskopischen Untersuchung des Materials zurückzukehren, wenn die Gesamtanalyse nicht zufriedenstellend verläuft und größere Lücken aufweist. Letztlich muss der Forscher selbst entscheiden, wie groß die Textabschnitte sein sollen. Im Rahmen meiner Untersuchung habe ich oft zwischen mehreren Sequenzierungsvarianten gewechselt. Manchmal reichte es aus, absatzweise vorzugehen und in manchen Fällen erwies es sich als sinnvoll, satz- oder sogar wortweise zu sequenzieren und zu codieren.

Die folgende Passage ist einem Interview mit dem Untersuchungsteilnehmer Stefan **(S)** entnommen, der ein Ereignis aus seiner früheren Wohngruppenzeit schildert:

I: Achso, stimmt, du hast ja erzähl[t], du warst schon mal mit ihr [Ex-Freundin und ehemalige Mitbewohnerin von Stefan] zusammen. **[Code: partnerschaftsbezogene Retrospektive] S:** Ja. **I :** Wie lange warst du mit ihr zusammen? **S:** Das ist unterschiedlich, des weiss, des weiss isch schon nich mehr. **[Code: Mehrfachliierung mit der gleichen Frau]/ [Code: „Heteronormativität“/ – intervenierende Bedingung/ Ursache] I : Mm. S:** Davor hatt ich drei annere un dann war isch mit ihr zusamme. Bevor, wo isch in den anderen drei zusammen war, hatte der Alois Steller ((ehemaliger Mitbewohner seiner früheren Wohngruppe Matthäus 4)) die. Der hat se ja vorher erst gehabt. **[Code: Objektivierung einer Frau - Partnerin als „Besitzgut“ - Strategie]/ [Code: Partnerin als Steigerungsfaktor symbolischen Kapitals (Männlichkeit) - Konsequenz]**. Von dem hab ich se dann ja au übernomme. **[Code: emotionsreduzierte Sprache – männliches doing gender – intervenierende Bedingung]** Der hat se mir ja dann au rübergegäbbe, der hat se mir dann ja au überlassen ((amüsiert)). **[Code: emotionsreduzierte Sprache – männliches „doing gender“ – intervenierende Bedingung]/ [Code: zirkuläre Weiterreichpraxis - Strategie]/ [Code: „weibliches Begehrenssubjekt“ - Kontext]** Des heißt, von dem is se dann zu mir rübber. Von mir is se dann zu Mark Buxbaum ((früherer Mitbewohner)) rübber. Das heißt, immer im Kreislauf rum @(1)@. Erst hat se de Alois se, dann hatt ich se, @jetzt hat se de **Mark Buxbaum**@. **[Code: zirkuläre Weiterreichpraxis – Strategie]/ [Code: Interaktion in einer männlichen Bezugsgruppe (Wohnbereich) - Kontext]** @Von **dem** kommt=se zu mir wieder zurück @(1)@ Des geht immer im, Kreis rum@ **[Code: Weiterreichpraxiserfahrungen als 'Zuversichtsspender' - Konsequenz]** (Int.-S-1-Z.1251-1262).

Entsprechend dem bereits oben vorgestellten Kodierparadigma stellt sich zunächst die Frage, um welches Phänomen es sich in diesem Textabschnitt handelt. Im vorliegenden Fall geht es um das **Phänomen „heterosexueller Beziehungswunsch"**.

Wir können jetzt weiterfragen, welche Ursachen, kontextuelle und intervenierende Bedingungen dieses Phänomen dispositionieren. Ferner kann auch nach den Handlungsstrategien gefragt werden, die sich auf das genannte Phänomen beziehen. Schließlich kann auch die Frage aufgeworfen werden, zu welchen Folgen bzw. Konsequenzen die Strategien geführt haben. Ich möchte mit den kontextuellen Bedingungen beginnen, in die das Phänomen eingebettet ist. Betrachtet man die Textpassage, so zeigt sich, dass das Phänomen in einer männlichen Interaktionsgemeinschaft platziert wird. Genaugenommen geht es um eine männliche Bezugsgruppe in einer Wohngruppe der Behindertenhilfe. Durch die Nennung der Nachnamen Steller und Buxbaum nimmt Stefan diese Kontextualisierung implizit vor, weil es sich bei diesen Personen um ehemalige Mitbewohner handelt - **[Code: Interaktion in einer männlichen Bezugsgruppe (Wohnbereich) - Kontext]**.

Als weitere Kontextbedingung kann die Frau betrachtet werden, die im Text in unbestimmter Form benannt wird. Sie steht gewissermaßen stellvertretend für ein sogenanntes weibliches Begehrenssubjekt, das der heterosexuellen Ausrichtung der Männer zugrunde liegt. Demnach ist diese Frau im eigentlichen Sinne eine Projektionsfläche, auf die sich das sexuelle Begehren und der daraus resultierende heterosexuelle Beziehungswunsch der Männer richtet **[Code: „weibliches Begehrenssubjekt" – Kontext]**.

Wodurch kommt dieses Begehren zustande? Als im Hintergrund wirkende Kontextbedingung bzw. als sogenannte **intervenierende Bedingung** oder gar Ursache, kann ein normatives, genderisiertes Moment mitgedacht werden, namentlich Heteronormativität. Bezogen auf die benannte männliche Interaktionsgemeinschaft (Kontext) kann daher angenommen werden, dass selbige Heterosexualität als normativen Anspruch an eine anerkannte Form von Männlichkeit bzw. als männliche Norm verinnerlicht hat. Als nächstes stellt sich die Frage, wie die Männer mit ihren heterosexuellen Intimbeziehungswünschen verfahren? In diesem Zusammenhang gilt es, die Strategien zu betrachten, welche die Männer einsetzten, um ihr heterosexuelles Begehren ausleben zu können. Dementsprechend wird im Text zunächst eine **Strategie** beschrieben, welche als **„zirkuläre Weiterreichpraxis unter Männern"** bezeichnet werden kann. Konkret wird diese Strategie im Text als ein Objektivierungsprozess einer Frau dargestellt. Durch den nüchternen von Emotionen bereinigten Erzählstil des Interviewten, entsteht der Eindruck, es handle sich bei der im Text erwähnten Frau um ein Sachobjekt, dass man gewissermaßen besitzen kann: „Der hat se ja vorher erst gehabt. [...] Erst hat se de Alois se, dann hatt ich se, @jetzt hat se de **Mark Buxbaum**@." Wer das 'Beziehungs-Objekt' Frau aktuell 'besitzt', hat zudem offensichtlich die Möglichkeit, über diesen 'Besitzstand' frei verfügen zu können: Die Frau wird „rübergegäbbe" bzw. weitergereicht und anderen Männern im Bedarfsfall „überlasse[n]". Letztere Formulierung suggeriert, dass der Überlassende kein Interesse mehr an dieser Frau gehabt und sie infolgedessen anderen Männern zur freien Verfügung gestellt hat. Die Männer werden entsprechend als die aktiv Handelnden dargestellt. Sie sind diejenigen, die darüber entscheiden, zu welchem Zeitpunkt eine Intimbeziehung aufgekündigt wird und wer als nächstes mit der Frau liiert sein darf. Die Frau wird hingegen als passives Objekt entworfen, das nicht wirklich an den Beziehungsentscheidungen beteiligt zu sein scheint. Allgemein betrachtet handelt es sich bei der Weiterreichpraxis um eine 'Kapitaltransaktion', die sich auf soziales Kapital bezieht. Eine Objektivierung in der gerade beschriebenen Form scheint für diese 'Transaktion' nicht unbedeutend zu sein, weil eine Objektivierung mit einer emotionsreduzierten Versachlichung einhergeht, die in der Wortwahl des Erzählers durchaus mitschwingt. Derjenige, der sich von seinem 'sozialen Besitzstand' trennt und selbigen anderen zur Verfügung stellt, muss sich entsprechend auch emotional von diesem lösen, weil ansonsten die besagte 'Transaktion' verhindern oder erschwert werden würde. Erst im abgeschlossenen Akt der sozialen Kapitalzueignung darf das 'Objekt' wieder emotional aufgeladen bzw. libidinös besetzt werden[45].

Als **Konsequenz** aus dieser Strategie entsteht die Situation, dass jeder der Beteiligten in bestimmten zeitlichen Abständen in den Genuss einer Intimbeziehung mit einer Frau kommt, die von mehreren Männern gleichermaßen begehrt wird. Wir haben es demnach mit einem reziproken Partizipationsprozess zu tun. Vielleicht könnte man auch von 'Solidarität unter Männern' sprechen, weil in der Erzählung mögliche Auseinandersetzungen zwischen den Männern infolge des Partnerwechsels unerwähnt bleiben. Wie wir gleich noch sehen werden, läuft ein Partnerinnenwechsel in der Regel nicht ohne Spannungen ab. Folglich handelt es sich hier sicherlich um eine idealisierte Darstellungsweise des vorliegenden Sachverhaltes.

Als weitere **Konsequenz** rückt allerdings noch ein weiterer Aspekt in den Mittelpunkt, der sich aus der zirkulären Weiterreichpraxis ergibt und prospektiv vom Erzähler aufgegriffen wird: „Das heißt, immer im Kreislauf rum […] jetzt hat se de **Mark Buxbaum**@. […] @Von **dem** kommt=se zu mir wieder zurück @“. – Der Mann schöpft folglich aus seinen früheren Erfahrungen der Partnerschaftszirkulation die Zuversicht, zukünftig wieder mit seiner früheren Freundin zusammen zu kommen. Die Weiterreichpraxis fungiert demnach auch als Prognoseinstrumentarium für intime Beziehungsverläufe **[Code: Weiterreichpraxiserfahrungen als 'Zuversichtspender' – Konsequenz]**.

In Bezug auf die Handlungsstrategie „Praxis des Weiterreichens“ möchte ich noch eine weitere bisher nicht beachtete **Kontextbedingung** ansprechen, die sich zwar nicht direkt aus dem Text erschließen lässt, jedoch bezogen auf den institutionalisierten Behinderungskontext mitgedacht werden sollte. Das beschriebene Phänomen manifestiert sich in einem kontextuellen Rahmen, der durch Segregation gekennzeichnet ist. Behinderte Menschen haben oft nicht die Möglichkeit, über die ihnen fest zugewiesenen Sozialkontexte hinaus Menschen kennenzulernen. Die Suche nach einer passenden Partnerin oder einem passenden Partner gestaltet sich somit oft als äußerst schwierig, weil nebst anderen Gründen nicht genügend potentielle Partner und Partnerinnen zur Verfügung stehen. Vielleicht ist die beschrieben Weiterreichpraxis auch auf dem Hintergrund dieser unvorteilhaften Kontextbedingung zu verstehen.

Schließlich möchte ich noch eine letzte **Konsequenz** anführen, die aus der 'sozialen Kapitaltransaktion' resultiert und direkt mit dem Phänomen „heterosexueller Beziehungswunsch“ in Verbindung steht. In diesem Zusammenhang wird das Thema Männlichkeit evident. Durch die Zueignung sozialen Kapitals in Form einer Frau ist zugleich eine Kapitalzueignung in Form von Männlichkeit verbunden. Durch die 'soziale Kapitaltransaktion' wird folglich soziales in symbolisches Kapital transformiert **[Code: Partnerin als Steigerungsfaktor symbolischen Kapitals (Männlichkeit) - Konsequenz]**.

Wie sich weiter zeigt, ist die „Praxis des Weiterreichens“ nicht nur als Realisierungsstrategie eines heterosexuellen Beziehungswunsches anzusehen. Die vorliegende Strategie ist vielmehr noch an einen weiteren Sachverhalt (Phänomen) gebunden, der hier nicht weiter vorgestellt werden kann, namentlich **„Rivalitätskämpfe (heterosexuelle Partnerschaften)“** (vgl. hierzu z.B. Int.-S-1-Z.1516-1524).

Grundsätzlich handelt es sich bei den Codes **„heterosexueller Beziehungswunsch“** und **„Rivalitätskämpfe (heterosexuelle Partnerschaften)“** um Konzepte, welche u.a. der Kategorie **„doing masculini-**

ty“ zugeordnet werden können. Durch solche und ähnliche Zuordnungen entstehen sukzessive weitverzweigte Beziehungen zwischen einzelnen Kategorien, Konzepten und Indikatoren.

Abschließend sei angemerkt, dass sämtliche Auswertungen der Daten mit Hilfe der Analyse-Software „MAXQDA“ durchgeführt wurden. Dieses Programm verhalf dazu, dass Textstellen übersichtlich kategorisiert, schnell wiedergefunden und mit anderen Textstellen jederzeit verglichen werden konnten.

2.2.4 Anmerkungen zur Dateninterpretation und Operationalisierung

Bevor ich zu den empirischen Ergebnissen überleite, müssen noch Fragen hinsichtlich der Dateninterpretation beantwortet und im Anschluss daran einige Aspekte in Bezug auf die Güte der Untersuchungsergebnisse besprochen werden.

Frage 1: Wie können Männlichkeit und geistige Behinderung operationalisiert werden?

Zwecks Differenzierung der körpernahen Dimension des männlichen Habitus ist es notwendig, eine Operationalisierung diverser interaktionaler Handlungsmuster vorzunehmen. In Anlehnung an Bourdieu spricht Brandes bezüglich des männlichen Habitus auch von einer „*verkörperten männlichen Praxis*“ (2002, S.76 - Hervorh. i. Orig.). Damit bewegt er sich nahe an dem, was Connell im Hinblick auf Männlichkeit ausgeführt hat. Er versteht Männlichkeit als „[...] eine Konfiguration von Praxis *innerhalb* eines Systems von Geschlechterverhältnissen“ (2006, S.105 – Hervorh. i. Orig.). Es geht demnach um männlich konnotierte Handlungsmuster, die sich im Rahmen interaktionaler Prozesse zwischen Männer und Frauen und zwischen Männern untereinander realisieren. Die Untersuchung dieser Handlungsmuster führt wiederum zu den von Connell benannten hegemonialen, untergeordneten, komplizenhaften oder marginalisierten Männlichkeiten (vgl. Kap. 1.1.2). Auf diese Muster männlicher Interaktion habe ich deshalb mein Hauptaugenmerk gelegt, weil ich Typisierungen vermeiden wollte, wie sie beispielsweise bei Zulehner/ Volz vorzufinden sind. Diese Autoren haben in ihren Untersuchungen männliche Personen in eher unterkomplexe Cluster eingeteilt: Die traditionellen, neuen, pragmatischen und die unsicheren

Männer (vgl. 1998, S.41). Solche und ähnliche Einteilungen sind in mehrerlei Hinsicht problematisch. Zum einen werden weniger variable Muster männlicher Interaktion generiert, sondern Personen typisiert. Versteht man allerdings Männlichkeit als interaktionales Beziehungsverhältnis, dann wird das Moment relationaler Machtbeziehung als wesentliche Herstellungsbedingung von Männlichkeit durch die Bildung von Grundtypen in genannter Form ausgeblendet. Daran ändert auch die Tatsache nichts, dass Zulehner/ Volz an einer Stelle eine clusterbezogene Variabilität einräumen und deutlich machen, dass Männer im Sinne diverser Rollentransformationen durchaus in mehreren Clustern vertreten sein können (vgl. ebd. S.40). Solche Typisierungen werden einem dynamischen und prozessualen Verständnis von Männlichkeit nicht gerecht. Eine Einteilung im Sinne Connells hingegen legt zum einen die je aktuellen Machtstrukturen offen und ermöglicht eine interdependente Betrachtung diverser Männlichkeiten. Letztere werden somit nicht als statische Gebilde, sondern als kontextuell mehr oder weniger veränderbare interaktionale Relationen behandelt. Daran anschließend berücksichtige ich somit auch die bereits an anderer Stelle (vgl. Kap. 1.1.2) angesprochenen Untersuchungsergebnisse von Wetherell/ Edley (1999) zur situativen Variabilität hegemonialer und nichthegemonialer Männlichkeiten. Zur Sichtbarmachung der von Connell vorgeschlagenen Männlichkeitsmuster hat bereits Budde einen Operationalisierungsvorschlag unterbreitet. Diesen werde ich mit wenigen Ergänzungen aufnehmen, welche sich aus der Datenanalyse ergeben haben.

Operationalisierung des Handlungsmusters hegemoniale Männlichkeit

['Souveränmodus' - höchste legitime Machtposition unter Männern - M.Z.]

- Dieses Handlungsmuster ist dadurch bestimmt, dass eine Absicht weitgehend ohne äußere Widerstände realisiert werden kann.

- Der nach diesem Handlungsmuster Handelnde muss seine Absicht nicht nach außen hin legitimieren (vgl. 2005, S.82).

- [Persönliche Interessen und Absichten werden auch durch die Instrumentalisierung anderer Männer durchgesetzt. – M.Z.]

Operationalisierung des Handlungsmusters komplizenhafte Männlichkeit

['Anpassungsmodus' - kontextuell mittlere Machtposition in Abgrenzung zur untergeordneten und hegemonialen Männlichkeit – M.Z.]

- Dieses Handlungsmuster ist dadurch bestimmt, dass eine Handlungsabsicht ausgehandelt werden muss. Selbige kann nur durch wechselseitige Kooperation umgesetzt werden (vgl. ebd. S.83).
- [Der nach diesem Handlungsmuster Handelnde, handelt auf selbst- oder fremdlegitimierten Auftrag von Personen, die über einen höheren sozialen Status verfügen. – M.Z.]

Operationalisierung des Handlungsmusters untergeordnete Männlichkeit

['Inferiorisierungsmodus' - niedrigste Machtposition in Abgrenzung zur komplizenhaften und hegemonialen Männlichkeit – M.Z.]

- Der nach diesem Handlungsmuster Handelnde wird an der Realisierung seiner Absichten gehindert (vgl. ebd. S.84).
- [Dieses 'Behindertwerden' erfolgt durch physische und psychische Mittel - z.B. körperliches Einwirken, Einschüchterungsversuche oder Bevormundungen seitens anderer Männer – M.Z.]

Operationalisierung des Handlungsmusters marginalisierte Männlichkeit

- Budde versteht marginalisierte Männlichkeit als Handlungsmuster von Männlichkeit, das darauf ausgerichtet ist den „symbolischen Rahmen hegemonialer Männlichkeit zu verlassen“ (ebd. S.85).
- Als Beispiele männlicher Marginalisierung führen Connell (vgl. 2006, S.101f.) und Budde Merkmale der Gruppenunterscheidung heran, in denen ethnische Zugehörigkeit und Homosexualität konstruiert und dramatisiert werden (vgl. 2005, S.85-87).

Auf dem Hintergrund der erhobenen Daten spielte der Marginalisierungsfaktor Ethnie keine und der Homosexualitätsaspekt nur eine eher untergeordnete Rolle. Demgegenüber wurden vielmehr die Marginalisierungsaspekte Autoerotik bzw. Onanie, reduzierte heterosexuelle Betätigungsmöglichkeiten und (geistige) Behinderung von den behinderten und nichtbehinderten Akteuren besonders dramatisiert. Hierbei stellte sich für die Identifizierung marginalisierter Männlichkeit stellenweise das Problem, dass mit der Hervorbringung marginalisierter Männlichkeit in manchen Fällen zugleich auch untergeordnete Männlichkeit erzeugt worden ist. Dies war insbesondere dann der Fall, wenn eine Dramatisierung der genannten Marginalisierungsfaktoren mit ernstgemeinten Beleidigungsakten zusammentrafen. Dieser Unschärfe bin ich in der Weise begegnet, dass ich an manchen Stellen beide Möglichkeiten der Männlichkeitskennzeichnung benannt habe.

Operationalisierung von (geistiger) Behinderung – doing disability

In diesem Zusammenhang geht es um die Sichtbarmachung der symbolischen Herstellungsprozesse von (geistiger) Behinderung. Grundsätzlich steht (geistige) Behinderung für jedwede Form sozialer Benachteiligung von Personen mit der Diagnose geistige Behinderung in institutionalisierten Kontexten. Die Operationalisierung von geistiger Behinderung (doing disability) wurde gänzlich aus dem Datenmaterial abgeleitet (vgl. hierzu später Kap. 4.4.1- 4.4.3).

Herstellung von geistiger Behinderung durch verbale (diskursive) Einwirkungsformen

- Personen werden als (geistig) Behinderte bezeichnet oder mit bezeichnungsspezifischen Verbesonderungen (z.B. „Bewohner“, „Beschäftigte“ etc.) attribuiert.
- Personen werden bezogen auf ihr (kognitives) Leistungsvermögen verbal diskreditiert (Verbalisierungen wie „Idiot", „dumm" etc. sind hier typisch).
- Personen werden mit verbalen Infantilisierungen (z.B. „Schätzchen“) konfrontiert und somit in ihrer psychischen Reife als Erwachsene herabgesetzt.

Herstellung von geistiger Behinderung durch strukturale, ästhetische und tätigkeitsbezogene Einwirkungsformen

- Personen werden bestimmte (Weiter-)Bildungsmöglichkeiten vorenthalten. Dies äußert sich insbesondere durch tätigkeitsallokative Vorentscheidungen der Behinderteneinrichtung und direktive pädagogische Vermittlungsstile seitens mancher Assistenzkräfte.

- Personen werden durch diverse kleidungsästhetische Überstrukturierungen als Behinderte sichtbar gemacht.

Frage 2: Wie kann sichergestellt werden, dass ein bestimmtes (nicht-)diskursives Handeln, welches mit Männlichkeit assoziiert worden ist, auch für die Untersuchungsteilnehmer in einem Verweisungshorizont mit Männlichkeit steht?

Diese Frage betreffend sind wir entsprechend mit dem Problem konfrontiert, dass Männlichkeit als sozio-kultureller Gegenstand mit bestimmten Erhebungsdaten in Beziehung gesetzt wird, ohne zu wissen, ob das Thema Männlichkeit auch für die Probanden in diesen Daten verankert vorliegt. Dies gilt entsprechend auch für den Tatbestand geistige Behinderung.

In der vorliegenden Studie wurde grundsätzlich ein Geschlechter- u. Behinderungswissen auch bei geistig behinderten Personen vorausgesetzt. Die Probanden wurden dementsprechend auf der Basis dieser Vorentscheidung nach ihren Vorstellungen von Männlichkeit und geistiger Behinderung befragt. Hierdurch konnte allerdings nur ein explizites Wissen hinsichtlich (geistiger) Behinderung und Männlichkeit offengelegt werden. Für den überwiegenden Teil der Interviewäußerungen galt allerdings, dass die Probanden Männlichkeit und (geistige) Behinderung implizite thematisiert haben. Im nachfolgenden Beispiel ist eine solche Textstelle bezogen auf das Thema Männlichkeit dokumentiert:

M: Aber eins weiß=isch, (1) Isch arbeit gut und ich bin auch kräftisch ((stolz)) (2) ↓ Isch <u>will</u> (1) mehr arbeiten.↑ (3) Ja, schwerere Arbeit machen (Int.-M-1-Z.1295-1296).

Das implizite Männlichkeitswissen geht hier aus der Art und Weise hervor, wie der Interviewteilnehmer sich in seiner Erzählung darstellt. Aus dieser Selbstdarstellung, so die idealisierte Annahme, kann rekonstruierend darauf geschlossen werden, dass der Befragte mit Männlichkeit physische Leistung (körperliche Stärke und physisch anspruchsvolle Arbeit) verbindet. Diese Lesart ist allerdings nur dann möglich, wenn ein Geschlechterwissen bzw. Männlichkeitswissen bei den Probanden grundsätzlich vorausgesetzt wird. Genaugenommen zeigt sich daran, dass der Gegenstand Männlichkeit bzw. der Verweisungszusammenhang Männlichkeit und physische Stärke lediglich dann in Erscheinung tritt, insofern dieser durch mich als Interpret an das Datenmaterial herangetragen wird. Es kann demnach nicht eindeutig nachgewiesen werden, ob die Befragten diese Attributionen ihrerseits selbst mit Männlichkeit assoziiert haben. Dies liegt darin begründet, dass Texten keine zwingende Eigenaussage beigemessen werden kann (vgl. Hirschauer 1997, S.30). Die jeweiligen Bedeutungen einer Textstelle ergeben sich folglich erst aus dem Akt der Interpretation. Letzterer steht stets unter dem Einfluss der Standortgebundenheit des Untersuchenden und dessen Erkenntnisinteresse.

Grundsätzlich können wir bezogen auf das vorliegende Problem mit Dölling zusammenfassend festhalten, dass die Frage nicht zweifelsfrei beantwortet werden kann, wie wir wissen können, dass Probanden durch ihre verbalen Äußerungen [respektive nonverbalen Körperäußerungen M.Z.] in impliziter oder expliziter Form Vergeschlechtlichungen initiieren. Dies liegt insgesamt an der Überdeterminiertheit der eingeführten Klassifikationen und Bilder, welche durch die Differenzachse männlich/ weiblich normativ determiniert werden (vgl. 2005, S.55).

Für geistige Behinderung gilt diese Feststellung gleichermaßen, weil den Äußerungsinhalten je nach Kontextualisierung mehrere Auslegungsmöglichkeiten inhärent sind. Demzufolge sind sämtliche Differenzkategorien, nebst der Konstruktion Geschlechterwissen, grundsätzlich als analytische Instrumentarien zu verstehen, die eine plausible wirklichkeitskonstituierende Lesart sozialer Interaktionen ermöglichen sollen (vgl. ebd.).

Frage 3: Ist das Herantragen bestimmter Gegenstände wie geistige Behinderung und Männlichkeit mit den Grundsätzen der GT vereinbar?

Die GT sieht vor, dass bestimmte Kategorien erst im Verlauf der Analysetätigkeit induktiv generiert werden sollen. Das Herantragen von Männlichkeit und geistige Behinderung an das Material entspricht allerdings genaugenommen eher einer deduktiven Herangehensweise. Dieses Problem betreffend ist darauf hinzuweisen, dass die Einführung externer, bereits anderweitig theoretisch fundierter Kategorien im Rahmen der GT nicht grundsätzlich ausgeschlossen ist. Zum einen macht Strauss deutlich, dass beispielsweise Kategorien wie Alter, Geschlecht oder Schichtzugehörigkeit etc. nicht zwangsläufig im Datenmaterial relevant sein müssen. Nach seinem Dafürhalten müssen sich diese Kategorien ihre Legitimität bezogen auf das Textmaterial erst verdienen (vgl. 1995, S.62). Als wesentliche Regel haben Strauss/ Corbin hierfür festgelegt, dass eine Einführung bereits bestehender Variablen mit größtmöglicher Sorgfalt vorzunehmen ist, weil mit selbigen zugleich auch ein bestimmter vorab festgelegter Bedeutungshorizont zwangsläufig mitgeführt wird (vgl. 1996, S.50). Demzufolge muss bei der Verwendung bereits bestehender Variablen wie beispielsweise Männlichkeit oder geistige Behinderung in Bezug auf das aktuell vorliegende Datenmaterial benannt werden, wie ein bestimmter Begriff inhaltlich im gegeben Kontext genau zu fassen ist. Diesen Sachverhalt betreffend verweise ich auf meinen Umgang mit den von Connell ermittelten Männlichkeitskategorien und die gerade dargestellten Operationalisierung derselben. Diese Kategorien und Operationalisierungen wurden meinerseits am eigenen Datenfundus auf ihre Relevanz und Zweckdienlichkeit hin geprüft. So konnte einer ausschließlich deduktiven Einführung von Kategorien entgegengewirkt werden.

Frage 4: Wird durch das Herantragen der Kategorien geistige Behinderung und Männlichkeit an das Datenmaterial eine Hypostasierung derselben befördert?

In diesem Zusammenhang geht es um ein Problem, dass in der Geschlechterforschung als „Reifizierung“ (Gildemeister/ Wetterer 1992, S.201) bekannt ist. Hierbei geht es um die Verfestigung des Paradigmas der Zweigeschlechtlichkeit durch die Analyse der Kategorien Männlichkeit und Weiblichkeit durch das Herantragen derselben an einen Text.

Die Reifizierungsproblematik stellt sich allerdings auch für andere soziale Tatbestände wie soziale Herkunft (Milieu) und gleichermaßen für geistige Behinderung. Von daher gesehen kommt Forschenden immer auch eine gewisse Verantwortung zu, weil sie durch ihre Darstellung der Sachverhalte soziale Tatsachen schaffen oder fortsetzten. Demzufolge befinden sie sich in einem Dilemma. Sie müssen die Gegenstände zur weiteren Reflexion benennen, was zwangsläufig zur Verfestigung derselben beiträgt. Dieses Dilemma, lässt sich nicht wirklich auflösen, sondern lediglich reflexiv bearbeiten und zwar dergestalt, dass die verwendeten Begriffe und Konzepte immer wieder kritisch hinterfragt werden müssen (vgl. Kelle 2001, S.39-56). Der geforderten Reflexivität bin ich dahingehend nachgekommen, indem ich sämtliche Kategorien lediglich als analytische Instrumente und nicht als faktische Tatsachen behandelt habe. Ferner wurden Begriffe wie (geistige) Behinderung und Männlichkeit begrifflich differenziert (vgl. Kap. 1.2).

Was die 'Entdeckung' von geistiger Behinderung und Männlichkeit im Datenfundus betrifft, so habe ich versucht, ein breites Spektrum an Ausformungsmöglichkeiten dieser Konstrukte aufzuzeigen, um nicht Gefahr zu laufen, stereotype Vorstellungen von Männlichkeit und geistiger Behinderung leichtfertig zu übernehmen. Eine unterkomplexe Darstellungsweise der Interaktionsmuster sollte so vermieden werden.

Abschließend sei in Bezug auf die Dateninterpretation angemerkt, dass es mir bei der Auswertung der Daten nicht darum ging, alle biografischen Erzählstränge der Männer in ihrer Komplexität zu konservieren. Vielmehr habe ich einen systematisch vergleichenden Zugang zum Datenkorpus gewählt. Hierbei wurden zunächst relevante Themen (Kategorien) identifiziert, anhand derer dann Interviewsequenzen ausgewählt und kontrastierend gegenübergestellt worden sind. Dies zeigt sich auch daran, dass ich auf personenbezogene Einzelfallbeschreibungen verzichtet habe. Im Mittelpunkt standen nicht bestimmte Personen als homogene Fälle, sondern einzelne Phänomene wie Männlichkeit, Prozesse der Verbehinderung, soziale Herkunft, Anerkennung etc., die auf dem Hintergrund der biografischen Datensätze und Beobachtungsprotokolle kontextualisiert und analysiert worden sind.

2.2.5 Zur Güte der Untersuchungsergebnisse

Für die GT-Analysearbeit gilt grundsätzlich das Gebot, sich den Daten mit einer „gleichschwebenden Aufmerksamkeit" (Freud 1912, S.171) anzunähern und diese assoziativ zu erschließen (vgl. ebd.). Eine gleichschwebende textbezogene Beobachtungshaltung einzunehmen, bedeutet entsprechend auch, nicht vorschnell bestimmte Textstellen zur Theorieplausibilisierung heranzuziehen. Während der Datenauswertung hat sich gezeigt, dass zunächst als 'Nebenschauplätze' identifizierte Textpassagen in anderen Zusammenhängen schließlich zu 'Hauptschauplätzen' wurden. Diese Erfahrung hat mich beispielsweise dazu bewogen, sämtliche Tonaufzeichnungen aus den Interviews komplett zu transkribieren. Eine Teiltranskription hätte bereits eine Vorentscheidung nach Relevanz impliziert und die Theoriebildung zu stark in eine bestimmte Richtung gelenkt. Durch diese Vorentscheidungen konnte aus meiner Sicht aber auch dem Gebot einer größt- und kleinstmöglichen Kontrastierung entsprochen werden (vgl. Glaser/ Strauss 1998, S.62-65). Hierdurch sollte eine mögliche „selektive Plausibilisierung“ (Flick 1995, S.239) bzw. der frühzeitigen Festlegung bestimmter Lesarten entgegengewirkt werden.

An das gerade Gesagte anknüpfend bemisst sich die Güte der vorliegenden Untersuchung zunächst an der Offenlegung des gegenstandsbezogenen Induktionsprozesses. Es muss für den Leser plausibel nachvollziehbar sein, wie der Forscher zu seinen Hypothesen gelangt ist. Diesen Aspekt betreffend habe ich großen Wert darauf gelegt, sämtliche Annahmen anhand ähnlicher oder voneinander abweichender Beispielsequenzen zu illustrieren. Somit ist auch die von Steinke benannte „*Intersubjektive Nachvollziehbarkeit*“ (2005, S.324 – Hervorh. i. Orig.) der Untersuchungsergebnisse gewährleistet.

Die Güte der Ergebnisse bemisst sich allerdings auch an der Transparenz des Forschungsdesigns. Letzteres ermöglicht eine Einschätzung, ob die Untersuchungsergebnisse bezogen auf die Erhebungs- und Analyseinstrumente ihrem Gegenstand nach angemessen sind. Dieser Aspekt berührt die Frage nach der Reliabilität bzw. die Zuverlässigkeit der gewählten Methoden. In diesem Zusammenhang kann es hinsichtlich der GT allerdings nicht um einen Reliabilitätsanspruch gehen, welcher der quantitativen Forschung zugrunde liegt. Als Maß für Reliabilität bzw. Zuverlässigkeit eines Messinstrumentes gilt dort vielmehr der Grad der Reproduzierbarkeit der Messergebnissen (vgl. Diekmann 2005, S.217). Demzufolge kann es bezogen auf die vorliegende Studie nur um eine Reproduktion sozialer Wirklichkeit unter ähnlichen Bedingungen gehen, was auch mit dem Theorieanspruch der GT übereinstimmt, wonach es um die Generierung von Theorien mittlerer Reichweite geht. Letztere lassen eine gewisse Verallgemeinerung bestimmter Ergebnisse für einen Wirklichkeitsausschnitt zu, der außerhalb eines allumfassenden Theorieanspruches liegt (vgl. Glaser/ Strauss 1998, S.42):

> Demzufolge kann es nicht um die Identifizierung starrer Gesetzmäßigkeiten gehen, weil die „[…] Wirklichkeit […] ein von Standpunkt des Menschen aus mit Sinn und Bedeutung bedachter endlicher Ausschnitt […] des Weltgeschehens […]“ (Weber 1982, S.180) darstellt.

Theorien, die auf der GT basieren, sind den Sozialwissenschaften folglich angemessener, weil diese eine offene flexible Struktur aufweisen und entsprechend ohne großen Aufwand modifiziert werden können. Diese Theorien sind zwar nicht auf jede Situation gleichermaßen anwendbar, jedoch wird es durch selbige möglich, ähnlich gelagerte Situationen analytisch beschreiben und erklären zu können.

3. Untersuchungsergebnisse: biografisch-narrative Interviews

3.1 Kurbeschreibung der Stichprobe

	Wohngruppenform	Herkunftsmilieu	Behinderungsgrad
Frank (32)	hoher Assistenz-bedarf („Intensivwohngruppe“ - ‘schwere Mehrfachbehin-derungen‘)	- studiertes bildungs-forderndes Elternmilieu **> ökonomisches Kapital** **> kulturelles Kapital** - streng christlich-konservativ - sparsam- u. gesundheitsbe-wusst - ökologisch-fortschrittlich - differenziertes Freizeitverhalten	DIMDI-ICD-10 (2009) **mittel**
Stefan (35)	sehr niedriger Assistenz-bedarf („Betreutes Wohnen“)	- nichtstudiertes bildungs-bejahendes Elternmilieu **> ökonomisches Kapital** **# kulturelles Kapital** - angepasstes nach Sicherheit strebendes links-liberales Elternmilieu	DIMDI-ICD-10 (2009) **leicht**
Martin (25)	niedriger Assistenz-bedarf („Trainingswohnen“ - Vorbereitung auf das „Betreutes Wohnen“)	- nichtstudiertes bildungsbeja-hendes Elternmilieu **> ökonomisches Kapital** **# kulturelles Kapital** - christliche Prägung/ sozialökologische Aus-richtung - gesundheits- u. körperbewusst	DIMDI-ICD-10 (2009) **leicht**
André (30)	erhöhter Assistenz-bedarf (Vorstufe zum „Trai-ningswohnen“)	- nichtstudiertes ‘bildungsfernes‘ Elternmilieu **< ökonomisches Kapital** **< kulturelles Kapital** - rechtsreaktionär-konservativ	DIMDI-ICD-10 (2009) **mittel**

Abb.4: Merkmale der Herkunftsmilieus der gewählten Stichprobe. # = durchschnittlich, < = wenig, > = viel.

Zunächst möchte ich kurz skizzieren, wie ich bei der Bestimmung der Herkunftsmilieus vorgegangen bin. Da eine Milieubestimmung nach dem Vorbild der „Sinus-Milieus“ verständlicherweise zu aufwendig gewesen wäre und zudem keine Operationalisierungscluster derselben in veröffentlichter Form vorlagen, habe ich mich dafür entschieden, die Herkunftsmilieus der Probanden relativ zueinander auf der Basis einer teilstandardisierten Fragebatterie zu erheben. Im Mittelpunkt stand folglich nicht die Intention, die identifizierten Milieus relativ zu einem gesamtgesellschaftlichen sozialen Positionsgefüge einzuordnen.

Zur Milieuidentifizierung sollten die Probanden und deren Eltern Angaben zu ihrem wirtschaftlichen Standard, Berufs- und Bildungskarriere, Konsum- und Medienrezeptionsverhalten und Freizeitinteressen machen. Die einzelnen Antworten, die sich auf die milieubezogenen Teilaspekte ökonomisches und kulturelles Kapital bezogen, wurden danach auf der Grundlage einer zuvor festgelegten Punktematrix codiert. Nach der sich anschließenden Auszählung wurden die numerischen Ergebnisse in eine Grafik übertragen, um das Verhältnis zwischen ökonomischem und kulturellem Kapital und damit die relative soziale Lage der Eltern der Probanden zueinander abbilden zu können:

Kapitalverteilung in den Herkunftsmilieus der Probanden

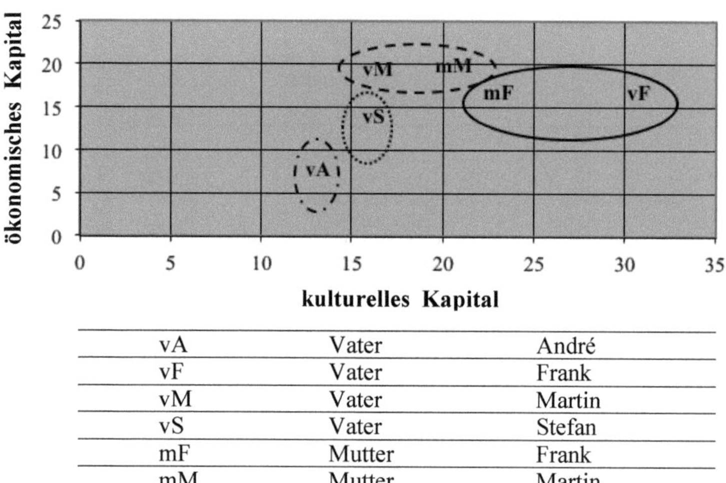

vA	Vater	André
vF	Vater	Frank
vM	Vater	Martin
vS	Vater	Stefan
mF	Mutter	Frank
mM	Mutter	Martin

Abb.5: Verteilungsverhältnisse der Kapitalressourcen: Das Herkunftsmilieu von André verfügt über die geringsten Kapitalressourcen, während das soziale Primärmilieu von Frank über die meisten Kapitalressourcen verfügt. Demgegen-

über befinden sich die Herkunftsmilieus von Stefan und Martin in einer mittleren sozialen Lage. Zu den Positionierungen der Probanden vgl. Abb.7, S.146.

Bevor ich zu den Untersuchungsergebnissen der biografischen Interviewphase komme, werde ich die Interviewprobanden anhand von Kurzportraits in Grundzügen vorstellen. Nähere lebensgeschichtliche und lebensweltkontextuelle Einzelheiten werden jeweils im Verlauf der Darstellung und Reflexion der einzelnen Untersuchungsgegenstände genannt.

3.2 Kurzportraits der Untersuchungsteilnehmer

Kurzportrait Frank (F)

> *„Gott ist mein Freund, der für mich sorgt, der mir alles gibt, [...] ne Freundin braucht's noch und dann hab ich alles."*

Frank ist zweiunddreißig Jahre alt und hat die Diagnose mittelgradige geistige Behinderung. Mit seinem zwanzigsten Lebensjahr hat er sein Elternhaus verlassen und ist auf eine Wohngruppe einer Behinderteneinrichtung gezogen. Bis zum Eintritt in das Arbeitsleben hat er eine Schule mit dem Förderschwerpunkt geistige Entwicklung besucht. Aktuell arbeitet er in einer Montage-Verpackungsgruppe einer Werkstatt für behinderte Menschen, welche einer Wohneinrichtung angegliedert ist.

Frank führt ein sehr aktives Leben. Er fährt viel Fahrrad, mag ausgedehnte Spaziergänge, geht gerne reiten (therapeutische Reitangebote) und besucht zudem regelmäßig unterschiedliche Veranstaltungen der Volkshochschule (Tanzen, Rechnen, Kegeln). Zudem ist er ein großer Fan des 1. FC- Bayern München.

Frank ist mit seinem Bruder in einem wohlsituierten christlich-konservativen und sozial-ökologisch versierten und bildungsfordernden Elternhaus aufgewachsen. Die Eltern, die bis dato noch zusammenleben, besitzen ein großes Haus mit einem Sonnenkollektordach nebst einem großzügig angelegten Garten. Obgleich sich Franks Eltern eigentlich ein großes Auto leisten könnten, fahren sie lediglich einen VW-Mittelklassewagen, den sie allerdings nur eher selten nutzen, weil sie viele Erledigungen mit dem Fahrrad tätigen. Seine Eltern verfügen zudem über ein hohes Maß an kulturellem Kapital, was sich an deren Interessen (Bildung, Politik, Ökologie, Soziales, klassische Musik, Theater und

Kunst) und der akademischen Bildungsbiografie des Vaters abzeichnet.

Eine ganz zentrale Rolle nimmt in Franks Leben der Glaube an Gott ein. Er ist wie seine Eltern Mitglied in einer Baptistengemeinde und ist bemüht, sein gesamtes Leben konsequent an der Heiligen Schrift auszurichten. Sein sehnlichster Wunsch ist es, eine Partnerin zu finden, mit der er gemeinsam Zeit verbringen kann. Zudem möchte er später einmal heiraten.

Kurzportrait Martin (M)

> *„I- isch will s- selbstständisch sein. [...] Isch <u>will</u> mehr arbeiten. Ja, schwerere Arbeit machen."*

Martin ist fünfundzwanzig Jahre alt und hat die Diagnose leichte geistige Behinderung. Mit Erreichen seines neunzehnten Lebensjahres ist er auf eine Wohngruppe einer Behinderteneinrichtung gezogen. Auch er hat eine Schule mit dem Förderschwerpunkt geistige Entwicklung besucht. Zunächst war er auf einer anthroposophischen Bildungseinrichtung und ist dann parallel mit dem Wechsel auf eine Behindertenwohngruppe auf die gleiche Schule gegangen, die auch Frank besucht hat. Nach Beendigung der Schulzeit hat Martin zunächst im Garten-Landschaftsbau einer WfbM gearbeitet. Aktuell ist er Mitarbeiter in der Gärtnerei.

Martin führt ebenfalls ein sehr aktives Leben. Er besucht regelmäßig ein Fitnesscenter und spielt leidenschaftlich gerne Fußball. Letztere Leidenschaft betreffend geht er auch regelmäßig ins Fußballstadion. Ansonsten interessiert er sich für Computer, Tiere und Pflanzen und liest auch sehr gerne Romane und Jugendsachbücher wie „WAS IST WAS".

Martin ist gemeinsam mit seinem Bruder - zu dem er keinen Kontakt mehr hat - und seiner Schwester in einem gutsituierten christlichliberal geprägten bildungsaffirmativen Elternhaus aufgewachsen. Martins Mutter ist seit zwei Jahren verwitwet und lebt seit dem Tod ihres Gatten alleine in einem Haus, dass sie von ihren Eltern geerbt hat. Martins Eltern haben nicht studiert und die Schule jeweils mit Mittlerer Reife verlassen. Trotz dieser durchschnittlichen Formalbildung spielte und spielt Bildung in Martins Elternhaus immer eine Rolle. Seine Mutter liest viel und gerne und besucht Theater- und Konzertveranstaltungen. Zudem ist sie ehrenamtlich im sozialen Bereich sehr engagiert.

Auch in Martins Leben nimmt der Glaube an Gott einen wichtigen Stellenwert ein, was für ihn auch dahingehend bedeutsam ist, dass er noch immer sehr damit befasst ist, den Tod seines Vaters zu verarbeiten.

Sein sehnlichster Wunsch ist es, mehr Selbstständigkeit sowohl in lebenspraktischer, als auch in beruflicher Hinsicht zu erlangen. Zudem wünscht auch er sich eine Partnerin, die er später einmal heiraten kann.

Kurzportrait André

> *„[...] mein Leben is äh ein harter Kampf und des war's."*

André ist dreißig Jahre alt und hat die Diagnose mittelgradige geistige Behinderung. Er ist mit fünfzehn bei seinen Eltern ausgezogen und hat danach in unterschiedlichen Behinderteneinrichtungen gelebt, bevor er schließlich auf eine Wohngruppe gewechselt ist, welche der gleichen Behinderteneinrichtung angegliedert ist, in der auch Frank und Martin leben. Auch er hat eine Schule mit dem Förderschwerpunkt geistige Entwicklung besucht und ist nach Beendigung derselben in den Landwirtschaftsbereich einer WfbM gewechselt. Aktuell arbeitet er in einer Kartoffelschälgruppe.

André verbringt seine Freizeit vorzugsweise vor dem Fernseher und schaut sich leidenschaftlich gerne Show-Kampf DVDs und Horrorfilme an. Er interessiert sich zudem besonders für Heavy Metal-Musik.

Aufgewachsen ist André gemeinsam mit seinem Bruder, den er heute nur noch gelegentlich trifft, in eher schwierigen sozialen Verhältnissen. Alkoholismus, Arbeitslosigkeit und ökonomische Probleme gehörten zeitweise zu den dringlichsten Bewältigungsaufgaben seiner Eltern, die sich bereits voneinander getrennt haben, als André noch ein Kind war. Andrés Herkunftsmilieu kann als bildungsfern bzw. bildungsverneinend charakterisiert werden. Beide Elternteile haben die Schule mit Hauptschulabschluss beendet. Die Mutter ist ungelernt, der Vater hat eine Ausbildung zum Heizungsinstallateur absolviert. Auch im Freizeitverhalten des Vaters spiegelt sich die besagte Bildungsferne wieder. Er liest nicht gerne und verbringt seine Freizeit zumeist vor dem TV. Andrés sehnlichster Wunsch ist es, seine alkohol- und Nikotinsuchtproblematik zu bewältigen.

Kurzportrait Stefan (S)

> *„Nn, hm, Zukunft das mich alle so nehmen, wie ich bin. Alle so mit mir klarkommen, wie ich bin."*

Stefan ist fünfunddreißig Jahre alt und hat die Diagnose leichte geistige

Behinderung. Mit seinem fünfundzwanzigsten Lebensjahr ist er bei seinen Eltern ausgezogen und wohnte zunächst auf den unterschiedlichsten Wohngruppen der gleichen Behinderteneinrichtung, in der auch Martin, André und Frank leben. Seit kurzem wohnt er in einem eigenen Appartement, dass formell dem sogenannten Betreuten Wohnen ähnlich ist. Auch er hat eine Schule mit dem Förderschwerpunkt geistige Entwicklung besucht und arbeitet derzeit in der Metallwerkstatt einer WfbM.

Stefan verbringt seine Freizeit vorzugsweise vor dem Computer, den er zum Verfassen von E-Mails und zur Bearbeitung von Digitalfotos nutzt. Darüber hinaus begeistert er sich für Schauspielerei und wirkt in einer behinderteneinrichtungsinternen Theatergruppe als Darsteller mit. Zu seinem dritten Interessengebiet gehört Musik. Er betätigt sich regelmäßig bei Tanzveranstaltung als DJ.

Aufgewachsen ist Stefan als Einzelkind in einem bildungsbejahenden, nichtstudierten Elternhaus. Beide Elternteile verfügen über einen Mittleren Bildungsabschluss. Der Vater hat bis zu seiner Verrentung als Bankangestellter, die Mutter als selbstständige Fußpflegerin gearbeitet. Den ökonomischen Standard betreffend kann Stefans Elternhaus als bescheiden und abgesichert bezeichnet werden. Die Eltern besitzen ein kleines Haus (Grundstücksgrösse ca. 120 qm) und fahren einen Kleinwagen eines japanischen Herstellers.

Für die Zukunft wünscht sich Stefan, mit einer Frau zusammenleben zu dürfen. Ferner wünscht er sich aber vor allem mehr Selbstständigkeit in seinem Berufsleben und dass er von anderen Menschen so akzeptiert wird, wie er ist.

In den nun folgenden Kapiteln 3.3 - 3.8 werden jetzt einzelne Aspekte bzw. Schwerpunktthemen hinsichtlich der Phänomene geistige Behinderung und Männlichkeit diskutiert, die sich aus den narrativen Interviewdaten ableiten lassen.

3.3 Repräsentationen von (geistiger) Behinderung

3.3.1 Subjektive Anschauungsformen von (geistiger) Behinderung

(Geistige) Behinderung als abstrakte Form

Bei nahezu allen Befragten wird deutlich, dass sie den Begriff (geistige) Behinderung nicht recht zuzuordnen wissen. Selbiger wird als ein von außen gesetztes eher inhaltsleeres Abstraktum wahrgenommen (vgl. hierzu Julius 2000, S.187). **Stefan** äußert sich hierzu folgendermaßen:

I: Oder anders gefragt, was bedeutet denn für dich behindert sein? (10)

S: Des kann=ich au nich sagen, des steht alles in meiner Akte da drüben [Nachbarwohngruppe]. Da nämlich drüben meine Akte, da steht alles schriftliche da drin (Int.-S-1-Z.2034-2036) [...] dann ham=ses die's au irgendwann dann aufgeschrieben, dass mei Mitarbeiter dann au genau wissen, was dann is, weil die sich ja dann a- aaauch sich konzentrier=n müssen auf die geistiche Behinderung (Int.-S-1-Z.2087-2089).

Dass Stefan geistige Behinderung als einen Gegenstand betrachtet, der lediglich in den Akten existiert, kann zunächst als Hinweis für eine formelle Entfremdung gewertet werden. Die Behinderteneinrichtung als Teil des Geistigbehindertendispositivs perpetuiert den Konstruktionsprozess von geistiger Behinderung, indem sie durch das Dokumentationswesen die medizinisch-psychiatrische Diagnose geistige Behinderung archiviert und dauerhaft abrufbar konserviert. Hierdurch kommt es auch zur Fortsetzung von geistiger Behinderung im Sinne von doing disability, weil Stefan offenkundig in nicht ausreichendem Maße an diesem Dokumentationsprozess beteiligt worden ist. Demnach wird er in diesem Fall als geistig Behinderter verwaltet und zu einem gewissen Grad verdinglicht. Auch für den Fall, dass seine Unwissenheit vielleicht auch aus einem persönlichen Desinteresse an den Akteninhalten heraus resultiert, ändert dies weder etwas daran, dass er geistige Behinderung als Abstraktum wahrnimmt, noch dass er durch dieses Diskursprodukt allein qua Definitionsakt als geistig Behinderter entworfen worden ist.

Auch bei **Martin** wird sichtbar, dass er Behinderung als fremdreferentiell gesetzten abstrakten Gegenstand einordnet, über den andere als er selbst:

I: Mm. (7) was bedeutet denn für dich behindert zu sein? (2)
M: Behindert sein? (4) ((schnauft leise)) Ja gut, isch hab gesagt ich bin behindert (2) des (1) Down-Syndrom. [...] Isch hab mein Herz auf rechter Seite (7) und ja, °wasch kann isch noch sagen° (Int.-M-2-Z.10-13) [...] Naja, ((zuckt kurz mit den Schultern)) ich kann's au net so (1) sagen (2) des weiß mei Mutter bisschen mehr als ich (Int.-M-2-Z.37).

Martin entwirft folglich gleichermaßen wie zuvor Stefan Nichtbehinderte, in seinem Fall die eigene Mutter, als Experten, die über ein nicht zugängliches oder nicht zugänglich gemachtes Wissen verfügen.

Schließlich wird auch bei **André** evident, dass er Behinderung als Begriff nicht konkret einzuordnen weiß:

I: Ne, ich mein warum du in dieser Einrichtung wohnst? [...]
A: Weil isch so Behinderung hab.
I: Was hast du denn für eine Behinderung?
A: °Weiß isch net.° [...]
I: [...] In welchem Zusammenhang hast du denn das Wort behindert denn schon mal gehört?
A: °Weiss nid° (10) (Int.-A-5-Z.279-287).

Es ist allerdings auch in Betracht zu ziehen, dass die Befragten sich teilweise auch deshalb nicht oder nur wenig zum Thema geistige Behinderung geäußert haben, um so einer psychischen Belastungssituation auszuweichen. Dies kann besonders bei André vermutet werden. Er hat die Interviews stets dann abgebrochen oder ist auf andere weniger brisante Themen ausgewichen, wenn sich das Thema Behinderung stellte.

Auch bei **Frank** finden sich hierzu relevante Textstellen, welche diese Vermutung nahe legen (vgl. hierzu z.B. Int.-F-3-Z.182-193). Obgleich der Begriff (geistige) Behinderung für die Befragten offenkundig ein abstrakter Gegenstand bleibt, so stellt sich die Frage, ob die befragten Männer nicht doch eine mehr oder weniger konkrete Vorstellung bzw. Anschauung von (ihrer) Behinderung haben. Diese Begriffsanschauungen bzw. die Inhalte der Form (geistige) Behinderung betreffend gilt es die subjektiven Aneignungsprozesse des Begriffes (geistige) Behinderung und die daraus resultierenden Repräsentationen von (geistiger) Behinderung (Behinderungswissen) zu betrachten.

Gehbehinderung als verkörperte Symbolisierung von (geistiger) Behinderung

Interessant ist in diesem Zusammenhang zunächst, dass zwei der befragten Männer (**Stefan** und **Frank**) zu bedenken geben, sie seien gehbehindert, obgleich ihre Motorik in keiner Weise eingeschränkt ist:

I: Ja, was bedeutet denn für dich Behinderung?
F: Da kann man gar nicht laufen, (1) da zittert man (2) ei geistige Behinderung °hab ich.°
I: Magst du etwas darüber erzählen?
F: Eigentlich ↓°nich so gern.° ↑
I: Geistige Behinderung, was (2)?
F: Des sagt mer eigentlich nich so.
I: Was bedeutet das denn für dich?
F: Behindert sein heißt, (1) ich kann mich nicht frei bewegen. (2) Ich=hab (1) ich bin gehbehindert, °so=kann mers nennen° [...] ↑ Das heißt also, ↓ ich kann net gehen von selber, (1) wenn ich laufen will, da kann ich mich nirgends wo halten. Ich fall mehr=ja, (1) ich fall mehr aufs Bein, wie wenn ich lauf (Int.-F-3-Z.181-192).

Zunächst wird deutlich, dass für **Frank** das Thema geistige Behinderung negativ besetzt ist. Das zeigt sich daran, dass er explizite darauf hinweist, nicht so gerne etwas über diese Behinderungsform erzählen zu wollen. Deutlich wird dies allerdings auch an der Äußerung „Des sagt mer eigentlich nich so". Geistige Behinderung ist nach Franks Empfinden nicht nur etwas, über das er nicht gerne sprechen möchte, sondern auch etwas, über das generell nicht gesprochen werden sollte. Diese Generalisierung wird am Einbringen des unbestimmten Pronomens „man" deutlich. Geistige Behinderung ist für Frank demnach ein mit Beschämung behaftetes Thema.

Der Sachverhalt Gehbehinderung bezieht sich nach meinem Dafürhalten auf den Aspekt Selbstbestimmung, sich „[...] nicht frei bewegen [...]" können, und Selbstständigkeit, „[...] net gehen von selber [...]". Zusätzlich sei in diesem Zusammenhang erwähnt, dass sich Frank an anderer Stelle dahingehend geäußert hat, dass er sich in einer für ihn fremden Umgebung nicht besonders gut orientieren kann (vgl. Int.-F-3-Z.121-122) und es ihm zudem Probleme bereitet, den öffentlichen Nahverkehr selbstständig zu nutzen (vgl. Int.-F-2-Z.79-81). Demzufolge kann er nicht alleine gehen, was entsprechend bedeutet, dass er sich außerstande sieht, ohne Begleitung seinen Aktionsradius auf unbekanntes Terrain auszudehnen, weil er dann niemanden hat, auf dessen Hilfe er zurückgreifen kann. Dies bringt er zum Ausdruck, als er meint, dass er sich dann „[...] nirgends wo halten [...]" kann. Demzufolge antizipiert er, dass solche Unternehmungen der Raumaneignung unweigerlich zum Scheitern verurteilt sind. Damit stellt er geistige Behinderung in eine Logik des Misslingens. Das von ihm angeführte Stürzen, „[...] ich fall mehr aufs Bein, wie wenn ich lauf", steht für dieses Misslingen. Er sieht sich in einer für ihn fremden Umgebung ohne Assistenz hilflos und bewegungsunfähig, im Übertragenen Sinne am Boden, und fühlt sich außerstande, diesen Zustand aus eigener Kraft heraus aufzuheben. In der nachfolgenden Beispielsequenz unterstreicht er kurze Zeit später abermals seine Hilflosigkeit, indem er zusätzlich ein infantiles Moment einbringt:

I: Du hast eben gesagt geistige Behinderung bedeutet für dich dass du nicht laufen kannst.
F: Ich mein, da kann ich mich nicht bewegen [...] Da muss ich krabbeln (3) [...] Ich hab ja gekrabbelt (Int.-F-3-Z.214-220).

Indem Frank anmerkt, dass auch er sich einst krabbelnd fortbewegt hat, spielt er auf seine frühe Kindheit an, in der er selbst noch nicht in der Lage war, aufrecht zu gehen und in hohem Maße, wie jedes andere Kleinkind auch, auf die Hilfe von Erwachsenen angewiesen war. Die direkte Verbindung zwischen dem Krabbeln und seiner 'Kleinkind-Zeit' stellt er in der nächsten Textpassage auch selbst her:

I: [...] des war schon von Geburt an, hab=ich, da hab ich zu krabbeln angefangen (1) zu klein. Da hab ich schon (1) Boden gekrochen und krabbelt. (1) Aber klein war ich. Und dann hab ich (1) und mit der Zeit war ich immer größer °und dann,° (2) hat sich das langsam zum ((grinst)) großen Mann entwickelt (Int.-F-3-Z.338-340).

Es kann vermutet werden, dass Frank sein aktuelles Behindertwerden (doing disability) zu einem gewissen Grad mit seinen früheren eingeschränkten Handlungsmöglichkeiten als Kind assoziiert. Obgleich sich Frank in den bisher genannten Textbeispielen insgesamt stark auf räumliche Bewegungseinschränkungen bezieht, kann weitergehend vermutet werden, dass insbesondere seine obige Äußerung, „[...] ich kann mich nicht frei bewegen [...]", auch allgemein als Ausdruck für einen Zustand von Heteronomie gelesen werden kann. Ich werde auf diesen Sachverhalt weiter unten noch näher eingehen, wenn ich auf das imperativisch verfasste soziale Umfeld von Frank näher zu sprechen komme.

Auch **Stefan** sieht interessanterweise (geistige) Behinderung in Zusammenhang mit einer Gehbehinderung:

S: [...] Ich bin ja eiii- (2) sagt mer halt so, dass ich ge- (1), dass ich gehbehindert bin. Ich bin ja eigentlich keine Schwierigkeiten, gar nich gehbehindert. Des is von meiner Behinderung halt her, von meiner ↑ geistigen Behinderung ↓ (Int.-S-1-Z.2028-2031).

Anders als Frank kann Stefan hinsichtlich Gehbehinderung auf eine konkrete Erfahrung aus seiner Kindheit zurückgreifen. Als Kontext sei hier angemerkt, dass er infolge seiner neuronalen Disposition eine motorische Entwicklungsverzögerung erfahren hat, so dass er erst ab dem fünften Lebensjahr laufen gelernt hat. Aus der nächsten Sequenz geht allerdings hervor, dass auch Stefan den Körperbewegungsaspekt nicht nur in einem rein physikalischen Sinne thematisiert. Vielmehr transzendiert er seinen Körper in ein symbolisches Ausdrucksmedium im Hinblick auf Selbstbestimmung:

I: Was reizt dich denn da besonders beim Theaterspielen? [...] Was findest du denn da besonders toll dran?
S: Beim Theaterspielen finde ich einfach (1) sich auch nen bischen frei bewegen kann auch (2) so was man gerade Lust hat, kann man sich bewegen auch (Int.-S-1-Z.351-355) [...] wenn mir einer sagt ich soll das machen, (2) dann mmm- mu- [...] ich auch die Bewegung umsetze, wie ich mich bewegen soll. U- Und das kann ich (1) kann=ich net mache, wenn mi- einer unter Druck setzt (Int.-S-1-Z.379-381). [...] Deswegen auch das fei- des frei- des Freilassen einfach so frei so frei wo man einfach so machen kann wo man gerad- so Lust drauf hat (1) auf die Bewegung (Int.-S-1-Z.438-439).

Der freie oder 'befreite Körper' steht für Stefans Wunsch, sich Räume in einem selbst gewählten Modus und Ausmaß aneignen zu dürfen. Behinderung wird im gerade aufgezeigten Erfahrungskontext mit der Beschränkung individueller Erlebnis- und Erfahrungsräume assoziiert. Durch die Schilderung seiner Bühnenerfahrung bringt Stefan jedoch auch zum Ausdruck, dass er sich ein Gleichgewicht zwischen sozialem Anpassungserfordernis (Heteronomie) und Selbstbewegung (Autonomie) wünscht. Daran zeigt sich, dass er ein gewisses Maß an Fremdbestimmung als Sicherheit oder Orientierungsmatrix durchaus als legitim betrachtet:

I: Hat euch die Frau, welche die Theatergruppe leitet, auch Freiraum gegeben?
S: Mm ((nickt zustimmend)). Die nimmt auch Rücksicht auf uns und lässt uns auch so bewegen, wie mir grad wolle. Die sägt uns auch was wir machen müssen, spricht mit uns nochmal kurz durch was wir machen müssen für Gesten und dann lässt se uns dann die freie Hand wie wir uns bewegen könne (Int.-S-1-Z.403-406).

Die künstlerische Betätigung bietet demnach einen gewissen Entscheidungsfreiraum, der in institutionalisierten Lebensbereichen der Behindertenhilfe (z.B. Arbeit und Wohnen) in der Regel nicht in diesem Maße vorhanden ist. Kunst fungiert folglich als Raum für Freiheit und Selbstbestimmung und schafft einen Ausgleich für strukturell bedingte Beschränkungen bzw. Verbehinderungen in anderen Lebensbereichen. Demnach symbolisiert der durch den freien Körper illustrierte Freiraum für Stefan Nichtbehinderung, während Behinderung durch das Fehlen dieses Raumes gekennzeichnet ist.

Spasmus(-inszenierung) als verkörperte Symbolisierung von geistiger Behinderung

Frank hat auf die Frage des Interviewers nach seiner persönlichen Vorstellung von Behinderung (vgl. Int.-F-3-Z.181) geantwortet: „F: [...] da zittert man (2) ei geistige Behinderung °hab ich.°" (Int.-F-3-Z.182). An einer weiteren Textstelle wird deutlich, wie diese Äußerung zu lesen ist:

F: Ich konnt net abbeite, weil mein Hals ((legt den Hals auf die Seite und krampft zitternd, während er die Zunge herausstreckt – in Mimik und Gestik ahmt er einen Spastiker nach)) [...]
I: Und da hast du einen spastischen Anfall gespielt?
F: ((wiederholt abermals die vorherige Performanz, jetzt jedoch noch intensiver und schlägt sich auf den Kopf)) [...] Dann zitter ich, dann bin ich behindert (Int.-F-5-Z.10-18).

Geistige Behinderung wird hier mittels Körperperformanz ästhetisiert. Das Zittern wird somit zu einem Symbol dieser Behinderungsform und zugleich zu einem Ausdrucksmittel einer Beeinträchtigungssituation, „Ich konnt net abbeite [...]". Frank externalisiert demnach seine Behinderungserfahrung durch seinen Körper. Er prototypisiert geistige Behinderung, indem er eine Ästhetisierung einbringt, die in der gesamtgesellschaftlichen Außenwahrnehmung oft mit geistiger Behinderung assoziiert wird, namentlich stark ausgeprägte Spasmen. Spastiker werden entsprechend meist nicht ernst genommen und auf der Grundlage ihrer Körperperformanz als kognitiv beeinträchtigt wahrgenommen. Offensichtlich hat auch Frank dieses Vorurteil übernommen.

Franks autoaggressive Handlung (Schlag auf den Kopf) betrachte ich im Übrigen ebenfalls als eine symbolische Verkörperungsform von geistiger Behinderung. Auf der Grundlage einer psychischen und medizinischen Definition steht diese Behinderungsform stellvertretend für die Beeinträchtigung kognitiver Fähigkeiten. Somit versinnbildlicht der Schlag auf den Kopf einen Angriff auf das Zentrum von Rationalität und Vernunft (Gehirn) infolge von geistiger Behinderung.

Prozessuale Vorstellung von Behinderung als Bewältigungsstrategie von Behinderung

Im Hinblick auf dieses subjektive Behinderungsverständnis greife ich einen Teil des zuletzt genannten Zitats von **Frank** wiederholt auf: „[...] Ich konnt net abbeite, weil mein Hals [...] Dann zitter ich, dann bin ich behindert". In dieser Äußerung tritt bei Frank bezogen auf Behinderung der Aspekt der Prozessualität in Erscheinung. Erst wenn er Probleme mit seiner Arbeit hat, fühlt er sich behindert, was er symbolisch durch präsentative Mittel (Zittern bzw. Spasmusinszenierung) visualisiert. Er hat folglich nicht zu jedem Zeitpunkt das Gefühl, behindert zu sein.

Dieses Verständnis von (geistiger) Behinderung lässt sich auch bei **Stefan** entdecken, der die Zustandsbestimmung Behinderung gleichermaßen wie Frank an den je aktuellen Handlungsfähigkeitsfaktor knüpft:

S: [...] Ich denk mir, ich kann ja alles machen. (5) Solang ich ja alles machen können, bin ich au nich behindert eigentlich (Int.-S-1-Z.2049-2050).

Aus diesem Textauszug geht hervor, dass Stefan einen individualistischen und zugleich prozessualen Begriff von Behinderung verinnerlicht hat. Individualistisch deshalb, weil er sich nicht auf einen Zustand des sozialen 'Behindert-Werdens' bezieht, sondern auf einen funktionalen Behinderungsbegriff (erwartungskonformes Tätigsein). Weiter verknüpft er Behinderung mit seinem individuellen Erleben der eigenen Handlungsfähigkeit. Die Qualität dieses Erlebens hängt von seinen tätigkeitsbezogenen Erwartungsvorstellungen ab. Solange er sich diesen entsprechend als kompetent und handlungsfähig erlebt, rückt für ihn das Thema Behinderung in den Hintergrund. Sein Begriff von Behinderung ist demnach auch prozessual verfasst. Stefan hat somit einen Weg gefunden, sich der externen Behinderungszuschreibung partiell zu entziehen, indem er Behinderung als dauerhafte Zustandsbestimmung aufhebt.

(Geistige) Behinderung als Normabweichung: „Schrägkopf" als verkörpertes Symbol von geistiger Behinderung

Als nächstes möchte ich auf eine weitere Besonderheit körperlicher Symbolisierungsprozesse hinsichtlich (geistiger) Behinderung hinweisen, die sich bei **Frank** nachweisen lässt. Zunächst sollte man wissen, dass Frank eine Schiefhaltung des Kopfes, einen „Torticollis spasmodicus" (Schiefhals)[46] aufweist. Dies führt immer wieder dazu, dass er im

Nackenbereich sehr verspannt ist. Zudem macht er wiederholt darauf aufmerksam, dass er während seiner Schulzeit auf der Grundlage seiner schrägen Halsstellung von seinen Mitschülern mit abwertenden Bezeichnungen konfrontiert worden ist. Interessant ist in solchen und ähnlichen Zusammenhängen, dass er die Schrägstellung seines Halses nicht immer unmittelbar durch seinen Hals, sondern vermittels seines Kopfes thematisiert:

I: […] was ham denn deine Mitschüler früher gesagt, als du mit dem Hals Schwierigkeiten hattest, also als der Hals in so einer Schrägstellung war?
F: […] Die ham sich gewundert (Int.-F-3-Z.63-64) […] ↓Die ham einen komischen Frank °da gesehn, ((grinst)) (2) ein Schräg(1)kopf°↑ (1) Der Kopf war nimmer grad. […] die ham gesagt, ich bin nicht g=gerade. […] Ich kann mein Kopf nicht gerade drehen. (2) Das ham sie gesagt. (Int.-F-3-Z.67-71) […] die ham sich geschämt, wie ich so rumlaufe ((grinst verschämt; hält sich die Hand kurz vors Gesicht))
I: Die ham sich geschämt?
F: Die ham gemeint, ich sollt grad gehen, mit=m Hals.
I: Und warum haben die anderen sich geschämt?
F: Weil (1) die (1) ein (1) bescheuerten (1) °Frank fanden.° ((leicht abgehackt)) (2) Nur die immer schräg gucke, des hat mir garnet gefalle. […]
I: Haben die gesagt, dass du bescheuert bist?
F: Nöö, eigentlich nicht. Im Großen und Ganzen war mir's nicht gut. (2) Sie ham sich nur geschämt, wie ich mein Hals gucke (Int.-F-3-Z.137-144).

Ob es sich bei den Zuschreibungen „Schrägkopf", „bescheuerter Frank" und „komisch" um Formen der Selbststigmatisierung handelt oder selbige auf fremde Setzungen zurückzuführen sind, kann hier nicht mit Sicherheit bestimmt werden. Sicher scheint allerdings, dass Frank über die Akzentuierung des Kopfes in der gerade beschriebenen Form die Abweichung von einer vernunftbezogenen Sozialnorm vergegenständlicht, mit der er sich konfrontiert gesehen hat. Das Wort „komisch" verwendet Frank im Sinne von merkwürdig bzw. sonderbar, wodurch er darauf hinweist, dass er durch seine Erscheinung wohl die gewohnten Beobachtungserfahrungen seines damaligen sozialen Umfeldes irritiert hat. Durch diese Schilderung rekurriert er entsprechend auf die besagte Normabweichung. Auf dieser Beschreibungsebene geht es noch nicht unbedingt um eine Negativbewertung bzw. Diskreditierung, sondern lediglich um die Hervorhebung des Irritationsmoments. Anders verhält sich dies hingegen bei den Bezeichnungen „bescheuerter Frank" und „Schrägkopf". Obgleich Frank seinen Kopf aufgrund seiner schrägen Halsstellung nicht exakt aufrecht halten kann, stellt sich dennoch die Frage, ob Franks Formulierungen nicht zusätzlich als Ausdruck einer

Materialisierung eines verkürzten und diffamierenden Gesellschaftsdiskurses hinsichtlich geistiger Behinderung gewertet werden kann. „Schrägkopf“ steht demnach für die Abwesenheit von Vernunft und Rationalität, was auch durch die Diffamierung „bescheuerter Frank“ unterstrichen wird.

Nach meinem Dafürhalten können diese Zuschreibungen durchaus auf fremdsubjektivierende Akte zurückgeführt werden, die sich in Franks Selbstbild tief eingegraben haben. Dies geht aus der Beschreibung der Qualität früherer Interaktionserfahrungen hervor: „Nur immer die schräg gucke, des hat mir garnet gefalle“. In dieser Äußerung bringt Frank die diskeditierenden Blicke früherer Außenbeobachter zur Sprache. Im umgangssprachlichen Sinne ‘schräg‘ angeschaut zu werden, bedeutet entsprechend mit missbilligenden Blicken gemustert zu werden. Zudem spricht er davon, dass sich die Anwesenden geschämt hätten, als er den Hals nicht gerade halten konnte. Diese Äußerung kann einerseits so gelesen werden, dass er seine eigene Scham bezogen auf die zurückliegenden Negativerlebnisse auf externe Außenbeobachter projiziert, um selbige von sich abzuwenden.

Neben dieser Lesart kann jedoch auch vermutet werden, dass sich andere Außenbeobachter für ihn geschämt haben, weil diese sein körperliches Erscheinungsbild bzw. seine Gegenwart als unangenehm erlebt haben. Seine behinderungsbezogene Scham wäre demnach eine Scham, die er erst durch sein soziales Umfeld erlernt hat. Unabhängig davon, welcher Leserichtung man entsprechend den Vorzug gib, so bleibt letztlich in beiden Fällen die Verknüpfung zwischen Schamgefühl und geistiger Behinderung wesentlich. Geistige Behinderung wird folglich nicht nur durch symbolische Verkörperung angeeignet, sondern im vorliegenden Fall zuvorderst auch über negative somatisch-emotionale Erfahrungen bzw. durch einprägsame Erfahrungen des ‘Behindert-Werdens’ (doing disability).

Weiter zeigt sich, dass geistige Behinderung auch in anderen Kontexten erst hergestellt und so zu einem Problem gemacht worden ist. Wie sich im weiteren Verlauf dieser Arbeit wiederholt zeigen wird, haben besonders die Eltern von Frank große Schwierigkeiten, ihren Sohn bezogen auf seine Behinderung zu akzeptieren. Dies zeigt sich vor allem daran, dass sie ihre Erwartungen und Ansprüche offensichtlich nicht immer an Franks Erwartungserfüllungsvermögen angepasst haben:

I: Und dein Vater, in welchen Momenten hat er dich noch geschlagen?
F: °Des will ich nich sagen.° […] Der hat's nämlich, (1) er meint’s heut noch gut. Er will’s ja nich machen. ((nachdenklich)) Er will mir helfen, dass ich zur Vernunft komme (Int.-F-3-Z.475-479).

Behinderung als 'Krankheit' und 'Strafe Gottes'

Diese negativ konnotierte Vorstellung von Behinderung findet sich ausschließlich bei **Frank:**

F: Wenn man nich hört, (1) auf Gott (1) Gott hört ja nich alles, er weiß (ja) um die Dinge, die passiern. (2) Und wenn wir Heilung brauchen, dann gehen wir halt zu Gott. Des bin ich, der Heilung brauch. (3)
I: Was meinst du mit Heilung?
F: Mit meinem Kopf da °des heißt°.
I: Was is mit deinem Kopf?
F: °Meinem Kopf der schief war ( ) (1) ( ) schiefen Kopf hab.° (Int.-F-2-Z.618-625) [...] Ja, ich red auch manchmal mit Gott ( ).
I: Und was, was sagst du ihm dann?
F: Dann °hört der mich° (2)
I: Was sagst du ihm dann zum Beispiel?
F: Vergib bitte, dass mein Kopf wieder is (Int.-F-2-Z.634-638).

Geistige Behinderung wird von Frank zunächst als Krankheit dargestellt, indem er angibt, dass er „Heilung" von seinem 'schiefen Kopf' erwartet. Das Thema geistige Behinderung wird durch die bereits zuvor angesprochene körperliche Symbolik „Schrägkopf" folglich erneut eingeführt. (Geistige) Behinderung ist für ihn konkret ein pathologischer Zustand, der an eine göttliche Instanz gebunden wahrgenommen wird. Demzufolge möchte er seine Schuld (Sünden) von Gott vergeben bekommen, um von seiner geistigen Behinderung befreit bzw. 'geheilt' zu werden. Behinderung stellt für ihn folglich ein Zustand dar, den er aus seinem Blickwinkel heraus selbst verschuldet hat. Dabei handelt es sich um eine Sichtweise von Behinderung die eng mit Franks sozialer Herkunft in Zusammenhang steht. Er stammt aus einem christlich-strenggläubigen Elternmilieu. Dies zeigt sich zunächst daran, dass Frank immer wieder darauf hinweist, dass seine Eltern den ganzen Tag über christliche Radiosender hören (vgl. z.B. Int.-F-3-Z.532-534). Zudem haben Franks Eltern jeweils angegeben, sich in ihrer Freizeit vorzugsweise mit Gott und Glaube auseinanderzusetzen (vgl. MF-Vater-Frank, S.6). Franks Mutter gibt zudem an, dass ihr die „Ehrfurcht vor Gott unserem Schöpfer" (MF-Mutter-Frank, S.8) besonders wichtig ist, was die Strenggläubigkeit von Franks Elternhaus zusätzlich unterstreicht.

Behinderung (Down-Syndrom) als Symbol für Kompetenz

Diese Symbolisierungsform von Behinderung lässt sich bei **Martin** aufzeigen, der in zahlreichen Interviewpassagen immer wieder seine

Kompetenzen hervorgehoben hat. An einigen Stellen wurde er vom Forscher mit der Frage konfrontiert, ob er auf der Grundlage seiner Behinderung eventuell bestimmte Handlungen weniger gut ausführen kann (vgl. z.B. Int.-M-2-Z.52-53 u. Int.-M-2-Z.217-218). Auf solche Fragen hat Martin entweder mit Unverständnis regiert, „De- Des versteh isch net. ((leicht genervt))" (Int.-M-2-Z. 219), oder weitere Kompetenzen aufgezählt:

M: Eigentlisch kann (2) isch alles machen, isch kann Lesen, ich kann Schreiben, (1) isch kann auch Reschnen (3) Sport machen kann=sch noch, so wie Fußball und Tennis. (2) So paar Dinge und dann gibt's allerdings auch was=isch noch kann, (2) Bowling, (2) kann isch noch spielen (Int.-M-2-Z.58-60).

Auf den ersten Blick entsteht der Eindruck, dass Martin den Fragen nach seinen Schwierigkeiten bzw. Defiziten ausweichen möchte, weil er diese vielleicht als unangenehm empfindet. Somit wären sein Unverständnis und seine weiteren Kompetenzauflistungen als psychische Abwehrreaktion zu werten. Bei genauerer Betrachtung offeriert sich jedoch ein sehr viel plausiblerer Begründungszusammenhang:

M: [...] isch bin auch behindert, Down-Syndrom (1) <u>einziges</u> (1) wa- was Down-Syndrom ist, (2) da kann man sehr gut denken ((stolz aussprechend)) (Int.-M-2-Z.200-201) [...]
I: Führst du das darauf zurück, dass du all die Dinge die du kannst wegen dem Down-Syndrom - dass es an dem Down-Syndrom liegt?
M: <u>Ja</u>, ja (Int.-M-2-Z.212f.).

Martins Vorstellung hinsichtlich Down-Syndrom sind sowohl normativ, als auch deskriptiv den gemeinhin anzutreffenden Vorstellungen zu dieser Behinderungsform diametral entgegengesetzt. Er konnotiert seine Behinderung positiv und assoziiert selbige mit kognitiver Kompetenz bzw. geistiger Nichtbehinderung. Martins Irritation hinsichtlich der oben genannten Interviewerfragen entsteht demnach auf der Grundlage seiner Logik im Hinblick auf seine subjektive Anschauung von Behinderung. Da er Behinderung mit Kompetenz in Verbindung bringt, erschließt sich ihm entsprechend nicht der Bedeutungsgehalt von Fragen, welche Behinderung in einen Verweisungszusammenhang mit Kompetenzdefiziten stellen. Demnach ist es folgerichtig, dass er wiederholt seine Fähigkeiten in den Vordergrund stellt, wenn er nach seinen Defiziten befragt wird:

M: Isch denke viele Sachen sehr gut, zum Beispiel denke dran (1) Mutter du hast dei Schlüssel vergessen. Wo hast du den Schlüssel? Oder sonst was

(Int.-M-2-Z.203-204) […] und dann sach=sch du hast da nen Termin. Ach wirklisch, @isch wusst nisch mehr, dass das stimmt@ @(1)@ (Int.-M-2-Z.210-211).

Hier wird deutlich, dass es sich bei dem von Martin hergestellten Verweisungszusammenhang um ein Gebilde handelt, dass er auf der Grundlage seiner positiven Kompetenzerfahrung konstituiert hat. Der oben genannte Erfahrungskontext steht exemplarisch für viele weitere, in denen Martin sich als leistungsfähig und selbstwirksam erleben durfte. Grundlage für sein positives Behinderungsverständnis ist allerdings nicht nur seine positive leistungsbezogene Selbsteinschätzung, sondern auch die Haltung der sozialen Umwelt gegenüber seiner Behinderung:

M: […] Und viele Leute fragen misch, weil isch bin ja auch behindert (3) wegen mei Down-Syndrom (1) was=isch alles machen kann ((stolz)) (Int.-M-2-Z.47-48).

Martin ist demzufolge vorzugsweise Menschen begegnet, die seine Kompetenzen und weniger seine Defizite in den Mittelpunkt ihrer Aufmerksamkeit gestellt haben.

Behinderung als Abweichung einer fremdgesetzten Norm – Behinderung = leistungsschwach sein/ wertlos sein/ nicht liebenswert sein

Kontrastierend zur positiven Behinderungseinstellung von Martin steht wiederum diejenige von **Frank**. Bereits weiter oben wurde deutlich, dass er geistige Behinderung vorzugsweise negativ mit Unselbstständigkeit, mangelnden Möglichkeiten zur Selbstbestimmung, 'Krankheit' und als 'Strafe Gottes' verbindet. Im nächsten Zitat offeriert sich noch ein eine weitere Bestimmung:

I: Was bedeutet denn sonst noch für dich geistig behindert zu sein?
F: Da kann mer irgendwie nich mehr so sein, wie man war (Int.-F-3-Z.234-235).

Diese Äußerung kann so gelesen werden, dass für Frank geistige Behinderung mit der Erfahrung verbunden ist, einen bestimmten aktuellen 'Seins-Zustand' nicht aufrechterhalten zu können. Durch geistige Behinderung kommt es nach seinem Empfinden zu einer Zustandsabweichung. Es ist wahrscheinlich, dass Frank zwischen geistiger Behinderung und seinen Verhaltensschwierigkeiten einen Zusammenhang sieht, weil er an anderer Stelle auf folgenden Wunsch hinweist:

F: [...] dass ich so bin, wie ich jetzt bin und halt nich so ärgere und des ich mich ausdrücke will, wenn ich Fehler mach (Int.-F-3-Z.23-24).

Er wünscht sich demnach die Kontinuität eines 'Seins-Zustandes', der sich durch Selbstkontrolle auszeichnet. Letztere besteht für ihn darin, dass er mit Besonnenheit auf Situationen des Misslingens reagieren möchte. Dieser Wunsch ist verständlich, wenn man betrachtet, wie er seinen Angaben zufolge für gewöhnlich auf psychische Stresssituationen reagiert. An unterschiedlichen Interviewstellen bringt Frank immer wieder zum Ausdruck, dass er seinem Ärger oft auch durch Vulgärsprachgebrauch (vgl. Int.-F-2-Z.817-822 und BP-G1–10-Z.101-128), durch heftiges umherwerfen der Arme (vgl. z.B. Int.-F-2-Z.802-806) oder durch physische Einwirkung auf Gegenstände Raum verschafft (vgl. BP-G1–10-Z.101-128). Für ihn befördert geistige Behinderung diese Reaktionsweisen, so dass abgeleitet werden kann, dass Frank geistige Behinderung mit dem Gefühl des Kontrollverlusts assoziiert. Der Wunsch nach mehr Selbstkontrolle kann allerdings nicht nur als Selbstpräferenz gewertet werden. Letzterer ist vielmehr Teilprodukt der Anspruchs- und Erwartungshaltung seiner unmittelbaren sozialen Umwelt:

I: Was sagt dein Vater noch?
F: Er möchte, dass ich normal bin und °net so ausraste°. (2) °Bin ich ja jetz auch.° (Int.-F-3-Z.391f.).

An dieser Stelle führt er explizite das Thema Normabweichung ein. Behinderung bedeutet für Frank entsprechend im Hinblick auf sein Sozialverhalten, nicht 'normal' zu sein. Selbst- u. Fremdanspruch stehen jedoch nicht nur bezogen auf soziales Anpassungsvermögen in einer Linie, sondern auch im Hinblick auf den Aspekt Arbeitsleistung:

F: […] Fehler mag ich überhaupt nicht machen. Ich will gut arbeiten, dass mich alle mögen, (2) dass ich was wert bin. Das ich gute Leistung habe, (2) des is wichtig. (2) Man soll ja nich sagen ich mache kei gute Arbeit, @(1)@ alle wollen das (Int.-F-3-Z.1699-1701).

Aus dieser Passage geht hervor, dass sich der junge Mann einem sehr hohen Erwartungsdruck hinsichtlich seines Leistungsvermögens ausgesetzt sieht. Als besonders gravierend ist in diesem Zusammenhang der Tatbestand zu betrachten, dass er seinen Selbstwert vornehmlich an die

Erfüllung heteronomer Leistungsansprüche knüpft. Er wünscht sich, von anderen gemocht bzw. geliebt zu werden und sieht dieses Ziel durch unbedingte Erwartungskonformität erreichbar. Offensichtlich hat er Zuneigung hauptsächlich in der Form erfahren, dass diese an die Erfüllung von Erwartungen gebunden war. Wie einengend er diese Erwartungen empfindet, zeigt sich daran, dass er sein gesamtes soziales Umfeld als imperativische Erwartungsinstanz entwirft, „[...] alle wollen das". Mit „alle" meint er Eltern, Vorgesetzte, Wohngruppenassistenten und eine ehemalige Freundin[47].

Letztere hat sich im Übrigen wohl in fataler Weise auf sein leistungsbezogenes Misslingen bezogen und ihm vermittelt, dass er nur durch Erfolg etwas wert sei, was seine innere negative Selbsteinstellung weiter befördert haben dürfte:

F: °Des war kei richtige Freundin, ich brauche eine, wo mich gernhat.° (3) ↑ Wenn ich in mein Schul (net) richtig mach hat=s glei g=schlagen (1) Frank du bist nix wert (1) geh weg,↓ [...] ((weinerlich, sehr dramatisch eine Frauenstimme imitierend)) (4) °weißt du, mit der komm ich garnet aus.° ((sehr weinerlich))
I: Du bist nix wert sagt sie dann?
F: Ich habe nix geleistet. ((frustriert)) (Int.-F-3-Z.1638-1643).

Neben der imperativischen Verfasstheit von Franks sozialer Umwelt ist zusätzlich die eher defizitorientierte Beobachtungsperspektive derselben insgesamt zu erwähnen. Hier ist es hauptsächlich Franks Vater, der sich immer wieder auf sein Misslingen bezieht:

I: Weiss dein Vater auch um deine Sorgen?
F: Nö, so viel Zeit nimmt der sich nich, der sieht mehr auf die Fehler ((leicht verärgerter Unterton)).
I: Was würdest du dir denn von deinem Vater wünschen?
F: Nich so laut sein, wenn mer mal was falsch macht (Int.-F-5-Z.39-42)

Frank möchte demnach nicht auf seine Fehler reduziert werden und wünscht sich stattdessen mehr positive Aufmerksamkeit. Diese Textstelle steht demnach in völligem Kontrast zur kompetenzorientierten Haltung des nahen sozialen Umfeldes von Martin (vgl. Int.-M-2-Z.47-48).

Behinderung als analoger Zustand - soziale Vergleichsmatrix als rationale Bewältigungsstrategie von Behinderung

Den Gesichtspunkt der Bewältigung von Behinderung betreffend habe ich bereits weiter oben Franks und Stefans prozessuales Behinderungsverständnis als rationale Bewältigungsstrategie von Behinderung identifiziert. An dieser Stelle sei eine weitere Bewältigungsstrategie benannt, namentlich die Schaffung einer sozialen Vergleichsmatrix hinsichtlich Behinderung:

M: Gut, (1) es gibt (2) es gibt Leute, mit ohne Behinderung, (2) es gibt Behinderung, wie isch nich so stark is ((nimmt eine breitbeinige Sitzposition ein; die rechte Hand steckt er in die Tasche seines Sweatshirts, die linke locker auf den linken Oberschenkel)) (2) und anderer Teil is äh auch Behinderung, wo ganz stark betroffen ist [...] Und bei Dinge, was isch machten kann, können die net mache (Int.-M-2-Z.45-50).

Durch **Martins** Feststellung, dass andere Personen sehr viel stärker behindert seien als er, schafft Martin einen Referenzrahmen, auf dessen Basis er den Schweregrad seiner Behinderung relativiert. Dies vollzieht er solchermaßen, indem er Behinderung analogisiert, „[...] nich so stark is [...]"/ „[...] wo ganz stark betroffen ist [...]" und die Dimension Kompetenz digitalisiert – „[...] was isch machten kann, können die net mache." Obgleich er grundsätzlich anerkennt, dass er eine Behinderung hat, „[...] es gibt Behinderung, wie isch [...]", bewältigt er Behinderung, indem er andere Personen gegenüber sich selbst als weniger kompetent entwirft. Hierdurch nimmt er eine Dramatisierung von Behinderung bei anderen und eine Entdramatisierung von Behinderung bezogen auf sich selbst vor.

Dieses Phänomen zeigt sich im Weiteren auch bei **Stefan**. Er spricht an einer Stelle von den „richtigen Bewohnern" (Int.-S-1-Z.1386). Hiermit meint er andere behinderte Bewohner, die nach seinem Dafürhalten einen sehr viel höheren Assistenzbedarf und Behinderungsgrad aufweisen.

Schließlich finden sich auch bei **André** Indizien dafür, dass auch er sich dieser Strategie zur Bewältigung von Behinderung bedient:

I: Wärest Du bereit Dich in einem weiteren Gespräch nochmal über das Thema Behinderung mit mir zu unterhalten?

A: Was? Aber aber ich bin doch gar nich so stark behindert, wieso möchtest du wissen wegen Behinderung ((beschwichtigender Tonfall)).

I: [...] Sei unbesorgt, du entscheidest ob und wie viel du über das Thema Behinderung erzählen möchtest (Int.-A-5-Z.354-361).

Behinderung ist für André ein höchst negativ besetztes Thema und löst entsprechend eine Abwehrreaktion bei ihm aus[48]. Durch die Äußerung, „Was? Aber aber ich bin doch garnich so stark behindert [...]", subjektiviert er sich selbst zwar als Behinderter, relativiert diese Subjektivierung allerdings dadurch, indem er auf den geringen Grad seiner Behinderung hinweist. Hierdurch konstruiert er ebenfalls einen graduellen Referenzrahmen bezogen auf Behinderung. Wenn er äußert „[...] ich bin doch gar nicht so stark behindert [wie die anderen]", so tritt der soziale Vergleich mit anderen Personen, die aus seiner Sicht stärker behindert sind als er, zu Tage. Er weiß entsprechend, dass Menschen mit höherem oder niedrigerem Behinderungsgrad existieren.

3.3.2 Ergebniszusammenfassung

Im Hinblick auf das letzte Kapitel können zusammenfassend nachfolgende Thesen formuliert werden:

- Die Form des Begriffs (geistige) Behinderung wird von den untersuchten geistig behinderten Männern durch verkörperlichte Symbolisierungen vergegenständlicht. Die inhaltsbezogene Begriffsaneignung erfolgt hingegen durch (emotionale) Körpererfahrungen bezogen auf das Behindert- und Nichtbehindertwerden. Die deskriptiven und normativ-konnotativen Anschauungen des Begriffs (geistige) Behinderung sind entsprechend ein Produkt aus diesen Erfahrungen.

- Selbstvertrauen und Selbstschätzung können bei geistiger Behinderung als kontingente Selbstbeziehungsfaktoren betrachtet werden. Ein bejahendes d.h. ein Normabweichungen akzeptierendes, nichtüberforderndes, liebendes, wertschätzendes und kompetenzorientiertes Sozialmilieu begünstigt die Aneignung eines positiven oder prozessualen Behinderungsbegriffes. Ein solches Milieu befördert zudem eine positive Einstellung zu den eigenen Kompetenzen trotz geistiger Behinderung. Behinderung wird von den Betroffenen dann weniger als Problem erlebt.

- Ein Normkonformität forderndes, überforderndes, nur bei Normerfüllung liebendes und wertschätzendes Milieu, dass zudem stark auf die Defizite des behinderten Individuums fixiert ist, begünstigt hingegen die Aneignung eines negativ konnotierten Behinderungsbegriffes. Zudem erhöht sich die Wahrscheinlichkeit, dass die eigenen Kompetenzen von den Betroffenen eher in Frage gestellt werden. Behinderung wird in diesem Fall dann von den Betroffenen eher als Problem erlebt.

Der Umgang mit der Diagnose Behinderung (Erwartungsenttäuschungsmanagement) seitens der sozialen Umwelt, insbesondere der Eltern und anderer unmittelbarere Bezugspersonen, beeinflusst maßgeblich die Qualität der emotionalen behinderungsbezogenen Einstellungsanteile der Betroffenen. Daran kann abgeleitet werden, dass geistige Behinderung für die befragten Männer nicht permanent und wenn, dann in je unterschiedlicher Ausprägung als Thema in den Mittelpunkt rückt. Daraus kann gefolgert werden, dass geistige Behinderung als Lebensbewältigungsaufgabe ebenfalls nur dann eine relevante Rolle spielt, wenn geistige Behinderung als Bewältigungsaufgabe durch soziale Prozesse der Verbehinderung (doing disability) in den subjektiven Relevanzhorizont der Betroffenen gelangt. Obgleich sich die Befragten nicht permanent mit dem Thema Behinderung auseinandersetzen (müssen), so zeigen die vorliegenden Untersuchungsergebnisse dennoch, wie intensiv sich jeder Einzelne mit dem Sachverhalt geistige Behinderung bereits reflexiv befasst hat. Auch wenn beispielsweise Saal (vgl. 2002) deutlich macht, dass Behinderte ihre Behinderung in der Regel als Selbstverständlichkeit wahrnehmen, so zeigt sich in meiner Untersuchung, dass geistige Behinderung von den Befragten nicht unbedingt als selbstverständlicher Tatbestand behandelt wird. Letzterer ist vielmehr ein real erlebter, das Dasein überformender Faktor, mit dem sich die Männer bewusst auseinandersetzen müssen.

3.4 Repräsentationen von Männlichkeit

In diesem Arbeitsabschnitt steht das Geschlechterwissen hinsichtlich Männlichkeit der Befragten im Mittelpunkt. Es geht demnach um die Dimension der Geschlechtsidentität bezogen auf den männlichen Habitus. Nach Brandes umfasst diese das Selbstbild, ein Mann zu sein, in dem sich die emotionalen und kognitiven Deutungen von Männlichkeit wiederspiegeln (vgl. 2002, S.86f.). Neben der Identifizierung dieser Repräsentationsinhalte soll jedoch auch geklärt werden, wodurch eventuelle Unterschiede und Gemeinsamkeiten im Hinblick auf die entdeckten Männlichkeitsrepräsentationen zustande gekommen sein könnten.

3.4.1 Repräsentationsdimensionen von Männlichkeit

Physische Männlichkeitsdimension (Körperkraft)

André stammt aus einem Elternhaus, in dem körperliche Arbeit höherer bewertet wird als geistige Arbeit bzw. intellektuelle Bildungsbemühungen. Dies resultiert insbesondere aus einer Äußerung des Vaters während eines Informationsgespräches zu den anstehenden Interviewterminen mit seinem Sohn. Für ihn waren meine Ambitionen, eine Dissertation zu verfassen bzw. in Bildung zu investieren, nicht nachvollziehbar, weil man während dieser Zeit aus seiner Sicht nicht 'richtig' arbeiten gehen und Geld verdienen würde. Zudem merkte er an, dass durch diese Zeitspanne Rentenansprüche verloren gehen würden. Bildungsinvestitionen werden in Andrés Elternhaus folglich gewissermaßen als Fehlinvestition und als Risikofaktor eingestuft.

Insgesamt ist festzustellen, dass Andrés Männlichkeitsvorstellungen stark an denen des Vaters orientiert sind. Letzterer arbeitet als Heizungsinstallateur. Demnach bewegt sich Andrés Vater in einem paradigmatisch männlich konnotierten Berufsfeld, weil dort der körperliche Arbeitsaspekt stark im Vordergrund steht. Wie sich in der nachfolgenden Sequenz zeigt, fühlt sich André von der physischen Leistungsdimension (Körperkraft) in besonderer Weise angezogen, was sich auch in seinem Medienrezeptionsverhalten wiederspiegelt, dass dem des Vaters ähnelt. Mit einiger Begeisterung sieht er sich beispielsweise Showkämpfe der sogenannten Wrestling Show an. Dort treten hypermaskuline, muskulöse Protagonisten in Erscheinung, die für ihn neben seinem Vater eine Vorbildfunktion haben:

I: [...] Was gibt's denn sonst noch was du mir von deinem Vater gerne erzählen würdest?

A: Und mir habe [...] auch Fernsehen geguckt [...] und da habe wir in der Nacht Wessling geguckt (2) wo der Undertaker (3) dieser Mann ((deutet auf ein Poster an der Wand, auf dem ein Muskelmann abgebildet ist)) (Int.-A-2-Z.3-6) [...] Und mein Papa (5) is (3) is auch ein Undertakerfan und ich auch und (3) und des guck ich jeden Tag, auch heute. (Int.-A-2-Z.12) [...] und mein Papa (4) war damals oder früher (2) bestimmt, vielleicht auch gewese, ein Wessler. [...] Und (2) des weiss ich noch nicht, ob er auch mitgemacht hat bei Wessling. Aber so wie's aussieht wie mein Papa (2) in Arme un Beine so kräftisch sin (2) war mein Papa bestimmt Wesseler. (Int.-A-2-Z.22-26) [...] Und darum guckt der auch Wessling (3) un auch Formel 1 (4) un darum schafft der auch so hart (2) jeden Tag (1) (immer) so (2) und darum is er auch (1) mein Papa en kräftige (2) Mann (Int.-A-2-Z.28-29).

Wie sich an einigen Textstellen belegen lässt, hat André diese eher körperbezogene protonormalistische Externalisierung von Männlichkeit auch für seinen Männlichkeitsentwurf verinnerlicht. In der nachfolgenden Äußerung bezieht sich André auf ein Poster, auf dem ein Protagonist der besagten Show abgebildet ist:

A: Des is de Undertaker, dieser Mann hier ((atmet betont aus)) (5) […] ich muss so sein wie de Undertaker, so stark, so kräftisch wie der (Int.-A-0-Z.7f.).

Auch bei **Martin** ist eine starke Affinität zur Leistungsdimension Körperkraft festzustellen, welche er vermutlich männlich konnotiert. Dies liegt allerdings weniger in seinem Elternhaus begründet. Körperliche Arbeit spielt dort keine tragende Rolle. Der Vater hat als Gebietsverkaufsleiter, die Mutter hingegen als Abteilungsleiterin bei einem Reiseveranstalter gearbeitet (vgl. MF-Vater-Martin, S.2 u. MF-Mutter-Martin, S.2). Vielmehr sind es seine schulischen Erfahrungen innerhalb des sogenannten zweiten Milieus, welches sich positiv konditionierend auf seine körperliche Leistungsaffinität ausgewirkt haben dürfte. Er hat eine anthroposophische Schule besucht, in der er viele positive Erfahrungen im Bereich Garten- und Landschaftspflege machen durfte (vgl. Int.-M-1-Z.1077-1089 u. Int.-M-1-Z.1156-1165). Dies entspricht im Übrigen auch seinem aktuellen Tätigkeitsfeld in der WfbM.

Während zuvor bei André der mediale und väterliche Vorbildcharakter hinsichtlich körperlicher Leistungsfähigkeit evident wurde, zeigt sich auch bei Martin eine Leitbildversiertheit. Letztere konkretisiert sich allerdings maßgeblich in seinem Chef, den er aufgrund seiner Körperkraft sehr bewundert:

I: Gibt's da jemand in deinem Leben oder gab's da jemanden oder jetzt zurzeit in deinem Leben, den du dir besonders als Vorbild nimmst?
M: Ja, (1) ja. (1)
I: Wen denn?
M: Gut, isch bin isch bin kräftisch, ne (1) aber isch will noch kräftischer sein […] als mein Chef (Int.-M-1-Z.1380-1387).

Physische Männlichkeitsdimension Bewegungsgeschwindigkeit

Diese Männlichkeitsdimension findet sich nur bei **Stefan**, der selbige explizit vermännlicht (vgl. MF-Stefan, S.7). Letztere betrachtet Stefan als bedeutsames Distinktionsmerkmal innerhalb des Freizeitkontextes Theatergruppe:

S: ↑ Ich bin meistens so schnell **Tschhh** ((zischt wie ein vorbeilfliegender Pfeil)) weg ↓ (1) ↑ gucken die nur ↓ (1) ↑ hää (1) wutsch ↓ (1) ↑ gucken sich an ↓ (1) ↑ wo is die schwarze Katz ↓ (1) ↑ **wupp, weg is die** ↓ (1) he man sieht die gar nicht, so schnell die sich bewegt. ((bedient sich während dieser Schilderung einer sehr lebhaften Körpersprache, indem er die Geschwindigkeit der von ihm gespielten Tiere symbolisch durch schnelle Hand- u. Oberkörperbewegungen nachahmt)) (Int.-S-1-Z.421-425). [...] Von denen [bezogen auf die anderen Theaterakteure] ist nicht jeder gleich schnell wie isch ((atmet betont aus)) (Int.-S-1-Z.448).[49]

Physische Männlichkeitsdimension Widerstandsfähigkeit (körperliche Härte) und körperliches Durchsetzungsvermögen

Diese Leistungsdimensionen konnten hauptsächlich bei **André** nachgewiesen werden, was zunächst mit seinem Medienrezeptionsverhalten begründet werden kann. Die hypermaskulinen Medienhelden versinnbildlichen in den Showkämpfen nicht nur physische Stärke, sondern zugleich körperliche Widerstandsfähigkeit bzw. Härte und physisch-kämpferisches Durchsetzungsvermögen.

Andrés Medienpräferenzen stellen allerdings nur einen eher vagen Begründungsrahmen im Hinblick auf seine Vorstellungen von Männlichkeit dar. Bei genauerer Betrachtung zeigt sich, dass die kämpferischen Aktionen der Medienprotagonisten für André vielmehr eine Allegorie zu seiner aktuellen Lebenssituation darstellen, welche er explizit als Lebenskampf umschreibt:

I: [...] Wenn du ein Buch über dein Leben schreiben würdest, was müsste dann in diesem Buch alles drin stehen? Was wäre dir wichtig? Was sollten auch andere Menschen über dich erfahren?
A: [...] mein Leben is äh (2) ein harter Kampf (5) und des war's. (3)
I: Worin besteht dieser Kampf für dich? (2)
A: ((leises Stöhnen)) Ah, um Zigaretten (3) um Getränke (4).
I: Was für Getränke sind das?
A: Ah ((stöhnt)) Koffeinsaftgetränke (1) un von Bier Alkohol (2) und (2) sonst mit Zigarette auch Probleme (Int.-A-1-Z.6-13) [...] Des ((leises Stöhnen)) wenn isch (2) wenn isch da Getränk kauf, (2) da wird's mir (3) und des auf einmal weg trink (3) ah ((leises Stöhnen)) da wird's mir irgendwie kaputt und schlapp (4) und da hab isch mei Lebe irgendwie schlapp=un müde und erschöpft (Int.-A-1-Z.23-25).

Durch seine Äußerung, „[...] mein Leben is äh (2) ein harter Kampf (5) und des war's.“, setzt André einen thematischen Hauptakzent hinsichtlich seiner Lebenssituation. Die Überzeichnung seines Lebens als

„Kampf“ erstreckt sich übrigens über das gesamte Datenmaterial von André, woraus eine hohe Relevanz dieser Thematik ableitet werden kann. Die Bedeutsamkeit resultiert allerdings auch daraus, dass er dieses Thema gleich nach der Initiationsfrage eingebracht hat.

Aus der obigen Sequenz geht weiter hervor, dass André in erster Linie seinen Körper in doppelter Weise als 'Kampfgegner' entwirft. Zunächst sieht er sich mit seiner körperlichen Abhängigkeit von bestimmten Substanzen konfrontiert, wodurch er sich in seiner Entscheidungsfreiheit eingeschränkt sieht. Er betrachtet seinen Körper aber auch deshalb als Gegner, weil selbiger infolge des Alkoholeinflusses sein körperliches Handlungsvermögen einschränkt. André entwirf seinen Körper demnach als besonders wirkmächtigen Gegner. Selbigem möchte er sinnbildlich gesprochen in angemessener Weise gegenübertreten, so dass er es als Notwendigkeit betrachtet, über die gleichen Eigenschaften verfügen zu dürfen wie die Kämpfer der sogenannten Wrestling Show. Er möchte folglich stark, hart und durchsetzungsfähig sein, um seine Lebenssituation meistern zu können.

Andrés Suchtprobleme sind eng mit seinem sozialen Hintergrund verwoben. Er stammt aus einem Elternhaus, in dem Alkohol ein nicht unbedeutendes Thema zu sein scheint:

A: Und (3) un ich hab ihn gern (1) mein Papa. (3) Und (2) und mein Bruder auch, groß und kräftisch gebaut. (3) Der hat ei eigene Freundin, hat jetz ei eigen Auto, is auch Raucher un Trinker (3) so wie mei Papa un isch. (4) [...] mei Papa un mei Bruder hat alles (4) aller äh, so viel Geld hat er (3) mein Papa, mein Bruder. (4) Un isch (2) hochdeutsch gesagt, (2) des arme Schwein, ((sehr niedergeschlagen)) (5) hab zu wenisch Geld“ (Int.-A-2-Z.31-35).

Aus dieser Textsequenz geht hervor, dass André den Konsum von Nikotin und Alkohol nicht ausschließlich negativ bewertet. Nikotin und Alkohol symbolisieren für ihn zugleich auch Männlichkeit. Diese Vermutung resultiert aus der obigen Kontextualisierung von Rauchen und Trinken. Diese Praxen sind in einen Kanon männlich konnotierter Aspekte eingebunden: 1. physische Kraft (bezogen auf die Körperstatur des Bruders) 2. Heterosexualität (Partnerin des Bruders) 3. Statussymbole (Besitz eines Autos) 4. ökonomische Potenz. Vater und Bruder werden zudem von André idealisiert, indem er deutlich macht, dass diese Personen alles hätten und er hingegen als „[...] arme[s] Schwein [...]“ gewissermaßen nichts. Er möchte demzufolge über die gleichen vermännlichten ökonomischen, sozialen und kulturellen Ressourcen verfügen wie seine nächsten männlichen Angehörigen. Die Körperschädigungspraxen

Rauchen und Trinken stellen für André die einzigen Elemente dar, Männlichkeit zu konstituieren, auf deren Grundlage er sich seinem Vater und seinem Bruder ähnlich machen kann. Bezogen auf die übrigen Männlichkeitsaspekte gelingt ihm dies hingegen nicht. Er verfügt objektiv weder über viel Geld, materielle Güter (vgl. MF-André, S.1f.), soziales Kapital (Freundin)[50] noch über besonders viel Körperkraft[51]. Durch die besagten Körperschädigungspraxen konstruiert André seinen Körper als einen „riskierte[n] Körper“ (Homfeld 2005, S.38) und schafft zugleich einen männlich konnotierten Symbolisierungsrahmen für den männlichen Repräsentationsanteil männliche Härte. Ein ‘richtiger Mann‘ zeichnet sich nach Andrés Idealvorstellungen folglich nicht nur durch Stärke und Durchsetzungsvermögen aus, sondern auch durch körperliche Widerstandsfähigkeit. Demzufolge kann davon ausgegangen werden, dass André die Lebenskampfthematik nicht nur deshalb einbringt, um auf seine Suchtprobleme aufmerksam zu machen. Vielmehr sieht er im Aufgreifen dieses Themas eine Möglichkeit, sich als ‘harter Kämpfer‘ in Szene setzten zu können. Er inszeniert sich demnach nur als vermeintlich schwach, weil er den Gegner dem er sich stellt, als besonders mächtig entwirft. Hierdurch unterstreicht er entsprechend seine Kampfbemühungen, Härte und Männlichkeit.

Martin bezieht sich gleichermaßen wie André auf die Männlichkeitsrepräsentation physische Härte, welche er durch das Thema Alkohol einführt:

M: [...] isch kenn den Hans-Joachim [Mitbewohner] sehr gut, wo der Alkohol sieht, (   ) net. Wir hatten mal dreieinhalb Kasten Bier gesoffen, wir alleine, da ham wir noch Ramazotti getrunken, dann ham wir Baileys getrunken, kleine Feiglings getrunken Chantre getrunken, Sekt getrunken, Jack Daniels gesoffen ((lässiger Tonfall).
I: L @(1)@ ((sehr leise)) (2) also, es war schon einiges, ok.
M: War ganz schön und auch Appelkorn.
I: Mm.
M: Und Wein. (Int.-M-2-Z.290-298).

Aus dieser Textpassage geht hervor, dass Martin den Interviewer offensichtlich durch die Schilderung der konsumierten Alkoholmenge und Sortenvielfalt beeindrucken möchte. Demzufolge kann diese Szene als doing masculinity in Form männlichen Imponiergehabes gelesen werden. Insbesondere durch die Nennung der Spirituosen unterstreicht Martin seine Alkoholkonsumleistung und seine Bereitschaft den Körper zu schädigen (männliche Härte). Die Verinnerlichung dieser Repräsentation von Männlichkeit ist allerdings kein Produkt aus Martins primärer Sozialisation, sondern ein Resultat seiner Erfahrungen innerhalb der Behinderteneinrichtung, in der er lebt:

M: Da trink=sch dann. [...] Zum Beispiel Hans-Joachim ((sein direkter Zimmernachbar)) [...] Ich sag nur Hans-Joachim, [Mitbewohner mit großen Alkoholproblemen] (3) dass reischt schon. ((ernst)) [...]
I: Hast du Alkohol schon bei deinen Eltern getrunken oder bevor du ihn gekannt hast?
M: Nein, nee, (1) da hab=sch Wasser und Säfte getrunken und so. Des war auch hier oben au- (1) des war unten [bezogen auf ein Zimmer in der Einrichtung im Erd- und Dachgeschoss] [...] hier oben genauso gewesen. Des mit=m Alkohol war nur hier oben gewesen. [...] der Hans da is. (2) Gut von Anfang, wo isch hierher gewohnt war, hab=sch kein Alkohol getrunken, hab=sch nur Orangensaft getrunken, Wasser getrunken und so, is ok. [...] Aaaber, mehr und mehr habsch ( ) (getrunken), was nisch so gut war. Des is nämlisch Alkohol ((letzter Satz mit belegter, leicht gebrochener Stimme)) (Int.-M-2-Z.250-262).

Trotz seiner mitunter intensiven Alkoholerfahrungen und der Verknüpfung von Alkoholkonsum mit Männlichkeit, hat Martin diese Praxis der Körperschädigung nicht in sein Darstellungsrepertoire von Männlichkeit übernommen. An mehreren Stellen (vgl. z.B. Int.-M-2-Z.287-288) bekräftigt er, dass er aktuell nicht mehr allzu oft Alkohol trinken würde. Als Begründung führt er die negativen Folgen des Alkoholkonsums (z.B. Arbeitsplatzverlust) an, welche er bei seinem Mitbewohner unmittelbar beobachten konnte (vgl. Int.-M-2-Z.264-274). Martin befindet sich demnach in einem Spannungsfeld zwischen seinen primären und sekundären Milieuerfahrungen. Im Hinblick auf sein Männlichkeitskonzept sucht er nach 'Gender-Orientierung', welche er nicht nur im Bereich Arbeit bei seinem Chef findet, sondern zugleich in seinem unmittelbaren Wohnumfeld. Insgesamt gesehen übernimmt er vorgelebte Männlichkeitsvorstellungen nicht ungeprüft. Letztere stellt er in einen Abwägungsprozess bezogen auf die eigenen Präferenzen.

Physische Männlichkeitsdimension Sexualität und Partnerschaft (körperliche Attraktivität)

M: [...] ich hatte zwei Freundinnen gehabt.°Mein erster Freundin war die Svenja Schreiber gewesen.
I: ((hustet)) Entschuldigung. (1) Aha, wie lange warst du mit der zusammen?
M: °Net lang.° (3) Und da hat ich andere Freundin gehabt.
I: Hast du sie geküsst?

M: °Ja und bißchen des da gemacht° ((formt seine rechte Hand zu einer Geste: Klemmt den Daumen zwischen Zeigefinger und Mittelfinger - vulgäre Geste für Geschlechtsverkehr)) (1) Sexy gemacht. ((grinst)) (Int.-M-1-Z.1181-1188) [...]

I: Mm. (1) Ok., das war deine erste Freundin und dann hast du noch eine gehabt, °hast du erzählt.°

M: Isadora [...] Spanierin ((ginst)), (2) war auch hübsch gewesen auch (1) hab=sch @auch@ (1) Sexy gemacht. (2) Aber auch net so lang. [...] Da hab=sch noch ei Freundin gehabt in BVB, ((Berufsvorbereitungsbereich)) hab=sch au net so lang gehabt (2) und dann hab=sch eine noch gehabt (1) Isabella. (1) Italienerin (Int.-M-1-Z.1203-1211).

Sexualität bzw. intime Partnerschaften werden von **Martin** mit Leistung assoziiert, was sowohl verbal, als auch präsentativ zum Ausdruck kommt. Der Leistungsaspekt wird zunächst durch die Anzahl der genannten Sexualpartnerinnen und die Nennung der kurzen Dauer der Beziehungen eingeführt. Auf der Grundlage dieser Darstellungsweise möchte Martin wahrscheinlich den Eindruck erwecken, dass nach Beendigung eines intimen Kontaktes sofort eine neue Frau für ihn bereit gestanden hätte. Hierdurch möchte er seine Attraktivität als Mann bzw. seine Männlichkeit hervorheben. In dieser Form kann auch seine Äußerung gelesen werden, dass er seine spanische Freundin als ästhetisch ansprechend beschreibt. Das als attraktiv dargestellte äußere Erscheinungsbild der besagten Partnerin steht für Martin entsprechend in der Funktion, seine Attraktivität als Mann weiter zu untermauern. Er war folglich mit einer Frau liiert, die nach seinem Dafürhalten seiner männlichen Attraktivität angemessen war.

Bei **Stefan** spielt Sexualität als Männlichkeitsleistungsaspekt ebenfalls eine bedeutende Rolle, obgleich er dies nur eher indirekt ausspricht:

I: Belastete dich das manchmal, dass du noch mit keiner Frau Geschlechtsverkehr hattest?

S: N-, nööö. [...] Mich belastet des nich, vielleicht belastet's die anneren, mich nicht ((sehr selbstbewusst)) [...] Ich hab, ich hab welche Arbeitskollegen, die ham, haben vorher haaaaaaa (1) hab (1) sind (1) sind mit Damen zusammen, (2) aber, da möch=ich nich, möchte nich so da de=hinter oder da drunter dazwischen=steh=n und keine ham ((leicht missmutig)) (Int.-S-1-Z.2261-2275).

Die Tatsache, dass Stefans Arbeitskollegen offensichtlich Partnerinnen haben und er nicht, betrachtet er als Benachteiligung, da er äußert, „[...] aber, da möch=ich nich, [...] de=hinter oder da drunter dazwischen=steh=n und keine ham ((leicht missmutig)).“ Demzufolge ist seine erste Äußerung, „N-, nööö. [...] Mich belastet des nich, vielleicht belastet's die anneren, mich nicht ((sehr selbstbewusst)) […]", eher als Abwehrreaktion auf die Frage des Interviewers zu werten.

Stefan arbeitet in einer Metallwerkstatt, in der fast ausschließlich Männer arbeiten. Er möchte folglich mit andern Männern bezogen auf sexuelle Erfahrungen aufschließen. Wie sich in einem späteren empirischen Beobachtungsteil (vgl. Kap. 4.7.2) noch zeigen wird, stellt Heterosexualität im stark vermännlichten Metallwerkstattkontext eine bedeutende Grundbedingung zur Erlangung einer legitimen Männlichkeit dar. Durch seine fehlenden Intimkontakte bzw. sexuellen Erfahrungen gerät Stefan innerhalb des benannten Kontextes in gewisse Legitimationsschwierigkeiten im Hinblick auf diesen Teilaspekt seiner Idealvorstellungen von Männlichkeit. Er hat demnach ebenfalls heterosexuelle Kontakte als Leistungsaspekt einer anerkannten Männlichkeit verinnerlicht.

Werfen wir bezogen auf die Männlichkeitsaspekte Sexualität und Partnerschaft noch einen Blick auf **Frank**. Ganz im Gegensatz zu den anderen Befragten spielt für ihn der sexuelle Leistungsaspekt keine so große Rolle. Dennoch taucht auch bei ihm der gleiche Sachverhalt auf, der bereits bei Martin angeklungen ist. Frank unterstreicht seine Attraktivität als Mann durch die Hervorhebung weiblicher Schönheit (vgl. Int.-M-1-Z.1207)[52]:

F: […] Die Freundin soll gut aussehen […] ich leg auf Äußeres wert […]
I: Wieso ist dir Aussehen wichtig?
F: Weil ich gerne sowas möcht (1) ich sehe auch gut aus […] (Int.-F-1-Z.322-329).

Für Frank stehen insgesamt betrachtet eher die Gesichtspunkte Liebe und Partnerschaft und weniger Sexualität im Mittelpunk seines Interesses. Dies liegt mitunter daran, dass er zu letzterem Thema ein äußerst ablehnendes und angstbesetztes Verhältnis hat. Zunächst assoziiert er Sexualität mit dem Thema Missbrauch:

I: […] Was bedeutet denn Sexualität für dich?
F: Wenn einer nich mehr kann, wie er möchte. […]
F: Sexuell missbraucht, (2) °ins Gefängnis.° ((nachdenklich)) (Int.-F-3-Z.887-891).

Durch die Proposition, „[…] wenn einer nich mehr kann, wie er möchte", wird das Thema Zwang, Freiheitsentzug, bzw. körperliche Enteignung akzentuiert. Sexualität steht demnach für Frank in einem negativen Verweisungskontext und wird somit gleichbedeutend mit Vergewaltigung gesehen. Ob Frank selbst sexuelle Missbrauchserfahrungen gemacht hat, muss offen bleiben. Er hat sich zum einen nicht weiter zu diesem Thema geäußert und als Interviewer war mir das Risiko einer möglichen Retraumatisierung im Falle tatsächlicher sexueller Missbrauchserfahrungen zu groß, so dass ich von weiteren Fragen in dieser Richtung absah.

Darüber hinaus verbindet Frank Sexualität vor allem mit sittenwidrigem Verhalten:

I: Was ist für Dich Sexualität? [...]
F: Wenn sich beide zusammen mögen. [...] Mädche und Bub (3) Sex machen (2) im Bett, (1) mach ich nicht.
I: Warum machst du das nicht?
F: °Weil mir des ekelt. ((verzieht das Gesicht)) (3) eklich find ich des.° (2) Da, da entsteht keine Liebe. Liebe entsteht dann, wenn mer sich mag und küsst °@(1)@° und net Sex macht. Des sagt auch manchmal die Jennifer [Mitbewohnerin] zu mir, mach Sex (1) °@(1)@°. Des will ich aber net machen [...] Ich bin net so (1) ich bin net so entwickelt, dass ich mit jemandem Sex mache. Des kann=mer net. Des is net erlaubt, nirgends.
I: Wer sagt, dass das nicht erlaubt ist?
F: Mei Bruder und mei Eltern wollen das nicht [...] Weil, des gehört sich nicht. (1) Im Fernsehen habe ich's oft gesehen (Int.-F-3-Z.891-910) [...] °Wenn=se sich im Bett wälzen da (1) aufnander zulegen.° Das gehört nich dazu, (1) da wird mit=nander geredet (2) und g=sagt (1) ihr macht des nich. ((resolute Intonation)) (2) Zu zweit dürft ihr nid ins Bett. (2) Einer (1) °geht ins Bett.° (2) Net zwei (Int.-F-3-Z.920-924).

Frank hat folglich das Gefühl, nicht frei über seine Sexualität entscheiden zu dürfen. Er fühlt sich in dieser Sache wiederum durch sein unmittelbares soziales Umfeld fremdbestimmt. Letzteres belegt Sexualität mit einem prohibitiven Imperativ, der von Frank verinnerlicht worden ist. Dies zeigt sich besonders daran, dass er verdeutlicht, ein sexuelles Kontaktangebot einer Mitbewohnerin ausgeschlagen zu haben, weil ihm Kontakte solcherart untersagt sind. Vielleicht ist in diesem Zusammenhang auch der Aspekt geistige Behinderung von Relevanz, weil Frank zu bedenken gibt, sich deshalb nicht sexuell zu betätigen, weil er nicht so „entwickelt" sei. Diese Äußerung könnte als Hinweis gelesen werden, dass er selbst oder andere der Auffassung sind, dass er auf der Grundlage seiner geistigen Behinderung noch nicht über die entsprechende (geistige) Reife verfügen würde, um sexuelle Erfahrungen machen zu dürfen oder zu können.

Im Wesentlichen resultiert seine Negativbewertung von Sexualität aus seinen primären Milieuerfahrungen. Frank stammt aus einem strenggläubigen Elternhaus. Das dort vornehmlich christlich-konservativ geprägte sittliche Moralvorstellungen vorherrschen, lässt sich bereits unter Bezugnahme auf die letzte Sequenz ableiten: „[...] da [bezogen auf Sex] entsteht keine Liebe. Liebe entsteht dann, wenn mer sich mag [...] und net Sex macht." Liebe und Sexualität werden demnach von Frank sorgfältig voneinander unterschieden. Mehr noch, Sexualität wird als Ausschlusskriterium von Liebe entworfen. Dass diese Sichtweisen tatsächlich etwas mit den streng christlichen Moralvorstellungen seiner Eltern zu tun haben, zeigt sich an einer Textstelle, als sich Frank zu seinen homophilen Neigungen äußert:

F: Wenn die [bezogen auf zwei seiner Mitbewohner] sich so schmusen und küssen, find ich das ekelhaft. ((Frank küsst sich mehrmals auf seien rechte Hand)) [...] Ich find das eigentlich ekelhaft aber auch schön, wenn die das machen. Da möchte ich am liebsten mitmachen @(1)@. Küssen aber nur, wenn mer geheiratet hat.
I: Wen würdest du denn lieber küssen Männer oder Frauen?
F: Ich würd den Mann lieber küssen, leg aber auch auf Fraue wert, die sind aber zu zierlich. Ich bin an Männertyp mehr. [...].
I: Hast du mit jemanden schon mal darüber gesprochen, dass du solche Wünsche hast?
F: Ne, @(1)@ kein bisschen. Den Eltern darf ich des gar nich sagen, die fänden das nicht gut. Liebe deinen Nächsten wie dich selbst steht in der Bibel, also Männer und Frauen. Aber net Sex mit Frau, da muss mer heirate nämlich. Bin i ja nid. Mein Bruder hat schon zu mir °Homosexualität° gesagt, der findets allerdings eklig. Sexuell missbrauchte Männer will er nich so [...]
I: Sexuell missbrauchte Männer? [...]
F: ((hastig)): ↑ Das Thema laß mer lieber weg,↓ mit Homosexuell kann ich mehr anfangen.
I: Was bedeutet für dich den homosexuell?
F: Ich will's net sagen (5) hab ich überhaupt kein Bezuuug. ((beim letzten Wort gepresst mit verkrampften Gesichtsausdruck aussprechend.)) Homoehe soll nicht erwähnt wern (2) Männerfreundschaft. Frauen hab ich kein Bezug, mir kommts net so auf die Frauen an. Ich steh auf Männer, da bleib ich dabei, ich steh auf Männer, da bleib ich dabei (Int.-F-4-Z.92-113).

Die Tatsache, dass sich Frank zu Männern und Frauen gleichermaßen hingezogen fühlt, bringt ihn auf dem Hintergrund der konservativen Moralvorstellungen seiner Eltern in einen doppelten Gewissenskonflikt: „Den Eltern darf ich des [bezogen auf seine homosexuellen Präferenzen] gar nich sagen, die fänden das nicht gut." Die Eltern lehnen aus seiner Sicht homosexuelle Bindungen demzufolge ab. Das Thema Homosexualität betreffend ist auch die Äußerung des Bruders interessant, der Homosexualität mit sexuellem Missbrauch an Männern gleichsetzt. Homosexualität wird demnach als Verstoß gegen das Heteronormativitätsgebot betrachtet. Da Frank offensichtlich von seinem Bruder als Homosexueller bezeichnet worden ist, „Mein Bruder hat schon zu mir °Homosexualität° gesagt [...]“, zeigt, dass er von seinem Bruder in seiner Männlichkeit abgewertet und marginalisiert worden ist.

Ein weiterer Konflikt entsteht auf dem Hintergrund, dass er verinnerlicht hat, dass Sex mit Frauen nur nach einer Eheschließung statthaft ist. Da er nicht verheiratet ist, [...] da muss mer heirate nämlich. Bin i ja nid [...]“, und unterstellt werden kann, dass er als geistig behinderter Mann eher geringe Chancen hat, tatsächlich zu heiraten, sind sexuelle Kontakte für ihn aktuell und zukünftig kaum realisierbar. „Liebe deinen Nächsten wie dich selbst steht in der Bibel, also Männer und Frauen. Aber net Sex mit Frau da muss mer heirate nämlich.“ An dieser Stelle wird anhand der Bibel die Trennung von Liebe und Sexualität eingeführt. Seinen Nächsten zu lieben, Männer entsprechend eingeschlossen, ist demnach erlaubt. Da homosexuelle Beziehungen und heterosexuelle Kontakte durch Franks nichtehelichen Status ausgeschlossen sind, ist ihm nur Liebe in nichtkörperlicher Form gestattet.

Physische Männlichkeitsdimension - körperliche Modifikationspraxis (Rasieren)

Bei Stefan

I: Was ist denn für dich nen richtiger Mann? (Int.-S-1-Z.2348) [...]
S: Hm, ja, hm. (8) Ja, sollt aber au- im Gesicht (au kein) Vollwuchsbart haben (Int.-S-1-Z.2367) [...] Denn wenn sich dann (1) der mit=m Vollbart und die Dame (2) sich dann küssen wollen, kratzt's nämlisch bei der Dame dann [...] dann sach=n=se immer, rasier disch mal @(1)@. @Deswegen rasier isch mich immer, bevor ich zur Disco mach@ ((amüsiert)) (Int.-S-1-Z.2369-2375) [...] Des soll nen Mann hab=n auch manschmal sein, schön, gepflegt im G=sicht (Int.-S-1-Z.2379-2380).

Bei Martin

I: [...] was ist für dich denn ein richtiger Mann? (2)
M: Richtiger Mann?
I: Mm, richtiger Mann. Was ist denn für dich
M: Rasiern (1) und gut aussehen (Int.-M-1-Z.1401-1405).

Bei Frank

I: […] Also, was ist denn für dich nen richtiger Mann?
F: Der muss gut aussehen, muss rasiert sein (Int.-F-3-Z.1068 f.) […] Nur das sie gut aussehen, des war mir alles, des reicht mir aus. (3) Mehr brauch ich gar nicht erwähnen. Haupsach die ham gute @Aus( )@, @die sehn gut aus@, gut rasiert und gut gepflegt (Int.-F-3-Z.1124-1126).

Die Befragten assoziieren auf manifester Ebene mit Männlichkeit das Thema Körperpflege im Hinblick auf die Körpermodifikationspraxis Rasieren. Hierdurch lässt sich zunächst wiederum ein Zusammenhang zur weiter oben besprochenen Männlichkeitsdimension sexuelle Attraktivität herstellen. **Stefan** hat durch seine Äußerung, „[…] wenn sich dann (1) der mit=m Vollbart und die Dame (2) sich dann küssen wollen, kratzt's nämlisch […] @Deswegen rasier isch mich immer […]", zudem einen direkten Verweisungszusammenhang zwischen Körperrasur und sexueller Attraktivität (Männlichkeit) gegenüber Frauen hergestellt.

Neben dieser Lesart kann allerdings zusätzlich angenommen werden, dass vielmehr der durch die Gesichtsrasur mitthematisierte Bartwuchs von den Männern grundsätzlich als ein Symbol männlicher Reife oder generell als Merkmal von Männlichkeit betrachtet wird. Durch die Hervorhebung der Praxis des Rasierens weisen die Männer gewissermaßen auf den Vollzug eines „Übergangsritual[s]" (Gennep 2005) hin. Durch das Rasieren wird entsprechend der Übergang vom Kind-Status zum Mann-Status symbolisch nachvollzogen. Demnach wird durch die Rasierpraxis symbolisch auf ein für geistig behinderte Männer bedeutsamen Entwicklungszusammenhang hingewiesen der besonders bei **Frank** in dieser Form in Erscheinung tritt:

F: […] Aber klein war ich. Und dann hab ich (1) und mit der Zeit war ich immer größer °und dann,° (2) hat sich das langsam zum ((grinst)) großen Mann entwickelt (Int.-F-3-Z.339-340).

Bezogen auf den Gegenstand geistige Behinderung ist das besagte Übergangsritual und die hier zum Ausdruck gebrachte Entwicklungsabfolge von besonderer Bedeutung. Geistig behinderte Männer werden wie bereits erwähnt in manchen Fällen vielfach als nichtmännliche asexuelle Subjekte entworfen, die auf der Basis ihrer verminderten kognitiven Leistungsfähigkeit und ihres Verhaltens mit Kindern verglichen werden. Sie werden demnach als unreife Männer wahrgenommen. Durch die Hervorhebung der besagten Körpermodifikationspraxis machen die Männer demnach wiederholt darauf aufmerksam, dass sie sich selbst als reife Männer sehen und als solche wahrgenommen werden möchten.

Physische Männlichkeitsdimension Selbstständigkeit

Diese Dimension von Männlichkeit tritt in drei Varianten in Erscheinung, namentlich als unvermittelte Selbstwirksamkeit, berufliche Selbstständigkeit und als Unabhängigkeit von Eltern und Assistenzkräften:

- **Unvermittelte Selbstwirksamkeit:** Diese Variante von Selbstständigkeit bezieht sich auf das Vollbringen einer Leistung ohne externe Unterstützung.

In diesem Zusammenhang sind die nachfolgenden Textstellen relevant:

Bei Stefan

I: [...] Was kannst du denn besonders gut allein machen? (3)
S: Ich kann, (3) eigentlich kann (1) vielleicht alles soweit (2) allein machen. [...] Was ich besonders gut kann, des hab ich heute Morgen gemacht, ich hab des ganze Haus geputzt. Von ganz allein, ohne, dass einer von de Mitarbeiter was sage sollt oder einer mir hilft ((selbstbewusst; stolz)). (Int.-S-1-Z.2106-2110) [...] Nebenher, hab ich für=n neuen Mitbewohner, hab ich ja au- was uffgebaut. Des ich des selbstständisch uffbauen kann (Int.-S-1-Z.2471-2472).

Bei Martin

M: [...] hat [ein Arbeitskollege] gesacht komm (1) Chef zum Chef ge=mer, hat einer mir gesagt. Da hab=sch gesagt ne, des kenn isch allein mache. Und da hab=sch gesacht nee, @setz dich doch, is zu schwer für disch@ (1) hab=sch gesacht des is net zu schwer für misch (Int.-M-1-Z.1043-1046).

Bei Frank

F: ↑ Mit der Straßenbahn kann ich auch umgehen, ↓ alles allein (1) ‘s ja, ich bin ja einunddreißig und deshalb schaff ich das (Int.-F-2-Z.102).

Bei André

A: Äh, Putze und (2) und auch (3) Staubwische un Saubermache, des kann ich ganz selbst mache ohne die Mitabbeiter (Int.-A-2-Z.99-100).

- **Berufliche Selbstständigkeit:** Diese Form der Selbstständigkeit wird für gewöhnlich eng mit Männlichkeit in Beziehung gesetzt, weil hierdurch beruflicher Erfolg und somit die eigene Leistungsfähigkeit sichtbar gemacht werden kann.

Wie sich an vielen Stellen zeigt, ist **Martin** ein großer Bewunderer seines Chefs in der Gärtnerei (vgl. z.B. Int.-M-1-Z.1364-1397; Int.-M-1-Z.1051-1055; Int.-M-1-Z.1066-1070). In diesem Zusammenhang kann vielleicht auch sein Wunsch verstanden werden, sich in der Zukunft mit einem eigenen Gärtnereibetrieb selbstständig machen zu wollen. Er möchte folglich so sein wie sein Chef und einen Betrieb leiten:

I: Was hast du denn sonst so für Pläne, für dein Arbeits- oder Berufsleben? (Int.-M-1-Z.1056)
M: [...] Isch will, isch will gerne uns auch (1) mal (sihn) eigene Gärtnerei aufzubauen.
I: Aha. ((anerkennend))
M: Aber bis dahin (1) hab=sch noch (1) ganz @schön@ Jahre Zeit" (Int.-M-1-Z.1073-1076).

Auch bei **André** sind Präferenzen hinsichtlich beruflicher Selbstständigkeit zu entdecken. Er hegt beispielsweise den Wunsch, sich innerhalb der Einrichtung als Hauswirtschaftler selbstständig machen zu wollen (vgl. Int.-A-2-Z.96). Zudem strebt er eine Anstellung auf dem ersten Arbeitsmarkt in einer Supermarktkette an (vgl. Int.-A-2-Z.97-99).

Bei **Stefan** ist in ähnlicher Weise zu beobachten, dass er sich beruflich als Hausmeister für technische Belange innerhalb der Behinderteneinrichtung selbstständig machen möchte:

I: Irgendwas, was du verändern würdest vielleicht in der Zukunft?
S: [...] für die Zukunft, äh, möscht=isch ich misch Selbs- (1) möchte ich mich was (1) was selbst machen (Int.-S-1-Z.2463-2465) [...] mich dann (1) au- (1) selbstständisch (1) um (1) Sachen dann kümmer (1), wo ich dann was reparier=n kann. [...]
I: Is des so, äh, irgendwie so in Richtung Hausmeister zu verstehen?
S: Mm ((zustimmend)). Ja, dass is das nächste dann, was ich vor hab. Ob's dann klappt, dass is ne anner Frage (Int.-S-1-Z.2483-2491).

Man könnte an dieser Stelle einwenden, dass Stefan erst durch den Interviewer auf die Idee gebracht worden ist, als Hausmeister arbeiten zu wollen, weil dieser das Thema Hausmeister explizit eingebracht hat. Dass das Thema Hausmeister für ihn tatsächlich eine Rolle spielt, zeigt sich, als er stolz davon berichtet, des Öfteren mit einem Hausmeister der

Behinderteneinrichtung zusammengearbeitet zu haben (vgl. Int.-S-1-Z.2495-2505).

Zusammenfassend können wir für den beruflichen Aspekt Selbstständigkeit festhalten, dass die Befragten selbigen vermännlichen, indem sie sich mittels Visionen zukünftiger Selbstständigkeit als progressive bzw. ehrgeizige aktive Gestalter ihrer beruflichen Karriere darstellen. Hierdurch zitieren sie eine Norm, die paradigmatisch noch immer vorzugsweise Männern zugeschrieben wird. Männlichkeit und beruflicher Erfolg stehen demnach für die Befragten in einem engen Verhältnis. Darüber hinaus geht es den Männern aber auch insgesamt darum, sich als erwerbstätige Gesellschaftsmitglieder darzustellen. Arbeit wird somit zu einem elementaren und konstitutiven Bestandteil ihrer Männlichkeiten. Ein weiteres Indiz für diese Feststellung ist zudem die Tatsache, dass das Thema Arbeit in Relation zu allen übrigen Themen in den Interviews den größten Raum einnimmt.

- **Unabhängigkeit vom Elternhaus:** Obwohl alle befragten Männer seit mindestens zehn Jahren in einer Behinderteninstitution leben und bereits das junge Erwachsenenalter erlangt haben, hat für sie dieses Thema nichts an Bedeutung verloren.

Einerseits geht es den Befragten um eine Ablösung vom Elternhaus, um mehr Selbstständigkeit zu erlangen (vgl. z.B. Int.-M-1-Z.398-399). Weiterhin steht auch der Wunsch nach Fortsetzung einer engen Elternbindung im Vordergrund, was sich darin zeigt, dass alle Interviewten bis auf André nahezu jedes Wochenende bei ihren Eltern verbringen. André ist hier deshalb ausgenommen, weil sein Vater weiter weg wohnt. Die starke Affinität seitens der Befragten, die Elternbeziehung in intensiver Form aufrecht zu erhalten, erklärt sich aus folgenden Aspekten:

Zuneigung: Alle Befragten heben immer wieder ihre emotionale Gewogenheit gegenüber ihren Eltern hervor (vgl. z.B. Int.-S-1-Z.636-643; Int.-M-1-Z.194-198; Int.-F-3-Z.362-365; Int.-A-2-Z.31 u. Int.-A-1-Z.154).

Nachholen von Beziehungszeit: Die Eltern der Probanden haben teilweise das Rentenalter erreicht. Demnach sehen manche Männer wie z.B. Stefan infolge der so freiwerdenden Zeitkontingente, eine Möglichkeit Beziehungszeit insbesondere mit den Vätern nachzuholen (vgl. Int.-S-1-Z.777-791).

Nachteilsausgleich: Manche Männer möchten allerdings auch aus der Intention heraus weiterhin eine enge Bindung zu den Eltern unterhalten, um diesen nachträglich etwas für ihre Entbehrungen in der Vergangenheit zurückgeben zu können. Ich werde auf diesen dritten Aspekt noch ausführlicher in Kapitel 3.5.1 bei **Martin** eingehen, wenn ich mich mit den Formen vermännlichter Prosozialität auseinandersetze.

- **Unabhängigkeit von den Wohngruppen:** Die Ablösungsthematik zeigt sich entsprechend auch innerhalb des institutionalisierten Wohnbereiches. Konkret geht es in diesem Kontext um den Wunsch, ein Leben unabhängig von den behinderten Wohngruppenmitgliedern und den Assistenzkräften führen zu dürfen.

Deutlich wird dies daran, dass manche interviewten Probanden eine eigene Wohnung fordern. Exemplarisch ist hier **Stefan** zu nennen (vgl. Int.-S-1-Z.2429-2442). Mit dieser Form der Selbstständigkeit schließt sich gewissermaßen der Kreis bezogen auf den zuerst genannten Aspekt von Selbstständigkeit, namentlich unvermittelte Selbstwirksamkeit. Durch eine relative, räumliche Abgeschiedenheit sehen manche Männer nebst mehr Privatheit auch eine Möglichkeit, Selbstwirksamkeitserfahrungen zu sammeln, die von professioneller Unterstützung abgelöst sind und vorzugsweise auf den eigenen Kompetenzen basieren.

Die hohe Anzahl an Textstellen, welche Selbstständigkeit zum Thema haben, resultiert sicherlich zunächst aus dem Sachverhalt geistige Behinderung. Die Erlangung von Selbstständigkeit stellt für viele Männer unter der Bedingung von doing disability und ihrer psychisch-physischen Disposition geistige Behinderung eine große Herausforderung dar. Vermutlich steht das Thema Selbstständigkeit für die Befragten aber auch mit dem Thema Männlichkeit in Zusammenhang. Wie in Kap. 1.1.2 dargestellt, wird Selbstständigkeit bzw. Unabhängigkeit auch heute noch als weitestgehend männlich vergeschlechtlichte Eigenschaft betrachtet. Diesbezüglich korreliert der Grad an Selbstständigkeit immer auch mit dem Anerkennungsgrad von Männlichkeit. Die Männlichkeiten der Befragten werden demzufolge konterkariert, weil diese Männer bezogen auf die Durchführung diverser Handlungen oft dauerhaft auf die Hilfe und Unterstützung seitens der Eltern und der professionellen Assistenzkräfte angewiesen sind.

Trotz dieses Umstandes kann festgehalten werden, dass sich die Männer insgesamt betrachtet dennoch größtenteils als (unvermittelt) selbstwirksam und kompetent erleben, was bereits in Kap. 3.3.1 zur Sprache kam.

Physisch/ kognitive Männlichkeitsdimension Perfektibilität und intellektuelle Fertigkeiten (Rationalität)

Die leistungsbezogene Praxisform physisch-manuelle und intellektuelle Perfektibilität konnte in besonderem Maße bei **Frank** nachgewiesen werden. Um verstehen zu können, weshalb insbesondere Frank diesen Männlichkeitsaspekt verinnerlicht hat, ist es wiederum hilfreich, einen Blick auf seine familiäre Situation zu werfen. Frank stammt aus einem sehr gut situierten familiären Herkunftskontext. Die Eltern besitzen ein großes Haus, sind finanziell abgesichert (vgl. z.B. MF-Vater-Frank, S.1) und verfügen über ein hohes Maß an kulturellem Kapital in Form musisch-kultureller Allgemeinbildung (vgl. ebd. S.5f.) und Formalbildung in Form von Bildungstiteln (Vater ist Wirtschaftsingenieur) (vgl. ebd. S.2). Bildung hat demnach in Franks Familie eine große Bedeutung. Zudem werden insbesondere seitens des Vaters Rationalität, Leistungsfähigkeit und Perfektibilität explizit vermännlicht (vgl. ebd. S.7). Diese Aspekte können demnach als feste Bestandteile des väterlichen Männlichkeitskonzeptes betrachtet werden. Die gerade genannte Praxisform betreffend weist Frank an mehreren Stellen darauf hin, insbesondere von seinem Vater imperativisch zur exakten Ausführung manueller und rationaler Tätigkeiten angehalten worden zu sein:

F: Der [Vater] warnt mich sozusagen, ((ernst aussprechend)) [...] mach mal die Ordnung richtig (1) tu dich gründlich rasiern, ((ginsend, die Worte des Vaters mit hoher Stimme persiflierend)) sagt er ja auch. ((wieder ernst)) (Int.-F-3-Z.377-378) [...]↓Tu dich ordentlich pflege.↑ (3) Pfleg dich ordentlich, dass du arbeiten kannst. ((resoluter Unterton)) (Int.-F-3-Z.381) [...] Der sagt, tut dei Arbeit ordentlich machen (Int.-F-3-Z.388) [...]
I: Wie bist du denn so mit deinen Lehrern klargekommen?
F: °Eigentlich auch gut.° D (1) die ham mich auch gewarnt, ich soll besser werden. Die ham gesagt (1) Frank, mach dei bessere Rechnung. Mei Vater auch. (2) Die ham mich sogar gewarnt, ham gesagt (1) Frank kann nix [...] (Int.-F-3-Z.592-595).

Im Weiteren wird deutlich, dass die leistungsbezogenen Vorstellungen von Männlichkeit von Frank mit denen seines Vaters weitgehend konvergieren, was sich in den unterschiedlichsten Lebenskontexten aufzeigen lässt:

Freizeitkontext: Brennholzzerkleinerung mit dem Vater

F: [...] das muss alles gesägt werden. Ich kann ja nicht allein sägen. Der Papa muss mich ein- (1) der muss mir sagen, wie säge ich. Da muss ich grad sägen. ↑ Und darf net ↓ schief machen (1) und des gefällt mir, daran hab ich Spaß (Int.-F-3-Z.423-425).

Erwerbsarbeitskontext: Gütegrad der Arbeit

F: […] Fehler mag ich überhaupt nicht machen. Ich will gut arbeiten (Int.-F-3-Z.1699).

Bildungskontext: Steigerung der Rechenfertigkeit

F: Ich tu rechne donnerstags. Des gibt so nen Rechenkurs (1) Mathe (Int.-F-3-Z.567-568) […] Ich möchte gut rechnen können, (1) Daran möchte ich auch festhalten, dass ich mei Rechnungen richtig und genau machen (Int.-F-3-Z.976-977) […] Ich bleib beim Rechnen. (2) Rechnen is ja wichtig, […] Rechnen bleibt (Int.-F-3-Z.1433-1434).

Wohnkontext: Reinigungsarbeiten

F: Und wenn ich mein Zimmer (1) °ordentlich hinterlassen und net dreckich mach.° (2) Au mal sauge die Woch. […] Das mach ich daheim, hier kann ich nicht saugen. ↑ Ich muss ↓ ((sehr hastig)) da immer mei Zimmer saugen, pro Tag, wenn's mal dreckig ist (2) auch guck ich unterm Teppich, ob da nen Fussel liegt oder ob en Haar is (2) @alles kontrollier ich@. (1) Ich bin der, der guckt. (3) Ich schau dann auch, ob's dreckig ist, (2) ob wir putzen müss, ob ich alles sauber hab (Int.-F-3-Z.1338-1344).

An der zuletzt genannten Textstelle lässt sich aufzeigen, dass für das Männlichkeitskonzept von Frank und dessen Vater die Affinität zur Kontrolle als paradigmatisch betrachtet werden kann. Eine perfektible Haltung setzt Kontrolle unbedingt voraus, weil nur so sichergestellt werden kann, dass ein bestimmter leistungsbezogener Anspruch auch mit der objektiv vorfindlichen Leistung übereinstimmt. Demzufolge kontrolliert Frank akribisch die Güte seiner Arbeit. Dieser Tatbestand spiegelt sich auch im beruflichen Tätigkeitsfeld des Vaters wieder, der als Rechnungsprüfer beschäftigt ist. Der Vater ist demnach in einem Bereich angestellt, in dem nicht nur Genauigkeit gefordert ist, sondern auch Rechenfertigkeit, welche Frank ebenfalls für sein Männlichkeitskonzept übernommen hat. Besonders Franks Bemühung, diese Fertigkeit verbessern zu wollen, kann als Bildungsinvestition betrachtet werden, welche von seinen Eltern mit gefördert und gefordert wird. Anders als bei den Eltern von André wird Bildung in Franks Herkunftsmilieu demnach nicht als Risiko, sondern als Notwenigkeit und Chance betrachtet.

Dass das Thema Bildung bei den Eltern von Frank großen Raum einnimmt, hat mit Sicherheit auch etwas mit Franks kognitiver Disposition zu tun. Obgleich Frank im nachfolgenden Zitat einige Inhalte einer Nachrichtensendung wiedergibt, so zeigt sich an Artikulationsform und Gestik, dass er hier eigentlich seinen Vater imitiert (zur weiteren Begründung siehe Endnote[53]):

F: […] Es geht **klar** und **deutlich** darum, ((streckt beide Zeigefinger aus, richtet diese auf den Boden und bewegt Ober und Unterarm im Takt seiner nachdrücklich ausgesprochenen Worte „**klar** und **deutlich** darum" jeweils ruckartig nach unten und wieder nach oben)) **wie** entwickelt sich ein Kind, dass in der Schule lernfähig ist. **Wie lerne ich, aus meinen Ärgernissen**. Oder wie (1) kann ich meinen Rechnern verbessern? Einfach, **wie** entwickelt sich der Schüler zum Mann, zum Lehrer? (Int.-F-3-Z.938-943).

An einigen Stellen wird deutlich, dass Frank während seiner Schulzeit große Lernschwierigkeiten hatte (vgl. z.B. Int.-F-3-Z.567-601), was bei seinen Eltern auf der Grundlage ihres bildungsaffirmativen und bildungsfordernden Habitus sicherlich zu gewissen Erwartungsenttäuschungen geführt haben dürfte. Unter dieser Prämisse ist den Eltern sehr daran gelegen, dass Frank sich weiterbildet. Bildung, Lernfähigkeit und Rationalität in Form mathematischer Fertigkeiten werden in dieser Sequenz zudem in einen Zusammenhang mit Männlichkeit gestellt, indem Frank eine bildungsarbeitsbezogene Entwicklungsabfolge einführt: „[…] **wie** entwickelt sich ein Kind […] **wie** entwickelt sich der Schüler zum Mann, zum Lehrer?" Diese Bildungsreifestufen betrachtet Frank als Maßstab für seine mathematischen Bildungsbemühungen, „Oder wie (1) kann ich meinen Rechnern verbessern?"

Es kann angenommen werden, dass Frank unter dem Einfluss des elterlichen Leistungsnimbus steht und danach strebt, in eine höhere männliche Reifestufe aufzurücken. Dies zeigt sich nicht nur an seinen Bestrebungen hinsichtlich der Verbesserung seiner Rechenfertigkeit, sondern auch an seiner differenzierten Medienrezeption. Rundfunk und Fernsehen nutzt er in erster Linie für Informations- und Bildungszwecke, was sich daran zeigt, dass er hauptsächlich Sendungen verfolgt, die sich mit den Themenfeldern Politik, Wirtschaft, Soziales und Religion befassen (vgl. Int.-F-3-Z.926-967). Sein Medienverhalten entspricht demzufolge weitestgehend dem der Eltern (vgl. Int.-F-5-Z.53-55), was abermals den stark dispositionierenden Einfluss von Franks Herkunftskontext belegt.

Obgleich bei weitem nicht so stark ausgeprägt wie bei Frank, ist auch bei allen anderen Befragten eine gewisse Affinität zu kognitiver

Leistungsfähigkeit nachweisbar. Wie sich zeigen wird, kann dieser Tatbestand bei diesen Männern nicht in jedem Fall auf einen familiären Einfluss zurückgeführt werden. Aus den nachfolgenden Zitaten geht zunächst hervor, dass sich **André** im mathematischen Bereich als kompetent betrachtet:

A: Mischa [Name des Interviewers] wie viel Geld bekomm ich denn dafür? ((André holt einige leere Flaschen aus seiner Tasche))
I: Lass mal sehen ((betrachtet ein Flaschenetikett)) – hier steht's, pro Flasche sind das 25 Cent. Lass uns mal schauen, wie viele Flaschen du hast. Zwo, vier (2)
A: Das sind schon mal ein Euro @(1)@ ((holt noch weitere Flaschen aus seiner Tasche)). Ah, zehn Stück, @2,50 Euro@. Ich bin de Pfandchecker@ ((begeistert)) (Int.-A-6-Z.4-8).

I: Und was würde dir daran besonders gut gefallen, wenn du im Supermarkt arbeiten würdest [...]
A: Na, da kann ich gut die Preise rechne oder (3) die neue Sache ins Regal tun (2) und ja, die Pfand- (3) rechnung le- lesen, ne rechne und da kann ich des in Zettel schreiben. (2) Und des kann ich auch gut (Int.-A-2-Z.104-109).

Eine männliche Vergeschlechtlichung der Rechenpraxis bzw. von Rationalität vollzieht André dadurch, indem er diese Praxis mit einem Supermarktfilialleiter assoziiert, zu dem er sich hingezogen fühlt:

A: Da [bezogen auf einen Supermarkt] kenn isch ein (2) ein Chef, der heißt bei nahkauf (1) der Adrian (3) mit dem verstehe isch echt gut (3) und (2) und der is wie mein Freund und Kumpel (Int.-A-2-Z.111-112). [...] der rechnet immer dees Pfand ab. Der kann sooo gut reschne, der kann des klasse. Der is de beste Reschner ((ehrfurchtsvoller Unterton)) (Int.-A-6-Z.10-11).

Des Weiteren lässt sich bei **Martin** ein Zusammenhang zwischen Rationalität, Bildung und Männlichkeit herstellen, obgleich er seinen Männlichkeitsakzent gleichermaßen wie André, vornehmlich auf den Körper setzt (vgl. Int.-M-1-Z.1380-1387):

I: Was findest du an deinem Chef noch besonders toll,(3) außer, dass er kräftig und stark ist? (4)
M: Was=isch gut find (1) der kennt sisch gut mit Pflanzen aus. [...] bo- botanische Namen [...] Würd=sch gerne mal kennenlernen einmal (Int.-M-1-Z.1388-1394).

Martin hat demnach, ebenfalls wie André, auf der Grundlage der Bewunderung einer nichtbehinderten männlichen Person eine bestimmte Praxis als Männlichkeitsaspekt adaptiert, in diesem Fall den Erwerb von Fachwissen. Martins Bildungspräferenzen können allerdings zusätzlich auf seine positiven Bildungserfahrungen während seiner Schulzeit zurückgeführt werden (vgl. hierzu z.B. Int.-M-1-Z.591-593; Int.-M-1-Z.643-682).

Stefan orientiert sich in Bezug auf seine Männlichkeit ebenfalls an einem rationalen Moment. Dies zeigt sich insbesondere an seiner Begeisterung für technische Geräte, Maschinen und das Internet, dass er als Kommunikations- und Informationsmedium ausgiebig nutzt (vgl. z.B. Int.-S-1-Z.786-790; Int.-S-1-Z.1112-1119; Int.-S-1-Z.1734-1740). Stefans technisches Interesse ist auch durch seinen Vater bedingt. Nach dessen Pensionierung verbringen beide Männer viel gemeinsame Zeit mit Computerprogrammen und im Internet (vgl. Int.-S-1-Z.786-790).

Kognitive Männlichkeitsdimension sprachliches Ausdrucksvermögen (Eloquenz)

Diese Männlichkeitsdimension findet sich nur bei **Frank**, der diese intellektuelle Fähigkeit explizit vermännlicht hat (vgl. MF-Frank, S.8):

I: Was findest du noch toll an dir selbst?
F: Weil ich mich gut (1) ausdrücken kann. ((lächelt)) [...] Wenn's Probleme gibt. Ich kann mich, wenn's Probleme gibt, an den Otto [Vorgesetzter in Franks WfbM-Arbeitsgruppe] wenden und sagen, hilf mir bitte, dass ich nicht mehr Ärger hab (Int.-F-3-Z.1279-1283).

Gutes verbales Ausdrucksvermögen ist für Frank kein Selbstzweck, sondern ein Mittel, um in differenzierter Form auf seine Probleme hinweisen zu können. Wortgewandtheit ist für Frank allerdings auch ein Mittel, um sich als Mann in sachlich kompetenter Form in Szene setzten zu können. Wie sich im gesamten Interviewverlauf gezeigt hat, verfügt Frank über einen äußerst elaborierten und breitgefächerten Wortschatz, was ebenfalls auf seinen distinguierten sozialen Hintergrund verweist:

I: [...] welche Themen sind dir denn in der Politik besonders wichtig?
F: Es geht mir um <u>Schulbildung</u>, (2) es geht mir um (1) besseres Fördern der Schule. Um <u>Lernziele</u>, (2) [...] Ich möchte gern wissen, in der Politik gibt's halt viel, was sich drüber streiten. Auch die Merkel hat was über Steuern gesagt. (3) ((schluckt)) wir wollen, (1) dass das Steuersystem (1) besser wird. (3) ↑ Und das mehr <u>Arbeitsplätze</u> in Deutschland entstehen. (2) <u>Und</u> das die Arbeitslosigkeit ↓ mehr <u>steigt</u>, als <u>fällt</u>. ↑ Es gibt mehr Arbeit, wie

weniger gearbeitet wird. (2) Daran (1) halt ich fest. (1) Auch heute, möchte ich noch mal dazu sagen, ((holt betont Luft)) es geht nicht, dass wir keine Arbeitsplätze hier in Deutschland kriegen" (Int.-F-3-Z.936-949).

3.4.2 Ergebniszusammenfassung

Frank	Stefan	**Repräsentationen von Männlichkeit**					
Martin	André						
physisch		**physisch**		**physisch**		**mental**	
Selbstständigkeit		sexuelle Attraktivität		Widerstandfähigkeit		Mut	
F	S	-	-	-	-	-	-
M	A	M	A	M	A	M	A
Stärke		körperliche Reife (Rasur)		Durchsetzungsfähigkeit		Selbstkontrolle (Handeln)	
-	-	F	S	-	-	F	S
M	A	M	-	M	A	M	A
Schnelligkeit		Perfektibilität				Selbstkontrolle (Emotionen)	
-	S	F	-			F	S
-	-	-	-			M	A
expressiv		**expressiv**		**kognitiv**		**kognitiv**	
künstlerisches Ausdrucksvermögen		Solidarität/ Empathie		rationale Fertigkeiten		Eloquenz	
-	S	F	S	F	S	F	-
-	-	M	-	M	A	-	-

Abb.6: Grundtypen-Männlichkeitsrepräsentationen - Die Aspekte Solidarität (Empathie) und Selbstkontrolle werden in den nachfolgenden Kapiteln noch aufgegriffen, weil diese in komplexere Zusammenhänge eingebettet sind[54].

Auf dem Hintergrund dieser Repräsentationen von Männlichkeit können zusammenfassend die nachfolgenden Thesen abgeleitet werden:

- Geistig behinderte Männer verfügen gemessen an den in Kap. 1.1.2 dargestellten Männlichkeitsrepräsentationen grundsätzlich über die gleiche Bandbreite an vergesellschafteten Männlichkeitsvorstellungen wie nichtbehinderte Männer. Daran zeigt sich, dass die Disposition geistige Behinderung nicht zu einer Einschränkung eines männlichkeitswissensbezogenen Verinnerlichungsprozesses führen muss.

- Die Männer orientieren sich hinsichtlich ihrer Männlichkeitskonzepte vorzugsweise an nichtbehinderten Männlichkeitsleitbildern (Väter, männliche Assistenzkräfte, Medienidole etc.)[55].

- Trotz stellenweiser Überschneidungen tendieren die Männlichkeitsvorstellungen und die männlichen Darstellungspraxen der untersuchten Männer entweder stärker in eine somatische oder mehr in eine mental-rationale Richtung. Mit Adorno gesprochen korreliert diese Unterscheidung mit der Trennung geisteskultureller und praktischer Arbeit (vgl. Adorno 2006, S.9).

- Diese Grundtendenzen entstehen primär durch den Einfluss sozialer Unterschiede in den Herkunftsmilieus - im Besonderen die Ungleichverteilung von kulturellen, ökonomischen, sozialen und symbolischen Kapitalien:

Kapitalverteilung in den Herkunftsmilieus der Probanden

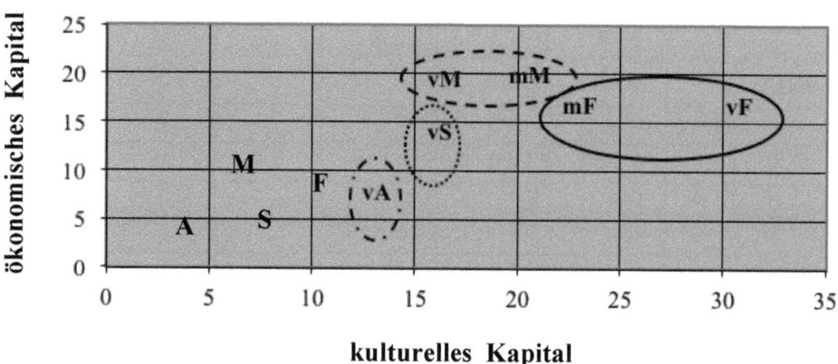

vA	Vater	André	**A**
vF	Vater	Frank	**F**
vM	Vater	Martin	**M**
vS	Vater	Stefan	**S**
mF	Mutter	Frank	
mM	Mutter	Martin	

Abb.7: Gesamtüberblick hinsichtlich der relativen sozialen Lage der Probanden und deren Eltern im Vergleich.

Grundsätzlich hängt es maßgeblich von der Höhe der kulturellen Kapitals ab, welche Männlichkeitsdarstellungspraxen favorisiert werden. Tendenziell führen geringe kulturelle Kapitalwerte zu somatischen und hohe kulturelle Kapitalwerte zu eher mental-rationalen Männlichkeiten. Dies lässt sich besonders gut bei André und Frank beobachten.

Abschließend noch ein paar Erläuterungen zu Abb.7. Die Verteilungsverhältnisse der kulturellen und ökonomischen Kapitalanteile zwischen den jeweiligen Elternhäusern verhalten sich zu den besagten Kapitalverteilungsverhältnissen zwischen den Probanden mit geringen Abweichungen proportional. Verbindet man die Punkte der Eltern und die der Befragten gedanklich jeweils getrennt voneinander, so entstehen zwei Parallelogramme, wobei dasjenige der Elternrelationen lediglich nach rechts oben verschoben ist. Die relativen sozialen Positionierungen bleiben demnach erhalten.

Die Verschiebung der Werte der behinderten Männer nach unten, basiert auch auf dem Tatbestand doing disability. In den Milieufragebogen wurden auch Fragen zur Formalbildung gestellt, wobei die Männer relativ zu den Eltern auf einer sehr viel niedrigeren Stufe rangieren. Dies liegt daran, dass die Interviewten auf der Grundlage ihrer Behinderung keine Regelschule besuchen durften oder konnten. Demzufolge sind und waren diese Männer im Hinblick auf den Erwerb kulturellen Kapitals durch ihre soziale Umwelt eingeschränkt.

Blendet man die Werteabweichungen der behinderten Männer relativ zu ihren Eltern aus und betrachtet hingegen stärker die Verteilungsverhältnisse zwischen den Eltern und den behinderten Männer untereinander, dann wird deutlich, dass die primärmilieubasierten Unterschiede unter den behinderten Männern erhalten geblieben sind. Es kommt demzufolge zu einer Tradierung der sozialen Positionierungen der Eltern, die sich in den Probanden manifestieren. Konkret bedeutet dies, dass die Kapitalressourcen in ihrer relativen Höhe erhalten bleiben, was insbesondere für eher benachteiligte Männer wie André problematisch ist. Die Behinderteninstitutionen schaffen es demnach nicht, das milieuspezifische Ungleichgewicht zwischen den Männern auszugleichen.

3.5 Zur männlichen Vergeschlechtlichung prosozialen Verhaltens

Bei allen Befragten (außer bei André) zeigt sich die Besonderheit, dass sie die Praxis des Helfens (prosoziales Verhalten) männlich vergeschlechtlicht haben (vgl. Abb.6 - Kap. 3.4.2)[56]. Dies ist umso bemerkenswerter, weil die besagte Praxis gesellschaftlich noch heute als eher weiblich konnotiert gilt (vgl. Kap. 1.1.2).

André übernimmt die genannte Praxis deshalb nicht in sein Männlichkeitskonzept, weil er selbige als unmännlich bzw. weiblich definiert. Letzteres kann an seiner Reaktion auf die Frage des Interviewers abgeleitet werden, ob er die Attribute liebevoll, einfühlsam, sanftmütig und hilfsbereit als männlich betrachten würde. Daraufhin hat er in harschem Tonfall geäußert:

A: Oh nee, bloss net, neee, hör auf mit dem Scheiß (MF-André, S.7).

Im Nachfolgenden soll geklärt werden, in welchen vermännlichten Formen sich prosoziales Verhalten bei den Befragten äußert und in welches Bedingungsgefüge diese Formen eingebettet sind.

3.5.1 Formen vermännlichter Prosozialität

Prosoziales Verhalten: Fürsorglichkeitsinszenierungen

Bei **Frank** lässt sich die stärkste Tendenz zu prosozialen Verhaltensweisen nachweisen. Seine soziale Ausrichtung ist hierbei sicherlich Ausdruck seines primären Habitus. Frank bezeichnet sich selbst als ein Mensch, dem Gott äußerst wichtig ist (vgl. Int.-F-2-Z.416-418) und demzufolge sein Leben ausschließlich an den Werten der Bibel orientiert (vgl. Int.-F-2-Z.497-509). Während den Interviews bezieht sich Frank wiederholt auf unterschiedliche Bibelzitate, wobei das nachfolgende paradigmatisch als Grundlage für die Praxis des Helfens im christlichen Sinne betrachtet werden kann:

F: Liebe deinen Nächsten wie dich selbst steht in der Bibel (Int.-F-4-Z.25).

Diese Maxime nimmt er als Ausgangspunkt für sein soziales Engagement. Neben der weltanschaulichen Bedingtheit von Franks Hilfsbereitschaft möchte ich noch einen weiteren einflussnehmenden Bedingungsfaktor diskutieren. Wie in den beiden vorhergehenden Kapiteln bereits dargelegt, fühlt sich Frank von seiner sozialen Umwelt hochgradig determiniert. Er möchte grundsätzlich allen Erwartungen, insbesondere den elterlichen entsprechen, damit er von allen Menschen geliebt wird (vgl. Int.-F-3-Z.1699-1701). Dies mündet in seinem Fall in einen bedingungslosen Konformismus, der nahezu alle Lebensbereiche durchdringt:

Familienkontext:

I: Wie ist denn so das Verhältnis, das du zu deiner Mutter hast?
F: Na sehr er- el- (1) freundlich, (2) sehr liebevoll. (2) Sie be- sagt mir auch was ich °mache (1) und dann hör ich auch (Int.-F-3-Z.814-816).

Erwerbsarbeitskontext:

F: Ja genau, genau, das ist meine Aufgabe, die [Vorgesetzten] sagen immer was ich zu mache hab und dann mach ich's auch. (1) Und das sind meine Aufgaben, die da so erfüllt werden mit der Arbeit (Int.-F-1-Z.298-299).

Institutionalisierte Lernkontexte:

F: [...] Dann war ich der erste, der entlassen worden ist. ((stolz)) Da musst ich durch so ne Entlasstür durchgehn. Und dann hat mich einer in Arm genommen und gesagt, (2) °du warst de beste Schüler. ((grinsend)) War ich auch.° [...] Ich hab das gemacht, was sie [die Lehrer] wollten (Int.-F-3-Z.1576-1580)[57].

Franks Wunsch, von allen Menschen geliebt zu werden, führt ihn in die Abhängigkeit hinein, es allen recht machen zu wollen. Insbesondere bezogen auf seine Eltern entsteht dieser Zwang jedoch womöglich auch deshalb, weil er der Auffassung ist, seine Eltern würden für ihn sorgen:

I: [...] wenn du mal so an deine Familie denkst (1)
F: Da sind Papa und Mama. [...]
I: Welche Menschen waren denn da, die dir besonders wichtig waren?
F: °Meine Eltern besonders,° ((grinst)) die jetzt zuhause sind. [...] Die sorgen für mich ((holt betont Luft)) (Int.-F-3-Z.357-364).

Das Thema soziale Abhängigkeit von den Eltern wird dadurch evident, dass sich Frank durch die Äußerung - „Die sorgen für mich“ - gewissermaßen selbst zu einem Kind bzw. zu einem unselbstständigen und unreifen Subjekt stilisiert, das von der elterlichen Sorge abhängig ist. Bedeutsam ist weiter, dass Frank wiederholt hervorhebt, dass er in den unterschiedlichsten Kontexten auch selbst für andere sorgen würde:

Arbeitskontext - Sorgen für den Freund:

F: Oh, ich mag einfach gerne dass er dabei ist (1) wenn i net so alleine bin (1) °dann bin ich dann einsam, das ist dann nix.° (3) Für Jonas sorg ich ab und zu mal, aber nicht soo oft, das heißt, wenn's mal Pause ist, dann nehm ich ihn dann mit in die Pause und bring ihn auch wieder (1) zurück (Int.-F-1-Z.290-292) […] Er muss viel trinken, da habe ich geachtet heute, dass ist so wichtig für seine Gesundheit (Int.-F-1-Z.317-318).

Familienkontext - Sorgen für ein Haustier:

F: Ja, ich mach des gern, für die Katze sorg ich, (1) weil er [Bruder] des ja net mag (Int.-F-2-Z.404).

Kontext Intimpartnerschaften - Sorgen für eine Freundin:

I: Hast Du sie dann getröstet?
F: Ja, ich hab sie einmal (1) in Arm genommen (1) und dann hab ich (1) g=sagt (1) jetz wein doch nicht, du bist doch bei mir. ((Tonfall, als würde er ein Kind trösten)) Ich bin doch mit dir in Urlaub (2) und dann hat sie sich beruhigt, (2) danach war wieder gut ((grinst)) (Int.-F-3-Z.1211-1214).

Franks prosoziales Engagement kann zunächst so verstanden werden, dass er die Erfahrung gemacht hat, dass andere (beispielsweise seine Eltern) für ihn gesorgt haben und er somit Solidarität als einen positiven Wert verinnerlicht hat. Er hat folglich gelernt, dass es erstrebenswert ist, anderen Menschen beizustehen.

Neben diesem Erklärungsansatz scheint mir allerdings noch ein weiterer Gesichtspunkt relevant, der sich auch bei Martin und Stefan noch zeigen wird, namentlich die Möglichkeit, durch die Praxis des Helfens frühere oder aktuelle Erfahrung von Hilflosigkeit, sozialer Abhängigkeit, Ohnmacht und Fremdbestimmtheit zu bewältigen. Für Frank bedeutet dies entsprechend, dass er durch das Umsorgen anderer einen Rollenwechsel vollziehen möchte. Dieser sieht solchermaßen aus, dass er sich von einem passiv Umsorgten bzw. sozial Abhängigen in einen aktiv Sorgenden umstilisieren möchte, von dem jetzt andere abhängig sind. In Bezug auf seinen Freund und Arbeitskollegen Jonas wird dies an einer Stelle besonders deutlich:

F: […] ich muss den Jonas fahren, (2) alleine schafft er's nicht. Der kriegt nämlich Anfälle (Int.-F-3-Z.1025-1026).

Im Hinblick auf diesen Freund sei ergänzend erwähnt, dass jener in Folge seiner epileptischen Anfallsbereitschaft während den Arbeitspausen im Rollstuhl sitzen muss. Neben diesem Umstand darf er sich allerdings nach Auskunft eines Arbeitsassistenten auch ohne Begleitung auf dem WfbM-Gelände mit seinem Rollstuhl bewegen (vgl. BP-G1-20-Z.180-184). Frank stellt den Mann demnach hilfloser dar, als er eigentlich ist. Hierdurch unterstreicht Frank die Handlungsunfähigkeit seines Freundes und hebt zugleich seine Handlungsfähigkeit hervor. Dies gilt im Übrigen auch für die oben erwähnte Freundin von Frank, die er nach seinen Angaben zufolge an die Hand nehmen musste, weil sie aus seiner Sicht räumlich nicht orientierungsfähig war. Auch an anderer Stelle konzeptualisiert er diese Frau als hilfloses Subjekt. Nach seinen Ausführungen musste er diese Frau permanent begleiten, damit sie nicht stürzt (vgl. Int.-F-3-Z.1242-1248). Bemerkenswerterweise handelt es sich nach Auskunft der Assistenzkräfte bei seiner Freundin jedoch um eine Frau, die motorisch nicht eingeschränkt und räumlich gut orientiert ist, so dass sie sogar ohne Begleitung mit dem Bus in die nächstgelegene Stadt fahren darf[58]. Interessant ist in diesem Zusammenhang, dass Frank an anderen Stelle berichtet, er würde ständig stürzen, wäre gehbehindert, räumlich nicht orientiert und infolgedessen auf externe Hilfe angewiesen (vgl. Int.-F-3-Z.188-192). Bezogen auf diesen Hintergrund halte ich die Annahme für plausibel, dass Frank seine Behinderungserfahrungen und Unterstützungsbedürftigkeit auf andere projiziert, um selbige für sich zu bewältigen.

Prosoziales Verhalten in Form von Sicherheitsmann- und Heldeninszenierungen

Stefan hat in den unterschiedlichsten Kontexten seine frühere Hilflosigkeit und Ohnmacht thematisiert. In diesem Zusammenhang ist zunächst ein traumatisches Angsterlebnis aus seiner frühen Kindheit zu nennen. Seinen Angaben zufolge wurde er von dem Hund seiner Mutter angefallen und in den Kopf gebissen. Äußerst eindrucksvoll schildert er, wie er hilflos, dem Hund ausgeliefert, am Boden lag (vgl. Int.-S-1-Z.175-195) und erst durch das Eingreifen der Mutter aus den Fängen des Tieres befreit wurde (vgl. Int.-S-1-Z.688-691). Darüber hinaus weist Stefan an mehreren Stellen auch auf aktuellere Situationen hin, in denen er Angst und Hilflosigkeit verspürt. Auslöser können größere Menschenansammlungen und Männergruppen (vgl. Int.-S-1-Z.200-219) sowie Arbeitskollegen sein (vgl. Int.-S-1-Z.1895-1925), vor denen er Angst hat, dominiert zu werden. Interessant ist in diesem Zusammenhang, dass Stefan meistens männliche Angstobjekte thematisiert. Exemplarisch sei die nachfolgende Szene dokumentiert, die sich auf dem Nachhauseweg von einer Tanzveranstaltung ereignet hat:

S: Ich hab mir in XXstadt irgendwann mal was geleistet, kam einer mit vier fünf Hunden an un da hat misch umgehauen. Und da hab isch manschmal auch Angst, dass mich einer umhaut.

I: Mm. (2) Ist des schon länger her?

S: Ja, des weiss ich nich mehr. (Int.-S-1-Z.140-144) [...]
[...] da war=n noch nen paar Mann dabei, aber die ham sich fast nur kaputt gelacht. [...] Die ham hinten dran=gestanden (   ) und haben mich fast nur ausgelacht und das find ich au=nich so gut. Die ham genau gewusst, die ham genau geseh=n (1) gewusst und gesehen, dass ich Angst hab, aber machen nix dagegen machen. (3)

I: Haben die dir nicht geholfen?

S: Nee ((missmutig)), ich musste ich muss ich musste warten, bis der Besitzer kommt un sein un sein Vierbeiner weggeholt hat. (2) Und dann ham die mir geholfen beim Uffstehen. (2) Vorher ham die gar nix gemacht (Int.-S-1-Z.151-159).

Für Stefan scheint das Thema männliche Unterordnung bzw. männliche Übermacht zentral zu sein. Darüber hinaus geht es jedoch prinzipiell auch um Stefans Problem, von anderen Männern nicht anerkannt zu werden.

Im Hinblick auf die vorliegende Sequenz kann es zunächst als wahrscheinlich betrachtet werden, dass in selbiger das negativ emotionale Moment früherer Angsterlebnisse mit Hunden erinnert bzw. aktualisiert worden ist. Neben diesem psychischen Aspekt tritt noch ein gendernormativer hinzu. Durch das Lachen der anwesenden Männer wird Stefans Männlichkeit partiell in Frage gestellt. Die Männer versinnlichen und sanktionieren hierdurch diverse zuvor identifizierte männliche Normverletzungen. Im vorliegenden Kontext kann davon ausgegangen werden, dass die Beobachtenden mindestens zwei Normen durch das Verhalten von Stefan als nicht erfüllt betrachten, namentlich die vermännlichten Normen Angstlosigkeit (Mut) und Aktivität bzw. Durchsetzungsvermögen. Insbesondere letztere Norm wird deshalb konterkariert, weil sich Stefan nicht aus eigener Kraft, sondern erst durch Zutun des Hundebesitzers aus seiner unkomfortablen Lage befreien kann. Das Lachen der Männer fungiert hier zum einen als Sanktionierungsinstrument. Die Beobachter monieren durch selbiges eine synchron beobachtete Verletzung einer Gendernorm der Bezugsgruppe. Zum anderen fungiert das Lachen auch als Kommunikationsmedium. Die Beteiligten bringen ihre Beobachtung der Normverletzung entsprechend in einen Prozess wechselseitiger gendernormativer Rückversicherung ein, um ihre Beobachtungsentscheidungen reziprok kollektiv abzusichern. Vielleicht bringt Stefan den Aspekt seiner Normverfehlung auch dadurch zum Ausdruck, indem er anmerkt, sich etwas „geleistet" zu haben. Da sich die Situation nicht auf einen Stadtbesuch Zwecks Einkauf bezieht, kann „geleistet" vielleicht als Selbsteingeständnis der beschriebenen Normverletzung gedeutet werden.

Wahrscheinlich ist es kein Zufall, dass Stefan auf dem Hintergrund seiner Demütigungs- und Ohnmachtserlebnisse in vielfältiger Weise immer wieder auch Erlebnisse beschreibt, in denen er sich in besonderer Weise als souverän, mutig, handlungsfähig und wirkmächtig darstellt. In der Praxis sieht dies so aus, dass er sich unterschiedliche physische Räume solchermaßen aneignet, indem er selbige als Gefahrenräume konstruiert. Im Rahmen dieser Raumkonstruktion ist es ihm möglich, sich selbst als hegemonial männlich darzustellen. Faktisch realisiert er dies in zwei Formen: Co-Mitarbeiterrollenaneignung (Bodyguard-Inszenierungen) und Retterrollenübernahme (Heldeninszenierungen).

In der nächsten Textpassage äußert sich Stefan zu einem Foto, dass während eines WfbM-Ausfluges aufgenommen worden ist. Auf der Fotografie sind mehrere männliche und weibliche erwachsene Personen in Sommerbekleidung zu erkennen, die stehend oder auf einem Baumstamm sitzend in einem Wald verweilen. Unter den Anwesenden ist auch eine Rollstuhlfahrerin zu erkennen. Ganz rechts außen steht Stefan neben einem Baum und blickt in Richtung Fotokamera:

S: Ich hab meisten die ganze Rasselbande immer geguckt, dass keiner abgeht. Da hinten war=n immer die zwo Herr mit die zwo Mitarbeiter und die Dame vorweg (2) die Leiterin und dann sind wir da irgendwo spazieren gegangen. Das ist dann irgendwo oben am Naturfreundehaus in Unter-X-stadt. Im Wald da drin sind wir da spazieren gegangen. Sind wir hingefahren mit den Autos und sind dann da spazieren gegangen (Int.-S-1-Z.611-615).

Durch Stefans Äußerung, „Ich hab meisten die ganze Rasselbande immer geguckt, dass keiner abgeht", weist sich Stefan die Rolle eines Co-Mitarbeiters zu. Nach seinem Dafürhalten hat er die offiziellen Assistenzkräfte dahingehend unterstützt, dass niemand von der Gruppe „abgeht" bzw. verloren geht. Er hat sich demnach für die Sicherheit und das Wohl der Gruppenmitglieder verantwortlich gefühlt. Gegenüber den nichtbehinderten Assistenzkräften befindet er sich objektiv in einer nichthegemonialen komplizenhaften Position. In seiner subjektiven Selbstwahrnehmung sieht er sich im Verhältnis zu den übrigen Gruppenmitgliedern allerdings auf einer hegemonialen Männlichkeitsebene. Dies wird einerseits dadurch deutlich, dass er die anderen Werkstattgrmitglieder als Personen entwirft, die nicht auf sich selbst aufpassen können und infolgedessen auf seine Unterstützung angewiesen sind. Er distinguiert sich jedoch auch dadurch von den übrigen behinderten Ausflugsteilnehmern, indem er selbige als „Rasselbande" bezeichnet. Hierdurch vollzieht er eine Infantilisierung und Inferiorisierung der Ausflugsteilnehmer, weil diese Bezeichnung für gewöhnlich auf Kleinkinder angewendet wird. Da in der vorliegenden Textpassage keine nähere Beschreibung von Stefans Beschützerpraxis enthalten ist, möchte ich eine typische Beobachtung anführen, aus der hervorgeht, wie sich Stefan für gewöhnlich als Beschützer bzw. Bodyguard inszeniert:

> [Die nachfolgende Szene hat sich vor Beginn einer Tanzveranstaltung auf dem parkähnlichen Gelände der Behinderteneinrichtung ereignet, in der Stefan wohnt]: Es ist bereits dunkel und die Umgebung wird lediglich von einigen Straßenlaternen beleuchtet. Alles ist ruhig. Außer Stefan, der ein Gebäude verlässt, in dem immer dienstags eine Disko der Bewohnerinnen und Bewohner der Einrichtung stattfindet, ist niemand zu sehen. Stefan trägt eine Schirmmütze und eine schwarze Sonnenbrille und bewegt sich schnellen zackigen Schrittes auf ein Nachbargebäude zu. Er umkreist selbiges mehrfach, verharrt an unterschiedlichen Punkten, schaut immer wieder um sich und beobachtet die Umgebung. Schließlich verharrt er mit geketschten Beinen und verschränkten Armen vor der Eingangstür des benachbarten Gebäudes und wartet etwa 10 Minuten. Eine junge Frau erscheint an der Türe – ich erkenne Steffi, eine Frau, die Stefan sehr mag ((vgl. Interview Int.-S-1)). Nachdem beide eine kurze Strecke gemeinsam zurückgelegt haben, setzt sich Stefan plötzlich von der Dame ab und bewegt sich raschen Schrittes und hektisch umblickend weiträumig (Umkreis 50-100 Meter) über das Einrichtungsgelände. Diese Handlung stellt er erst ein, als die junge Frau das Veranstaltungsgebäude erreicht (BP-S-4-Z.8-22).

Obgleich objektiv keine faktische Gefahrenquelle vorhanden ist, inszeniert sich Stefan gegenüber der Frau als Bodyguard. Der Inszenierungscharakter der Szene resultiert insbesondere aus seiner überstrukturiert wirkenden Körperästhetik und Körperperformanz. Da es bereits dunkel ist, besteht eigentlich keine sachdienliche Notwendigkeit für das Tragen einer Sonnenbrille. Demnach kann davon ausgegangen werden, dass Stefan gegenüber der Frau vielmehr optisch einen souveränen männlichen Eindruck hinterlassen möchte. Die Sonnenbrille ist im vorliegenden Kontext in erster Linie ein männlich codiertes Utensil. Da sich Stefan die Rolle eines Beschützers selbst aneignet, spielt er selbige lediglich. Demzufolge fungiert die Brille zugleich als Kostümierungsutensil. Im Hinblick auf seine Körperperformanz zeigt sich ebenfalls eine Überstrukturierung. Durch seine stark raumeinnehmenden Bewegungen (mehrfaches Umkreisen des Hauses, hektisches Umherblicken bzw. 'Absichern des Geländes' durch weiträumiges Vorweglaufen), möchte er unmissverständlich seine Handlungsfähigkeit und Effektivität als Beschützer unter Beweis stellen.

Retterrollenübernahme (Heldeninszenierungen)

S: Ich hab ihr [bezogen auf eine Freundin] nämlich ein oder zweimal mindestens das Leben schon mal gerettet.
I: Echt? ((erstaunt))
S: ↑ Ja, (hab ihr schon mal Kreislaufprobleme hatt) ↓ ((sehr gehetzt und undeutlich)) [...] Da war's zu warm in de Disco. [...] Da hatt=se doch Kreislaufproblem (1) is umgesackt (2) und keiner hat sich um sie gekümmert, keiner hat's g=seh=n. Ich war ja vorne an de Anlage (1) ja gesessen, (2) de Tom ((Disco-Teammitglied einer einrichtungsintern organisierten Tanzveranstaltung)) ja neben mir, des war de DJ früher. Da ham wir beide Musik gemacht (2) un auf einmal (1) flutsch (1) is se umgekippt. (2) Keiner hat's gemerkt.(4) Keiner hat so reagiert wie ich. Meinst die währ uffgestanden. (2) Ich häb ihr des Leben gerettet (Int.-S-1-Z.1309-1319).

Wesentlich ist an dieser Stelle weniger, ob das Leben der jungen Frau tatsächlich in Gefahr gewesen ist, sondern vielmehr die Tatsache, dass Stefan dies so sieht. Somit wirkt sein Einsatz aus seiner Perspektive heldenhaft. Er stellt sich als alleinige Person dar, die auf die Kreislaufschwäche der Dame reagiert hat und entwirft sich demnach als Retter. Der für einen Helden zentrale Aspekt der Selbstlosigkeit[59] wird kurze Zeit später eingeführt, als er berichtet, dass derartige Einsätze normalerweise nicht zu seinem Aufgabenspektrum als DJ gehören:

S: Isch hab ihr nur des Leben gerettet, weil (1) ich bin nur für die Anlage zuständisch un bin au dafür zuständisch, dass die sich amüsier=n könne un uffzupassen, dass keiner was, dass keiner irgendwas umstumpt (Int.-S-1-Z.1327-1329).

Aus einer weiteren Sequenz geht hervor, dass die gerade beschriebene Heldeninszenierung mit einer Co-Mitarbeiterrolle einhergeht. Dort beschreibt Stefan, wie er bestimmte Aufgaben wie Wasserholen und Benachrichtigung der nichtbehinderten Assistenzkräfte an einen anderen behinderten Mann delegiert hat (vgl. Int.-S-1-Z.1346-1360). Demnach hat er diesen Mann gewissermaßen zu seinem Mitarbeiter gemacht. Dass er in dieser Szene die Co-Mitarbeiterrolle eingenommen hat, wird auch an anderer Stelle deutlich. Dort hat er sich dahingehend geäußert, dass er der jungen Frau auch geholfen hat, damit die professionellen Begleitkräfte die Möglichkeit hatten, sich um die „richtigen Bewohner", also die aus seiner Sicht assistenzbedürftigeren Bewohner, zu kümmern (vgl. Int.-S-1-Z.1383-1391).

Prosoziales Verhalten in Form von Retter- und Familienunterstützerinszenierungen

Retterinszenierung – Selbsthilfe im Nachhinein

Auch bei **Martin** scheint die Praxis des Helfens bei der Bewältigung von Hilflosigkeits- und Ohnmachtserfahrungen eine Rolle zu spielen. Zunächst ist festzustellen, dass Martin wiederholt lebensbedrohliche Grenzerfahrungen zur Sprache bringt. Da er offensichtlich als 'Frühchen' zur Welt gekommen ist, musste er kurz nach der Geburt künstlich beatmet werden. Seinen Angaben zufolge war er nur knapp dem Tode entkommen (vgl. Int.-M-1-Z.54-66). In einer weiteren Passage schildert er, dass er als Kind beinahe in einem Teich ertrunken wäre, wenn ihm seine Eltern nicht zur Hilfe geeilt wären, da er zum Zeitpunkt dieses Unfalls noch nicht schwimmen konnte (Int.-M-1-Z.546-571). Darüber hinaus beschreibt er auch eine Auseinandersetzung mit einem Arbeitskollegen, demgegenüber er sich machtlos fühlte. Nach seinem Dafürhalten hatte dieser Kollege sogar die Absicht, ihn zu töten (vgl. Int.-M-1-Z.1438-1458).

Sämtliche Ohnmachtserlebnisse, die Martin geschildert hat, weisen die Gemeinsamkeit auf, dass er unbedingt auf die Hilfe anderer angewiesen war. Den Abhängigkeitsaspekt betreffend kann generell davon ausgegangen werden, dass Martin durch seine geistige Behinderung stärker auf die Hilfe und Unterstützung seiner sozialen Umwelt angewiesen war. Wie sich im Weiteren zeigen wird, hat er diesen objektiven Tatbestand als Disposition für seine nachfolgenden Handlungsentscheidungen verinnerlicht:

M: [...] hab ich Sport gemacht gemacht [...] Schwimmen (1) hab ich dann die (Frei)zeichen gemacht und so. Da hab ich Seepferdchen gemacht, da hab ich Freischwimmer gemacht, Fadenschwimmer (1) und noch ein zwo äh, Zeichen gemacht. Seepferdchen (2) bis Bronze, (1) Silber, Gold ((letztes Wort stolz aussprechend)).
I: Aha, die hast du alle gemacht? ((anerkennend))
M: Ja ((stolz aussprechend)) Außer will isch gerne, will isch Dings (1) e- erste Hilfe.((stolz))" (Int.-M-1-Z.478-423).

In dieser Sequenz rückt zunächst ein leistungsbezogener Bewältigungsrahmen früherer Hilflosigkeitserfahrungen in den Vordergrund. Martin hat sich während der Teich-Situation als hilflos erlebt, weil er damals noch nicht schwimmen konnte. Durch den Erwerb der Schwimmabzeichen möchte er sicherstellen, zu keinem Zeitpunkt seines Lebens mehr in eine solche lebensbedrohliche Situation zu geraten.

Ferner kann angenommen werden, dass der hier auftauchende Leistungsgedanke auch eng mit Martins prosozialen Ambitionen verwoben ist. Im Erwerb des Rettungsschwimmabzeichens, „[...] will isch gerne, will isch Dings (1) e- erste Hilfe.((stolz))“[60], sieht er folglich auch die Möglichkeit, etwas dazu beizutragen, dass andere nicht in die gleiche lebensbedrohliche Situation geraten wie einst er selbst. Vielleicht betrachtet er dieses Abzeichen zusätzlich auch als Möglichkeit, sich selbst zu helfen, indem er zum Retter anderer wird. In diesem Fall wäre seine Hilfe im Bedarfsfall zunächst an andere Personen adressiert. Im eigentlichen Sinne würde er jedoch auch sich selbst als hilfloses Subjekt zu einem früheren Zeitpunkt in diesem Adressaten erblicken.

Familienunterstützerinszenierung

In der nachfolgenden Textpassage wird noch ein weiterer Aspekt von Martins prosozialen Ambitionen sichtbar, der auch für seine Männlichkeit eine bedeutende Rolle zu spielen scheint:

M: Isch würd gerne mal rausgehn. (2)
I: Wie rausgehen?
M: Aus dieses wo ich jetz wohn [...]
I: Wo würdest du lieber wohnen? [...]
M: He, zu mei Mutter.
I: Ok.
M: Weil mei Mutter is schon seschzig (1) kann net so schwer heben. [...] Hat Stress mit mir, hat Stress mit mei Schwester (1) mei Mutter is auch Vorsitzende von ATR (1) ATR, Vorstand von BG und mei Mutter fährt auch noch BG-Busse (2) Maraton. [...] (4) Ja, so was, (2) muß viel um (1) um uns kümmern, weil=se auch noch Betreuerin is. (1) Mei Mutter is Betreuerin von mir (Int.-M-1-Z.1326-1344).

Martin macht hier zunächst deutlich, dass er die Entbehrungen der Mutter wahrnimmt, die mit seiner Unterstützungsbedürftigkeit infolge seiner Behinderung in Zusammenhang stehen, „Hat Stress mit mir [...] muss viel um (1) um uns kümmern, weil=se auch noch Betreuerin“. Indem er die vielfältigen Aktivitäten seiner Mutter und ihr reifes Alter anführt, unterstreicht er das belastende Moment der Betreuungstätigkeit zusätzlich. Durch seinen Wunsch, seiner Mutter helfen zu wollen, zeigt er, dass er seiner Mutter für ihre Entbehrungen etwas als Ausgleich zurückgeben möchte. In dieser Absicht, etwas wieder gut zu machen, kommt vielleicht auch sein schlechtes Gewissen der Mutter gegenüber zum

Ausdruck. An einer Textstelle verweist er darauf, dass seine Mutter ihm gesagt hätte, dass er als Kind ein „[…] schlimmer Fall von Kind“ gewesen wäre (vgl. Int.-M-1-Z.497)[61].

Bezogen auf das Thema Männlichkeit zeigt sich jedoch zusätzlich, dass die Praxis des Helfens für Martin männlich konnotiert zu sein scheint. Im Hinblick auf seine Solidaritätsbekundung gegenüber der Mutter bringt sich Martin gewissermaßen als Mann hervor, der sich für die Familie verantwortlich fühlt. Martin ist nach dem Tod seines Vaters der einzige Mann in der Familie[62]. Vielleicht möchte er durch die Rückkehr ins Elternhaus den Vater gewissermaßen ersetzen, indem er dann dessen sorgende und unterstützende Familienposition einnehmen möchte. Durch seine Unterstützungsambitionen, löst er jedoch noch ein weiteres Problem, welches bei einer tatsächlichen Rückkehr ins Elternhaus unweigerlich entstehen würde. Er bewegt sich nämlich grundsätzlich in einem Spannungsfeld zwischen Loslösungswunsch (zentrifugale Bewegung) und Bindungswunsch (zentripetale Bewegung) bezogen auf sein Elternhaus. Durch seinen Plan, von der Wohngruppe der Behinderteneinrichtung ins Elternhaus ziehen zu wollen, vollzieht er gedanklich eine zentripetale Bewegung. Durch diese Entscheidung würde er sich in alte elterliche Abhängigkeitsverhältnisse begeben. Dieses Vorhaben würde seinen zentrifugalen Bestrebungen entgegenstehen, zu mehr Unabhängigkeit und Selbstständigkeit zu gelangen, die er an einigen Stellen wiederholt thematisiert:

M: Weil ich war früher von zu Hause (1) hab ich von mir aus gesagt, ich will net mer zu Haus wohnen, ich will hier wohnen (Int.-M-1-Z.354) […]
I: Warum wolltest du von zu Hause ausziehen?
M: Ich wollte (2) I- isch will (1) s- selbstständisch sein (Int.-M-1-Z.398f.).

Wieder ins Elternhaus zurück zu gehen würde bedeuten, den Weg in die Unselbstständigkeit anzutreten. Durch seine Behauptung, seine Mutter bedürfe der Assistenz, „[…] mei Mutter is schon seschzig (1) kann net so schwer heben“, hätte er allerdings bei einer Rückkehr ins Elternhaus die Möglichkeit, diese aktualisierte Unselbstständigkeit aufzulösen. Durch die Unterstützung der Mutter könnte er nämlich seine Aktivität und Selbstständigkeit gerade unter Beweis stellen. Dementsprechend würde er nicht als hilfs- und unterstützungsbedürftiges Subjekt bzw. als Kind zu seiner Mutter zurückkehren, sondern als selbstständiger und verantwortungsbewusster junger Mann.

3.5.2 Ergebniszusammenfassung

Aus den in Kapitel 3.5.1 dargestellten Überlegungen lassen sich folgende Thesen ableiten:

- Geistig behinderte Männer bewältigen frühere Hilflosigkeits- und Ohnmachtserfahrungen durch die Konstruktion aktueller Gefahrenräume, in denen sie ihre jeweiligen Interaktionspartner als hilfs- und unterstützungsbedürftige Subjekte konzeptualisieren. Hierdurch erlangen sie quasi ex post ihre Handlungsfähigkeit und Macht zurück, die ihnen durch früherer Behinderungs- oder Ohnmachtserfahrungen verwehrt geblieben ist.

- Durch die Helden und Unterstützerinszenierungen generieren geistig behinderte Männer unterschiedliche Ausdrucksformen hegemonialer Männlichkeit. Männlichkeit wird hierdurch als Identitätsaufgabe bewältigt.

Es wurde deutlich, dass für die Befragten nicht ausschließlich der Schutz und die Entlastung anderer Personen im Mittelpunkt ihres Interesses stehen. Vielmehr streben sie nach psychosozialer Entlastung, die mittels eines vermännlichten Altruismus realisiert wird. Letzterer impliziert Dominanz und Macht zum Zwecke der Ohnmachtskompensation. Die beschriebenen Hervorbringungen von Männlichkeit stehen demnach in einer gewissen Nähe zu einer Bewältigungsstrategie von Männlichkeit, welche bereits zu einem früheren Zeitpunkt in der Männlichkeitsforschung beschrieben worden ist. Im Ergebnis wird angenommen, dass männliche Allmacht in Form körperlicher Gewalt als Externalisierungsform von Hilflosigkeit zu betrachten ist (vgl. z.B. Böhnisch 2004, S.171-173 u. Hollstein 2007, S.31-46). Die Bewältigung von Ohnmacht durch die ‘Machtform‘ prosoziales Verhalten stellt aus meiner Sicht eine weitere Externalisierungsform von Hilflosigkeit und Ohnmacht dar, die als Bewältigungsinstrument derselben eingesetzt wird.

3.6 „Ernste Spiele“ um knappe Ressourcen

In diesem Kapitel wird aufgezeigt, wie knappe Kapitalressourcen wie Macht, Anerkennung und Sozialkontakte unter behinderten Männern ausgehandelt werden[63]. Da ich mich in Kap. 4.7 noch eingehend mit dem Thema Anerkennung befasse, sollen an dieser Stelle lediglich Aspekte herausgestellt werden, die dort nicht oder nur ansatzweise behandelt werden.

3.6.1 Aushandlungskontexte von Kapitalressourcen

Rivalität um symbolisches Kapital: Sonderaufgabe Mobilitätsbegleitservice

Innerhalb der WfbM-Werkstattgruppe von **Frank**, einer Montage-Verpackungsgruppe, existieren diverse Sonderaufgaben, die sich insbesondere bei den Männern großer Beliebtheit erfreuen. Hierzu zählt beispielsweise die Begleitung eines geistig behinderten Rollstuhlfahrers während den Pausenzeiten:

F: Er [bezogen auf eine nichtbehinderte WfbM-Assistenzkraft namens Otto] mag gern, dass ich ihn [bezogen auf Franks Freund Jonas] zweimal mitnehme. (2) Darum ging's immer. De Otto hat mich gefragt, darf ich zweimal de Jonas fahrn. (1) Ja, hieß es dann. (2) Und dann (1) dann zerrt mir einer [ein Arbeitskollege von Frank] den Jonas davon. Da bin ich natürlich ausgerastet. Da kann net sagen, (2) wenn ich jetzt den Jonas nehme, dann zerrt mir einer den weg. (2) Des macht man nicht. Man redet unter=nander. (2) Und die die eine, (1) den einzig Freund, den ich da hab. Der hat mir einfach den Jonas weggeschnappt. ↓Ich will jetzt fahrn,↑ nimmt nen anderer den. (2) °War ich nich zufrieden°. (2) Das hab ich auch dem Otto gesagt (1) und dem tut's heute noch weh, (3) wie die mit=nander umgehn. (3) Wir müssen ne (1) klare Regelung schaffen ((resolut)) (2) könn wir den Jonas mitnehmen oder laß wir ihn hier.Der Jonas möchte mit mit(1)ar(1)bei(1)ten und möchte net allein sein. (3) Ich habe immer den Jonas zu nehmen, (1) dass bleibt meins (Int.-F-3-Z.1016-1025).

Die Übernahme des Begleitdienstes ist deshalb attraktiv, weil es sich hierbei um einen Auftrag handelt, der von einem nichtbehinderten Mitarbeiter zugeeignet wird, der sich in Relation zu den behinderten Mitarbeitern in einer sozial höheren Position befindet. Die behinderten Mitarbeiter wissen demnach, dass solchen Begleitdiensten ein offizielles Anerkennungspotential inhärent ist. Durch die Übernahme derselben möchten die Männer symbolisches Kapital akkumulieren. Demzufolge kann der von Frank eingeführte Solidaritätsaspekt zunächst eher als Nebenschauplatz betrachtet werden. Im Wesentlichen steht für ihn, als auch für andere Männer im Vordergrund, sich gegenüber anderen behinderten Männern einen Distinktionsvorteil hinsichtlich des symbolischen Kapitalvolumens zu verschaffen. Deshalb ist Frank bemüht, seinen Absolutheitsanspruch im Hinblick auf die genannte Aufgabe geltend zu machen: „Ich habe immer den Jonas zu nehmen, (1) dass bleibt meins". Er möchte demnach bei der Zuweisung der Assistenzaufgaben privilegiert behandelt werden. Die besondere Eignung seiner Person für diese Aufgabe begründet Frank mit der niedrigeren epileptischen Anfallsrate während seiner Anwesenheit (vgl. Int.-F-3-Z.1025-1027).

Frank möchte jedoch durch die Übernahme von Begleitdiensten nicht nur symbolisches Kapital akkumulieren, sondern auch soziales Kapital in Form von Freundschaft sichern. Die Bedeutsamkeit dieses Kapitals lässt sich zunächst daran ableiten, dass Frank sich sehnlichst wünscht, Freunde zu finden (vgl. z.B. Int.-F-1-Z.259 u. Int.-F-3-Z.1261-1262). Speziell im vorliegenden Fall ist das Thema Freundschaftssicherung besonders relevant, weil er Jonas als seinen einzigen Freund betrachtet. Demnach befürchtet er sein ohnedies geringes soziales Kapital durch andere Männer streitig gemacht zu bekommen und ist auf andere Arbeitskollegen eifersüchtig.

Zur besseren Veranschaulichung des gerade beschriebenen Beispiels einer Sonderleistung möchte ich ergänzend einen Auszug aus einem Beobachtungsprotoll hinzufügen. Dort wird die Rivalität zwischen den Männern in besagter Montage-Verpackungsgruppe hinsichtlich des beschriebenen Mobilitätsjob besonders anschaulich:

> Frank läuft langsam mit schräggestellten Füßen leicht schlurfend [auf den Bürobereich zu]. [...] Axel [Arbeitskollege von Frank] läuft mit zügigen festen Schritten. Als sich die Wege der beiden schließlich [...] kreuzen, bleiben beide stehen. Axel streckt seinen Oberkörper und exponiert seine Brust, während er brüllend einen tiefen Laut – „Uaaarg!" von sich gibt. Zur gleichen Zeit lässt Frank beide Arme in die Höhe schnellen und bewegt diese in einer Weise, als wolle er selbige von sich wegwerfen. Ein Arm verfehlt Axel nur knapp. Frank schreit kurz auf: „Hau ab, des is meins!" Mit diesen Worten geht Frank an einen der Paravents [im Bürobereich der Werkstatt] [...] und holt sich ein laminiertes rechteckiges Märkchen, dass an dem besagten Paravent an einem Nagel hängt. Auf diesem Märkchen ist ein Rollstuhl abgebildet. Axel wirft Frank noch einen ernsten Blick zu. Er kneift die Augen zusammen und runzelt die Stirn und geht am Bürobereich vorbei. Frank meint zu mir: „Ich bin jetz mit=m Jonas dran" (BP-G1-3-Z.156-167).

Im vorliegenden Fall geht es um einen symbolischen Männlichkeitsvergleich, welcher vornehmlich somatisch in ritualisierter Form vollzogen wird. In der Werkstatt regeln die beschriebenen Rollstuhlmarken, wer jeweils den Rollstuhldienst übernehmen darf[64]. Diese Regelung wird von den Männern anerkannt, da Frank von seinem Kollegen nicht wirklich daran gehindert worden ist, die Rollstuhlmarke aus dem Büro zu holen. Die beiden Männer nutzen die Situation lediglich zur symbolischen Machtdemonstration.

Verteidigung symbolischen Kapitals: Kampf um Arbeitsaufträge

Der nächste Textauszug bezieht sich ebenfalls auf den Werkstattsektor. Dort beschreibt **Martin,** wie er gegenüber einem Arbeitskollegen einen Arbeitsauftrag verteidigt hat, der ihm zuvor von offizieller Seite aus zugeeignet worden ist:

M: Hab isch einmal was gemacht (2) hab isch dann an Ha- (Hals) gegange. (3) (Int.-M-1-Z.947) [...] Voll fest gedrückt auf jeden Fall.
I: Gab's da nen Grund, dass du das gemacht hast?
M: Jaa.
I: Was gab's da?
M: Der hat mich provoziert. ((resolut)) [...] Un mei Abbeit äh, (1) abgenommen. (Int.-M-1-Z.954-960) [...] Isch hab schön gearbeitet, isch sollte vom Chef aus des mache (1) (Int.-M-1-Z.962) [...] Und da da hat er gesagt ne, ääh vom Chef aus äh (will will) äh diese Arbeit (2) was anerster machen. Hab sch gesagt ne, des mach isch net so w- wie du machst (1) m- mei Ch-Chef hat mir des gesagt und des mach isch eben. ((mit leicht erregter Stimme)) (Int.-M-1-Z.967-969) [...]
I: Meinst du damit, dass er deine Arbeit machen wollte, die du gerade gemacht hast?
M: Ja genau. [...] Und dann war sch- zwo dreimal (drunner) gewesen und vierte Mal kam der hoch.(Int.-M-1-Z.975-978) [...] Hab beide misch da oben rausgeworfen (Int.-M-1-Z.989).

Aus dieser Textstelle geht hervor, dass Martin gleichermaßen wie Frank Erwerbsarbeit als wichtige Anerkennungsquelle betrachtet. Er hat auf Anweisung seines Chefs einen Auftrag erhalten, den er entsprechend erwartungsgemäß, wie er sagt „schön", zur Durchführung bringen wollte. An der massiven physischen und verbalen Verteidigung seines Tätigkeitsfeldes wird deutlich, dass er hinter der ihm übereigneten Aufgabe ein großes Anerkennungspotential vermutet. Letzteres resultiert daraus, dass die Aufgabenzueignung ursprünglich durch einen autorisierten Mitarbeiter (Chef) erfolgt ist, den er zudem sehr schätzt und als Vorbild betrachtet (vgl. hierzu Int.-M-1-Z.1380-1387 u. Int.-M-1-Z.1388-1394). Hierdurch entsteht das Problem, dass Martin im Grunde nur Anweisungen befolgt, die ihm von seinem Chef direkt bzw. persönlich aufgetragen werden. Obgleich der Kollege Martin mitteilt, dass er auf Anweisung des Vorgesetzten Martins Aufgabe übernehmen soll, „Und da da hat er gesagt ne, ääh vom Chef aus äh (will will) äh diese Arbeit (2) was anerster machen“, betrachtet Martin die Äußerung seines Arbeitskollegen als anmaßenden Okkupationsversuch im Hinblick auf sein Aufgabenfeld.

Daneben kann in diesem Fall zusätzlich ein sprachpragmatisches Problem angenommen werden. Martin erkennt demzufolge nicht, dass sich sein Arbeitskollege zitierend auf den Chef bezieht und dadurch eigentlich legitimiert ist, den besagten Sprechakt (hier eine Anweisung) durchzuführen.

Zusätzlich kann für diesen Fall auch eine Inkongruenz angenommen werden. Auf selbstreferentieller Ebene beobachtet sich Martins Arbeitskollege als jemand, der innerhalb der WfbM- ein legitimes doing employee hervorbringt, indem er eine offizielle Diensthandlung (Übermittlung einer Dienstanweisung) zur Durchführung bringt. Mit doing employee bezeichne ich die je unterschiedlichen Formen einer Mitarbeiterinszenierung, die sich wie Gender auf bestimmte performative Normen stützt. Martins Kollege handelt folglich auf dem Erwartungshorizont einer Mitarbeiterrolle in der Behindertenwerkstatt. Martin hingegen beobachtet den Handlungsakt seines Arbeitskollegen demgegenüber vielmehr als hegemoniale Form von Männlichkeit. Er beobachtet die Intervention des Kollegen auf prozessualer Genderebene als anmaßendes und okkupierendes doing masculinity. Dies veranlasst Martin dazu, sein Aufgabenfeld mit einem körperakzentuierten hegemonialen doing masculinity zu verteidigen.

Rivalität um soziales Kapital: Intimpartnerschaften

Wie bereits kurz zuvor bei Frank deutlich wurde, verteidigen geistig behinderte Männer ihre Tätigkeitsfelder nicht nur aus Anerkennungsgründen, sondern auch Zwecks des Erhalts sozialen Kapitals (Freundschaft). Diesen Sachverhalt möchte ich hier in einen Zusammenhang mit Intimpartnerschaften stellen, welche ebenfalls ein 'begehrtes Gut' unter den Männern darstellen. Im Hinblick auf den Aushandlungsprozess dieser sozialen Kapitalform sei zunächst an das Beispiel erinnert, dass im Methodenteil dieser Arbeit bereits zur Sprache kam (vgl. Kap. 2.2.3). Dort ging es um das Problem, dass mehrere behinderte Männer gleichzeitig die gleiche Frau begehrt haben. Diese Konkurrenzsituation wurde von den Männern durch die Einführung eines partizipatorischen Rotationsprinzips ('Praxis des Weiterreichens') aufgelöst. Die Männer haben demnach das knappe soziale Kapital in Form einer weiblichen Person unter sich ausgehandelt. In vielen Fällen erfolgen die Aushandlungen allerding sehr viel spannungs- und konfliktreicher, was sich zunächst bei **Martin** entdecken lässt. Seinen Angaben zufolge hat er während seiner Schulzeit die Freundin eines Klassenkameraden freundschaftlich beiläufig an der Schulter berührt. Diese Handlung wurde seitens eines Klassenkameraden mit massiver körperlicher Gewalt beantwortet (vgl. Int.-M-1-Z.834-861). Der junge Mann hat demnach Martins Geste als anmaßende Werbegeste beobachtet und sich dazu veranlasst gesehen, sein aus seiner Sicht legitimes soziales Kapital gegenüber Martin verteidigen zu müssen.

Stefan bemüht sich ebenfalls, seinen sozialen Kapitalanspruch in Form von Intimpartnerschaft geltend zu machen. Dies vollzieht er solchermaßen, indem er einen Mitbewohner auffordert, unverzüglich die Beziehung zu einer Frau zu beenden, für die er sich offenkundig sehr zu interessieren scheint (vgl. Int.-S-1-Z.1165-1166)[65]. Seinen Anspruch auf diese Frau legitimiert er an anderer Stelle damit, dass er seinen Kontrahenten als verantwortungslosen Mann darstellt, der sich nicht um seine Freundin kümmern würde (vgl. Int.-S-1-Z.1319-1324). Er unterstellt ihm ferner, sich ganz generell nicht für seine Freundin zu interessieren (vgl. Int.-S-1-Z.1188). Stefan stellt demnach sein Gegenüber als legitimen Sexualpartner in Frage und entwirft sich an anderer Stelle als der würdigere und sexuell attraktivere Partner. Letzteres realisiert er durch die bereits weiter oben besprochene 'Rettung' dieser Frau während einer Tanzveranstaltung (vgl. Int.-S-1-Z.1309-1319).

Problemaspekte komplizenhafter Männlichkeit

Bereits in den vorhergehenden Abschnitten wurde wiederholt auf die Hervorbringung komplizenhafter Männlichkeit hingewiesen. Exemplarisch sei in diesem Zusammenhang nochmals an die von Stefan geschilderte Waldspaziergangszene und an die von Frank angeführte Erzählung bezogen auf den Rollstuhlfahrservice in der Montage-Verpackungsgruppe erinnert (vgl. Kap. 3.5.1). In beiden Situationen haben die Männer versucht, durch die Hervorbringung einer komplizenhaften Männlichkeit am symbolischen Kapital der Assistenzkräfte zu partizipieren, um sich einen Distinktionsvorteil gegenüber anderen behinderten Männern zu verschaffen. An dieser Stelle soll die Kehrseite komplizenhafter Männlichkeit betrachtet werden. Im Mittelpunkt stehen hier Benachteiligungseffekte, welche der Hervorbringung dieser Männlichkeit inhärent sind.

Komplizenhafte Männlichkeit kann grundsätzlich in selbst- und in fremdlegitimierter Form in Erscheinung treten. Im ersten Fall initiieren die Männer diese Männlichkeitshervorbringung aus eigenem Antrieb heraus. Das gilt beispielsweise dann, wenn sich Männer eine Co-Mitarbeiterrolle selbst zueignen, um den professionellen Assistenzkräften in deren Anwesenheit oder Abwesenheit zuzuarbeiten.

Im Gegensatz dazu handelt es sich bei fremdlegitimierter komplizenhafter Männlichkeit um eine Männlichkeitsform, die seitens der professionellen Assistenzkräfte explizite zugeignet wird. In diesem Fall werden behinderte Männer von den professionellen Begleitern direkt aufgefordert, ihnen unterstützend zur Seite zu stehen, wodurch komplizenhafte Männlichkeit offiziell bzw. explizit legitimiert wird. Eine explizite Legitimation liegt aber auch dann vor, wenn die selbstangeeigneten Unterstützungsbemühungen seitens behinderter Männer durch das nichtbehinderte assistierende Personal ausdrücklich nach Vollzug der Unterstützungsleistung bestätigt werden. Bei einer impliziten Legitimierung komplizenhafter Männlichkeit handelt es sich hingegen um die Duldung von selbstangeeigneten Unterstützungsbemühungen seitens behinderter Männer.

Es stellt sich nun die Frage, welche Benachteiligungseffekte aus selbst- oder fremdlegitimierten komplizenhaften Männlichkeiten hervorgehen können. In diesem Zusammenhang geht es zum einen um Benachteiligungseffekte, welche sich auf diejenigen beziehen, die jeweils eine komplizenhafte Männlichkeit legitim oder illegitim hervorbringen (selbstbezogene Benachteiligungen). Fremdbezogene Benachteiligungen sind hingegen solche, die sich auf diejenigen beziehen, welche komplizenhafter Männlichkeit ausgesetzt sind.

Selbstbezogene Benachteiligung durch selbstlegitimierte komplizenhafte Männlichkeit

Stefan hebt wiederholt hervor, dass er sich in nahezu allen Lebenskontexten in hohem Maße für das Assistenzpersonal engagiert (vgl. z.B. Int.-S-1-Z.660-663; Int.-S-1-Z.2496-2505). Besonders deutlich wird dies im Bereich der Erwerbsarbeit. Stefan arbeitet in einer Metallwerkstatt einer WfbM. Durch seine hohe Einsatzbereitschaft haben seine Arbeitskollegen offenkundig den Eindruck gewonnen, er würde sich für alles und jeden zuständig fühlen. Dies wird von den Kollegen zum Anlass genommen, Stefan zu schikanieren und auszunutzen:

S: [...] Die stell, die stellen mich da so hin (1) ach, der macht doch alles ((abfällig; mit einer abwinkenden Handbewegung)) (1), brauch mer nix zu machen und dann verschwinde se wieder und stehn nur im Weg rum [...] (Int.-S-1-Z.1591-1593).

Vielleicht ist Stefan durch seine selbstinitiierte Einsatzbereitschaft die Anerkennung der nichtbehinderten Mitarbeiter gewiss, weil er hierdurch die produktionsspezifischen Erwartungsanforderungen mehr als erfüllt. Aus Sicht der Arbeitskollegen ist Stefans Engagement allerdings eher ein weniger anerkennungswürdiger Tatbestand. In diesem Zusammenhang möchte ich zwei Vermutungen anstellen, weshalb dies so sein könnte, obgleich selbige nicht am Datenmaterial überprüft werden können:

Befürchteter durchschnittlicher Leistungsanstieg: Die Kollegen befürchten eventuell, dass durch den übermäßigen Einsatz Einzelner das Leistungsniveau der Gesamtgruppe u.U. dahingehend angehoben wird, dass zukünftig alle Werkstattgruppenmitglieder sehr viel mehr Leistung erbringen müssen.

Anerkennungsneid: Diesbezüglich kann angenommen werden, dass die Kollegen von Stefan befürchten, er könnte für seine Bemühungen von den Assistenzkräften mehr Anerkennung zugeeignet bekommen als die übrige Belegschaft. Stefan bringt sich durch sein Arbeitsverhalten demnach in eine Situation der Selbstbesonderung, wodurch er einer partiellen Exklusion innerhalb der Arbeitsgruppe ausgesetzt ist.

Wie sich am gerade angeführten Textauszug zeigt, versuchen die Arbeitskollegen, aus Stefans Bemühungen um Anerkennung Kapital zu schlagen, indem sie ihn für sich arbeiten lassen. Relativ zu den Kollegen bringt Stefan demzufolge eine untergeordnete Männlichkeit hervor, weil er sich durch sein Arbeitsverhalten von einer leistungsbezogenen Sachnorm in dieser Gruppe entfernt.

Fremdbezogene Benachteiligung durch selbstlegitimierte komplizenhafte Männlichkeit

Der nächste Textauszug stammt aus dem Datensatz von **André** und bezieht sich auf einen Sachverhalt aus dem Wohnkontext:

I: [...] du hast gerade gesagt, du bist heute nicht so gut drauf.
A: °Neeee° ((genervt))
I: Woran liegt das denn?
A: Ei wegen ((stöhnt leise)) ja, Hans–Karlson Fäller [sein Mitbewohner und Arbeitskollege], [...] Gestern als die Mitabbeiter weg waren, hat der Hans–Karlson Fffffffffffffffäller mich kommandiert, rumkommandiert (2) und da

hat er mich auch geschlagen (Int.-A-3-Z.1-9) [...]

I: Mm. ((räuspert sich)) (6) und wie kam das, dass der Hans–Karlson dich rum kommandiert hat, um was ging's da?

A: ((stöhnt leise)) der sagt immer wenn ich geraucht hab im Garten, muss ich de Aschenbecher ausleeren. [...] Ich hab des auch ständisch gemacht (2) Aschenbecher sauber gemacht (2) und getrocknet (2) und des hab ich dafür keine gute Laune.

I: Raucht der Hans–Karlson auch?

A: Ä ä ((verneinend)) (Int.-A-3-Z.26-36).

Der von André erwähnte Mitbewohner nimmt in der vorliegenden Situation eine hegemonial männliche Position ein und fühlt sich folglich berechtigt, über das Handeln von André zu entscheiden. Bemerkenswert ist in diesem Zusammenhang insbesondere die Anweisung, den Aschenbecher zu entleeren. Andrés Mitbewohner ist Nichtraucher und benutzt folglich den Aschenbecher nicht. Er hat keinen Grund sich über dessen nichtentleerten Zustand ereifern zu müssen, zumal sich dieser Aschenbecher im Garten der Wohneinrichtung befindet. In diesem Fall handelt es sich wiederum um eine selbstzugeeignete Übernahme einer Co-Mitarbeiterrolle bzw. komplizenhafte Männlichkeit, weil Bevormundungen anderer Mitbewohner von den offiziellen Assistenzkräften nicht geduldet werden (vgl. Int.-A-3-Z.103-107). Durch das Delegieren der besagten Aufgabe bringt Herr Fäller in Relation zu André hegemoniale Männlichkeit und im Verhältnis zu den abwesenden Wohngruppenmitarbeitern komplizenhafte Männlichkeit hervor, wodurch er sich zum 'Komplizen' einer Sachnorm der Wohngruppe macht: Aschenbecher müssen von denjenigen entleert werden, die diese benutzen. An der Durchsetzung dieser Norm beteiligt er sich verbal und physisch ohne fremde Aufforderung (selbstlegitimierte komplizenhafte Männlichkeit). Die Macht der Norm ist demnach durch diesen Mitbewohner auch dann wirksam, wenn die professionellen Kräfte zu deren Durchsetzung nicht physisch zugegen sind. Über die Motive des besagten Mitbewohners erfahren wir nichts Näheres, es kann jedoch vermutet werden, dass hier wiederum der Wunsch vorliegt, vom symbolischen Kapital der professionellen Kräfte zu partizipieren. Manche Männer nutzen z.B. die Abwesenheit der Assistenzkräfte aus, um ihre dauerhafte Festlegung auf eher niedrige Machtpositionen zu durchbrechen und einen zeitlich begrenzten sozialen Positionsaufstieg wahrzunehmen. Dies bedeutet jedoch für andere behinderte Personen, in unserem Beispiel für André, dass die Möglichkeit erschwert wird, die Abwesenheit der Assistenzkräfte als sach- oder sozialnormbezogene Erholungspause zu nutzen. Diese Pausen sind gerade für Menschen mit Behinderungserfahrungen besonders wichtig, weil sie bekanntermaßen oft in besonderer Weise unter der Beobachtung und Kontrolle der Begleitkräfte stehen.

Selbstbezogene Benachteiligungen durch (explizite) fremdlegitimierte komplizenhafte Männlichkeit

Die nachfolgende Szene stammt aus dem Datenmaterial von **Stefan** und hat sich in der WfbM-Metallwerkstatt zugetragen:

S: […] manchmal kommen die au net von selbst rein. Frei- (2) freitags gerade (1) so das mir (1) wenn mir freitags mittags hier sauber machen, nach der Mittagspause, dann kommen manche nicht rein. Zum Beispiel Franz Maler ((Arbeitskollege)) kommt nicht rein, der kommt nicht rein und macht nicht sauber, (2) stellt sich hin und lässt uns anderen schuften ((leicht empört)). […] Da musst ich unsern Mitarbeiter rufen (Int.-S-1-Z.1831-1837) […]
I: Wie findet das dein Chef, wenn du zu ihm kommst? […]
S: Da sägt der des is (1) des is rischtisch so, wenn (1) des is rischtisch, wenn=sch hingeh. Ich hab (1) Chef (2) do mache welche nich mit ( ) da sägt=er (1) klar komm isch und sag des dene. Da hat er sich dann (1) die geschnappt, weil ich sollte=se ins Büro schicken. Da schickk=se ins Büro zu ihm und der macht=se dann zur Sense dann. (Int.-S-1-Z.1858-1866) […]
I: Was machen die dann, wenn die sehen, dass du zum Chef gehst? […]
S: Die denken sich, ach, der geht zum Chef und verpetzt uns. […] ich geh zum Chef und sag das dann. […] Weil, der verlässt sich ja auf mich, dass ich ihm das sag. Sag=auch, wenn einer in de Paus- (mich sieht) und net reinkimmt, des sag ich ihm auch (1) des ((leicht stolzer Unterton)) (Int.-S-1-Z.1876-1824).

Ob Stefan tatsächlich durch seinen Vorgesetzten aufgefordert worden ist, diesem mittzuteilen, falls einzelne Kollegen ihren Arbeitspflichten nicht nachkommen, kann nicht mit Bestimmtheit gesagt werden. Wesentlich scheint vielmehr, dass Stefan dies selbst so sieht: „Weil, der [Chef] verlässt sich ja auf mich, dass ich ihm das sag." Er fühlt sich demnach offiziell für diese Aufgabe zuständig und hofft auf die Anerkennung seines Chefs. Wie sich zeigt, ist er wohl für sein denunzierendes Verhalten explizite durch einen Vorgesetzten belobigt worden: „Da sägt=der [Chef] des is (1) des is rischtisch so […] wenn=sch hingeh". Stefan betrachtet sich folglich offiziell in seiner Komplizenhaftigkeit bestätigt. Aus der von Stefan generierten komplizenhaften Männlichkeit entstehen Benachteiligungen für diejenigen, die selbiger ausgesetzt sind (fremdbezogene Benachteiligungen). Dies wird daran sichtbar, dass Stefans Arbeitskollegen durch seine Denunzierungen vom Werkstattgruppenleiter gemaßregelt worden sind: „Da hat er sich dann (1) die geschnappt, […] und der macht=se dann zur Sense dann“. Stefan schadet durch sein denunzierendes Verhalten allerdings hauptsächlich sich selbst (selbstbezogene Benachteiligung), weil er hierdurch die Missgunst der Kollegen auf sich zieht, die ihn physisch und psychisch schikanieren (vgl. Int.-S-1-Z.1876-1897).

Zusammenfassend kann festgehalten werden, dass Stefan die Anerkennung des Chefs (symbolisches Kapital) um den Preis symbolischer und sozialer Kapitalverluste bei den Arbeitskollegen erkauft.

Fremdbezogene Benachteiligungen durch (explizite) fremdlegitimierte komplizenhafte Männlichkeit

Das nächste Textbeispiel stammt wiederum aus dem Datenmaterial von **André** und handelt von einer Situation, die sich in einer WfbM-Kartoffelschälgruppe ereignet hat:

I: Wie kommst du in Moment mit dem Hans-Karlson [Fäller] klar?
A: Nich so. […]
I: Wo arbeitet der eigentlich?
A: Bei mir in der Kartoffelschälgruppe ((stöhnt betont)).
I: Ach der ist bei dir. Wie ist er so zu dir, wenn du ihn in der Kartoffelschälgruppe triffst, wenn ihr zusammen arbeitet?
A: Dann macht er misch so fertisch ((gepresst))
I: Wie macht er dich fertig?
A: Aaah, da schiebt er immer so viele Kartoffeln für mich hin (2) un ich bin so müde un kaputt. […] Da sagt der Rösner [Werkstattgruppenleiter], ich muss des mache. (4) Da hab isch gesagt (1) oh man Rösner °nein°.
I: Was musst du machen?
A: Kartoffeln schäle so viel (3) wie möglich. (Int.-A-5-Z.216-230) […] Da fehlt mir die Ausdauer. ((angestrengt)) […] Immer streßisch streßisch (2) weiter weiter, immer weiter. Wie bei Ramstein ((Bandbezeichnung)) immer weiter immer weiter (3) wir müsse arbeiten, bis wir sterben (Int.-A-5-Z.238-246).

In dieser Textpassage eignet sich Andrés Arbeitskollege Herr Fäller eine komplizenhafte Männlichkeit selbst an. Diese Selbstaneignung wird durch eine pädagogische Assistenzkraft legitimiert. Durch das Hinüberschieben der Kartoffeln an André erfolgt ein nonverbaler Appell an André, mehr Kartoffeln zu schälen. Dieser Appell wird vom Arbeitsgruppenleiter aufgegriffen: „[…] Da sagt der Rösner [Werkstattgruppenleiter], ich muss des mache […] Kartoffeln schäle so viel (3) wie möglich". André steht demnach abermals im negativen Einflussbereich einer komplizenhaften Männlichkeit. Durch die affirmative Haltung des Vorgesetzten gegenüber der Komplizenhaftigkeit des behinderten Mitarbeiters kann davon ausgegangen werden, dass sich dieser auch künftig offiziell autorisiert fühlen wird, normabweichendes Verhalten anzuzeigen.

Selbstbezogene Benachteiligungen durch fremdauferlegte komplizenhafte Männlichkeit

I: [...] Du hattest mir aber auch erzählt, ähm, dass dich früher manche oftmals sehr unter Druck gesetzt haben [...] Wer hat denn da besonders großen Druck aufgebaut? [...]

S: Des war (1) früher, war's einer nur. Des war ein Gruppenleiter, der hat garnix gemacht, hat sich einfach nur hingesetzt, und hat mich alles machen lassen. [...] Uuund der hat garnix gemacht. Mir nur sein Schlüssel mir zu=g=worfen. (1) Ich musst alles allein mache ((sich empörend)). [...] Des hat mich au au au nur wütend gemacht (Int.-S-1-Z.2150-2163).

Im Hinblick auf den Arbeitskontext wurde bereits deutlich, dass **Stefan** bemüht ist, sich nahezu unumschränkt für die Belange der Professionellen einzusetzen. Im vorliegenden Kontext halte ich es für denkbar, dass auch manche Wohngruppenmitarbeiter diesen Eindruck verinnerlicht und zu ihrem Vorteil ausgenut haben. Demzufolge erhöht Stefan durch seine Hervorbringung komplizenhafter Männlichkeit die Wahrscheinlichkeit, von anderen benachteiligt zu werden. Er bekommt dann eine komplizenhafte Männlichkeit gewissermaßen aufoktroyiert, so dass er im eigentlichen Sinne eine untergeordnete Männlichkeit generiert.

3.6.2 Ergebniszusammenfassung

An dieser Stelle seien wiederum die zentralen Ergebnisse des vorhergehenden Abschnitts thesenhaft zusammengefasst:

- Geistig behinderte Männer unternehmen große Anstrengungen, knappe Ressourcen wie symbolisches Kapital (Anerkennung) und soziales Kapital (Intimpartnerschaften) untereinander auszuhandeln, was teilweise mit physischen und psychischen Auseinandersetzungen verbunden ist.

- Durch die offizielle Übertragung von sozial- u. sachnormspezifischer Überwachungsaufträge seitens der Assistenzkräfte, bringen behinderte Männer eine offiziell autorisierte komplizenhafte Männlichkeit hervor und partizipieren direkt oder indirekt an deren symbolischem Kapital.

- Durch das Delegieren sozialer Kontrollaufgaben seitens der Assistenzkräfte an behinderte Mitarbeiter (explizite/ oder implizite fremdlegitimierte komplizenhafte Männlichkeit), werden Benachteiligungseffekte induziert. Letztere beziehen sich auf jene Männer (und Frauen), die diesen offiziell autorisierten komplizenhaften Männlichkeitsinszenierungen ausgesetzt sind.

- Diese fremdbezogenen Benachteiligungen können zu sozialen und symbolischen Kapitalverlusten bei denjenigen Männern führen, welche eine komplizenhafte Männlichkeit in oben beschriebener Form hervorbringen (selbstbezogene Benachteiligung).

3.7 Mannsein und Behindertsein

In den vorhergehenden Kapiteln wurde deutlich, dass geistig behinderte Männer ihre Männlichkeiten in einem zum Teil spannungsreichen Prozess mit anderen Männern aushandeln müssen. Weiter hat sich gezeigt, dass sie einiges an Eigeninitiative mobilisieren, um Männlichkeit und geistige Behinderung als Lebensaufgabe zu bewältigen. Demnach stehen „*Mannsein*“ (Böhnisch 2004, S.22; Hervorh. i. Orig.) und an diesen Terminus anschließend Behindertsein im Mittelpunkt. In diesem Zusammenhang konnten die drei nachfolgenden Bewältigungsstrategien herausgearbeitet werden:

- Prozessualisierung von Behinderung (vgl. Kap. 3.3.1).

- Schaffung einer leistungsbezogenen sozialen Vergleichsmatrix (vgl. ebd.)

- Formen vermännlichter Prosozialität (vgl. Kap. 3.5.1)

3.7.1 Zur Konstruktion von Entlastungs- und Bewältigungsräumen

Nachfolgend werde sieben identifizierte Strategien bezüglich Mannsein und Behindertsein vorgestellt.

Idealisierte Kompetenz-Räume als Refugien zur Männlichkeitsbewältigung

Unter den Selbstwirksamkeitsschilderungen der Männer finden sich auch solche, die Überstrukturierungen aufweisen. In diesem Zusammenhang sei zunächst **André** genannt, der sich in beruflicher Hinsicht in Superlativen beschreibt:

A: [...] Und ich bin eh auch de beste Arbeiter und de beste starke Mann (Int.-A-2-Z.61f.) [...] dann hat er [bezogen auf seinen Chef] gemerkt, dass ich der Stärkste bin, (2) von allen, so wie der Undertaker [hypermaskuliner Medienheld] (Int.-A-2-Z.170-171).

Die zwei nachfolgenden Textauszüge belegen, dass es sich bei dieser Äußerung um eine Selbstidealisierung handelt:

I: Des is de Bigshow? [hypermaskuliner Medienheld der sogenannten Wrestling-Show] ((deutet auf eine Person auf dem Poster))
A: Nee, der mit Tattoo.
I: Der da? Ah.
A: Ja.
I: Ok, den kenn ich noch nicht, is das auch ein Wressler?
A: Ja, aber der is zu stark (2) so wie der Hans–Karlson Fäller [sein Mitbewohner und Arbeitskollege] ((anerkennend, fast ehrfürchtig)).
I: Ist der Hans-Karlson stärker als du?
A: Jah ((leises Stöhnen; senkt den Kopf)) (Int.-A-3-Z.87-94).

An dieser Stelle hebt André bezogen auf seine physische Kraft die zuvor gesetzten Superlative auf. Zum einen bekennt er, dass sein Kollege stärker ist als er und setzt diesen schließlich mit seinem hypermaskulinen Medienidol kräftemäßig gleich. An anderer Stelle schildert er zudem, dass er sich während der Arbeit oft schwach und unmotiviert fühlt (vgl. Int.-A-2-Z.82-84). Hierdurch konterkariert er seine oben angeführte Selbsteinschätzung, er wäre der „beste Arbeiter“ und „beste starke Mann“.

Frank idealisiert sich hingegen ex post im Bereich Bildung:

F: ↑ Aber war lieb ↓ [bezogen auf seinen Klassenlehrer], hat uns gute Rechnen beigebracht. (3) ((holt Luft)) ↑ @Und ich war immer der Beste@ ↓ (Int.-F-3-Z.1560) [...]
I: in welchen Fächern warst du noch der Beste?
F: Im Schreiben [...] (Int.-F-3-Z.1566-1567) [...] Und dann hat mich einer in Arm genommen und gesagt, (2) °du warst de beste Schüler ((grinsend)) War ich auch° (Int.-F-3-Z.1577).

Diese Selbsteinschätzung kann als unrealistisch eingestuft werden, da Frank an einigen Stellen wiederholt auf seine Probleme in sogenannten basalen Kulturtechniken hinweist:

F: °Mir hat Schreiben net gefallen, ich will ((holt kurz Luft)) ich tu mir schwer mi=m Schreiben. Ich kann net mal Lesen richtig.° (1) Des war mei Problem, ↓ Lesen war am schlimmsten.↑ (2) Ich hab net, ich hab net Wörter zusammenziehn können, was Lino und no heißt. Des hat mir jemand erklärt und ich konnt nich.↓ (Int.-F-3-Z.578-580).

Auch **Stefan** neigt an einigen Stellen zu einer überstrukturierenden Darstellungsweise:

S: [...] Ich kann ja alles alleine.
I: Mm.
S: Ich kann ja alles alleine. (2) Ich mach alles (Int.-S-1-Z.2103-2105).

Solche Darstellungen von Omnipotenz relativieren sich durch Äußerungen wie der nachfolgenden:

S: Bei manche Sachen brauche ich Hilfe. Mal Sachen mache ich alleine. Manche Sache brauch isch schon bissche Hilfe. ((Atmet betont ein)) ↑ Wenn ich keine Hilfe hat manchmal (2) bin ich manschmal, bin isch (1) manschmal manschmal (1) komm isch mir manschmal hilflos so vor. Hab keine Hilfe, die mir manchmal helfen können irgendwas beim (2) beim Kochen oder (Wiegen) auch, hab ich vorhin schon gesagt beim (Räumen) oder was brauch ich manchmal Unterstützung.↓ (Int.-S-1-Z.81-85).

Schließlich äußert sich **Martin** in fast identischer Weise wie Stefan:

M: Eigentlisch kann (2) isch alles machen (Int.-M-2-Z.58) [...] Isch kann alles (1) weggehen und so (Int.-M-2-Z.364).

Dennoch zeigt sich auch bei ihm, dass er in einigen Bereichen, insbesondere in administrativen Angelegenheiten, gänzlich auf die Hilfe professioneller Kräfte angewiesen ist (vgl. z.B. Int.-M-2-Z.126-148 und Int.-M-2-Z.187-190).

Es kann vermutet werden, dass die Männer sich idealisieren, um ihre Defizite vor anderen zu verbergen, im vorliegenden Fall vor dem Interviewer. Durch die von den Probanden vorgenommenen Kompetenzrelativierungen wird der unmarkierte Behinderungsraum stellenweise verlassen, was sicherlich als Zeichen von Vertrauen gegenüber dem Interviewer gewertet werden darf. Grundsätzlich verfolgen die Männer mit ihrer Idealisierungstaktik wahrscheinlich den Zweck, sich vor möglichen Diffamierungen seitens ihrer sozialen Umwelt schützen zu wollen. Demnach handelt es sich um eine Präventivstrategie, die zum Einsatz kommt, um negative soziale Einflüsse nicht wirksam werden zu lassen, die ihre Identität destabilisieren könnten. Durch die Verschleierung der selbst wahrgenommenen Unzulänglichkeiten schaffen die Männer einen geschützten Raum, der es ihnen aus ihrer Sicht erlaubt, die Wahrscheinlichkeit zu erhöhen, von außen nicht als behindert wahrgenommen zu werden.

Neben dieser Lesart sollte allerdings noch ein weiterer Aspekt mitgedacht werden, der wiederum zum Thema Männlichkeit überleitet. Die Überstrukturierungen sind sicherlich auch als ein Ausdruck von Imponiergehabe zu werten. In diesem Zusammenhang kann die Präsenz des Forschers durchaus als performativ betrachtet werden. Die interviewten Männer möchten sich gegenüber diesem Mann als 'richtige Männer' darstellen. Besonders prägnant zeigt sich dieser Sachverhalt bei **Martin**. Während seinen leistungsbezogenen Selbstdarstellungen hat er meistens durch seine Körperhaltung viel Raum eingenommen. Hierdurch hat er entsprechend versucht, Selbstbewusstsein und Selbstsicherheit zu suggerieren, um seinen Äußerungen mehr Gewicht zu verleihen:

M: [...] <u>Hab ganz schön Kaft in de Armen.</u> ((Nimmt eine breitbeinige Sitzhaltung ein; rutscht tiefer in den Sessel, streckt den Oberkörper weit nach hinten und legte seine Hände in den Nacken und streckt dabei seine Ellenbogen weit vom Körper nach außen)) (Int.-M-1-Z.1047-1050).

Allgemein formuliert ließe sich auch sagen, dass geistig behinderte Männer wie Martin der fremdreferenziellen Vereindeutigung geistig Behinderter die selbstreferentiell initiierte Vereindeutigung Mann entgegensetzen. Geistige Behinderung wird demzufolge durch Männlichkeit kompensiert.

Innerer Wiederstand zur äußeren Kontrolle – aktive Passivität im Dienste nicht gewalttätiger Konfliktlösung

I: Gibt's denn manchmal auch Tage bei dir, wo du (1) so richtig schlecht drauf bist auf der Arbeit?
M: Ja, ja da hab=sch (   ) jetz, mach=sch nix, da hab ich mei (Sturkopf). ((rutscht tiefer in den Sessel, streckt den Oberkörper weit nach hinten, legte seine Hände in den Nacken und streckt dabei seine Ellenbogen weit vom Körper nach außen. Zudem spreizt er seiner Beine, wobei die Fußsohlen jeweils komplett auf dem Boden aufliegen.)) [...] Sturkopf hab ich dann auch.
I: Ach Sturkopf. (3) Aha und was passiert dann vorher, bevor du einen Sturkopf hast?
M: Die können nix machen, die können nix machen @(1)@ ((amüsierter Gesichtsausdruck))
I: Ne, aber was ist denn dann vorher vorgefallen, das du dich hinsetzt und sag
|
M: L **Garnix**, garnix, irgenwann hab ich keine Lust mehr. ((resoluter Tonfall)) (1) (Int.-M-1-Z.771-783) [...]
I: Mm. Und was machen die Mitarbeiter dann?
M: °Garnix°, die könn mir eh nix machen ((sehr gelassener Tonfall; 'cool')) (3) und wenn die des gemacht haben, dann hat ich dann reingeboxt und reingetreten" (Int.-M-1-Z.809-811).

Im vorliegenden Fall wird ein Spannungsfeld zwischen Macht und Ohnmacht induziert, welches sowohl die Vorgesetzen, als auch **Martin** umschließt. Obgleich sich Martin in Relation zu den Weisungsbefugten formal in einer untergeordneten Position befindet, entwirft er sich auf der Grundlage seiner erzählerischen Darstellung als hegemonial männlich und somit als derjenige, der zunächst den Fortgang der Situation bestimmt: „[...] °die könn mir eh nix machen ((sehr gelassener Tonfall; 'cool'))". Durch seine raumeinnehmende Körperhaltung unterstreicht er seine Dominanz und weist zugleich auf die Ohnmacht bzw. Handlungsunfähigkeit der ranghöheren Interaktionsteilnehmer hin. Seine Selbstsicherheit speist sich aus seiner Annahme, seine Vorgesetzten würden mit körperlicher Gewalt seinerseits rechnen: „[....] wenn die des gemacht haben, dann hat ich dann reingeboxt und reingetreten [...]". Demzufolge ist die Zurückhaltung der Mitarbeiter nicht zwangsläufig Ausdruck ihrer Hilflosigkeit, sondern ein Indiz ihrer situativen Weitsicht. Martin macht auch an anderen Stellen darauf aufmerksam, dass er in der Vergangenheit über den Werkstattkontext hinaus wiederholt versucht hat, mit massiver physischer Gewalt Konfliktsituation zu lösen (vgl. z.B. Int.-M-1-

Z.779-806; Int.-M-1-Z.862-894 u. Int.-M-1-Z.1002-1003). Er fühlte sich früher in Problemsituationen außerstande, mit Besonnenheit verbal zu reagieren und kanalisierte seine kommunikative Hilflosigkeit durch den gewaltsamen Einsatz seines Körpers. Körperliche Gewalt fungierte demnach als Medium zur (Wieder-)Herstellung von Macht und Handlungsfähigkeit. Martin greift heute zumindest im Werkstattkontext nicht mehr auf körperliche Gewalthandlungen zurück, da diese in der Vergangenheit durch Werkstattausschluss sanktioniert worden sind. Im Gegensatz dazu verfolgt er aktuell eher eine präventive Strategie, Gewalt zu vermeiden, die ich als aktive Passivität bezeichne:

I: Gibt's denn heute in der Werkstatt auch ab und zu noch solche Auseinandersetzungen, wie du sie gerade erzählt hast?
M: °Jaa, gibt's schon (1)° ((lächelt))
I: Und wie gehst du heute so damit um, (2) wenn so was passiert, wenn irgendwie andere auf dich? (2)
M: Garnix, mach garnix.
I: Machst gar nichts?
M: Mach garnix, des is ja grad mein Problem. (2) W- Wenn isch was mach, äh (2) (   ) weg nach Hause (Int.-M-1-Z.937-945).

Aus dieser Textstelle geht hervor, dass Martin sein bisheriges Verhalten reflektiert hat. Durch seine selbstinitiierte Erstarrung veräußerlicht er einen inneren Wiederstand gegen seine Gewaltbereitschaft. Dieser Verzicht auf Gewalt wird von Martin allerdings auch deshalb favorisiert, weil er Gewaltlosigkeit als Ideal von Männlichkeit erfüllen möchte:

I: Was macht für dich noch [...] nen echter Mann, so [...] in deiner Vorstellung? [...]
M: °Garnix.° [...] (2) lieb sein.
I: Was bedeutet das lieb sein, wenn man lieb ist? (2)
M: Nisch äh glei zuschlache (Int.-M-1-Z.1418-1422).

Gewaltprävention: Konfliktlösung in Stellvertretung

Auch bei **Stefan** spielt das Thema Problemlösung durch physische Gewalt eine Rolle. In diesem Zusammenhang führt er einen situativen Vergleichshorizont ein, um darauf hinzuweisen, dass er sein Konfliktlösungsmanagement weiterentwickelt hat. Zunächst schildert er, wie er früher im Werkstattkontext einer WfbM-Großküche mit Provokationen umgegangen ist:

S: ↑ Ich mu- (1) eigentlich bin ich ja draußen, und fahr die Essenswägen rein, dass die=se ei- ein- einräumen könne, in die Maschine reinlege könne. Und da war kein Essenswagen da (un ich hat kein draußen Wagen) ( ) un abnehme ↓ ((sehr aufgeregt und gehetzt; kaum zu verstehen)). Da war ich so provoziert un da hab ich glei- druff.
I: Aja.
S: Und dann bin isch au ( ), bin isch au ne Zeit lang oben auf der Gruppe gewesen, durfte nicht arbeiten gehen, durfte nirgendwo hin (Int.-S-1-Z.1658-1664).

Die nachfolgende Äußerung fungiert als Kontrastfolie. Hier zeigt er auf, dass er aktuell Konflikte nicht mehr durch den Einsatz von Körpergewalt löst. Vielmehr neigt er heute dazu, einen psychischen Entlastungsraum zu generieren, indem er im Konfliktfall einen räumlichen Standortwechsel vollzieht und auf die Unterstützung der Assistenzkräfte zurückgreift:

S: Ja, auf (de Arbeit) kann's sein, dass mich da auch manchmal welche reizen.
I: Wo?
S: Auf de Arbeit. [...] Da ham misch früher auch schon manche gereizt. Da bin isch au meistens immer rausgegange, hab mich erst mal (1) erst mal drauße hingesetzt oder hingestellt. Hab=sch erstma- wieder abgeschaltet, hab erst nur gewartet. Und dann bin isch zum Chef, hab des dem Chef g=sagt und der Chef hat sich die [Arbeitskollegen] hinterher ge- geschnappt [...] der mich provoziert hat und hat den dann an irgend ne Wand gekanallt gestellt und hat mit dem erst mal geschimpft. (2) So geht das nämlich nich (Int.-S-1-Z.1572-1580).

Ähnliches geht auch aus der nächsten Textstelle hervor. Dort weist Stefan explizit auf seine Gewaltaffinität hin und macht deutlich, dass er Zwecks Deeskalation einen Werkstattgruppenwechsel vollzogen hat:

S: Vorher war ja da noch ne Männergruppe [bezogen auf eine Schreinerwerkstatt], vorher war da ja noch nen Mann. (Noch nen Mann als Gruppenleiter gehabt.)
I: Ok und dann kam diese Chefin und dann hat das nicht mehr funktioniert dann?
|
S: L Später dann (2) genau. Und dann bin ich dann hier [bezogen auf seinen aktuellen Arbeitsplatz Metallwerkstatt], bevor es noch zu=nem Blutbad kimmt. Da ich gesagt, da geh ich lieber gleich, geh i=lieber glei-, bevor's dann noch schlimmer wird. [...] Bevor ich (1) will des bloß vermeiden (Int.-S-1-Z.1747-1755).

Selbstständigkeit als Entlastungsraum: Berufliche Selbstständigkeit zur Entlastung von Objektbeziehungen

Im Hinblick auf diesen Sachverhalt wende ich mich nochmals der Männlichkeitsrepräsentation Selbstständigkeit zu, welche ich bereits in Kap. 3.4.1 in unterschiedlicher Dimensionierung besprochen habe. Die Dimension berufliche Selbstständigkeit wird aufgegriffen und am Datenmaterial von **Stefan** neu kontextualisiert:

I: Irgendwas, was du verändern würdest vielleicht in der Zukunft?
S: [...] für die Zukunft, äh, möscht=isch ich misch [...] ich mich was (1) was selbst machen (Int.-S-1-Z.2463-2465) [...] mich dann (1) au- (1) selbstständisch [...] dann was reparier=n kann. Da hän isch au mei Ruh von de Kolleege (Int.-S-1-Z.2483-2484) [...]
I: Is des so so=nen bisschen [...] in Richtung Hausmeister zu verstehen?
S: Mm ((zustimmend)) (Int.-S-1-Z.2489-2490).

Bei genauerer Betrachtung können Stefans berufliche Pläne ebenfalls unter einem defensivstrategischen Gesichtspunkt betrachtet werden. Stefan weist hier nicht nur auf seine Intention hin, zukünftig als Hausmeister arbeiten zu wollen, um selbstständiger arbeiten zu können. Vielmehr sieht er in dieser Form der Selbstständigkeit auch prospektiv eine Möglichkeit, weiteren Konflikten mit seinen Arbeitskollegen in der Metallwerkstatt ausweichen zu können: „[...] Da hän isch au mei Ruh von de Kolleege“. Weshalb er sich diese räumliche Distanz zu den Kollegen wünscht, habe ich weiter oben besprochen (vgl. Kap. 3.6.1). Dort wurde deutlich, dass er infolge seiner selbstangeeigneten, komplizenhaften Männlichkeit von anderen behinderten Mitarbeitern oft schikaniert und ausgenutzt worden ist.

Selbstständigkeit als Entlastungsraum: Berufliche Selbstständigkeit als Möglichkeit zur Reinszenierung positiver Erfahrungen früherer Objektbeziehungen

Auch bei **André** finden sich Hinweise darauf, dass er seine aktuelle Arbeitsstelle aus Gründen der Entlastung von Objektbeziehungen verlassen möchte:

I: Wie gefällt es dir in der Kartoffelgruppe [...]?
A: °Nich so.° Lieber will isch wo anders arbeite.
I: °Wo würdest Du denn gerne arbeiten?° (Int.-A-2-Z.91-95)

A: […] in Haus (2) Hauswirtschaft, hier in Wiesenhof in Haus zwei. […] Putze und (2) und auch (3) Staubwische un Saubermache, des kann ich […] (Int.-A-2-Z.96-99).

In Kap. 3.6.1 habe ich bereits auf Probleme hingewiesen, die André mit seinem ihn bevormundenden Arbeitskollegen und Mitbewohner Herrn Fäller hat. Demnach ist es verständlich, dass er in einen Bereich wechseln möchte, in dem er sich nicht mit anderen behinderten männlichen Kollegen auseinandersetzen muss. Faktisch würde ihm eine Stelle als Hauswirtschaftler diese Möglichkeit bieten, da die behinderten Hauswirtschaftskräfte der untersuchten Behinderteneinrichtung grundsätzlich alleine arbeiten.

Andrés Wahl fällt allerdings noch aus einem ganz anderen Grund auf den Hauswirtschaftsbereich. Letzterem misst er einen zusätzlichen psychischen Entlastungsgewinn bei, weil dieses Tätigkeitsfeld seine früheren positiven Beziehungserfahrungen mit seiner Mutter widerspiegelt. Durch die Arbeit als Hauswirtschaftler möchte er womöglich zusätzlich das emotionale Moment dieser Erfahrungen reaktivieren. Durch diese Tätigkeit sieht er demnach die Möglichkeit, sich seiner Mutter nah zu fühlen. Andrés Eltern leben in Scheidung und er hat nach eigenen Angaben in den letzten Jahren vergebens versucht, Kontakt zu seiner Mutter aufzunehmen (vgl. Int.-A-1-Z.115-125 u. Int.-A-1-Z.132-141). Diese Vermutung kann durch die nächste Textpassagen gestützt werden, in der er seine positiven Beziehungserfahrungen mit der Mutter unterstreicht, indem er diese als eine liebende und gebende Mutter entwirft:

A: Die [Mutter] war mir so sehr nett und sehr lieb und (2) hat mir alles gekauft und alles gegebe (3) und sie hat mir auch Taschegeld gegebe (2) und sonst war die mir eine gute Mama gewesen
I: Was ist denn für dich noch eine gute Mutter, was macht denn für dich eine gute Mutter aus?
A: Ei die macht mir alles und die kauft mir alles und die kocht mir alles und die kauft mir alles und die geht mit mir fort irgendwohin (2) un des war's.
I: Hat sie das alles gemacht für dich?
A: Ja. (7)
I: Und dein Vater?
A: Der war schaffe (Int.-A-1-Z.154-162).

Durch die Erwähnung der Abwesenheit des Vaters wird ein Spannungsfeld bezogen auf die mütterliche Präsenz generiert, wodurch die positiven Attribute der Mutter noch stärker hervortreten. Die berufsbezogene, hauswirtschaftliche Kontextualisierung der Mutter nimmt er im nächsten Zitat vor:

A: Und da hat die zwei Jahre später nen Job gekriegt und hat mehr Geld gekriegt.
I: Mm, was hat die da gearbeitet?
A: In Xheim in diese Post, da hat die (1) meine Mama geputzt (2) und da hatt ich die schon geseh=n.
I: Mm.
A: Da hab ich so gefreut (Int.-A-1-Z.127-131).

Wesentlich ist, dass durch die positive Beziehungsqualität zur Mutter wahrscheinlich auch der Arbeitsbereich der Mutter positiv konnotiert wird. Die Reinigungsarbeit steht für André eventuell symbolisch betrachtet für die liebende Mutter.

Herstellung psychischer Entlastungsräume – zum Aspekt 'Gender-Urlaub'

'Gender-Urlaubs-Ort': Private Rückzugsmöglichkeit

Martin wohnt in einer Wohngemeinschaft mit einem jungen Mann zusammen, der sich vorzugsweise mit einer Männlichkeit identifiziert, die vor allem durch Gefühlskontrolle und 'männlicher Härte' (Alkoholkonsum) definiert ist. In Kap. 3.4.1 habe ich geschildert, dass Martin bezogen auf diesen Mitbewohner unter einem gewissen gendernormativen Anpassungsdruck steht, da er von diesem Mann in seiner Männlichkeit anerkannt werden möchte. Dazu zählen für Martin ebenfalls Aspekte emotionaler Selbstkontrolle:

I: […] was ist für dich denn ein richtiger Mann? (Int.-M-1-Z.1401) […]
M: […] (3) Keine Angst haben, net heule @(1)@ (Int.-M-1-Z.1427-1428).

Da Martin von seinem Mitbewohner nicht als sensibel und daher unmännlich beobachtet werden möchte, ist er entsprechend angehalten, sich weder Angst noch seelischen Schmerz anmerken zu lassen. Wie sich zeigt, gelingt ihm dies nicht immer, so dass er für solche Fälle einen geschützten Privatraum aufsucht, in dem er seine Emotionen nicht unterdrücken muss:

I: Und was hast du dann gemacht, als du so ängstlich warst, […]
M: Musik in die Ohren gestreckt. […]
I: Und ist es dann besser geworden?
M: Ja, (1) besser geworden aber abends hab=isch (1) w- wo=isch allein war (1) des isch halt mei ander Problem ge- g=wesen (1) is heut noch das Pro-

Problem (1) wenn jemanden da wäre, (3) dann mach isch nix, dann weiß=sch (dann) derjenige is da, aber wenn derjenige weg is, (1) dann heul isch. ((mit gebrochener Stimme)) (7) [...] Vor mei Papa (Int.-M-1-Z.1459-1473).

Dieser Rückzugsraum konstituiert sich physisch und temporal. Martin kann nur dann über den Verlust seines Vaters offen trauern, wenn sein Mitbewohner, „derjenige"[66], nicht auf der Wohngruppe zugegen ist. Nur unter dieser Bedingung sieht sich Martin nicht dem soziale Anpassungsdruck seines Mitbewohners ausgesetzt. Diese relative räumliche Abgeschlossenheit führt demnach zu einer Situation, die ich als 'Gender-Urlaub' bezeichne. Ich gebrauche diesen Begriff in bewusster Anlehnung an die Bezeichnung von Beland „Urlaub von Objektbeziehungen" (Beland zit. n. Katzenbach 1999, S.127), die er im Rahmen der Diskussion um die Mediennutzung geistig behinderter Menschen eingeführt hat. Er versteht neue Medienangebote, insbesondere die Nutzung des Computers, als Möglichkeit, sich zeitweise von sämtlichen Sozialbeziehungen zu befreien. Die Kommunikation mit und durch die Maschine steht bei ihm während dieser Abwesenheit von Objektbeziehungen im Mittelpunkt. Während sich Belands Begriff auf die gänzliche Absenz der sozialen Umwelt bezieht, versteht sich 'Gender-Urlaub' als Möglichkeit, für einen gewissen Zeitraum keine (männlichen) kontextuell anerkannten Gendernormen zitieren zu müssen. 'Gender-Urlaub' schließt zwar ausdrücklich den gänzlichen Ausschluss sämtlicher Beziehungsobjekte mit ein, betont allerdings nicht die unbedingte physische Abwesenheit dieser Objekte. Es geht vielmehr um die vorübergehende Suspendierung diverser performativ wirkender Männlichkeitsnormen, die womöglich dazu führen, dass bei den Adressaten ein genderspezifischer Anpassungsdruck hervorgerufen wird. Im eigentlichen Sinne geht es um das bewusste Herbeiführen von Rahmenbedingungen, unter denen ein undoing masculinity oder flexiblere Männlichkeiten vollzogen werden können. Demzufolge nehmen Männer wie Martin im übertragenen Sinne 'Gender-Urlaub', wenn sie sich von ihrem sozialen Umfeld zurückziehen.

'Gender-Urlaubs-Ort': separierte Arbeitsplätze

Grundsätzlich stellt auch die weiter oben (vgl. Kap. 3.4.1 und in diesem Kapitel) besprochene berufsbezogene Selbstständigkeit eine Möglichkeit für manche geistig behinderte Männer dar, einen gendernormfreien oder gendernormflexibilisierten Entlastungsraum zu schaffen. Demnach sind auch die erwähnten exponierten Einzelarbeitsplätze (Hausmeistergehilfe, Lagerist, Hauswirtschaftler etc.) ebenfalls als mögliche 'Gender-Urlaubsorte' zu betrachten, weil dort die 'ernsten Spiele' unter Männern in den Hintergrund treten.

'Gender-Urlaubs-Ort': Kommunikationsräume

Professionelle Fremdunterstützung in Form von Gesprächs- und Beratungsangeboten kann ebenfalls mit 'Gender-Urlaub' in Zusammenhang stehen, insofern diese solchermaßen beschaffen ist, dass sich die Männer eingeladen fühlen, offen über ihre Probleme zu sprechen. Es geht demnach um verbale Interaktionsräume in denen sich Männer von ihrer 'schwachen' und 'verletzlichen' Seite zeigen dürfen. Männlichkeit kann dort zum Gesprächsthema werden, ohne das diese hergestellt werden muss. Solche Gesprächssituationen werden von geistig behinderten Männern teilweise sehr positiv erlebt, wie am Beispiel von **Frank** deutlich wird:

F: [...] Och, mittlerweile hab ich gar kei Kummer mehr, (3) ich kann des alles verarbeiten. (2) Was mir weh tut, dass kann ich sagen, und was mir net weh tut, des kann ich ausdrücken. (1) Alles kann ich sagen. (2) Des gefällt mir jetz, (1) wie mir mit=nander geredet haben ((lächelt)) (Int.-F-3-Z.1701 - 1703).

I: Weshalb wäre es dir denn wichtig, dass wir uns treffen?
F: Weil ich gern hab (1) mitnander sprechen will. Wenn ich mal Problem hab (Int.-F-1-Z.2-5).

Spiritualität und Religiosität als Räume der Lebensbewältigung

Bei denjenigen Männern, die sich einer bestimmten (Gottes-) Glaubensrichtung zugehörig fühlen, eröffnet sich die Möglichkeit, bestimmte Lebensaufgaben auch mit Hilfe transzendenter Räume zu bewältigen. Dies geschieht durch die Schaffung eines spirituellen Innenraumes und der Generierung eines religiös-symbolisch verfassten Außenraumes.

Konstitution eines spirituellen Innenraumes

Martin und **Frank** bewältigen ihr Leben intensiv auf der Grundlage ihres christlichen Glaubens. Letzterer verhilft ihnen zu Trost, Schutz, Heilung und Kraft:

Trost: Der Glaube und die Zwiesprache mit Gott (Gebet) verhilft **Martin,** den Verlust seines Vaters zu bewältigen (vgl. Int.-M-1-Z.335-341). Schutz: **Martin** ist der Überzeugung, dass ihn der Glaube an Gott bisher vor großem Unheil (Krankheit, Tod) bewahrt hat (vgl. Int.-M-1-Z.524-529).

Heilung (von Behinderung): Wie bereits in Kap. 3.3.1 deutlich wurde, findet sich dieser Aspekt bei **Frank.** Beten stellt aus seiner Perspektive eine Möglichkeit dar, Behinderungserfahrungen zu bewältigen. Behinderung betrachtet er als ein Produkt seiner Sünden bzw. Verhaltensverfehlungen. Für ihn stehen Vergebung der Sünden und 'Heilung von Behinderung' in einem direkten Verweisungszusammenhang (vgl. Int.-F-2-Z.618-625 u. Int.-F-2-Z.634-638).

Kraft (zur Selbstständigkeit): **Martin** betrachtet den Glauben an Gott als Möglichkeit, mit den Alltagsanforderungen besser zurechtzukommen (vgl. Int.-M-1-Z.349-354).

Die Männer konstruieren demnach mit Hilfe ihres Glaubens einen transzendenten spirituellen Innenraum. Dieser wird zu einem inneren Trost-, Schutz-, Heilungs- und Kraftraum. Als Kontext sei ergänzt, dass sich in den Privaträumen von Martin und Frank keine christlichen Symbolträger (z.B. Kruzifixe) entdecken lassen. Diese Männer benötigen folglich keinerlei Symbole, um den besagten Raum hervorbringen zu können. Der sich in diesen Räumen materialisierende Gott ist für diese Männer gänzlich immateriell. Sie betrachten diesen als verborgene, jedoch wahrnehmbare Omnipräsenz. Nach Auffassung von **Frank** ist Gott wissensbezogen omnipotent, „Gott hört ja nich alles, er weiß (ja) um die Dinge, die passiern" (F2-Z.618). Demnach weiß Gott aus Franks Blickwinkel auch um seine Sorgen und Nöte. An anderer Stelle vergegenständlicht sich die besagte Allgegenwärtigkeit Gottes durch die Konstruktion eines unumschränkt gütigen und gebenden Gottes:

F: [...] Aber für mich ist wichtig, dass ich an Gott festhalte. Gott ist mein Freund, der für mich sorgt, der mir alles gibt, der mir sogar Arbeit schenkt (Int.-F-3-Z.974-975).

Für **Martin** ist Gott ebenfalls allgegenwärtig. Aus seiner Sicht umgibt ihn der 'behütende Gottesblick' bei sämtlichen Verrichtungen:

M: ((atmet betont aus)) Guckt auf mich wie isch arbeit, guckt dann, was ich zu Hause mach.

I: Findest du das angenehm, wenn er dich beobachtet?
M: Ja (M1-Z.350-352).

Konstitution eines religiös-rituellen Außenraumes

Anders als Frank und Martin favorisiert **André** weniger einen transzendenten spirituellen Innenraum zur Bewältigung seiner Lebensaufgaben, sondern einen religiös-rituellen Außenraum. Im Gegensatz zu den anderen Männern ist es für ihn bedeutsam, eine symbolisch materielle Form der Transzendenz als Medium zur Lebensbewältigung zur Verfügung zu haben. André glaubt zwar nicht an einen christlichen Gott, er hat allerdings seine hypermaskulinen Männlichkeitsidole der sogenannten Wrestling-Show zu gottähnlichen Ikonen transzendiert. Wie an anderer Stelle dokumentiert (vgl. Kap. 3.4.1), schaut sich André leidenschaftlich gerne Showkämpfe auf DVD an. Bei diesen Kampfinszenierungen handelt es sich im übertragenen Sinne um gottesdienstähnliche Inszenierungen (vgl. Int.-A-2-Z.252-258), die er als sichtbare Quelle von Kraft und Zuversicht nutzt. Auf der Grundlage dieser rituellen Kampfinszenierungen imaginiert er sich selbst als Kämpfer und Held und überträgt diese Stilisierung auf seine reale Lebenssituation. In diesem Zusammenhang nehme ich auf eine Beobachtung Bezug, die während einer Kegelveranstaltung gemacht wurde:

[...] Während der allgemeinen Begrüßung fällt mir [Forscher] auf, dass André einen Gürtel [...] über seiner rechten Schulter liegen hat. Dieser ist mit einer großen goldenen Scheibe verziert, auf der die folgenden reliefierten Lettern angebracht sind – „WORLD HEAVY WIGHT WRESTING CHAMPION". Unter diesem Schriftzug ist ebenfalls erhaben die Erde abgebildet, über der eine Krone schwebt. Unter der Erde ist zudem ein Aufkleber angebracht, auf dem „ANDRÉ MÜLLER" zu lesen ist. [...] (BP-A1-Z.11-16) [...] Nach der Gürtelbegutachtung entfernt sich André von mir und legt den Gürtel gut sichtbar auf ein Fenstersims, öffnet eine seiner Manteltaschen und holt zwei Zettel in DIN-A 5-Format hervor, die er rechts und links neben dem Gürtel senkrecht postiert. Auf dem ersten Papier ist ein langhaariger Mann zu erkennen, der den gerade beschriebenen Gürtel über seiner linken Schulter liegen hat. Links neben der Abbildung ist ein Name zu erkennen und ein Pfeil, der auf die langhaarige Person gerichtet ist – „EDGE". Über der Abbildung ist ein weiterer Schriftzug zu lesen: „XYZ SUPERSTAR ANDRÈ MÜLLER" ((XYZ – chiffrierte Abkürzung der Behinderteneinrichtung, in der André lebt)). Auf dem zweiten Zettel ist eine junge Frau zu erkennen, die in Dessous gekleidet ist. Auf der Kopfzeile ist „HILFE", auf der Fußzeile „VIVIAN SCHMIDT" zu lesen ((nach Angaben von André handelt es sich bei dieser jungen Frau um einen Pornostar)). (BP-A1-Z.25-35) [...] Die Kegelrunde beginnt. Nachdem Sven und Hans-Karlson ihre Würfe absolviert haben ((Willi hat sechs Punkte; Hans-Karlson vier Punkte

erzielt)), kommt André an die Reihe. Er wählt eine Kugel aus, stellt sich vor seine auf dem Fenstersims positionierten Mitbringsel und betrachtet diese etwa 10 Sekunden mit andächtigem Blick. Danach dreht er sich um, fixiert die Kegel und schickt die Kugel auf den Weg. Er wirft insgesamt acht Kegel um, streckt die Arme zu einer Siegerpose:
André: „Jähh, komm Micha [Beobachter] jetz bist du. @Mach mir das mal nach@ ((herausfordernd)). (BP-A1-Z.42-47) [...] Nachdem er [André] nach acht Runden schließlich gewinnt, reißt er wiederum die Arme in die Höhe und ruft: „ICH BIN DE CHAMPION. Schau mal Hans [-Karlson Fäller], @ich bin besser als du@." Hans: „Ach geh fort. [...]" André: „Siehste Micha [Beobachter], der Gürtel hat mir Glück gebracht." (BP-A1-Z.57-61).

André eignet sich den Kegelraum nicht nur spielerisch durch die Praxis des Kegelns an, sondern auch über religiös-rituelle Praxen. Einen Teil des physischen Raumes (Fenstersims) gestaltet er gewissermaßen als Altar, indem er dort diverse Symbolträger positioniert, die er mit Erfolg assoziiert. Diese Symbole repräsentieren seinen Wunsch, selbst siegen zu wollen und fungieren gewissermaßen als Talismane, was sich insbesondere daran zeigt, dass er die mitgebrachten Objekte durch mehrmaliges Einfügen seines Namens personalisiert hat. Bedeutsam ist insbesondere das Foto der Frau mit dem Schriftzug „HILFE VIVIAN SCHMIDT". Diese entwirft er als eine Fürsprecherin bzw. 'Quelle der Zuversicht'. Durch sein Verharren vor den besagten Fetischobjekten holt er sich Kraft und Motivation für seine bevorstehende Aufgabe. Den Gegenständen ist aus Andrés Sicht eine positive performative Kraft inhärent. Dies zeigt sich darin, dass er seinen Sieg explizit mit den mitgebrachten Objekten assoziiert, „Siehste Micha, der Gürtel hat mir Glück gebracht". Aus dem bisher Gesagten wird deutlich, wie sehr sich André wünscht, im realen Leben auf der Gewinnerseite zu stehen. Durch solche „So-tun-als-ob[-Spiele]" (Goffman 1977, S.61) schafft er sich eine fiktive Parallelwelt. Er sieht demzufolge in der Hervorbringung einer religiös-rituellen symbolträchtigen Außenwelt eine Möglichkeit, sein Leben zu bewältigen.

3.7.2 Ergebniszusammenfassung

Im letzten Kapitel wurde deutlich, dass sich die untersuchten Männer einer Vielzahl an Strategien bedienen, um ihre je aktuelle Lebenssituation zu meistern:

- Geistig behinderten Männer bedienen sich zur Bewältigung von Behinderung (Behindertsein) und Männlichkeit (Mannsein) der

Strategie der leistungsbezogenen Idealisierung. Hierdurch sehen sie eine Möglichkeit, das Risiko von Diskreditierungen zu senken.

- Die untersuchten Männer besitzen trotz ihrer kompetenzbezogenen Idealisierungstendenzen eine realistische Vorstellung im Hinblick auf ihre Kompetenzen und Defizite bzw. Entwicklungspotentiale.

- Männlich konnotierte Idealisierungsaspekte dienen den untersuchten Männern der Vereindeutigung ihrer Männlichkeiten, welche sie den fremdgesetzten Vereindeutigungstendenzen (Anrufung als behindertes Subjekt) als Widerstand entgegensetzen.

- Wohn- und insbesondere Arbeitsgruppen stellen Orte dar, an denen teilweise ein hoher genderspezifischer Anpassungs- und Konkurrenzdruck vorherrscht. Diesem begegnen die Befragten durch die Konstruktion psychischer Entlastungsräume.

- Durch die Konstruktion von spirituellen und religiös-rituellen Räumen konstituieren Männer mit Behinderungserfahrungen innere und äußere Kraftzentren, in denen sie Trost, Hoffnung, Motivation, Schutz und Kraft für bevorstehende Lebensaufgaben finden.

3.8 Respekts statt sporadische Anerkennung

Die Überschrift dieses Kapitels ist zugleich als Postulat zu lesen, das weit über die Forderung nach Anerkennung hinausreicht. Neben den zahlreichen Textstellen, in denen die Männer direkt oder indirekt auf ihren Wunsch nach sozialer Anerkennung hinweisen, geht aus einigen Zitaten hervor, dass sie zuvorderst mit Respekt behandelt werden möchten. Nachfolgend soll aufgezeigt werden, was die Befragten konkret unter einem respektvollen Umgang verstehen.

3.8.1 Formen des Respekts

Respekt gegenüber dem individuellen Lebensentwurf - Anerkennung im 'So-Sein'

F: […] Ich möchte so bleiben, wie mich Gott gemacht hat (2) und nicht anders

(Int.-F-3-Z.983-984).

F: ↑ Un i hab einfach ↓ (1) ich freu mich (1), dass Gott(1) mich so liebt (1) wie ich bin.(1) Ich möchte so sein wie ich bin (1) und des is nich anderes (Int.-F-2-Z.719-720).

Wie bereits mehrfach deutlich wurde, ist **Frank** von allen Befragten derjenige, der von Fremdbestimmung bzw. äußerer Kontrolle am meisten betroffen ist (vgl. Kap. 3.3.1 u. Kap. 3.4.1). Sein imperativisch verfasstes Umfeld hat in ihm eine Haltung gefestigt, dass er nur dann liebenswert ist, wenn er sich den Erwartungen und Ansprüchen anderer beugt (vgl. Kap. 3.3.1). In diesem Zusammenhang sind die zuletzt genannten Zitate zu lesen. Frank wünscht sich, so sein zu dürfen wie er ist und möchte in seinem 'So-Sein' emotionale Zuwendung erfahren. Liebe sollte aus seiner Sicht nicht an bestimmte Verhaltens- und Leistungsmaßgaben gebunden sein. Diese Erfahrung hat er wohl bisher vorzugsweise im Hinblick auf Gott machen dürfen. Demnach können die vorliegenden Äußerungen auch als indirekter Appell seinerseits an die Anspruchssteller (Eltern, Professionelle etc.) gewertet werden, ihn gleichermaßen unumschränkt in seinem 'So-Sein' anzunehmen, wie dies Gott seiner Auffassung nach tut.

Auch bei **Stefan** steht der Wunsch im Vordergrund, in seinem 'So-Sein' akzeptiert werden zu wollen. Bei ihm liest sich dieser Wunsch zugleich als legitimes Postulat, auf das er aus seiner Sicht einen Anspruch hat. Diese Form des Respekts rechtfertigt er dadurch, dass er zu bedenken gibt, andere seinerseits in ihrem 'So-Sein' anzuerkennen. Demnach sieht Stefan den eingeforderten Respekt gewissermaßen als legitime Gegenleistung für seine Respektbemühungen:

S: Nn, hm, (2) für die Zukunft das (1) mich alle so nehmen, wie ich bin. Alle so mit mir klarkommen, wie ich bin. [...] Ich komm so mit denen klar, also müssen die auch mit mir klarkommen, wie ich bin. [...] Wenn die was nicht verstehen, können=se gern ja fragen. [...] Manchmal frag ich auch wenn ich was nich versteh, wenn ich mal nich klarkomm, dann frag ich die auch manchmal. (3) Des=is=so, des is so de letzte Wunsch. Des se mich so nehmen, wie=ch bin. (Int.-S-1-Z.2526-2533).

Der offene achtungsvolle Blick

I: Was ist denn wichtig, was ist denn bei einer Freundin wichtig?

F: [...] En lächelndes des Gesicht (1) Lachen. [...] Ich lege auf Freundin wert, dass sie mich anguckt, auch wenn ich mit die rede. (2) Und ich hab gern, wenn sie mich umarmt. (1) Das war's, mehr nicht (Int.-F-1-Z.349-355).

An dieser Stelle kristallisiert sich eine weitere Differenzierung heraus, was **Frank** unter einem respektvollen Umgang versteht. Eine respektvolle Haltung drückt sich für ihn dadurch aus, dass man ihm während einer Unterhaltung offen in die Augen schaut. Der 'offene achtungsvolle Blick' signalisiert für ihn nicht nur 'Wahrgenommen-Sein', sondern in erster Linie 'Ernstgenommen-Werden'. Letzterer Sachverhalt steht auch in der nachfolgenden Respektform im Vordergrund.

Anerkennung als authentischer Sprecher

In diesem Zusammenhang geht es **Frank** um Wahrhaftigkeit. Für ihn ist es bedeutsam, dass seinen verbalen Äußerungen Authentizität unterstellt wird[67]. Die nachfolgende Szene eines Arztbesuchs steht paradigmatisch für diesen Sachverhalt:

F: Der [Arzt] hat dann keine Überblick, ob das wirklich wahr is, °was ich sag° (2) Ich kann ihm die Stelle zeigen, wo's weh tut, aber dann piekst er auch da rein (2) und dann merk ich erst mal nichts.
I: Glaubt er dir das manchmal nicht, wenn du Schmerzen hast? […]
F: Ne, ich stell fest ich habe Schmerzen, aber in Wirklichkeit sind's keine. (2) ↓ Der meint es (1) wenn er mich fragt.↑ (1) […] Er deutet auf mein Hals, ja fasst da drauf und merkt (1) is da was (1) ne, is nix. (2) […] Aber er gibt mir trotzdem ne Spritze (Int.-F-3-Z.267-278).

Als Kontext sei hinzugefügt, dass Frank einen Spasmus im Halsbereich hat. Infolge der daraus resultierenden Verspannungen hat er oft Schmerzen, so dass er in bestimmten Abständen einen Arzt aufsucht, der ihm zur Schmerzlinderung Botox in den Nacken injiziert. Auf diesen Arzt bezieht sich Frank im obigen Textauszug. Jener Arzt zweifelt die Authentizität von Franks Äußerungen offenkundig an, „[…] ich stell fest ich habe Schmerzen, aber in Wirklichkeit sind's keine. (2) ↓ Der meint es […]"[68]. Vielleicht kann in diesem Zusammenhang auch das Wissen des Arztes um Franks geistige Behinderung als intervenierende Bedingung betrachtet werden. Durch dieses Wissen stuft der Mediziner Franks Äußerungen womöglich als weniger glaubwürdig ein.

Kommunikation auf Augenhöhe

An einer Stelle macht **Stefan** deutlich, dass er sich eine gleichaltrige Freundin wünscht, die ihm auch im Hinblick auf seine psychisch-soziale Reife und Körpergröße ähnlich sein sollte (vgl. Int.-S-1-Z.2288-2305).

Daraus kann abgeleitet werden, dass er sich im übertragenen Sinne eine gleichberechtigte Partnerschaft auf Augenhöhe wünscht, was auch im nächsten Textauszug zum Ausdruck kommt:

I: Was magst du denn an der Steffi besonders? [...]
S: Hm, (4) ich mag an ihr, wenn wenn se sägt, sie möchte ihre Ruhe ham. Ich mag an ihr, wenn se mir auch zuhört, was ich au gut find von ihr. Und sie hört mir au zu und was i au wieder gut find [...] Das find sie au gut und des find i au gut, wenn wir uns gegenseitig mal besprechen (Int.-S-1-Z.1207-1213). [...]
I: Was macht für dich denn ne schöne Frau aus? (Int.-S-1-Z.2312) [...]
S: Sie muss nett sein, sie muss ne gute Stimme ham. Sie muss auch sage könne, wenn=se was nich mag. [...] Und auch, sie muss halt auch verstehn, was ich oder du, was einer von uns zu denen sagen (Int.-S-1-Z.2322-2325).

Respekt bedeutet nach Stefans Auffassung demnach Aufmerksamkeit dem anderen gegenüber (zuhören können) und die Fähigkeit, wechselseitig Kritik äußern zu können. Er definiert Partnerschaft folglich als emanzipatorischen Vermittlungsprozess unter gleichberechtigten Partnern.

Respekt im Sinne von 'Ernstgenommen-Werden' als Mann

S: Ich war mit der Melli Gärtner zusamme und da hat irgendwann einer [bezieht sich auf einen Mitbewohner] gesagt, (1) ne, die dürfe nich zusamme sein [...] Ja, net so, net so laut, so wie jetz so (leis- so wie ich's jetz erzählt hab) (Int.-S-1-Z.1475-1478) [...] Wenn's einer nich möchte, dann kann er's mir gerne ins Gesicht sagen, aber nich hinter meinem Rücken sagen. Ohne mich nich vorher angucken, ohne mir nicht ins Gesicht zu gucken ((leicht ärgerlich)). [...] Des mag ich überhaupt net, da werd ich fies sauer, da wird ich nämlisch stink sauer (Int.-S-1-Z.1501-1506).

Hier geht es wiederum um partnerschaftsbezogene Rivalitätskämpfe zwischen geistig behinderten Männern. Etwas direkt „[...] ins Gesicht sagen [...]" steht für **Stefan** in diesem Kontext nicht nur stellvertretend für Offenheit und Ehrlichkeit ihm gegenüber, sondern auch für den Respekt gegenüber seiner Männlichkeit. Letztere wird nach Stefans Schilderungen missachtet, weil er sich von einem Mitbewohner hintergangen fühlt. Er fühlt sich folglich von diesem Mann nicht als ernstzunehmender Gegner bzw. Rivale wahrgenommen, weil ihm dieser Mitbewohner nicht in direkter offener Weise begegnet ist. Demnach fühlt er sich in seiner Ehre als Mann gekränkt.

Wahrnehmung als Mensch und nicht als Behinderter

Martin ist von allen Befragten derjenige, dem man seine Behinderung im übertragenen Sinne ansieht. Er hat die Diagnose Down-Syndrom und verfügt über eine dieser Diagnose entsprechende Physiognomie[69]. Demnach ist er als Behinderter für seine Umwelt sichtbar. Obgleich er angibt, in der Öffentlichkeit aufgrund seiner Behinderung noch nicht verbal beleidigt worden zu sein, bezieht er sich in seiner Darstellung auf eine präsentative Form der Missachtung, namentlich die respektlosen Blicke mancher Nichtbehinderter:

I: Ist dir das in deinem Leben schon mal passiert, dass andere über deine Behinderung gelästert haben?
M: Ne. ((bestimmt)) [...] Aber die ham=misch angeguckt. (Int.-M-2-Z.307-310) [...] Ja, (1) na klar ist das so, weil äh, die anderen Leuten sind nischt so bekannt wie isch. (2) Und die gucken nämlisch hinter mir nach. ((leicht empört))
I: Wer ist nicht so bekannt?
M: ((schnauft leise)) Behinderung mein=sch. [...]
I: Wie gehst du dann damit um, wenn die dich angucken?
M: Ich geh weiter [...]
I: Wie fühlst du dich dann?
M: Gut.
I: Wenn die dich angucken?
M: Nischt gut dann (Int.-M-2-Z.341-355).

Er empfindet es demnach als unangenehm, wenn Nichtbehinderte ihn lediglich auf der Grundlage seiner abweichenden äußeren Erscheinung anschauen. Er fühlt sich dann nicht als Person, sondern vielmehr ausschließlich als Behinderter wahrgenommen.

Respekt bezogen auf den Umgang mit individuellen Kompetenzen

Diesen letzten Aspekt betreffend möchte ich nochmals auf eine Textstelle verweisen, die ich in Kap. 3.6.1 bezogen auf den Aspekt einer auf-oktroyierten komplizenhaften Männlichkeit bei **Stefan** angeführt habe (vgl. Int.-S-1-Z.2150-2163). Dort hat eine Assistenzkraft die Hilfsbereitschaft und die Kompetenzen von Stefan schamlos ausgenutzt. An Stefans Empörung über das Verhalten dieses Mitarbeiters lässt sich ableiten, dass er sich einen respektvollen Umgang mit seinen Fähigkeiten und seiner Hilfsbereitschaft wünscht.

3.8.2 Ergebniszusammenfassung

Auf der Grundlage von Kapitel 3.8.1 können zwei zentrale Thesen formuliert werden, mit denen ich die Auswertung des Datenmaterials der biografisch narrativen Interviews beschließen möchte:

- Symbolisches Kapital in Form von Anerkennung darf nicht auf soziale Wertschätzung reduziert werden, weil diese an die Erfüllung unterschiedlicher Erwartungen und Ansprüche gekoppelt ist. Neben der Anerkennung eigener Leistungen steht für geistig behinderte Männer vor allem der Wunsch im Mittelpunkt, mit Respekt behandelt zu werden.

- Ein respektvoller Umgang zeichnet sich aus Sicht der befragten Männer vorzugsweise durch die nachfolgenden Aspekte aus:

  - Respekt gegenüber dem individuellen Lebensentwurf
  - Anerkennung im ‘So-Sein‘
  - Anerkennung als authentischer Sprecher
  - Kommunikation auf Augenhöhe
  - Respekt im Sinne von ‘Ernstgenommen-Werden‘ als Mann
  - Wahrnehmung als Mensch und nicht als Behinderter
  - Respekt bezogen auf den Umgang mit individuellen Kompetenzen

4. Untersuchungsergebnisse - Teilnehmende Beobachtungen

In diesem Untersuchungsabschnitt wird speziell die intervenierende Variable (geistige) Behinderung (doing disability) unter dem Gesichtspunkt Männlichkeit im Mittelpunkt stehen. Im vorherigen empirischen Teil hat sich bereits abgezeichnet, dass doing disability als ein wesentlicher Bedingungsfaktor zu betrachten ist, auf dessen Grundlage geistig behinderte Männer ihre Männlichkeiten herstellen müssen. Diese Herstellungsbedingung betreffend soll im Folgenden innerhalb des Kontextes Behindertenwerkstatt beobachtet werden, wie Prozesse der Verbehinderung dort konkret aussehen, wie selbige zustande kommen und wie sich besagte Prozesse auf die Männlichkeiten der in diesem sozialen Feld agierenden behinderten Männer auswirken.

Das soziale Feld Behindertenwerkstatt wurde wie bereits in Kap. 2.1 erwähnt deshalb ausgewählt, weil die Untersuchungsteilnehmer in den narrativen Interviews den Lebensbereich Erwerbsarbeit in besonderer Weise akzentuiert haben. Darüber hinaus wird in diesem Bereich auch von Interesse sein, wie Bildungs- und Anerkennungsprozesse gefördert und Behinderungsprozesse vermieden werden können. Insbesondere das Thema Anerkennung wird zum Ende des zweiten empirischen Teils nochmals in besonderer Weise unter dem Gesichtspunkt Männlichkeit aufgegriffen.

4.1 Kurzbeschreibung der Stichprobe

Die teilnehmenden Beobachtungen wurden im Metall- Küchen- und Montage-Verpackungsbereich einer Behindertenwerkstatt durchgeführt. Da ich im Folgenden noch differenziert auf die Unterschiede und Gemeinsamkeiten dieser Arbeitsgruppen eingehe, beschränke ich mich an dieser Stelle auf die nachfolgenden Arbeitsbereichsprofile:

- **Metallwerkstatt:** Geschlechterverhältnis - 20 Männer : 3 Frauen; Tätigkeitsprofil: Gewindehülsen herstellen, säubern u. sortieren/ Dreh- Bohr- und Fräsarbeiten/ Metallzuschnitt/ Programmierung und Überwachung von Maschinen/ Qualitätskontrolle.

- **WfbM-Küchengruppe:** Geschlechterverhältnis - 7 Männer : 2 Frauen; Tätigkeitsprofil: Gemüse waschen und zerkleinern/ Qualitätskontrolle - verderbte Naturalien aussondern/ Geschirrspülen/ Küchenreinigung/ Essensausgabe.

- **Montage-Verpackungsgruppe:** Geschlechterverhältnis - 15 Männer : 11 Frauen; Tätigkeitsprofil: Bauelemente zusammenstecken, sortieren, abzählen (abwiegen), eintüten und verschweißen/ Qualitätskontrolle: Stückzahl- und Funktionskontrolle.

Im folgenden Kapitel werde ich zunächst die nichtbehinderten Assistenzkräfte der einzelnen WfbM-Arbeitsgruppen in den Blick nehmen. Dies ist notwendig, weil diese Arbeitskräfte mit zum Kontext des Erwerbsarbeitssektors zählen. Ein weiterer Grund besteht darin, dass die nichtbehinderten Werkstattkräfte an der Qualität der vorfindlichen Arbeitsbedingungen maßgeblich mit beteiligt sind. Vielfach werden diese Arbeitsbedingungen durch das Agieren dieser Mitarbeiter erst hervorgebracht, was auch für doing disability gilt.

Da viele Handlungsprozesse nichtbehinderter Begleitkräfte oft eher unbewusst vollzogen werden ist eine nähere Betrachtung sinnvoll, unter welchen Bedingungen diese Personen sich als nichtbehinderte Mitarbeiter hervorbringen bzw. doing employee herstellen müssen.

4.2 Diskreditierungserfahrungen nichtbehinderter WfbM-Mitglieder

Anhand der nachfolgenden typischen Äußerungen nichtbehinderter Mitarbeiter lässt sich ein deutlich negativer gesellschaftlicher Zuschreibungshorizont bezogen auf die WfbM-Produktionsarbeit im Allgemeinen und die Arbeit mit behinderten Menschen im Besonderen ableiten. Wie sich im weiteren Verlauf dieser Forschungsarbeit zeigen wird, kann dieser Tatbestand mit als Ursache für die Verbehinderung geistig behinderter Menschen im Bereich Behindertenwerkstatt betrachtet werden.

direkte Diskreditierungsformen bezogen auf nichtbehinderte Mitarbeiter

WfbM-Arbeit = ‘unqualifizierte Arbeit‘

I: Und wie sehen sie ihre Arbeit von außen wahrgenommen?

D: [Gruppenleiter WfbM-Küchengruppe]: Na gut, mei Familie un Bekannte habbe sich in mittlerweile alle damit abgefunden. Die wissen, dass ich hier arbeite, die wissen was das für eine Arbeit ist und ich mach es halt ((sehr leise kaum hörbar)).

I: Was meinen sie mit abfinden?

D: Abfinden hieß am Anfang ((schnatzt kurz)) (3) da kann jeder arbeiten, da kann jeder hin. So wer nix wird, wird Wirt und wer garnix wird, wird Bahnhofswirt. So ungefähr (Int.-G3-4-Z.180-185).

Das Gefühl des 'Nicht-Anerkannt-Seins' resultiert daraus, dass die qualifikatorischen Zugangsvoraussetzungen hinsichtlich der WfbM-Arbeit offensichtlich von außen als inflationär konzeptualisiert worden sind, „[...] da kann jeder arbeiten, da kann jeder hin“. Aus fremdreferenzieller Perspektive ist der Zugang zur WfbM-Arbeit demnach an keinerlei Zugangsvoraussetzungen gebunden, wodurch die Qualität der Arbeit insgesamt abgewertet wird. Anhand einer umgangssprachlichen Redensart, „So wer nix wird, wird Wirt und wer garnix wird, wird Bahnhofswirt“, zeigt sich besonders deutlich, wie sehr sich dieser Mitarbeiter der diskreditierenden Haltung seiner Angehörigen bewusst ist.

WfbM-Arbeit = Arbeit für 'kognitiv Minderbemittelte'

S: [nichtbehinderte Mitarbeiterin der Montage-Verpackungsgruppe] Viele Leute die ich so kenne, sagen, dass diejenigen die in der ((nennt Name der WfbM)) arbeiten, selbst nicht ganz ((tätschelt sich mit der flachen Hand auf den Kopf)). Verstehst du, dass sie auch nicht klar im Kopf sind. Hab ich schon ein paar Mal gehört. Mich stört so etwas nicht ((mit sehr belegter Stimme, nach Luft ringend)) (Int.-G1-2-Z.72-75).

Die nichtbehinderte Mitarbeiterin sieht sich durch ihren WfbM-Mitarbeiterstatus von außen gewissermaßen geistig verbehindert. Auf diese Verbehinderungsform weist sie durch „[...] nicht ganz klar im Kopf [...]“ hin. Durch den Schlag auf den Kopf unterstreicht sie ihre verbale Äußerung und bedeutet symbolisch einen Angriff auf das Zentrum von Rationalität und Vernunft. Die Mitgliedschaft in einer WfbM befördert demnach aus ihrer Sicht den von außen gesetzten Generalverdacht, dass in einer WfbM ausschließlich Personen arbeiten, die auf kognitiver Ebene nicht der gesellschaftlichen Norm entsprechen.

WfbM-Arbeit = 'unproduktive Arbeit'

H: [stellvertretender Leiter der Metallwerkstatt] [...] Im Bekanntenkreis, so

> aus der Sportecke (2) auch so alles Handwerker, so Autoschlosser, die ham (1) mir (1) deutlich (1) den Stempel aufgedrückt (2) mir schaffe eh nix. Hier is ne Wfb und mir abbeite ja nix ((mit ironischem Unterton)). Des is jetzt noch a mal a Stufe tiefer als öffentlicher Dienst oder Beamte (Int.-G2-3-Z.77-81).

Diesen Textauszug betreffend zeigt sich, dass es wiederum genügt, Mitglied in einer WfbM zu sein, um gesellschaftlichen Stigmatisierungen ausgesetzt zu sein. Mit der Diskreditierung der WfbM-Arbeit erfolgt zugleich auch eine statushierarchische Deklassierung sämtlicher Berufsfelder, die außerhalb der WfbM mit wesentlich mehr Anerkennung ausgestattet sind.

An dieser Stelle sei ergänzend erwähnt, dass der befragte Mitarbeiter eine qualifizierte Schlosserausbildung absolviert hat (vgl. Int.-G2-3-Z.8). Wie im obigen Zitat deutlich wird, verfügen auch Personen aus dessen Bekanntenkreis über vergleichbare handwerkliche Ausbildungsabschlüsse. Die auf Ausbildungsebene zu konstatierende Gleichwertigkeit wird allein durch den Ausübungsort des Handwerks konterkariert. Wie zuvor der Leiter der WfbM-Küchengruppe sieht auch der Metallwerkstattleiter seine Arbeit gesellschaftlich auf einer eher niedrigen Stufe verortet.

indirekte Diskreditierungsformen bezogen auf nichtbehinderte Mitarbeiter

Die WfbM-Arbeit wird allerdings nicht nur durch nichtbehinderte Nicht-Werkstattangehörige in manchen Fällen gering geschätzt, sondern auch durch nichtbehinderte Beobachter innerhalb der WfbM:

Unterlassene Zueignung von Anerkennung

> I: Wie siehst du denn deine Arbeit von außen gewertschätzt?
> nbMA(w1): [Gruppenleiterin einer Montage-Verpackungsgruppe] Ah, also (4) ich habe das Gefühl, dass das gering geschätzt wird. Also ich habe noch nie (3) also ich kann nich sagen (2) das ich irgendwo im Gespräch mit der Leitung gehört habe, sie machen aber ne tolle Arbeit hier. Also das kommt sehr sehr selten vor (Int.-G1-4-Z.51-54).

Es haben sich im Übrigen nahezu alle nichtbehinderten Mitarbeiter dahingehen geäußert, dass sie im Hinblick auf ihre Arbeit von ihren Vorgesetzten nur wenig bis gar keine Anerkennung erfahren.

Vermeintliche Anerkennung durch positive Diskriminierung

I: Wie siehst du denn von außen deine Arbeit wahrgenommen?
H: [stellvertretender Leiter der Metallwerkstatt] @Des könnt ich net, des bewunder ich, da könnt ich net schaffen@. Kennste den Spruch?
I: Ja, schon oft gehört. Wie empfindest du das, wenn jemand so was zu dir sagt?
H: Ahnungslos. So ne Aussage ist einfach von jemanden, der einfach keine Ahnung hat (Int.-G2-3-Z.72-76).

Ähnliche Äußerungen wurden werkstattübergreifend auch von anderen nichtbehinderten Mitarbeitern getätigt. Insgesamt kommt aus Sicht dieser Mitarbeiter durch solche Äußerungen eher eine vermeintliche Anerkennung seitens der sozialen Umwelt zum Ausdruck. Die ablehnende Haltung gegenüber der WfbM-Arbeit wird durch eine vermeintlich positive Formel - „@Des könnt ich net, des bewunder ich, da könnt ich net schaffen@“, kaschiert. Hierdurch wird zum Ausdruck gebracht, dass derjenige, der eine solche Äußerung einbringt, für sich selbst diese Arbeit eher weniger favorisieren würde, weil er selbige als nicht attraktiv betrachtet. Die Äußerung, „da könnt ich net schaffen“, ist demnach nicht als Ausdruck einer selbstzugeschriebenen geringfügigen Kompetenz zu betrachten, sondern vielmehr als Indiz für die mangelnde Entschließung und Unlust, im Behindertenbereich tätig sein zu wollen.

Zusammenfassend kann festhalten werden, dass alle nichtbehinderten Befragten weitreichende Missachtungserfahrungen im Hinblick auf ihr berufliches Tätigsein in der Behindertenwerkstatt gemacht haben. Die direkten und indirekten Abwertungen ihrer Arbeit erfolgten nicht durch eine abstrakte anonyme Gesellschaft, sondern durch das unmittelbare soziale Umfeld (Familienangehörige, Freunde und Bekannte). In den Begrifflichkeiten von Honneth bedeutet dies entsprechend, dass durch ausbleibende soziale Wertschätzung die Möglichkeit der Selbstschätzung reduziert und durch Entwürdigungen und Beleidigungen die Ehre und Würde gefährdet wird. Kurzum, eine unverletzte Identität ist u.a. auf positive soziale Rückkoppelungen angewiesen (vgl. 1994, S.211).

Die behinderten Mitarbeiter haben sich hingegen nur geringfügig zu arbeitsfeldbezogenen Diskreditierungen seitens der nichtbehinderten Mehrheitsgesellschaft geäußert. In diesem Zusammenhang lassen sich lediglich zwei Textstellen identifizieren, aus denen abgeleitet werden kann, dass sich auch behinderte Personen der negativen gesellschaftlichen Außenwahrnehmung ihrer Arbeit bewusst sind.

4.3 Diskreditierungserfahrungen behinderter WfbM-Mitglieder

Indirekte Diskreditierungen bezogen auf behinderte Mitarbeiter

Gesellschaftliche Geringschätzung der WfbM-Arbeit

[Uwe - behinderter Mitarbeiter der WfbM-Küchengruppe] „[...] Frau Elin hat gesagt, ich wäre noch bei der ((nennt den Namen der Einrichtung - seine Stimme nimmt eine leicht verzweifelte Färbung an)). [...] Ich dachte ich bin jetz nich mer in der WfB ((mit leicht weinerliche Stimme))“ (BP-G3-4-Z.91-98).

Die Verzweiflung des Mitarbeiters resultiert daraus, dass er sich sehnlichst ein normales Arbeitsverhältnis außerhalb der WfbM auf dem sogenannten ersten Arbeitsmarkt wünscht. Zunächst war er der Auffassung, dieses Ziel erreicht zu haben, als ihm eine Stelle in der Küche eines Seniorenheimes angeboten worden ist (vgl. BP-G3-4-Z.62-72). Der Mitarbeiter misst der Mitgliedschaft in einem normalen Arbeitsbetrieb demnach einen höheren Wert bei als der WfbM-Mitgliedschaft. Es kann unterstellt werden, dass er erstere Mitgliedschaft deshalb als erstrebenswert erachtet, weil er den gesellschaftlichen Wertehorizont (WfbM-Arbeit ist weniger erstrebenswert als ein Normalarbeitsverhältnis) übernommen hat.

WfbM-Arbeit = ‘unsichtbare Arbeit‘

Das nächste Textbeispiel zeigt, dass manche behinderte Mitarbeiter die gesellschaftliche Außenwahrnehmung ihrer Arbeit als ein ‘Nicht-Wahrgenommen-Werden‘ identifizieren:

Ich [Forscher] erzähle den versammelten behinderten Metallwerkstattmitarbeitern, dass ich am Ende meiner Beobachtungen ein dickes Buch schreiben werde, in dem dann alles drinstehen wird, was ich Neues herausgefunden habe. Ein behinderter Mann zu meiner Rechten meldet sich zu Wort: „[...] Ich find des gut, das sie zu uns komme, da erfahre die da draußen mal was mir hier so mache. Des find ich gut, wenn des mal aufgeschriebe wird. Von meiner Seite aus können sie gerne kommen.“ Viele behinderten Mitarbeiter werfen hieraufhin ein: „Ja, des finde mer gut, da könne mir mal zeige was mir mache“ (BP-G2-0-Z.36-43).

Auf dem Hintergrund einer relativen Unsichtbarkeit der Arbeit geistig behinderter Menschen konstruiert der Mitarbeiter implizit die Gruppe der unwissenden Nichtbehinderten. Konkret werden letztere als „[...] die da draußen [...]" bezeichnet. Die in Aussicht gestellten Beobachtungsbemühungen des Forschers werden von dem behinderten Mitarbeiter als Möglichkeit betrachtet, die Unwissenheit der Nichtbehinderten und die Unsichtbarkeit der institutionalisierten Behindertenarbeit zu relativieren. Durch die Äußerung, „Des find ich gut, wenn des mal aufgeschriebe wird [...] da könne mir mal zeige was mir mache", wird dem Forscher quasi die Rolle eines Botschafters zugeeignet.

Insgesamt kann festgehalten werden, dass dem Wunsch des 'Beobachtet-Werden-Wollens' grundsätzlich der Wunsch nach Anerkennung vorauseilt. Dies wird im Besonderen auch daran deutlich, dass sich die behinderte Belegschaft eine Verschriftlichung der Beobachtungen gewünscht hat. Die Mitarbeiter wünschen sich demnach, dass ihre Arbeit hierdurch dauerhaft sichtbar gemacht werden soll.

4.4 Zur symbolischen Herstellung von (un-)doing disability im Werkstattkontext

In diesem Kapitel wird sich zeigen, dass die behinderten Angehörigen der WfbM gleichermaßen wie die nichtbehinderten Mitarbeiter vor allem Diskreditierungserfahrungen in ihrem unmittelbaren sozialen Nahfeld gemacht haben. Bezogen auf die behinderte Belegschaft konstituiert sich dieses Umfeld insbesondere aus nichtbehinderten professionellen Assistenzkräften.

Im Folgenden wird aufgezeigt, wie im sozialen Feld Behindertenwerkstatt (geistige) (Nicht-)Behinderung prozessual im Sinne von (un-)doing disability hervorgebracht worden ist und welche Faktoren diese Hervorbringungen positiv oder negativ konditioniert haben. In diesem Zusammenhang werde ich drei entdeckte Hauptlinien der symbolischen Herstellung von Behinderung und Nichtbehinderung diskutieren, die im Rahmen der Operationalisierung von (geistiger) Behinderung in Kap. 2.2.4 bereits angeklungen sind:

- Herstellung von (Nicht-)Behinderung durch ästhetische Mittel
- Herstellung von (Nicht-)Behinderung durch tätigkeitsbezogene Mittel

- Herstellung von (Nicht-)Behinderung durch diskursive Mittel

4.4.1 Herstellung von (Nicht-)Behinderung durch ästhetische Mittel

In allen drei Werkstattgruppen hat sich gezeigt, dass insbesondere Kleidung mehr oder weniger stark funktionalisiert worden ist, um Behinderte und Nichtbehinderte sichtbar zu machen.

Kleidungsbezogene (Nicht-)Generalisierung in der Montage-Verpackungsgruppe

In der Montage-Verpackungsgruppe werden u.a. Gegenstände eingetütet, die später im medizinischen Bereich Verwendung finden. Demzufolge muss der Verpackungsvorgang unter hygienischen Bedingungen erfolgen. Dies bedeutet beispielsweise, dass die Produkte nicht durch Haare verunreinigt werden dürfen. Um dieses zu gewährleisten, ist das Tragen von Haarnetzen erforderlich, die auch in der Chirurgie eingesetzt werden. Im gesamten Beobachtungszeitraum hat sich gezeigt, dass die behinderten Werkstattmitglieder solche Schutzhauben während der Fertigungs- und Verpackungsarbeit kontinuierlich getragen haben, während dies bei den nichtbehinderten Arbeitskräften nur eher selten der Fall war. Bei den nichtbehinderten Arbeitskräften hat sich bezogen auf diesen Sachverhalt herausgestellt, dass sie sich dessen bewusst sind, dass sie eigentlich ebenfalls eine Schutzhaube während der Arbeit tragen müssten. Im Wesentlichen wurden in diesem Zusammenhang zwei Gründe für das seltene Tragen oder Nichttragen der Netze von den Assistenzkräften angeführt:

Leiterin [zum Forscher]: „Ich vergesse fast immer ein Netz zu tragen. Eigentlich müsste ich eines aufsetzten, weil ich sehr lange Haare habe @(1)@.“ ((Ihr darauffolgendes Lachen hat etwas Entschuldigendes)) (BP-G1-6-Z.47-50).

Neben der Begründungsfigur des Vergessens hat sich beispielsweise ein nichtbehinderter Mitarbeiter auch dahingehend geäußert, dass er deshalb keine Haube tragen würde, weil er sehr kurzes Haar [2mm] hätte. Auf der Grundlage dieser Rechtfertigung wurde übrigens auch dem Forscher erlaubt, ohne Haarnetz arbeiten zu dürfen, weil dieser ebenfalls sehr kurzes Haupthaar aufwies (vgl. BP-G1-6-Z.30-38). Interessanterweise befanden sich unter den behinderten Belegschaftsmitgliedern einige

Personen, die ebenfalls extrem kurz geschnittenes Haar oder eine Glatze hatten, die jedoch dennoch ein Haarnetz während der Arbeit tragen mussten (vgl. BP-G1-6-Z.40-42). Weiter war zu beobachten, dass die behinderten Gruppenmitglieder mit längerem Haar die Netzhauben nicht sachgerecht trugen. Vielfach ragten viele Haare aus deren Netzen heraus (vgl. BP-G1-6-Z.82-85). Während des gesamten Beobachtungszeitraumes wurde dieser Zustand seitens der nichtbehinderten Mitarbeiter nie beanstandet. Vielmehr war es den Vorgesetzten wichtig, die Haarnetzpflicht für behinderte Arbeitskräfte generell aufrecht zu halten (vgl. BP-G1-6-Z.84-86 u. BP-G1-5-Z.30-33).

Insbesondere bezogen auf die letzten beiden Aspekte stellt sich die Frage nach der Zweckdienlichkeit der Haarnetzpflicht. Auf der Grundlage dieser Ausführungen wirken die angeführten hygienischen Gründe eher vorgeschoben, weil in den meisten Fällen weder nichtbehinderte Mitarbeiter mit langem Haar eine Haube trugen noch behinderte Mitarbeiter mit Langhaarfrisuren die Hauben ordnungsgemäß aufsetzen mussten. Es kann vermutet werden, dass das Tragen oder Nichttragen der Hauben primär der innergruppenspezifischen Distinktion dient. Dies bedeutet letztlich, dass Behinderte durch das Tragen der Hauben und Nichtbehinderte durch das Nichttragen der Netze markiert werden. Es geht demnach um die Herstellung einer ästhetischen Unterscheidbarkeit von Behinderten und Nichtbehinderten, die ohne die Hauben weniger gewährleistet wäre. Dies liegt daran, dass in der untersuchten Montage-Verpackungsgruppe Behinderte und Nichtbehinderte von ihrem Gesamterscheinungsbild kaum zu unterscheiden waren (vgl. BP-G1-2-Z.10-11). Der Forscher wird in diesen Zwei-Gruppen-Bildungsprozess seitens der Nichtbehinderten mit einbezogen, weil ihm bedeutet wurde, dass er nicht der Haarnetzpflicht unterliegen würde. Er wurde von den nichtbehinderten Kräften demzufolge als Nichtbehinderter beobachtet[70].

Kleidungsbezogene Generalisierung in der Metallwerkstatt

In der Metallwerkstatt hingegen wurden Behinderte und Nichtbehinderte in keiner Weise kleidungsbezogen gesondert ästhetisiert. Alle Mitarbeitenden trugen dort die gleiche Arbeitskleidung wie Handschuhe, Schutzbrillen, blaue Arbeitshosen und Sicherheitsschuhe mit Stahlkappen (vgl. BP-G2-2-Z.18-23). Diese Vereinheitlichung war insbesondere aus arbeitsschutzrechtlichen Gründen notwendig. Im Hinblick auf die Metallwerkstatt kann eher von einer Auflösung der Grenzen zwischen Nichtbehinderten und Behinderten ausgegangen werden. Letztere Tatbestand zeigt sich insbesondere an den T-Shirts mit dem Aufdruck

‚Metall', welche von behinderten und nichtbehinderten Mitarbeitern gleichermaßen getragen wurden (vgl. BP-G2-2-Z.21-22). Über den sicherheitstechnischen Aspekt hinaus diente Kleidung in der Metallwerkstatt demnach eher zur Schaffung einer kohäsiven Metallgruppenidentität. Insbesondere die besagten T-Shirts dienten demnach der Abgrenzung von anderen Arbeitsbereichen (Garten-Landschaftsbau, Holzbereich), in denen ebenfalls T-Shirts mit entsprechenden Werkstattgruppenaufdrucken getragen wurden (vgl. BP-G2-6-Z.29-30).

Kleidungsbezogene Distinktion in der WfbM-Großküche

Innerhalb der WfbM-Großküche bestand hingegen eine klar definierte differenzierte Kleiderordnung. Dies macht zunächst ein Fauxpas deutlich, der dem Forscher bei der Abholung seiner Arbeitskleidung am ersten Tag seiner Beobachtertätigkeit unterlaufen ist:

> Die [nichtbehinderte] Mitarbeiterin fragt mich [Forscher] nach meiner Kleidergröße und händigt mir entsprechend meiner Angaben zwei weiße T-Shirts, eine schwarz-weiß karierte Hose und eine Papierkappe aus. Während ich die Kleidungsstücke entgegennehme, frage ich nach dem aus meiner Sicht noch fehlenden weißen Sakko mit den schwarz-weißen Knöpfen. Sie schaut mich hierauf hin mit ungläubigem Blick an und meint zu mir, dass nur noch eine weiße Schürze fehlen würde. Nachfolgend macht sie mir klar, dass die weißen Jacken nur für Köche vorgesehen sind. Sie fragt mich etwas irritiert, ob ich denn als Koch hier anfangen würde (BP-G3-2-Z.47-54).

Den ausgebildeten Köchen (respektive Köchinnen) stehen weiße Sakkos zu. Die Chefköche haben im Übrigen zusätzlich die Option, einen zylinderförmigen, etwa 40 cm hohen Kochhut aufsetzen zu dürfen (vgl. z.B. BP-G3-6-Z.114-120). Die männlichen behinderten und nichtbehinderten geringqualifizierten Köche und Hilfskräfte dürfen lediglich dieselbe Kleidung tragen wie diejenige, welche auch dem Forscher ausgehändigt wurde (vgl. z.B. BP-G3-2-Z.126-129). Die weiblichen behinderten und nichtbehinderten Arbeitskräfte ohne Kochausbildung (meist Hauswirtschaftlerinnen oder ungelernte Hilfskräfte) tragen im Übrigen pink- und blau-weiß gestreifte Schürzenkleider nebst einem Papierschiffchen zum Bedecken des Haupthaars (vgl. z.B. BP-G3-2-Z.108-110).

Durch die Kleidungsordnung in der Großküche wird demnach ein formelles und soziales Positionsgefälle kenntlich gemacht, welches strikt hierarchisch organisiert ist. An oberster Stelle stehen die Chefköche, gefolgt von den Köchen/ Köchinnen und Hilfsköchen/ Köchinnen. Danach folgen die Hauswirtschaftlerinnen und Hauswirtschaftler gefolgt von den hauswirtschaftlichen Assistenzkräften. Auf unterster Stufe stehen die ungelernten nichtbehinderten Hilfskräfte und schließlich die behinderten Belegschaftsmitglieder.

Die untersuchte Großküche differenziert sich weiter in zwei klar voneinander abgetrennte Arbeitsgruppen. Während die gelernten und ungelernten nichtbehinderten Großküchenmitglieder in der Haupthalle der Großküche arbeiten, führen die behinderten Mitarbeitenden ihre Tätigkeiten in einem Nebenraum der Haupthalle durch. Letzterer Personenkreis ist der WfbM-Küchengruppe (WfbM-KG) zugehörig, während die nichtbehinderten Mitarbeitenden bis auf wenige Ausnahmen in der Küchen-Servicegesellschaftsgruppe (KSGG) arbeiten[71]. Letztere Arbeitsgruppe ist formal nicht der WfbM angegliedert, sondern lediglich räumlich auf dem WfbM-Gelände verortet. Nimmt man diese beiden Arbeitsgruppen zusammen in den Blick, dann dient Kleidung in der Großküche primär der Sichtbarmachung beruflicher Qualifikationen und nicht der Kenntlichmachung von Behinderung und Nichtbehinderung. Lediglich in einem Fall kam es vor, dass ein nichtbehinderter Mitarbeiter der WfbM-KG versucht hat, sich deutlich kleidungsspezifisch von der Gruppe der Behinderten zu distinguieren. Während der Leiter der WfbM-KG stets die gleiche Kleidung getragen hat wie die männlichen behinderten WfbM-KG-Mitglieder (Schürze, schwarz karierte Hose, weißes T-Shirt und weißes Papierschiffchen), hat dessen Stellvertreter zu jedem Zeitpunkt ein Kochsakko getragen (vgl. BP-G3-7-Z.32-35). Das Tragen des Sakkos kann demnach als Überstrukturierung Zwecks Unterstreichung des eigenen Nichtbehinderten- und Qualifikationsstatus gewertet werden, worauf der WfbM-KG-Leiter bewusst verzichtet hat:

> [Leiter der WfbM-KG]: „Ich trag auch immer normale Kleidung wie die Beschäftigten, wir sind hier alle gleich, egal ob behindert oder nichtbehindert. Behinderte gibt es bei uns eigentlich nicht“ (BP-G3-1-Z.31-33).

Der WfbM-KG-Leiter möchte keine kleidungsspezifische Unterscheidung einführen, um sich als Nichtbehinderter zu kennzeichnen. Er verzichtet demnach auf die visuelle Veräußerlichung seines formal höheren Sozialstatus. Er möchte allerdings hierdurch auch seinem Gefühl der Gruppenzugehörigkeit Ausdruck verleihen und durch den Abbau ästhetischer Statusmerkmale Gruppenkohäsion herstellen. Letzteres wird seiner Ansicht nach gerade durch die besagte Kleidungsdistinktion seines nichtbehinderten Kollegen verhindert:

D: [Leiter der WfbM-KG zum Forscher] Wissen se ich hatte die letzte Woche hier SPZ [sonderpädagogische Zusatzschulung] und wenn ich dann seh, des

> meine Vertretung – ich meine wir laufe grundsätzlich so rum ((zupft an seinem T-Shirt)), einfach um den Leuten auch zu zeige mir sind ein Team. [...] Und wenn ich dann seh [...] des dann ne Vertretung kommt [...] und sehe da müsse verstärkte Kochjacke getrage werde, da muss ne gesteckte Mütze getragen werde. Wenn der sich dann hinstellt und sagt ich bins ihr seid net gut genug, des is doch dann des Bild was da kommt (Int.-G3-4-Z.294-301).

4.4.2 Herstellung von (Nicht-)Behinderung durch tätigkeitsbezogene Mittel

Tätigkeitsbezogene Distinktion in der WfbM-Großküche

Während die nichtbehinderten Arbeitskräfte der KSGG ausschließlich in der Haupthalle mit der Zubereitung von Salaten, Süßspeisen und dem Kochen der Malzeiten beschäftigt sind, befassen sich die behinderten Mitglieder der WfbM-KG in einem Nebenraum ausschließlich mit dem Waschen und Zerkleinern von Gemüse (vgl. BP-G3-5-Z.39-47 u. BP-G3-Z.57-64). Zwischen den behinderten und nichtbehinderten Küchenmitgliedern der jeweiligen Arbeitsgruppen existiert im Grunde nur ein tätigkeitsbezogener Überschneidungsbereich. Zum Ende eines Arbeitstages stehen die Gruppenmitglieder der WfbM-KG und der KSGG gemeinsam an der Spülmaschine und reinigen das Geschirr (vgl. z.B. Int.-G3-1-Z.95-100 u. BP-G3-6-Z.1-18).

Die genannten Arbeitsgruppen betreffend wird Behinderung und Nichtbehinderung folglich zuvorderst durch die eindeutige Definition von Tätigkeitsbereichen symbolisch gekennzeichnet. Während Nichtbehinderte kochen und Speisen zubereiten dürfen, haben behinderte Arbeitskräfte nach bestehender Küchenverordnung keine Möglichkeit, sich an der Zubereitung der Speisen zu beteiligen (vgl. BP-G3-5-Z.39-54). Die Aufgabe der behinderten Belegschaftsmitglieder besteht hauptsächlich im Vorbereiten der Nahrungsmittel. Bei genauerer Betrachtung der WfbM-KG im Speziellen relativiert sich die tätigkeitsspezifische Distinktion zwischen Behinderten und Nichtbehinderten. Abgesehen von diversen Bürotätigkeiten (Dokumentation, Arbeitsorganisation etc.) hat der WfbM-KG-Leiter dort stets die gleichen Tätigkeiten vollzogen wie die behinderte Belegschaft. Er hat ebenfalls Salat gewaschen, Petersilie gerupft oder Gemüse zerkleinert und sich informell mit Behinderten auf eine Ebene gestellt. Lediglich die weiter oben beschriebene Leitungsvertretung hat sich grundsätzlich nicht an den Tätigkeiten der Behinderten beteiligt. Dieser Mann hat demzufolge seinen Status als Nichtbehinderter zusätzlich durch Tätigkeitsdistinktion markiert. Auch dieser Tatbestand wird vom Chef der WfbM-KG kritisiert, weil aus seiner Sicht durch Tätigkeitsdistinktion ein zusätzliches künstliches Positions- und Machtgefälle geschaffen wird. Ferner wird nach seinem Dafürhalten allerdings auch ein Einblick in die gruppeninternen Themensetzungen der behinderten Mitarbeitenden verhindert:

D: [Leiter der WfbM-KG zum Forscher] Des man [bezogen auf die nichtbehinderte Vertretungskraft des WfbM-KG-Leiters] sich aber dann so von einer Gruppe ausgrenzt, des is net ok. Wissen sie, ich könnt jetz runner gehen und könnt mir [...] ne weiße Kochjacke hole. So, ich bin jetz was ganz anneres, ich lauf jetz da drin als Doktor rum [...], ich putz kei Salat, ich schäle nix in der Gruppe ((empörter Unterton)). Ja? – Da bekomme ich aber auch nich den Zusammenhang von der Gruppe mit (Int.-G3-4-Z.310-315).

Den Umstand, vielfach die gleichen Tätigkeiten ausüben zu müssen wie die behinderten Gruppenmitglieder, sieht der WfbM-KG-Leiter einerseits als Unterforderung und Geringschätzung seiner tatsächlichen fachlichen (pädagogischen) Kompetenzen. Auf der anderen Seite betrachtet er die Zusammenarbeit mit den Behinderten bei gleicher Tätigkeitsausübung jedoch zugleich auch als Chance, wertvolle pädagogische Beziehungsarbeit leisten zu können:

D: [Leiter der WfbM-KG] [...] Wir haben beschlossen ihm [ein behinderter Mitarbeiter] zum Abzählen der Kartonagen ein Hilfsmittel zu machen, so dass er nur noch die Anzahl der Kartons mit einer Liste vergleichen muss. Des kann er lernen, so weit is er. Komm ich aber in Moment überhaupt nich dazu. Des ganze Gefüge stimmt net mehr. Ich renn hier nur rum und füll irgendwelche Lücken, ohne was damit zu bewirken. Ich hab nach Oben schon gesagt, Leute, ich bin doch hier nich nur dazu da Salat zu putze und Karotten zu schälen ((sehr missmutig)). Des kann's ja wohl net sei. Net des mir des was ausmacht. Des macht mir nix aus mit de Leut drinnen zusammenzusetzen und Salat zu machen (Int.-G3-4-Z.90-102).

Tätigkeitsbezogene Distinktion in der Metallwerkstatt

Obgleich weiter oben deutlich wurde, dass die nichtbehinderten Mitarbeiter der Metallwerkstatt keine Notwendigkeit sehen, sich ästhetisch von den behinderten Arbeitskräften unterscheiden zu müssen, so ist dies tätigkeitsbezogen durchaus der Fall. Werfen wir in diesem Zusammenhang zunächst einen kurzen Blick auf die einzelnen Tätigkeitsfelder und

Aufgabenbereiche der behinderten Metallwerkstattmitglieder.

Die Metallwerkstattgruppe lässt sich idealtypisch in drei Fraktionen unterteilen. Zunächst ist die Gruppe der 'Spezialisten' anzuführen. Diese Teilgruppe setzt sich aus wenigen teils hochqualifizierten behinderten Mitarbeiterinnen und Mitarbeitern zusammen. Dieser Personenkreis wird meist an speziellen Maschinen eingesetzt, an denen beispielsweise computerunterstützte Bohr- Stanz- und Fräsarbeiten durchgeführt werden. Hierbei ist es erforderlich, selbstständig Programmroutinen zu überwachen, Fehler zu erkennen und Material nachzulegen (vgl. z.B. BP-G2-3-Z.140-142, BP-G2-4-Z.62-64 u. BP-G2-7-Z.74-93).

Die zweite und kleineste Arbeitsgruppensektion besteht aus den 'Universalisten', die für nahezu alle Tätigkeiten flexibel einsetzbar sind (vgl. z.B. BP-G2-6-Z.100-104). Die dritte und größte Gruppe setzt sich aus Mitarbeitern zusammen, die für eher einfache Reinigungstätigkeiten eingesetzt werden. Diese sind ausschließlich mit der Säuberung von Metallgewindehülsen oder fettbeschmierten Metallplatten befasst[72]. Diese Gruppe bezeichne ich als 'Reinigungsfachgruppe'. Genaugenommen sind auch diese Mitarbeiter 'Spezialisten', allerdings mehr für Tätigkeiten, welche nur eine eher geringe fachliche Qualifikation erfordern. Insgesamt gilt zudem, dass auch die genannten höher qualifizierten 'Spezialisten' im Bedarfsfall (z.B. Mangel an Arbeitsaufträgen) in der Gruppe der Reinigungsfachleute eingesetzt werden (vgl. z.B. BP-G2-10-Z.51-71).

Die nichtbehinderten Mitarbeiter sind hingegen neben ihren pädagogischen und administrativen Aufgaben produktionsbezogen ausschließlich mit der Wartung, Überwachung und Programmierung der Produktionsmaschinen betraut (vgl. Int.-G2-2-Z.8-17). Sie haben im Gegensatz zu den nichtbehinderten Mitarbeitern der WfbM-Küchengruppe grundsätzlich keine Aufgaben übernommen, die normalerweise von behinderten Arbeitskräften wahrgenommen werden. Diese Entscheidung wurde vorzugsweise mit dem pädagogischen Ziel begründet, den behinderten Werkstattmitarbeitern hierdurch zu mehr Selbstständigkeit verhelfen zu wollen:

> H: [stellvertretender Leiter der Metallwerkstatt]: „[...] Wir schauen überhaupt darauf, dass alle selbstständig arbeiten. Das sieht von außen betrachtet ein bisschen so aus, als ob wir faul wären, aber ich denk den Mitarbeitern in der Produktion bringt dies für die Selbstständigkeit mehr" (BP-G2-2-Z.156-158).

Nach meinem Dafürhalten sollte diesem Argument bezogen auf die geschilderten Reinigungstätigkeiten mit einer gewissen Skepsis begegnet werden. Es könnte sein, dass sich nichtbehinderte Mitarbeiter vielmehr auch deshalb nicht an den Hülsenreinigungsarbeiten beteiligen, weil es sich hierbei um eine eintönige und mühsame Arbeit handelt, die eher aus dieser Widrigkeit heraus den Behinderten überlassen wird. In der Metallwerkstatt kommt es allerdings auch deshalb zu wenigen tätigkeitsbezogenen Überschneidungen zwischen Behinderten und Nichtbehinderten, weil viele Tätigkeiten ein hohes Maß an fachlicher Qualifikation voraussetzen, die den behinderten Mitarbeitern entweder noch nicht vermittelt worden sind oder aus zeitlichen Gründen in der Regel nicht vermittelt werden können:

H: [stellvertretender Metallwerkstattleiter] [...] da is einiges an Potential da. Ähhm, wir haben ja nen großen Bereich von den Fähigkeiten. Da sind wirklich eher Schwächere dabei und teilweise recht Fitte, die teilweise schon mal nen Arbeitsplatz oder ne Ausbildung angefangen haben teilweise. Also da wäre einiges noch zu fördern, wo man noch was anbieten könnte, wofür leider oft die Zeit fehlt, um das noch zu vermitteln (Int.-G2-3-Z.33-37).

Insbesondere bezogen auf den letzten Aspekt gilt für die Metallwerkstatt insgesamt, dass die behinderten Arbeitskräfte nicht aus Distinktionsgründen (Unterscheidung Nichtbehinderte/ Behinderte) nicht in bestimmte Arbeitsfelder involviert sind. Demnach verhält es sich mit den Tätigkeitsmöglichkeiten für Behinderte in der Metallwerkstatt gegenüber der WfbM-Großküche gänzlich anderes. Ich erinnere in diesem Zusammenhang nochmals an die dortigen tätigkeitsbezogenen Symbolisierungsprozesse von (Nicht-)Behinderung. Dort sind behinderte Arbeitskräfte von differenzierteren Tätigkeiten wie z.B. Kochen grundsätzlich ausgeschlossen, obgleich sie jene mit entsprechender Begleitung sachgerecht ausüben könnten (vgl. hierzu später Kap. 4.7.1). Die nichtbehinderten Entscheidungsträger der Metallwerkstatt haben demgegenüber grundsätzlich kein Problem damit, wenn ein behinderter Mitarbeiter eines ihrer Aufgabenfeder im übertragenen Sinne betritt, um sich dort zu bewähren:

I: [...] Gibt es denn irgendwelche Tätigkeiten an den Maschinen, die [...] nur von nichtbehinderten Mitarbeitern durchgeführt werden dürfen?
H: [stellvertretender Metallwerkstattleiter] <u>Dürfen?</u> ((leicht irritiert)) [...] Ne. Wir ham im Bereich Sägen auch Sägeanlagen, da war in der letzten Zeit auch ein betreuter Mitarbeiter, der angelernt wurde und der eigenständig arbeiten durfte dran. Dufte seine Jobs da rein programmieren und durfte die Säge bedienen. Ähm, da gab's keine Einschränkungen. Man musste ihn da halt ein Stück begleiten (Int.-G2-3-Z.123-131).

Auch an anderer Stelle zeigt sich, dass in der Metallwerkstatt behinderte Arbeitskräfte an qualifizierteren Tätigkeiten partizipieren dürfen und darin gefördert werden:

[Forscher] „Und wie kam das mit der Maschine hier, wie sind sie an diesen Job rangekommen?"
[behinderte Mitarbeiterin] „Ich hab mich einfach dafür interessiert und dem Hans [stellvertretender Metallwerkstattleiter] gesagt, dass ich das gerne lernen möchte. Er hat mich dann eingearbeitet und mir alles erklärt" (BP-G2-3-Z.137-139).

Tätigkeitsbezogene Distinktion in der Montage-Verpackungsgruppe

In dieser Arbeitsgruppe werden von allen nichtbehinderten Werksattgruppenmitgliedern in der Regel die gleichen Tätigkeiten zur Durchführung gebracht wie von den Behinderten. Diese Tätigkeiten bestehen meist darin, Kunststoffbauteile in einer vorgegebenen Weise zusammenzustecken (vgl. z.B. BP-G1-3-Z.70-88 oder BP-G1-14-Z.25-28). Ferner sind die behinderten und nichtbehinderten Mitarbeitenden größtenteils auch mit dem Abzählen von Bauteilen befasst, die anschließend in Plastiktüten verpackt werden (vgl. z.B. BP-G1-4-Z.29-31 u. BP-G1-7-Z.105-106 u. BP-G1-7-Z.117-119). Wie in der Metallwerkstattgruppe existiert auch in der Montage-Verpackungsgruppe eine kleine Spezialistengruppe, die sich aus wenigen behinderten Arbeitskräften zusammensetzt. Deren Tätigsein unterscheidet sich auf den ersten Blick nicht wesentlich von den übrigen behinderten Belegschaftsmitgliedern. Der Hauptunterschied besteht vornehmlich in der Besonderheit, dass diese Gruppenmitglieder sehr viel selbstständiger arbeiten als die übrigen behinderten Arbeitskräfte. Sie zeichnen sich durch ihr Vermögen aus, fertigungsspezifische Unzulänglichkeiten selbstständig erkennen und beheben zu können (vgl. BP-G1-7-Z.98-103 und BP-G1-19-Z.69-71). Diese Werkstattgruppenmitglieder können gefertigte Produkte demnach selbstständig einer Qualitätsprüfung unterziehen. Die übrigen behinderten Mitglieder der Montage-Verpackungsgruppe verfügen nur in eher bescheidenem Maß über eine solche Kompetenz, so dass die Produkte in der Regel von den nichtbehinderten Mitarbeitern überprüft werden müssen. Nach Auskunft der nichtbehinderter Mitglieder der Montage-Verpackungsgruppe erfordern diese Kontrollen meist mehr Zeit als die Fertigung der Produkte selbst (vgl. BP-G1-6-Z.119-122). Dieser Umstand wurde demnach als Begründung dafür angeführt, dass nichtbehinderte Mitarbeiter meist die gleichen Fertigungsaufgaben übernehmen wie die behinderte Belegschaft. Demzufolge wurde die terminbedingte Notwendigkeit des besagten Erfordernisses hervorgehoben, „[…] weil wir sonst nicht fertig werden würden“ (BP-G1-6-Z.120-121). Neben diesem Aspekt wurde allerdings implizit auch die Unzulänglichkeit der behinderten Gruppenmitglieder als Begründung mitbenannt. Folglich bedurfte die Rechtfertigung, Tätigkeiten zu übernehmen, welche üblicherweise die Behinderten ausführen, auch einer Defizitkonstruktion.

Insgesamt betrachtet wurde die Übernahme von ‘Behindertentätigkeiten‘ seitens der nichtbehinderten Mitglieder der Montage-Verpackungsgruppe indirekt als unattraktiv bewertet. Dies zeigt sich daran, dass die nichtbehinderten Mitarbeiter große Bemühungen unternommen haben, den Forscher dahingehend zu instruieren, welche Tätigkeiten die nichtbehinderten Kräfte zusätzlich verrichten:

> [Leiterin zum Forscher] „[…] Weißt du was wir außer diesen Dingen [bezogen auf die ‘Behindertentätigkeiten‘] noch so machen, soll ich es dir mal zeigen?“ Ich willige interessiert ein und wir gehen – die Leiterin vorneweg – an einen Aktenschrank innerhalb des Bürobereiches. Gleich darauf erzählt Frau Sievers, dass man als Mitarbeiter auch Entwicklungsberichte schreiben und die Beschäftigten in ihrem Arbeitsverhalten beurteilen muss. Zudem müssen nach ihren Angaben Betreuungsplanungen und eine Vielzahl an Dokumentationsprotokollen geschrieben werden. Sie zieht einen entsprechenden Ordner aus dem Schrank. Leiterin: „Hier sind beispielsweise die Protokolle von den Freitagsgesprächen und hier von den Teamsitzungen. […] Wir Mitarbeiter bereiten immer im Wechsel ein Thema [für die Freitagsgespräche] vor.“ Sie holt einen weiteren Ordner hervor und blättert nun in beiden Ordnern abwechselnd eine Vielzahl an Seiten um und kommentiert deren Inhalte. [...] Sie legt auch einige Ordner zur Ansicht vor, in denen diverse Kundenaufträge und arbeitsorganisatorische Schriftstücke abgeheftet sind. Mir schwirrt der Kopf, da ich der Chefin in der Menge ihrer Ausführungen kaum noch folgen kann. Sie erzählt sehr schnell und wechselt ständig zwischen den Ordnern und Aufgabenbereichen hin und her (BP-G1-6-Z.126-142).

Die Leiterin bemüht sich, eine Kontrastfolie zu den ‘Behindertentätigkeiten‘ zu entwerfen. Hierdurch versucht sie gewissermaßen auch vorbeugend den möglichen Eindruck zu entkräften, dass die nichtbehinderten Mitarbeiter ausschließlich die gleichen Tätigkeiten vollziehen wie die Behinderten. Sie ist folglich bemüht, ihre Position als Nichtbehinderte zu affirmieren, indem sie die Mannigfaltigkeit und Differenziertheit der Tätigkeiten der Nichtbehinderten faktisch belegt.

Ein Indiz für die Brisanz der hier geschilderten Thematik für die nichtbehinderten Mitglieder der Montage-Verpackungsgruppe sehe ich darin, dass die Assistenzkräften in allen Fällen unaufgefordert die Übernahme von 'Behindertentätigkeiten' gerechtfertigt und auf ihre 'eigentlichen Aufgaben' hingewiesen haben (vgl. z.B. BP-G1-8-Z.59-64). Dieser Tatbestand kann insgesamt als Zeichen dafür gewertet werden, dass die Nichtbehinderten hierdurch hervorheben möchten, dass sie zu sehr viel qualifizierterer Arbeit fähig sind. Die nichtbehinderten Arbeitskräfte stellen somit sicher, dass trotz der Übernahme bestimmter Tätigkeiten, die normalerweise nur von Behinderten übernommen werden, kein symbolischer Gruppenwechsel hin zu den behinderten Mitarbeitern vollzogen wird.

4.4.3 Herstellung von (Nicht-)Behinderung durch diskursive Mittel

In diesem Abschnitt werde ich mich mit den diskursiven Bezeichnungspraxen befassen, durch die doing disability im WfbM-Kontext hervorgebracht wird. In diesem Zusammenhang werde ich mich ausschließlich mit der untersuchten Montage-Verpackungsgruppe beschäftigen, weil geistige Behinderung während des gesamten Untersuchungszeitraums nur in dieser Arbeitsgruppe durch Sprachhandlungen akzentuiert worden ist. Die einzige Ausnahme betrifft lediglich den ersten entdeckten diskursiven Herstellungsaspekt, namentlich die Unterscheidung Mitarbeiter/ Beschäftigte, die in der untersuchten WfbM insgesamt anzutreffen war.

Zur Unterscheidung Mitarbeiter/ Beschäftigte

Durch die Bezeichnungen Mitarbeiter und Beschäftigte wird eine sprachliche Distinktion bezogen auf behinderte und nichtbehinderte Werkstattmitglieder eingeführt. Diese Unterscheidung betreffend gilt, dass nichtbehinderte Werkstattangehörige als Mitarbeiter und behinderte Werkstattmitglieder als Beschäftigte bezeichnet werden (vgl. Int.-G1-2-Z.66-70).

Wir können in Bezug auf diese Unterscheidung zunächst wertfrei eine pragmatische Funktion annehmen, die darin besteht, die nichtbehinderten Assistenten und die behinderten Mitarbeiter sprachlich voneinander unterscheiden zu können. Betrachtet man die beiden Bezeichnungen allerdings genauer, so relativiert sich deren Wertfreiheit. Es werden nicht nur zwei deutlich voneinander unterschiedene Personengruppen diskursiv erzeugt, sondern zugleich eine hierarchische Ordnung offengelegt. Deutlich wird dies an der Bezeichnung Beschäftigte, der im Gegensatz zum Begriff Mitarbeiter ein negatives Moment inhärent ist. Hier tritt für mein Dafürhalten die gesellschaftlich geringere Bewertung des Tätigseins bzw. der Arbeit von Behinderten implizit zu Tage. Letztere wird demnach nicht wirklich als ernstzunehmende Arbeit anerkannt. Der Begriff Beschäftigte spiegelt durchaus die negative Konnotation des Arbeitsvermögens behinderten Menschen wieder. Sie arbeiten nach gesellschaftlichen Maßstäben nicht wirklich, sondern 'beschäftigen' sich im Werkstattalltag lediglich mit etwas oder werden mit etwas 'beschäftigt'. Ihre Arbeit ist demnach in der allgemeinen gesellschaftlichen Außenwahrnehmung nicht wirklich von Wert. Bezogen auf den ersten Arbeitsmarkt werden die Bezeichnungen Mitarbeiter und Beschäftigte zwar meist synonym verwendet. Man spricht dort von Arbeits- und Beschäftigungsverhältnissen. Im WfbM-Bereich handelt es sich jedoch nur oberflächlich betrachtet um eine Gleichbedeutung und Gleichwertigkeit der genannten Begriffe. Dies wird auch daran deutlich, dass alle sogenannten Beschäftigten einen niedrigen Sozialstatus besitzen. Es existiert also keine formale Hierarchie innerhalb dieser Personengruppe, was sich u.a. daran zeigt, dass behinderte Mitarbeitende keine offiziell legitimierten Vorgesetzten- oder Vorarbeiterrollen einnehmen. Eine formale positionsspezifische Heterogenität findet sich nur bei den nichtbehinderten Arbeitskräften. Dort existieren Positionen wie Werkstattgruppenleitungen und Bereichsleitungen etc.. Die behinderten Werkstattmitglieder sind demnach positionsbezogen homogenisiert und befinden sich innerhalb der WfbM auf der niedrigsten Sozialstufe.

Es stellt sich hier die Frage, ob es innerhalb der WfbM nicht sinnvoll wäre, den Begriff Beschäftigte in behinderte Mitarbeiter umzuwandeln. Man könnte hier zwar einwenden, dass durch diese Begriffsänderung nichts gewonnen wäre, weil durch das Prädikat behindert die Arbeit Behinderter gleichermaßen eine negative Bewertung erfährt. Dennoch würde durch diese Bezeichnungsänderung zumindest symbolisch zum Ausdruck kommen, dass Behinderte in der WfbM nicht nur mit etwas 'beschäftigt' sind, sondern Arbeit leisten und an der Schaffung eines gesellschaftlichen Beitrags in Form von Dienstleistungen oder materiellen Erzeugnissen als vollwertige Mitarbeiter maßgeblich beteiligt sind. Auf dem Hintergrund dieser Kritik, habe ich mich in der vorliegenden Untersuchung dafür entschieden sogenannte Beschäftigte stets als behinderte Mitarbeiter zu bezeichnen.

Dass manche behinderten Werkstattmitglieder dieses hierarchische Gefälle durchaus bewusst wahrnehmen, zeigt sich im nachfolgenden

Textauszug, in dem eine behinderte Mitarbeiterin der Metallwerkstatt zu bedenken gibt, dass sie bezogen auf ihre informelle Rolle als Vorarbeiterin eigentlich keine Beschäftigte sei. Vielmehr sieht sie sich mit den nichtbehinderten Mitarbeitern auf einer vergleichbaren Stufe:

[Forscher] „Und was gefällt ihnen denn besonders an dieser Tätigkeit?“ - [behinderte Mitarbeiterin] „Ich seh des als ne Herausforderung, als einen besonderen Arbeitsplatz und wenn ich manchmal andere einarbeite, dann denk ich mir, dass ich eigentlich nen Mitarbeiter und kein Beschäftigter hier bin. Die anderen sagen auch immer der Stefan und ich mir sin des Dreamteam. [...] Wir sind die Besten hier“ (BP-G2-3-Z.154-159).

Symbolische Hervorbringung von doing disability durch Beleidigungsakte

Zunächst eine typische Szene aus der Montage-Verpackungsgruppe, die sich dort mehrfach in ähnlicher Form zugetragen hat:

Tom Horst ((nbMA)) [nichtbehinderter Mitarbeiter] sitzt rechts neben Jonas [behinderter Mitarbeiter] und schaut ihm bei der Arbeit zu. Der sich im Rollstuhl befindliche Jonas ist gerade dabei eine Plastikunterlegschreibe in einen dafür vorgesehenen Plastikzylinder einzufügen. Das fertiggestellte Produkt legt er kurz darauf in einen entsprechenden Pappkarton und wiederholt den gleichen Vorgang. Er führt seine Bewegungen sehr langsam und gewissenhaft aus. Während er zu einer weiteren Arbeitsschrittwiederholung ansetzt, trete ich zu Jonas und Tom an den Werktisch heran und frage Tom, wo ich denn heute arbeiten könnte. Er setzte gerade zur Antwort an, als er abrupt innehält und meint: „Oh Jonas, der Ring muss so herum auf den Zylinder, @hängt die Festplatte@ wieder? Die hängt meistens bei ihm.“ Jonas senkt den Kopf, blickt Herrn Horst mit ausdrucksloser Miene an und presst die Lippen aufeinander. Herr Horst nimmt Jonas das Bauteil aus der Hand und weist ihn mit genervtem Unterton darauf hin, dass er die Unterlegschreibe mit dem verstärkten Ende auf den Zylinder pressen muss. Tom demonstriert den durchzuführenden Arbeitsschritt und fordert Jonas verbal auf, die Arbeit nun selbst weiterzuführen. Jonas führt die Arbeit nun auf gleiche Weise aus, wie ihm dies von Tom gezeigt wurde. Tom schaut mich an und sagt: „@Jetzt funktioniert der Computer wieder@“ (BP-G1-15-Z.13-26).

Der Vorgesetzte nimmt hier Bezug auf einen defizitorientierten Diskurs hinsichtlich geistiger Behinderung, indem er moniert, die „Festplatte“ des behinderten Mitarbeiters würde ‘hängen‘. ‘Defekte Festplatte‘ fungiert hier als technisiertes Symbol für die kognitive Disposition des behinderten Mitarbeiters. Defizitorientiert ist die Äußerung des nichtbehinderten Mitarbeiters in doppelter Weise. Zum einen unterstellt er, dass der behinderte Mitarbeiter ausschließlich auf der Grundlage seiner kognitiven Beeinträchtigung nicht im Stande ist, seine Arbeit erwartungsgemäß durchzuführen. Auf einer weiteren Ebene zeigt sich allerdings, dass durch den Vergleich des Zentrums kognitiver Leistungen (Gehirn) mit einem Computer zusätzlich eine Simplifizierung des Mannes vorgenommen wird. Er wird gewissermaßen zu einer Trivialmaschine deklassiert, die auf der Grundlage eines bestimmten Inputs (Anweisungen durch den Vorgesetzten) zur Herstellung eines bestimmten Output (Arbeitsleistungsergebnis bzw. Produkt) veranlasst werden soll. Grundsätzlich zeigt sich daran, dass Probleme des Arbeitsablaufs auf eine individuelle Ebene (geistige Behinderung des Mannes) verschoben werden.

Genaugenommen kann aus dieser Szene noch eine dritte Diskreditierungsebene abgeleitet werden, welche allerdings nichtdiskursiver Art ist. Der nichtbehinderte Mitarbeiter nimmt Jonas das gefertigte Bauteil ungefragt aus der Hand und fügt selbiges nach seinen Vorstellungen zusammen. Er bedeutet ihm demnach gewissermaßen nonverbal, dass er ihm nicht zutraut, die ihm anvertraute Tätigkeit ordnungsgemäß auszuführen. Er gibt dem Mitarbeiter durch diese Form der Intervention weder die Möglichkeit, selbst herauszufinden, was mit dem Bauteil nicht in Ordnung sein könnte, noch gibt er ihm Gelegenheit, den Fehler selbstständig zu beheben. In dieser Szene wird demnach doing disability (nicht-)diskursiv hervorgebracht, wodurch der behinderte Mitarbeiter zu einem geistig Behinderten bzw. zu einem unselbstständigen und leistungsschwachen Subjekt degradiert wird.

Wahrscheinlich stellt die Anwesenheit des Forschers in diesem Fall eine nicht unwesentliche Hervorbringungsbedingung dieser Subjektivierungsform dar. Der Vorgesetzte möchte sich gegenüber dem Forscher deutlich als tatkräftiger, kompetenter und nichtbehinderter Mitarbeiter bzw. Mann inszenieren, indem er das abschließend positive Arbeitsergebnis des behinderten Mannes indirekt seinen pädagogischen Bemühungen zuschreibt. Dies zeigt sich daran, dass er die Äußerung, „Jetzt funktioniert der Computer wieder“, gleich im Anschluss an seine technischen Instruktionen und manuellen Korrekturbemühungen einbringt. Er bedeutet dem Forscher somit, dass der „Computer“ durch sein Einwirken im übertragenen Sinne 'repariert‘ worden ist. Der mögliche Eigenanteil des behinderten Mannes am positiven Arbeitsergebnis bleibt hingegen ausgeblendet.

Auch das nachfolgende Beispiel zeigt, dass Fehler im Fertigungsprozess dadurch individualisiert werden, indem der Aspekt geistige Behinderung deutlich in den Vordergrund gestellt wird:

Ich [Forscher] vernehme die Stimme der Leiterin und blicke seitlich neben der Verblendung des Paravents hindurch und sehe sie neben Martin [behinderter Mitarbeiter] stehen. Sie richtet folgende Worte an ihn: „Wie oft habe ich es dir schon erklärt, dass du nur einen Ring in die Scheibe legen darfst. Das Händchen nimmt das Ringelchen und das Ringelchen kommt in das Scheibchen. Ei ja mein Schätzchen. Und warum hast du den Ring nicht da reingelegt Schätzchen, das ist deine Aufgabe" ((mit modulierter Stimme – ähnlich einer Mutter, die mit ihrem Kind spricht)). Martin sagt hierauf nichts" (BP-G1-13-Z.44-49).

Zunächst bezieht sich die Kritik der Leiterin auf das aus ihrer Sicht mangelnde kognitive Leistungsvermögen des behinderten Mitarbeiters. Dieses Faktum untermauert sie dadurch, indem sie dem Mitarbeiter quasi unterstellt, nicht bis eins zählen zu können. Zudem wirft sie ihm vor, den einfachen Arbeitsschritt selbst nach mehrmaliger Demonstration noch immer nicht verinnerlicht zu haben: „Wie oft habe ich es dir schon erklärt, dass du nur einen Ring in die Scheibe legen darfst." Sie sieht das nicht erwartungsgemäße Arbeitsergebnis demnach ausschließlich als Ausdruck der kognitiven Beeinträchtigung des Mannes. Durch ihren sich anschließenden verbalen Vermittlungsversuch, wird der behinderte Mann zudem infantilisiert. Die Mitarbeiterin wechselt in einen Sprachmodus, der gegenüber einem Erwachsenen als gänzlich unangemessen betrachtet werden kann. Sie greift mit modulierter Stimme auf eine verniedlichende Wortwahl zurück, „Das Händchen nimmt das Ringelchen und das Ringelchen kommt in das Scheibchen". Auch durch den Satz, „Und warum hast du den Ring nicht da reingelegt Schätzchen, das ist deine Aufgabe", wird der Mann als Kind subjektiviert. Sie bedeutet ihm durch diese Äußerung zusätzlich, dass er aus ihrer Sicht unselbstständig und inkompetent ist: „des ist deine Aufgabe." Die Mitarbeiterin bringt sich hingegen selbstreferentiell als weisungsbefugte, nichtbehinderte und kompetente Mitarbeiterin hervor, welche weiß, wie die Arbeit korrekt ausgeführt werden muss und welche Fehlerursache in der aktuellen Situation vorliegt. Da für sie die kognitive Unzulänglichkeit des Mitarbeiters als alleinige Fehlerquelle bereits feststeht, ist es nicht weiter verwunderlich, dass sie weder den Arbeitsprozess noch die Qualität ihrer Vermittlungsbemühungen näher in Augenschein nimmt. Sie bezieht ihr Handeln als mögliche Fehlerquelle und Bildungsbarriere nicht mit ein. Problematisch ist in der vorliegenden Sequenz nicht allein der Tatbestand der Infantilisierung, sondern dass den Erklärungsversuchen seitens der Mitarbeiterin kein neues Moment hinzugefügt wird. Es kann unterstellt werden, dass die Vermittlung auch in der Vergangenheit in rein direktiver Form erfolgt ist, „Wie oft habe ich es dir schon erklärt, dass du nur einen Ring in die Scheibe legen darfst". Sie hat den behinderten Mitarbeiter folglich wohl bereits des Öfteren auf diesen Sachverhalt hingewiesen, ohne ihre Problemlösungsstrategie zu überdenken und weitere Fehlerquellen in Betracht zu ziehen, wodurch andere gegebenenfalls sozial bedingte Fehlerfaktoren unberücksichtigt bleiben.

Im Verlauf der weiteren Beobachtungen hat sich gezeigt, dass maßgeblich die großen Hände des Mannes, die feuchte Oberflächenbeschaffenheit derselben und der äußerst geringe Durchmesser der Unterlegscheiben (5 mm) maßgeblich mit dazu beigetragen haben, dass die Bauteile oft mit mehr als nur einer Unterlegscheibe bestückt worden sind. Der Mann hatte sichtlich Schwierigkeiten, mit seinen grobgliedrigen Fingern nur eine Scheibe aufzunehmen. Meist blieben an seinen feuchten Händen mehrere Scheibchen kleben, was mit dazu beigetragen hat, dass die Anzahl der Scheiben nicht mit der geforderten Menge übereingestimmt hat (vgl. BP-G1-14-Z.23-65). Das von der Leiterin unterstellte kognitive Unvermögen des behinderten Mannes hat sich eindeutig als Fehlurteil herausgestellt.

In manchen Fällen wurden behinderte Mitarbeiter auch in sehr viel härterer Form als geistig Behinderte markiert. Der nachfolgenden Interaktion ist eine Provokation seitens eines behinderten Mitarbeiters vorausgegangen, die allerdings die grenzüberschreitende Äußerung des nichtbehinderten Mitarbeiters in keiner Weise rechtfertigt:

> [behinderter Mitarbeiter] „Ich eß jetzt die Flasche, die Flasche essen.“ Nachdem er dies einige Male wiederholt hat, kommt Roland Matthes ((nbMA)) [nichtbehinderter Mitarbeiter] plötzlich vom Bürobereich auf Dennis zu und ruft ihm laut zu: „Du kannst dir meinetwegen die Flasche auch in deinen Arsch schieben, jetzt wird weitergearbeitet, ist das klar du Schwachkopf!“ (BP-G1-19-Z.173-176).

Der nichtbehinderte Mitarbeiter führt an dieser Stelle das Thema geistige Behinderung durch einen offensiven Beleidigungsakt ein, der durch die Wortwahl „Schwachkopf“ gekennzeichnet ist. Oberflächlich betrachtet geht es im vorliegenden Fall zunächst darum, dass der behinderte Mann durch das Intervenieren des Vorgesetzten zur Weiterarbeit angehalten werden soll. Auf einer weiteren Ebene dient diese Sprachhandlung jedoch auch dazu, die aktuellen Machtverhältnisse bzw. die Unterscheidung Behinderte/ Nichtbehinderte deutlich hervorzuheben.

Zusammenfassend kann festhalten werden, dass sich die nichtbehinderten Mitarbeiter der Montage-Verpackungsgruppe insbesondere auch durch diskreditierende Sprachhandlungen als Nichtbehinderte distinguieren, hierdurch geistige Behinderung generieren und zugleich einen kontrastierenden Vergleichshorizont schaffen, der ihnen diese

Unterscheidung ermöglicht. Ferner führt die Fixierung auf den Aspekt geistige Behinderung in dieser Arbeitsgruppe zur relativen Ausblendung sozialer Behinderungsprozesse und zur weiteren Hypostasierung und Naturalisierung von geistiger Behinderung. Hierdurch werden auch Bildungsmöglichkeiten verhindert oder erschwert, weil die naturalisierte Wahrnehmung von geistiger Behinderung seitens der professionellen Assistenzkräfte mit dazu beiträgt, dass geistige Behinderung als unveränderbare, quasi 'natürliche' Tatsache gesehen wird. Bildungsprozesse im Rahmen der WfbM-Arbeit zu initiieren erscheint auf der Grundlage einer solchen Wahrnehmung seitens mancher nichtbehinderter Werkstattmitglieder als sinn- und wirkungslos.

Abschließend können die drei vorgestellten Hauptlinien symbolischer Herstellung von geistiger Behinderung und Nichtbehinderung auch unter dem Gesichtspunkt der Inferiorisierung und Marginalisierung von Männlichkeit gelesen werden. Durch die Markierung von Behinderung wird eine leistungsbezogene Normabweichung eingeführt, wodurch die Männlichkeiten der behinderten Mitarbeiter partiell abgewertet werden. Dies gilt allerdings nur dann, wenn Männlichkeit mit Leistungsfähigkeit, Selbstständigkeit und Autonomie in Zusammenhang gebracht wird. Die Männer werden hierdurch in doppelter Weise als Behinderte und als illegitime Männer markiert, was dazu führt, dass eine 'behinderte Männlichkeit' generiert wird.

4.5 Bedingungen zur Hervorbringung von (un-)doing disability

4.5.1 Korrelation zwischen Distinguierungsdruck und Verbehinderungsrisiko

Diesen Aspekt betreffend möchte ich zunächst auf die relative Ungleichverteilung diskursiver, ästhetischer und tätigkeitsspezifischer Herstellungsaspekte von geistiger Behinderung in den einzelnen Werkstattgruppen hinweisen:

- **Metallwerkstattgruppe** - nahezu keine Verbehinderungen (respektvoller Umgang mit den behinderten WfbM-Mitgliedern)
- **Montage-Verpackungsgruppe** - massive verbale Grenzüberschrei-

tungen und ästhetische Distinktionsbemühungen seitens der Assistenzkräfte.

- **WfbM-Küchengruppe** - ambivalente Überstrukturierung durch Kleidung/ geringfügig ausgeprägte verbale Verbehinderungen (respektvoller Umgangston)/ strukturell bedingte Tätigkeitsdistinktion.

Im Folgenden werde ich der Frage nachgehen, wie es zu diesen Unterschieden bezüglich der Intensität der Verbehinderungen gekommen sein könnte. Diesbezüglich möchte ich den Begriff **Distinguierungsdruck** einführen. Selbiger ist ein Gradmesser für die bewusste oder unbewusste Entscheidung seitens nichtbehinderter Mitarbeiter, sich von behinderten Mitarbeitern diskursiv, ästhetisch oder tätigkeitsbezogen unterscheiden zu wollen. Als Schlüsselstelle für die Annahme dieses Druckes betrachte ich die nachfolgende Äußerung einer Mitarbeiterin der Montage-Verpackungsgruppe:

> I: [Forscher] Und wie sieht es aus mit der Wertschätzung deiner Arbeit? Wie siehst du deine Arbeit von außen wahrgenommen?
> (nbMA)-(w2) [nichtbehinderte Mitarbeiterin der Montage-Verpackungsgruppe]: Von außen? Also, ich hab es schon ein paar Mal gehört, die XXXX ((nennt Name der Einrichtung))-Mitarbeiter (5) - ich hab ein Bekannten, der hat gesagt, dass man die Mitarbeiter von den Beschäftigten gar nicht unterscheiden kann (Int.-G1-2-Z.66-70).

Eine Assistenzkraft, welche sich in solcher Weise äußert, wird womöglich das Bedürfnis entwickeln, sich gegenüber Behinderten als nichtbehinderte Person vereindeutigen zu wollen. Wie sich gezeigt hat, können insbesondere diskursive und tätigkeitsbezogene Vereindeutigungen von Nichtbehinderung zu diversen Verbehinderungen behinderter Mitarbeiter führen. Demnach kann vermutet werden, dass ein erhöhtes Unterscheidungsbedürfnis bzw. ein erhöhter Distinguierungsdruck bei den nichtbehinderten Kräften zu einem verstärkten Maß an Verbehinderung führen kann.

Im Weiteren gilt es entsprechend Bedingungen herauszuarbeiten, die zu einem Anstieg oder einer Absenkung des Distinguierungsdrucks beitragen und somit die Wahrscheinlichkeit ästhetischer-, tätigkeitsbezogener- und diskursiver Verbehinderungen positiv oder negativ konditionieren. Ich möchte gleich zu Beginn unterstreichen, dass es hier nicht um einen wirkkausalen Nachweis zwischen Distinguierungsdruck und der Wahrscheinlichkeit von Verbehinderungsakten gehen kann. Ein solcher Verweisungszusammenhang kann lediglich plausibilisiert werden, weil die tatsächlichen Einflussfaktoren zu zahlreich und in ihren Wechselwirkungen zu komplex sind, als dass sie hier zufriedenstellend dargestellt werden könnten. Die nachfolgenden Ergebnisse halte ich insbesondere bezogen auf die zweite Forschungsfrage für besonders relevant, weil hierdurch nicht nur deskriptiv Bedingungen aufgezeigt werden, unter denen behinderte Männer ihre Männlichkeit generieren müssen. Vielmehr werden wesentliche Hervorbringungsbedingungen von Männlichkeit, namentlich diskursive, ästhetische und tätigkeitsbezogene Verbehinderungen auf ihre Herstellungsbedingungen hin untersucht.

These: Die Wahrscheinlichkeit für eine eher geringe Ausprägung des Distinguierungsdrucks bei gleichzeitig niedrigem Verbehinderungsrisiko erhöht sich durch folgende Bedingungen:

Distinguierungsdrucksenker

- niedrige Bedeutungszumessung von Diskreditierungen

I: Und wie sehen sie ihre Arbeit von außen wahrgenommen?
D: [WfbM-Küchengruppenleiter] [...] Ja des is so wenn de so 15 Jahre zurückgehst, dann biste noch selbstständig und hast nen eigenen Betrieb mit 100 Leut. [...]. Denn geh ich nen Schritt zurück, dann biste Betriebsleiter (4) ((holt tief Luft)), dann gehste nen Schritt zurück und machst Altenpflege und dann machste Behinderte. So wird des eben gesehen. Ich sehe es aber so [...] das die Arbeit hier genauso hoch einzuschätzen ist wie als wenn ich ne andere Arbeit machen würde (Int.-G3-4-Z.180-191).

H: [Stellvertretende Leiter der Metallwerkstatt] Des is jetzt noch a mal a Stufe tiefer als öffentlicher Dienst oder Beamte. (3) Kratzt en bisschen am Ego, aber ich weiss ja, des es nich so is (Int.-G2-3-Z.80-81).

Diese Mitarbeiter betrachten die gesellschaftliche Geringschätzung ihrer Arbeit realitätsbezogen bzw. rational als Produkt mangelnder Sachkenntnis. Diese Sichtweise ermöglicht es ihnen, selbstbewusst auf ihre Arbeit mit Behinderten zu blicken. Hierdurch haben sie wahrscheinlich weniger das Bedürfnis, sich nach außen in besonderer Weise als Nichtbehinderte darstellen zu müssen.

Gänzlich anders verhält es sich hingegen bei den Mitarbeitern der Montage-Verpackungsgruppe. Dort wurden seitens der nichtbehinderten Mitarbeiter überwiegend Äußerungen getätigt, die eher darauf schließen lassen, dass dort die gesellschaftlichen Diskreditierungen sehr viel stärker als persönlicher Angriff verinnerlicht worden sind (vgl. z.B. Int.-G1-4-Z.51-55 u. Int.-G1-2-Z.66-75). Ein Mitarbeiter, der sich verstärkt in seiner beruflichen Tätigkeit abgewertet fühlt, wird vermehrt versuchen, sich aus dieser narzisstischen Kränkung heraus von behinderten Werkstattmitgliedern zu distinguieren.

Im Hinblick auf den hier vorliegenden Bedingungsfaktor kann zusammenfassend festgehalten werden, dass nicht unbedingt der Grad der Kränkungen für den Anstieg oder die Absenkung des Distinguierungsdrucks verantwortlich ist. Vielmehr ist die Art und Weise bedeutsam, wie nichtbehinderte Mitarbeiter mit den Diskreditierungen verfahren.

- hohe Ausprägung eines Gefühls der Teamzugehörigkeit/ Wahrnehmung Behinderter als gleichwertige Mitarbeiter

In diesem Zusammenhang möchte ich zunächst einen nichtbehinderten Mitarbeiter der Metallwerkstatt zitieren:

I: Und was findest du konkret genial?

H: [stellvertretender Metallwerkstattgruppenleiter]: Die Arbeiten an den Maschinen, das Arbeiten mit dem Klientel. Also das Arbeiten nich einfach nur mit Menschen, sondern wirklich auch mit dem Klientel was wir hier so haben. [...] also ich geh immer so ein bisschen mit dem Gefühl nach Hause - nich des ich was Gutes tue, sondern das ich (2) den Leuten macht's Spass. Des is so eine Wellenlänge [...] Die Leute wollen arbeiten gehen. Und so seh ich des auch. Des erfüllt ein Stück weit auch (Int.-G2-3-Z.14-23).

Dieser Mitarbeiter identifiziert sich in hohem Maße mit seiner handwerklichen Tätigkeit im Allgemeinen und der Arbeit mit behinderten Menschen im Besonderen. Er scheint grundsätzlich sehr mit seiner Arbeit zufrieden zu sein. Er nimmt die behinderte Belegschaft zudem als gleichwertige Kollegen wahr, „Des is so eine Wellenlänge [...]“. Indem er sich selbst und die behinderten Werkstattmitglieder als Team konzeptualisiert, entwirft er sich selbst als Teil der Arbeitsgemeinschaft der Metallwerkstatt. Der Mitarbeiter hat demnach wahrscheinlich nicht das Bedürfnis, sich von den behinderten Arbeitskräften in besonderer Weise unterscheiden zu wollen. Andernfalls würde er seinen Zugehörigkeitsstatus zur besagten Bezugsgruppe selbst in Frage stellen.

Innerhalb der WfbM-Küchengruppe haben sich die nichtbehinderten Mitarbeiter ähnlich geäußert. Sie haben ihre Arbeitsgruppe ebenfalls als Team beschrieben, dem sie gerne angehören. Dies hat dazu geführt, dass sie bemüht waren, die Unterschiede zwischen Behinderten und Nichtbehinderten eher weniger hervorzuheben:

D: [Leiter der WfbM-Küchengruppe] […] Des is mir so nen bisschen des an Wertschätzung was mir von den anderen fehlt. Ich schraube mein eigenes Ich ein bisschen zurück. Des ich's kann, des weiss ich. Ne, ich brauch's net lerne, ich brauch's mir net zu beweise. Aber sein eigenes Ich auch mal zurückzuschrauben und sich mit den anderen auf die gleiche Stufe zu stellen und dann sagen – so, jetz geh mer schrittweise wieder hoch. […] Mir sind ja alle per du. […] ich bin nich Chef, ich bin Betreuungspersonal ((sehr belegte Stimme, als würde ihm etwas den Hals zudrücken)). […] des is des erste Wort was ich mir abgewöhnt habe, als ich hergekommen bin. […] Ich hab gesagt mir stehen da drin und mir stehen als Team da ((mit Tränen in den Augen, die er sich kurz abwischt)) (Int.-G3-4-Z.198-207).

In der Montage-Verpackungsgruppe hingegen finden sich keinerlei Bekundungen der Teamzugehörigkeit seitens der nichtbehinderten Mitarbeiter. Letztere haben die behinderten Werkstattangehörigen dort auch grundsätzlich nicht als gleichwertige Arbeitskollegen wahrgenommen. Vielmehr wurde wiederholt der Behindertenstatus der behinderten Mitarbeiter quasi als naturhafter Zustand akzentuiert. Die behinderten Arbeitskräfte wurden in besagter Werkstattgruppe als nicht bis wenig lernfähige Subjekte entworfen (vgl. z.B. BP-G1-19-Z.74-76 u. Int.-G1-3-Z.110-112). Daraus kann abgeleitet werden, dass sich die nichtbehinderten Werkstattmitglieder nicht mit den behinderten Arbeitskräften identifiziert haben und sich demnach von diesen distinguieren wollten.

- ausreichendes Kontingent an 'Nichtbehindertentätigkeiten'

Ein solches Kontingent war ausschließlich nur in der Metallwerkstatt festzustellen. Wie bereits in Kap. 4.4.3 verdeutlicht, haben die Mitarbeiter in der Montage-Verpackungsgruppe und WfbM-Küchengruppe meist die gleichen Tätigkeiten vollzogen wie die behinderten Arbeitskräfte. Dieser Tatbestand war hauptsächlich für die nichtbehinderten Mitarbeiter der Montage-Verpackungsgruppe ein Problem, weil sie in der Zusammenarbeit mit den behinderten Kräften bei gleicher Tätigkeit kein pädagogisches Potential entdeckt haben. Die Übernahme von 'Behindertentätigkeiten' wurde dort vielmehr als unliebsame Notwendigkeit eingestuft (vgl. BP-G1-6-Z.117-122).

In der WfbM-Küchengruppe hingegen stieß die Übernahme von 'Behindertentätigkeiten' auf ein zweigeteiltes Echo. Die Übernahme derselben wurde zunächst ebenfalls negativ bewertet. Dies erfolgte allerdings nicht aus Gründen mangelnder Unterscheidungsmöglichkeiten oder Unlust, diese Arbeiten mit zu vollziehen. Vielmehr sahen die nichtbehinderten WfbM-Küchenmitarbeiter hierdurch keine Möglichkeit, ihre berufliche Qualifikation im Dienste der Förderung der behinderten Belegschaftsmitglieder voll auszuschöpfen:

D: [Leiter der WfbM-Küchengruppe] Des ganze Gefüge stimmt net mehr. Ich renn hier nur rum und füll irgendwelche Lücken, ohne was damit zu bewirken. Ich hab nach Oben [bezogen auf die Hauptleitung der WfbM] schon gesagt, Leute, ich bin doch hier nich nur dazu da Salat zu putze und Karotten zu schälen ((sehr missmutig)). Des kann's ja wohl net sei. Net des mir des was ausmacht. Des macht mir nix aus mit de Leut drinnen zusammenzusetzen und Salat zu machen (Int.-G3-4-Z.98-102).

Andererseits wurde die Zusammenarbeit mit den Behinderten bei gleicher Tätigkeitsausübung in dieser Arbeitsgruppe auch als Chance erlebt.

- Übernahme von 'Behindertentätigkeiten' als Chance

In diesem Zusammenhang verweise ich nochmals auf einen Aspekt, der bereits in Kap. 4.4.2 zur Sprache kam. Dort hat sich gezeigt, dass der Leiter der WfbM-Küchengruppe die Übernahme von 'Behindertentätigkeiten' als Möglichkeit entdeckt hat, wertvolle Beziehungsarbeit leisten zu können. Bei einem solchen Mitarbeiter kann ein eher niedriger Distinguierungsdruck angenommen werden. Durch eine tätigkeitsbezogene Unterscheidung von den behinderten Mitarbeitern würde er dieses aus seiner Sicht wertvolle Instrument zur Förderung von Beziehungsarbeit aus der Hand geben.

- Wahrnehmung der Arbeit in der WfbM als Herausforderung

Dieser Aspekt konnte nahezu ausschließlich nur in der Metallwerkstatt und in der WfbM-Küchengruppe nachgewiesen werden:

H: [nichtbehinderter Mitarbeiter der Metallwerkstatt bezogen auf die behinderten Mitarbeiter] [...] ich bin immer wieder, selbst nach meinen 20 Jahren ((nennt den Namen der Einrichtung)) immer wieder überrascht, was da schlummert und welche Fähigkeiten da immer noch verborgen sind, die man rauskitzeln kann (Int.-G2-3-Z.28-31).

D: [Leiter der WfbM-Küchengruppe] Des was mir [...] gut gefallen hat war des mit der Förderung. Wir hatten so drei besondere Fälle, die ich mir quasi persönlich rausgepickt hab. So als meine Herausforderung. Ich will mal sehen wie ich aus den Leuten noch was rauskitzeln kann. [...] Nach ner Weile wusste ich dann wie ich die zu nehme hab und dann konnt ich die ganz schnell beruhige. Des war nen schönes Gefühl (Int.-G3-Z.126-132).

Die nichtbehinderten Arbeitskräfte dieser Arbeitsgruppen sehen in der Arbeit mit behinderten Menschen eine Möglichkeit, persönliche Erfahrungen von Selbstwirksamkeit und Anerkennung im Dienste der Förderung der Adressaten zu machen. Diese Mitarbeiter erkennen zudem das Bildungspotential der behinderten Mitarbeiter und nehmen diese als bildsame Subjekte wahr. Demnach wird die Förderung derselben als sinnvoll erlebt, wodurch bildungsbezogene Verbehinderungen bzw. die Einschränkung von Bildungserfahrungen eher ausbleiben. Dieser Sachverhalt wird insbesondere in der Metallwerkstatt gut sichtbar. Der stellvertretende Leiter betrachtet beispielsweise die Programmierung der Fräsmaschinen nicht als seine Mitarbeiterdomäne, weil er für diese und ähnlich anspruchsvolle Aufgaben auch behinderte Arbeitskräfte anlernt (vgl. Int.-G2-3-Z.123-150).

Demgegenüber wurde die Arbeit mit behinderten Personen von den Mitgliedern der Montage-Verpackungsgruppe eher ambivalent bewertet. Zunächst wurde die besagte Arbeit mehr als Last und weniger als Herausforderung erlebt:

V: [nichtbehinderte Mitarbeiterin der Montage-Verpackungsgruppe] „[...] Ich weiß nicht, ob ich das noch bis zur Rente hier noch schaffe“ (BP-G1-6-Z.145-146).

Nur in einem Fall wurde auch in der Montage-Verpackungsgruppe die Arbeit mit Behinderten indirekt als Herausforderung beschrieben:

R: [nichtbehinderter Mitarbeiter]: Man muss halt gucken Hilfsmittel zu machen zu erstellen - Überlegungen, wie teilt man eine Arbeit in Teilschritte auf, wo baut man die Kontrollmechanismen ein, dass das halt auch laufen kann. Ich denke also, das kann ich auch ganz gut (Int.-G1-3-Z.49-51).

- Mitgliedschaft in 'männlichen Arbeitsgruppen'

Im Vergleich zu den nichtbehinderten männlichen Werkstattmitgliedern der WfbM-Küchengruppe und Metallwerkstatt traten nur die nichtbehinderten männlichen Arbeitskräfte der Montage-Verpackungsgruppe in autoritär-dominanter und diskreditierender Form in Erscheinung. Vielleicht ist dieser Tatbestand auch anhand der subjektiven Vergeschlechtlichungen der Werkstattgruppen zu erklären. In diesem Zusammenhang ist zunächst auffällig, dass sowohl die männlichen nichtbehinderten Mitarbeiter der Metallwerkstatt- und WfbM-Küchengruppe ihren Arbeitsbereich ohne zu zögern eindeutig männlich definiert haben. Diese Definition wurde grundsätzlich in äußerst selbstbewusstem Tonfall geäußert (vgl. z.B. Int.-G2-3-Z.152-155 u. BP-G3-1-Z.10-17). Daran zeigt sich, dass das männliche Geschlecht, mit dem sich die Werkstattgruppe identifiziert, von diesen Mitarbeitern als selbstverständlicher Tatbestand vorausgesetzt worden ist. Diese Definitionsentscheidung wurde grundsätzlich durch die Vergeschlechtlichung von Tätigkeiten vorgenommen: „[…] die Arbeit mit Metall is männlich […]" (Int.-G2-3-Z.152-155). Diese Mitarbeiter wissen entsprechend, dass sie trotz der eher weiblich konnotierten pädagogischen 'Care-Arbeit'[73] bezogen auf geistig behinderte Menschen dennoch in einem 'Männerbereich' beschäftigt sind. Sie sehen sich demzufolge nicht dazu veranlasst, sich in diesem Bereich in besonderer Weise als Männer vereindeutigen zu müssen.

Im Gegensatz dazu wurde der Montage-Verpackungsbereich von den männlichen Assistenzkräften entweder neutral (vgl. Int.-G1-6-Z.13) oder weiblich vergeschlechtlicht (vgl. Int.-G1-6-Z.14-15 u. Z.23). In der Regel wurde das Werkstattgeschlecht tätigkeitsspezifisch auf der Basis von weiblich identifizierten Tätigkeitsvorstellungen definiert:

T: [nichtbehinderter Mitarbeiter der Montage-Verpackungsgruppe]: Bei uns wird ja eher ganz hygienisch so im weißen Kittel gearbeitet (ebd. Z.15-16) […] bei uns geht's recht ruhig und geordnet zu, da ist's nicht so chaotisch. Da wo Männer sind, so wie im Landschaftsbau und der Gärtnerei, da geht alles mehr drunter und drüber" (Int.-G1-6-Z.23-25).

Demnach besteht für die nichtbehinderten Männer in der Montage-Verpackungsgruppe eine gewisse Notwendigkeit der Vereindeutigung von Männlichkeit, weil sie die Montage-Verpackungsgruppe in weniger selbstbewusster Form als 'weiblichen Ort' definierten haben (vgl. hierzu Int.-G1-6-Z.13-15 u. Z.23). Diese Mitarbeiter hätten demnach durchaus ein Motiv dafür, ihre geschlechtliche Identität als Männer in einem verweiblichten Arbeitsfeld besonders hervorzuheben.

Im Hinblick auf die gerade besprochenen Bedingungen zur Senkung des Distinguierungsdrucks kann die weiter oben angeführte These wie folgt erweitert werden:

These (Erweiterung): Ein Anstieg des Distinguierungsdrucks bei gleichzeitiger Erhöhung der Wahrscheinlichkeit sozialer Benachteiligungen wird wahrscheinlicher, wenn die genannten Bedingungen zur Senkung des Distinguierungsdrucks nicht oder in nicht ausreichendem Maße vorliegen.

Distinguierungsdruckverstärker

Diese Verstärker resultiert aus der Umkehrung der gerade besprochenen Faktoren, die zu einer Absenkung des Distinguierungsdrucks beitragen:

- hohe Bedeutungszumessung von Diskreditierungen
- niedrige Ausprägung eines Gefühls der Teamzugehörigkeit/ Wahrnehmung Behinderter als nicht gleichwertige Mitarbeiter
- unzureichendes Kontingent an 'Nichtbehindertentätigkeiten'
- Übernahme von 'Behindertentätigkeiten' als unliebsame Notwendigkeit
- Wahrnehmung der Arbeit in der WfbM als Überforderung
- Mitgliedschaft in 'weiblichen Arbeitsgruppen'

Tendenziell waren die meisten der genannten Faktoren zur Senkung des Distinguierungsdrucks in der Metallwerkstatt und der Küchengruppe der WfbM nachweisbar. Dort waren nahezu keine Benachteiligungsakte festzustellen. Demgegenüber fanden sich die Faktoren zur Verstärkung des Distinguierungsdrucks hauptsächlich in der Montage-Verpackungsgruppe. Dort wurden die meisten Verbehinderungen beobachtet. Da in allen Werkstattgruppen die gleichen Arbeitsbedingungen vorherrschen (sehr geringe externe Wertschätzung, hoher Fertigungsdruck, angespannte Personalsituation etc.), gehe ich von der Annahme aus, dass die herausgearbeiteten Bedingungen durchaus einen dispositionierenden Einfluss auf die Ungleichverteilung der Verbehinderungsakte haben (vgl. hierzu Abb.8 auf der nachfolgenden Seite):

strukturelle Arbeitsrahmenbedingungen	**Montage/ Verpackung**	**Küche**	**Metall**
sehr geringe externe Wertschätzung	x	x	x
hoher Fertigungsdruck	x	x	x
angespannte Personalsituation (Assistenzkräfte)	x	x	x
Distinguierungsdrucksenker			
niedrige Bedeutungszumessung von Diskreditierungen	-	x	x
hohe Ausprägung eines Gefühls der Teamzugehörigkeit/ Wahrnehmung Behinderter als gleichwertige Mitarbeiter	-	x	x
ausreichendes Kontingent an 'Nichtbehindertentätigkeiten'	-	-	x
Übernahme von 'Behindertentätigkeiten' als Chance	-	x	-
Wahrnehmung der Arbeit in der WfbM als Herausforderung	(-)	x	x
Mitgliedschaft in 'männlichen Arbeitsgruppen'	-	x	x
Verbehinderungsgrad			
ästhetisch	mittel	-	-
tätigkeitsbezogen	hoch	niedrig	niedrig
diskursiv	sehr hoch	-	-

Abb.8: Distinguierungsdrucksenker und Verbehinderungsgrad in den untersuchten Werkstattgruppen.

4.5.2 Ergebniszusammenfassung

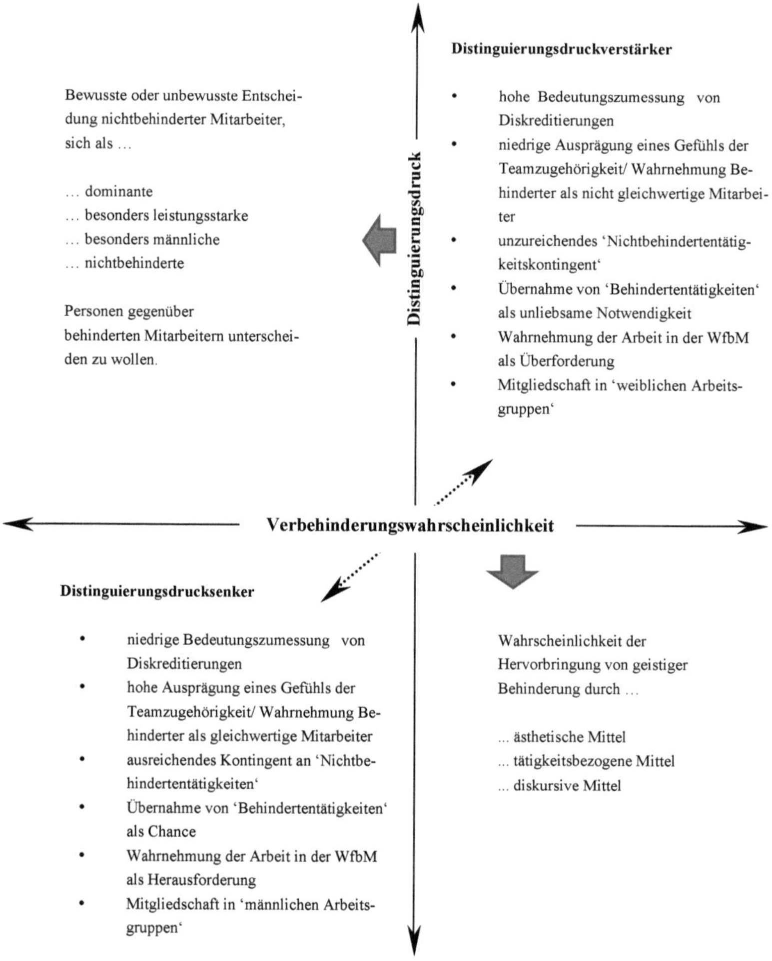

Distinguierungsdruck

Distinguierungsdruckverstärker

- hohe Bedeutungszumessung von Diskreditierungen
- niedrige Ausprägung eines Gefühls der Teamzugehörigkeit/ Wahrnehmung Behinderter als nicht gleichwertige Mitarbeiter
- unzureichendes 'Nichtbehindertentätigkeitskontingent'
- Übernahme von 'Behindertentätigkeiten' als unliebsame Notwendigkeit
- Wahrnehmung der Arbeit in der WfbM als Überforderung
- Mitgliedschaft in 'weiblichen Arbeitsgruppen'

Bewusste oder unbewusste Entscheidung nichtbehinderter Mitarbeiter, sich als …

… dominante
… besonders leistungsstarke
… besonders männliche
… nichtbehinderte

Personen gegenüber behinderten Mitarbeitern unterscheiden zu wollen.

Verbehinderungswahrscheinlichkeit

Distinguierungsdrucksenker

- niedrige Bedeutungszumessung von Diskreditierungen
- hohe Ausprägung eines Gefühls der Teamzugehörigkeit/ Wahrnehmung Behinderter als gleichwertige Mitarbeiter
- ausreichendes Kontingent an 'Nichtbehindertentätigkeiten'
- Übernahme von 'Behindertentätigkeiten' als Chance
- Wahrnehmung der Arbeit in der WfbM als Herausforderung
- Mitgliedschaft in 'männlichen Arbeitsgruppen'

Wahrscheinlichkeit der Hervorbringung von geistiger Behinderung durch …

… ästhetische Mittel
… tätigkeitsbezogene Mittel
… diskursive Mittel

Abb.9: In diesem Diagramm ist nochmal das Verhältnis zwischen der Wahrscheinlichkeit von Verbehinderungen und den Bedingungen zur Steigerung und Senkung des Distinguierungsdrucks abgebildet.

Mit angrenzender Sicherheit existieren noch weitaus mehr Faktoren, welche zu berücksichtigen gewesen wären, demzufolge erhebt diese Zusammenstellung nicht den Anspruch auf Vollständigkeit. Man könnte beispielsweise noch hinzufügen, dass der Distinguierungsdruck womöglich absinken würde, wenn der Arbeit der behinderten und nichtbehinderten WfbM-Angehörigen prinzipiell mehr soziale Wertschätzung entgegengebracht werden würde. Die nichtbehinderten Werkstattmitglieder kämen dann eventuell sehr viel weniger in Bedrängnis, besondere Anstrengungen unternehmen zu müssen, sich als Nichtbehinderte zu markieren. Diese Vermutung resultiert daraus, dass die meisten der gerade angeführten Faktoren zur Verminderung des Distinguierungsdrucks auf die soziale Geringschätzung der WfbM-Arbeit bezogen sind.

Wie lassen sich diese Ergebnisse abschließend beurteilen? Insgesamt bieten die identifizierten Bedingungen lediglich einen vagen Orientierungsrahmen, da eine Verminderung des Distinguierungsdrucks nicht zwangsläufig zu weniger Benachteiligungen führen muss und umgekehrt. Dies zeigt sich daran, dass auch in den beiden Arbeitsgruppen, in denen zuvorderst Faktoren zur Senkung des Distinguierungsdrucks festgestellt werden konnten, ebenfalls Verbehinderungen stattgefunden haben, wenn auch in sehr viel geringerem Ausmaß. Die Höhe des Distinguierungsdrucks ist demnach nur ein Faktor, der zu berücksichtigen wäre. Die strukturellen, teils exkludierenden Arbeitsbedingungen haben hier sicherlich gleichermaßen einen Anteil an sozialen Benachteiligungen.

4.6 Männlichkeitskonstitutionsfaktor Männlichkeiten der Assistenten

Mit dem Aufgreifen dieses Themenkomplexes wird eine Hervorbringungsbedingung der Männlichkeiten geistig behinderter Männer aufgegriffen, welche stellenweise eng mit der intervenierenden Bedingung doing disability in Bezug steht. Grundsätzlich hat sich gezeigt, dass die professionellen männlichen Assistenzkräfte auf der Grundlage von mindestens vier Interaktionstypen von Männlichkeit auf die Männlichkeitsentwürfe geistig behinderter Männer einwirken. Selbige verstehe ich als Sub-Varianten einer je aktuell hervorgebrachten hegemonialen Männlichkeit seitens der männlichen Unterstützungskräfte. Hervorzuheben ist, dass diese Typisierungen keine Persönlichkeitsmerkmale darstellen. Es geht wiederum um einen sozialen Handlungsraum der je aktuell entsteht.

4.6.1 Interaktionstypen von Männlichkeit nichtbehinderter Mitarbeiter

Zu diesen Formen männlicher Interaktion zählen der sorgend-väterliche, kumpelhafte, autoritäre und der sachliche Interaktionstyp. Diese Männlichkeitstypen treten allerdings keineswegs nur einzeln bei je einer Person in Erscheinung. Meist wurden mehrere Interaktionstypen von ein und derselben männlichen Unterstützungssperson in je unterschiedlicher Ausprägung hervorgebracht. Tendenziell sind diese männlichen Interaktionstypen bzw. Differenzierungsformen von doing masculinity durch folgende Merkmale gekennzeichnet:

- **sorgend-väterlicher Interaktionstyp** - behütend, trost- u. sicherheitsspendend, voraussichtig, verantwortungsvoll, emotional anteilnehmend u. ungeteilt aufmerksam:

Erwin [behinderter Mitarbeiter] weint jetzt noch heftiger. Ich erkenne viele Tränen und grüner Nasenschleim trieft aus seinem rechten Nasenloch. Tom ((nbMA)) geht auf Erwin zu und legt ihm seine Hand auf die linke Schulter und spricht einige Worte zu ihm, die ich aus der Entfernung allerdings nicht verstehe. Seine Stimme, die eine sehr viel tiefere Klangfarbe aufweist als sonst, hat etwas Beruhigendes. Erwin steht auf und geht mit Tom in den Bürobereich. Ich kann beide nun nicht mehr sehen, höre allerdings weiterhin den ruhigen Tonfall der Stimme von Tom. Nur die letzten Worte sind zu hören, die Tom laut und kräftig akzentuiert: „Jetzt geh dir erste einmal die Nase putzen". Nach fünf Minuten kommt Tom an unserem Tisch vorbei und ich frage ihn nach dem Grund, weshalb Erwin geweint hat. Tom: „Erwin weint wegen Henni. Sie hat allen in der Werkstatt ein Foto von sich geschenkt und der Erwin meint nun, dass Henni nun seine Freundin sei. In der Mittagspause schenkt er ihr immer Fleisch, das sie allerdings nicht annimmt" (BP-G1-7-Z.82-92).

Der nichtbehinderte Mitarbeiter schafft einen behütenden Rahmen, indem er trost- und sicherheitsspendend in Erscheinung tritt. Trost und Sicherheit generiert er verbal indem er seine Stimme nach unten moduliert und haptisch durch das Auflegen seiner Hand. Sicherheit wird dem behinderten Mann allerdings auch dadurch gewährt, indem der Assistent die Notwendigkeit erkennt, ihn aus dem Arbeitskontext zeitweise herauszunehmen, um ihn von den Blicken und anderen Einflüssen der anderen Arbeitskräfte abzuschirmen. Diese Form männlicher Interaktion ist insgesamt durch voraussichtiges und verantwortungsvolles Handeln und die Merkmale emotionale Anteilnahme und unumschränkte Aufmerksamkeit bestimmt. Letzteren Aspekt betreffend blendet der Assistent das Produktionsgeschehen zeitweise aus. Er widmet sich gänzlich der emotionalen Not des Mitarbeiters, indem er in empathischer Weise zu ergründen sucht, was den Mann aktuell bewegt.

- **kumpelhafter Interaktionstyp** - freundschaftlich-sozialkohäsiv agierend, vermeintlich kompetitiv, informelle Gleichheit herstellend:

Ich [Forscher] beobachte wie sich die beiden Chefköche des Küchen-Servicebereiches Herr Ecke und Herr Nohl unserer Tischgruppen nähern. Beide tragen hohe Kochhüte und weiße Kochsakkos [...]. Als beide bei uns eintreffen, steht Uwe [behinderter Mitarbeiter der WfbM-Küchengruppe] auf, geht auf Herrn Ecke zu und begrüßte ihn mit einer herzlichen Umarmung. Uwe: „Hallo Rüdiger, danke noch mal für alles. Herr Rüdiger Ecke: „Ei Uwe, ich freue mich für disch." (BP-G3-4-Z.41-45) [...] [Uwe:] „Ich komme euch auch ab und an mal besuchen, wenn ich Urlaub habe." Seine Ankündigung wird von der Belegschaft mit Jubel aufgenommen. Herr Ecke meint mit tiefer Stimme und mit leicht ironischem Unterton, ohne die geringste Regung im Gesicht zu zeigen: „Drohst du uns etwa? Des isch do jo kei Klaaache hör, des mer do joo kei Klaaache zu Ohre kumme." Alle Anwesenden lachen herzhaft, auch Uwe (BP-G3-Z.58-62).

Der Küchenchef inszeniert sich gegenüber dem behinderten Mitarbeiter als Kumpel, indem er durch rituell-verbales Drohen Gewogenheit herstellt. Dieses zeigt sich in der Äußerung - „Drohst du uns etwa? Des isch do jo kei Klaaache hör, des mer do joo kei Klaaache zu Ohre kumme." Es handelt sich demnach nicht um eine wahrhaftige Ermahnung, sondern um eine vermeintliche, was am ironischen Unterton des Vorgesetzten und der allgemeinen Reaktion der Anwesenden (Lachen) deutlich wird. Die situative Ironie zeigt sich allerdings auch an der Inkongruenz zwischen der gerade angeführten Äußerung und der Eingangsproposition des Küchenleiters, „Ei Uwe, ich freue mich für disch". Es handelt sich folglich um eine symbolische Machtdemonstration, auf deren Grundlage emotionale und soziale Kohäsion hergestellt werden soll. Soziale Kohäsion und emotionale Wärme werden allerdings auch dadurch hervorgerufen, indem sich die Interagierenden mit Vornamen ansprechen und duzen. Der Küchenchef stellt sozial-emotionale Nähe folglich insbesondere dadurch her, indem er eine Situation schafft, in der er seine formal höhere Machtposition gewissermaßen zum Schein aufgibt und auf einer informellen Ebene Gleichheit suggeriert. In der nachfolgenden Textstelle zeigt sich, dass der Vorgesetzte von dem behinderten Mitarbeiter tatsächlich als Kumpel wahrgenommen wird:

U: Mir hat des ganze Umfeld gefallen und auch so der Umgang mit de Leut da. Ich konnte mit dem Herrn Ecke ((stellvertretender Küchenchef)) über alles reden. Wir warn so Kumpels, so du und du. Es gab auch mal Stress, da hat er mal rumgeschrieen, dann ham mir uns wieder vertragen. Wir konnten über alles reden (Int.-G3-1-Z.61-63).

Ergänzend sei erwähnt, dass in vielen anderen Fällen soziale Kohäsion auch durch rituelle Beleidigungsakte (vgl. z.B. BP-G1-17-Z.27-35) und haptisch durch kumpelhafte Schulterschläge seitens nichtbehinderter Mitarbeiter geschaffen wurde (vgl. z.B. BP-G2-Z.51-55).

- **dominant-autoritärer Interaktionstyp** - verbal grenzüberschreitend, emotional verletzend (respektlos), emotionale Distanz und Kälte herstellend, ernst drohend und beleidigend, machtdemonstrativ-dominant, kontrollierend, unbedingte Unterordnung fordernd

Mike [Ehlich, ein behinderter Mitarbeiter] beginnt nun seinerseits wieder lautstark die unterschiedlichsten Privatthemen aufzugreifen, was Frank [behinderter Mitarbeiter] nun abermals mit den Worten moniert, dass ihn das alles nicht interessieren würde [...]. Nach etwa fünf Minuten kommt Ulrich [nichtbehinderter Mitarbeiter] vom Bürobereich auf den Arbeitsplatz von Frank und Mike zu und meint mit sehr resoluter Stimme: „DU REDST NUR WENN DU GEFRAGT WIRST EHLICH, **IS DES KLAR KAMARAD**! **Hast du mich verstanden**! SCHNAUZE EHLICH!“ Mike hieraufhin in unterwürfig beschwichtigendem Tonfall: „Ja, mach ich ja jetz, ich bin ja jetz still“. Der Mitarbeiter verlässt hieraufhin den Arbeitsplatz von Mike, der nun wortlos seine Arbeit wieder aufnimmt (BP-G1-3-Z.133-139).

Auffällig ist hier zunächst die deutlich imperativisch-autoritäre Färbung der prohibitiven Äußerung des Assistenten. Genaugenommen wird die Zurechtweisung durch den Assistenten militärisch kontextualisiert. Dies wird durch den resoluten Befehlston und die Wortwahl des Begleiters deutlich. Er nennt den Mitarbeiter einerseits nur beim Nachnamen, nennt ihn „Kamerad“ und weist ihn mit dem Wort „Schnauze“ harsch zurecht. Der Assistent legt demnach jede Form respektvoller Höflichkeit ab und stellt hier durch ein hohes Maß an emotionaler Kälte soziale Distanz her. Der behinderte Mitarbeiter wird gänzlich objektiviert. Zudem möchte der nichtbehinderte Mitarbeiter keinen Zweifel dahingehend aufkommen lassen, dass er über mehr Macht verfügt.

Wie wir bereits in Kap. 4.4.3 sehen konnten, wurden solche autoritären Demonstrationen von Macht und Männlichkeit auch durch ernstgemeinte Beleidigungsakte hergestellt (vgl. z.B. BP-G1-19-Z.173-176). Autoritäre Männlichkeitsinszenierungen sind demnach insgesamt durch ein hohes Maß an Respektlosigkeit gekennzeichnet und haben unbedingte Unterordnung und Kontrolle zum Ziel. Beleidigungen, die im Rahmen dieser Interaktionsform von Männlichkeit hervorgebracht werden, haben demnach keinen sozial-kohäsiven Charakter, sind im Vergleich zu den Beleidigungsakten des kumpelhaften Typs ernst gemeint und nicht rituell-symbolischer Natur.

- **sachlicher Interaktionstyp** - respektvoll, sachlich argumentierend, kooperativ (Interessengegensätze demokratisch aushandelnd):

Am Nachbartisch meint Herr Matthes [nichtbehinderter Mitarbeiter] [...] in ruhigem aber bestimmten Tonfall: „Nein Axel, du kannst jetzt nicht nach X-Stadt Einkaufen gehen.“ Ein bMA, [behinderter Mitarbeiter] welcher seiner Gesichtsform nach das Down-Syndrom zu haben scheint, setzt sich auf einen Arbeitstisch schräg links von mir und schaut mit ernster Miene den Assistenten an: [Assistent:] „Wie hast du dir das vorgestellt Axel, jetzt ist Arbeitszeit, wenn du einkaufen gehen möchtest, dann musst du Urlaub nehmen oder bis zur Pause abwarten. Dies muss dann aber zuvor mit der Wohngruppe abgesprochen werden“ (BP-G1-6-Z.154-159).

Der Assistent löst diese Situation auf, indem er hinsichtlich Wortwahl und Tonfall angemessen interagiert. Er macht dem behinderten Mitarbeiter auf der Grundlage sachlicher, den Arbeitskontext betreffender Argumente deutlich, dass seine Absicht, einkaufen gehen zu wollen, zum gegenwärtigen Zeitpunkt nicht möglich ist. Im Vordergrund steht demzufolge nicht die Demonstration von Macht als Selbstzweck und Mittel zur unbedingten Unterordnung, sondern vielmehr der legitime Einsatz von Macht Zwecks Aufrechterhaltung des Produktionsprozesses bzw. einer Sachnorm. Im Mittelpunkt steht hier allerdings auch ein pädagogisches Handeln, auf dessen Basis dem behinderten Mitarbeiter in sachlicher Form bestimmte Grenzen seiner Handlungsmöglichkeiten aufgezeigt werden, ohne ihn emotional zu kompromittieren. Das Handeln des nichtbehinderten Mitarbeiters ist zusätzlich auch durch ein kooperativ-aushandelndes Moment geprägt. Er bedeutet dem behinderten Mitarbeiter, dass ein Einkauf zwar während der regulären Arbeitszeit nicht möglich ist, wohl aber während der Pausen- oder Urlaubszeit. Er bemüht sich demnach um eine Aushandlung der sich gegenüberstehenden Interessen.

4.6.2 Problematisierung des dominant-autoritären Interaktionstyps von Männlichkeit

Dieser Männlichkeitsinteraktionstyp nichtbehinderter Männer kann im Hinblick auf seinen Einfluss auf die Männlichkeiten behinderter Männer als besonders problematisch betrachtet werden. In der nachfolgenden Textsequenz zeigen sich faktisch drei für diesen Interaktionstyp charakteristische Merkmale, namentlich machtdemonstrativ-dominant, kontrollierend und Unterordnung fordernd:

((nbMA)) [Ralf, nichtbehinderter Mitarbeiter der benachbarten Montage-Verpackungsgruppe]: Hi Micha, was machst du denn hier?

I: Hi Ralf, ich mache derzeit hier in der Werkstatt eine Untersuchung zum Thema Männlichkeit und schaue mir an, wie die nichtbehinderten Mitarbeiter so mit den behinderten Mitarbeitern und die behinderten Mitarbeiter untereinander so umgehen.

((nbMA)): Ah, des find ich gut, des du mal was für die Männer tust, die habbe oft viel Stress untereinander bei uns.

I: Was für Stress?

((nbMA)): Ei die Männer geraten bei uns auf der Gruppe oft heftig aneinander und prügeln sich auch manchmal und beschimpfen sich

I: Aja und wie gehst du so mit der Situation um?

((nbMA)): Ganz einfach, ich mach den Männern unmissverständlich klar, dass ich das Alphatier bin, des schafft bei den Männern Entlastung.

I: Das verstehe ich nicht ganz.

((nbMA)): Des is ganz einfach, für mich bedeutet Männlichkeit Dominanz und ich zeige den Mitarbeitern ganz deutlich, des ich dominanter bin, was mir auch am ehesten entspricht. Indem ich denen zeige, dass ich das Alphatier bin werden die Männer entlastet, weil die Sache mit dem Alphatier dann geklärt ist. Die brauchen dann nicht mehr um diese Stellung zu konkurrieren. Des tut denen gut und so wird der Sprengstoff rausgenommen. Die wollen auch des du denen einen Druck entgegensetzt. Der Thomas zum Beispiel, der kommt oft auf mich zu und gibt mir ganz fest die Hand. Ich drücke die dann noch fester. Die wollen auch ihre Männlichkeit zeigen.

I: Denkst du nicht, dass sich dadurch die Sache mit der Konkurrenz nicht noch verstärkt?

((nbMA)): Nein, gerade nicht. Des auf den Wohn- und Arbeitsgruppen werden hier aus meiner Sicht eher so Idealwelten aufgebaut, die es draußen so im normalen Leben eigentlich nicht gibt. Des is bezogen auf die Ordnung und das Sozialverhalten. Ich kenne viele Mitarbeiter, die Vieles selbst nicht so auf die Reihe bekommen, was sie von den Mitarbeitern oder Bewohner so fordern. Die Männer hier wollen als Männer behandelt werden, was ich auch mache (BP-G1-6-Z.188-213).

Aus dieser Textpassage geht zunächst hervor, dass der nichtbehinderte Mitarbeiter seinen männlich dominanten Genderentwurf („Alphatier"-Konstruktion) für folgende Ziele instrumentalisiert: 1) Er möchte die behinderten Männer in der Werkstatt vom **Konkurrenzdruck befreien**, „Die brauchen dann nicht mehr um diese Stellung [Leitposition - Alphatierposition] zu konkurrieren." 2) Hierdurch verfolgt er zudem das Ziel, das **Wohlbefinden der Männer** zu **steigern** - „Des tut denen gut und so wird der Sprengstoff rausgenommen." 3) Ferner intendiert er mit Hilfe seiner Genderinszenierung den Männern **Anerkennung bezogen auf ihre Männlichkeit** entgegenzubringen - „Die wollen auch des du denen einen Druck entgegensetzt [...] Die Männer hier wollen als Männer behandelt werden, was ich auch mache." 4) Eine vierte Intention, die sich eher indirekt ableiten lässt, besteht in dem Wunsch des Mitarbeiters, durch seine dominante Männlichkeitshervorbringung die **Ordnung in der Werkstattgruppe wieder herstellen** zu wollen. Dies geht aus seiner Feststellung hervor, dass es unter der männlichen behinderten Belegschaft oft heftige verbale und körperbetonte Auseinandersetzungen gibt. 5) Schließlich möchte der Mitarbeiter seine **hegemoniale Männlichkeitsposition unter den behinderten Männern vereindeutigen**. Dies bringt der nichtbehinderte Mitarbeiter durch seine Selbstmarkierung als „Alphatier" unmissverständlich zum Ausdruck. Die Männlichkeiten der behinderten Männer werden hierdurch zwangsläufig als untergeordnete Männlichkeiten entworfen. An der Verwendung der Bezeichnung „Alphatier" wird zudem deutlich, dass der Mitarbeiter offensichtlich den Tatbestand Gender nicht mitdenkt. Hierdurch animalisiert und naturalisiert er seine männliche Dominanz, wodurch er eine kritische Hinterfragung seiner Dominanzkonstruktion zwangsläufig ausschließt. Er betrachtet selbige vielmehr als legitimes Herstellungsmedium der hierarchisch verfassten Männlichkeitsordnung innerhalb der Werkstattgruppe im Hinblick auf das sogenannte Mitarbeiter-Beschäftigtenverhältnis. Zudem betrachtet er sich durch seine Position als nichtbehinderter Mitarbeiter und Mann gegenüber den behinderten männlichen Werkstattmitgliedern als überlegen, „[...] ich zeige den Beschäftigten ganz deutlich, des ich dominanter bin". Demzufolge steht für ihn ein Aushandeln der männlichen Genderordnung zwischen ihm und den behinderten Männern überhaupt nicht zu Disposition. Nach seinem Dafürhalten steht seine hegemoniale Position bereits vorab fest. An diesen Sachverhalt anknüpfend nimmt dieser Mitarbeiter ferner explizit Bezug auf sein stereotypes männliches Genderwissen, auf dessen Grundlage er sein Handeln legitimiert: „[...] für mich bedeutet Männlichkeit Dominanz [...] was mir auch am ehesten entspricht".

Wie sind diese Mitarbeiteräußerungen pädagogisch und auf der Grundlage unserer Problemstellung zu beurteilen? Der Forscher hat während der vorliegenden Gesprächssituation seine Skepsis hinsichtlich der Sinnhaftigkeit dominanter Männlichkeitsinszenierungen bereits zum Ausdruck gebracht, „Denkst du nicht, dass sich dadurch die Sache mit der Konkurrenz nicht noch verstärkt"?

Aus der benachbarten Montage-Verpackungsgruppe des befragten nichtbehinderten Mitarbeiters liegt kein Beobachtungsmaterial vor. Demzufolge können die von ihm angeführten Pro-Argumente hinsichtlich seiner männlichen Dominanzinszenierungen nicht am konkreten Einzelfall reflektiert werden. Da sich die nichtbehinderten Assistenten in der von mir untersuchten Montage-Verpackungsgruppe jedoch ebenfalls oft in äußerst dominanter Form als Männer in Szene gesetzt haben, können die besagten Pro-Argumente durchaus auch an diesem Datenfundus diskutiert werden. Wenn männliche Mitarbeiter durch dominant-autoritäres Auftreten gegenüber behinderten Männern intendieren, eine konkurrenzbezogene Entlastungssituation für behinderte Männer schaffen zu wollen, dann drängen sich folgende Fragen auf:

- Wie gestaltet sich das Konkurrenzgeschehen unter behinderten Männern in Abwesenheit der männlichen Assistenzkräfte?
- Wird durch dominantes Auftreten der nichtbehinderten Männer zwangsläufig mehr Wohlbefinden bei den behinderten Männern induziert?
- Wie wirken sich die autoritären Assistenteninterventionen gegebenenfalls auf die Männlichkeiten der behinderten Männer aus?
- Werden die Männlichkeiten der behinderten Männer durch autoritäre Männlichkeitsinszenierungen seitens der männlichen nichtbehinderten Mitarbeiter tatsächlich in ihrer Männlichkeit anerkannt?

Diesen Fragen möchte ich exemplarisch an einer für die untersuchte Montage-Verpackungsgruppe typischen Beobachtung nachgehen, auf die ich mich bereits ansatzweise im vorhergehenden Kapitel bezogen habe. Ich spiele in diesem Zusammenhang auf jene Sequenz an, in der ein Assistent einen behinderten Adressaten in militärischem Befehlston mit der Äußerung „Schnauze" Redeverbot erteilt hat. Zunächst möchte ich diesbezüglich diejenigen Handlungen anführen, welche seitens der behinderten Mitarbeiter dieser verbalen Intervention vorausgegangen sind. In der nachfolgenden Sequenz sitzt der Forscher zusammen mit zwei behinderten Mitarbeitern und einer behinderten Mitarbeiterin an einem Arbeitstisch:

Mike [behinderter Mitarbeiter] erzählt mir [Forscher] in einiger Lautstärke von seinem anstehenden Urlaub und nennt immer wieder die einzelnen Wochentage und die dazugehörigen kalendarischen Daten seines bevorstehenden zweiwöchigen Urlaubs, den er am Bodensee verbringen möchte. Er versichert sich bei mir immer wieder, ob seine Angaben stimmen. Im Anschluss daran zählt er sämtliche Geburtstagstermine von Personen auf die er kennt und erzählt, dass er 43 Jahre alt ist und bei seinem nächsten Geburtstag 44 Jahre wird. Auch diese Äußerungen schließt er immer mit: „Stimmt's? simmt's Micha? Is richtig oder?" Ich nicke ihm jeweils immer nur bejahend lächelnd zu. Frank [behinderter Mitarbeiter] reagiert auf die Äußerungen von Mike genervt [...]: „Du Arschloch, ich will des nät härn, du nervst, halt's Maul. Das interessiert mich net!" Mike: „Halt selber dein Maul. Schluss. Aus. Fertig!" (BP-G1-3-Z.114-124).

Erst im Anschluss an diese Ereignisse erfolgte die besagte autoritäre Zurechtweisung seitens des nichtbehinderten Mitarbeiters (vgl. BP-G1-3-Z.135-138), welche ich weiter oben zitiert habe. Wichtig ist zu betrachten, wie sich die Situation weiter entwickelt hat, als der Assistent seine Machtdemonstration beendet hat:

Mike hieraufhin in unterwürfig beschwichtigendem Tonfall: „Ja, ich mach's ja jetz, ich bin ja jetz still." [...] Mike arbeitet still weiter. Der Assistent geht nun in den Lagerbereich und nach etwa zwei Minuten beginnen die beiden Männer wieder in ähnlicher Weise miteinander zu streiten. Schließlich kommt der Assistent mit hochrotem Kopf aus dem Lagerbereich zurück und brüllt die beiden an: „HALTETS MAUL **jetz Ehlich und Simon** ((Nachname von Frank)). Ich hab's Euch eben schon gesagt!" Die Männer beenden wiederum ihren Streit abrupt und wenden sich gesenkten Hauptes ihrer Arbeit zu und beginnen wieder in gleicher Form zu streiten, als der Mitarbeiter den Arbeitsplatz abermals verlassen hat (BP-G1-3-Z.138-145).

Anhand dieser Sequenz lässt sich aufzeigen, dass die autoritäre Intervention des Assistenten faktisch zu keiner dauerhaften Verhaltensänderung bei den behinderten Männern geführt hat. In diesem Zusammenhang kann festgehalten werden, dass die Macht der Assistenzkraft nur bei direkter Anwesenheit wirksam ist. Von kurzzeitiger Dauer ist zudem gleichermaßen der psychische und konkurrenzbezogene Entlastungseffekt. Mitarbeiter Frank ist gegenüber seinem Kollegen Mike in einer eher untergeordneten Männlichkeitsposition, weil er wiederholt mit geringem Erfolg versucht hat, dem Redefluss von Mike Einhalt zu gebieten. In Anbetracht der Tatsache, dass die autoritäre Verbalintervention des Assistenten zunächst nur gegen Mike gerichtet ist, kann vielleicht durchaus von einer vorübergehenden Entlastung bezogen auf Frank ausgegangen werden. Mike unterbricht hierauf seine Verbalisierungen, welche von Frank als störend empfunden werden. Da Mike selbige allerdings fortsetzt, als sich der Mitarbeiter wieder entfernt hat, wird die kurzzeitige Entlastung für Frank und die zeitweise Aussetzung der Machtaushandlung zwischen den behinderten Männern wieder aufgehoben. Die alten Machtverhältnisse werden abermals aktualisiert. Während des zweiten verbalen Eingreifens des nichtbehinderten Mitarbeiters wird Frank zusätzlich inferiorisiert. Der Assistent betrachtet Franks Äußerungen nicht als Problemlösungsversuch, mit dessen Hilfe er seinen Kollegen zur Ruhe bewegen möchte, sondern lediglich als Störfaktor im Rahmen des Produktionsprozesses. Letztlich bleibt das autoritäre Auftreten des Vorgesetzten jedoch abermals ohne nennenswerte Wirkung. Man könnte sogar noch einen Schritt weitergehen und davon sprechen, dass die Heftigkeit machtbezogener Aushandlungsprozesse zwischen den behinderten Männern eher noch befördert worden sind. Die Begründung hierfür liegt im genannten situativen Wiederholungsmoment. Der Situation wird seitens der Assistenzkraft kein neues Problemlösungselement hinzugefügt. Es bleibt letztlich bei den beschriebenen Zurechtweisungen. Der nichtbehinderte Mitarbeiter bedient sich demnach immer wieder der gleichen Problemlösungsstrategie, ohne andere Interventionsmöglichkeiten (z.B. räumlich getrennte Arbeitsplätze etc.) in Erwägung zu ziehen. Die behinderten Männer machen demnach wiederholt die Erfahrung, dass eine Zurechtweisung die einzige Konsequenz ist, welche sie zu erwarten haben. Hierdurch wird das Verhalten der behinderten Männer u.U. verstärkt. Interessant ist zudem die Ähnlichkeit der benutzten Worte seitens der behinderten Mitarbeiter und denen des Assistenten. Letztlich greifen alle Personen auf vulgärsprachliche Mittel zurück. Demnach bedienen sich die behinderten Männer der gleichen Problemlösungsstrategie wie der Vorgesetzte und umgekehrt. Auch im Hinblick auf diesen Tatbestand sehe ich ein mögliches Risiko, dass der Vorgesetzte in Anbetracht seiner Vorbildfunktion dominante Verhaltensweisen bei behinderten Männern mit (re-)produziert.

Ich habe bereits darauf hingewiesen wie sehr sich behinderte Männer an nichtbehinderten männlichen Personen, insbesondere auch an pädagogischen Mitarbeitern, orientieren (vgl. Kap. 3.4.1). Aus dieser Tatsache heraus erscheint mir ein dispositionierender Einfluss der nichtbehinderten Männer auf die Männlichkeiten der behinderten Männer, wenn auch nicht in einem direkt kausalen Verhältnis, durchaus plausibel. Demzufolge können auch dominante Männlichkeitsinszenierungen nichtbehinderter Männer durchaus für behinderte Männer anschlussfähig sein, insofern sie eine bereits habitualisierte Affinität zu solchen Inszenierungsformen besitzen und sie eine männliche Begleitkraft als

Vorbild anerkennen. Für diesen Fall könnte man von einer Verstärkung habitueller Sicherheit hinsichtlich Männlichkeit sprechen. Gleiches gilt allerdings auch, insofern sich die Männer bezogen auf ihre Männlichkeit noch nicht ganz sicher sind und nach Orientierungsmarken suchen. Auch für diesen Fall wäre bei vorhandener Leitbildaffinität eine Übernahme auch von autoritär-dominanten Männlichkeitsformen seitens der behinderten Männer durchaus denkbar.

Die Frage nach der Anerkennung der Männlichkeiten geistig behinderter Männer durch männliche Dominanzinszenierungen seitens der Assistenten betreffend, gelange ich zu der Einschätzung, dass solche Inszenierungen als gänzlich ungeeignete Anerkennungsformen betrachtet werden können. Wie sich am vorliegenden Fall beispielhaft für viele weitere vorgefundene Fälle zeigen lässt, kommt es durch das unbedingte Unterordnung fordernde Auftreten mancher nichtbehinderter Männer vielmehr zu einer Nichtanerkennung der Männlichkeiten der Behinderten. Hierdurch wird vielmehr untergeordnete Männlichkeit hergestellt.

4.6.3 Ergebniszusammenfassung

Zusammenfassend können hinsichtlich der vorhergehenden Überlegungen vier Thesen formuliert werden, die sich als Gegenposition zu den angeführten Pro-Argumenten seitens des nichtbehinderten Mitarbeiters der benachbarten Montage-Verpackungsgruppe lesen lassen:

- Autoritäre hegemoniale Männlichkeitsinszenierungen nichtbehinderter Mitarbeiter führen weder zur Konkurrenzentlastung behinderter Männer, noch wird hierdurch das Wohlbefinden derselben befördert.

- Die ordnende Wirkung dominanter bzw. autoritärer Männlichkeitsinszenierungen seitens nichtbehinderter Männer kann nur als eine äußerst kurzfristige betrachtet werden.

- Durch autoritäre hegemoniale Männlichkeitsinszenierungen nichtbehinderter Mitarbeiter kommt es zu einer Missachtung der Männlichkeiten geistig behinderter Männer.

- Durch autoritäre hegemoniale Männlichkeitsinszenierungen männlicher Assistenzkräfte erhöht sich die Wahrscheinlichkeit der Generierung solcher Inszenierungen seitens behinderter Männer.

Im folgenden Kapitel werde ich zu einem Thema zurückkehren, dass ich bereits im ersten empirischen Teil (vgl. Kap. 3) ergründet habe. Im Besonderen widme ich mich hier dem Thema Männlichkeit und Anerkennung. Der Hauptgrund hierfür liegt darin, dass dieser Themenkomplex nicht nur in den biografisch narrativen Interviews großen Raum eingenommen hat, sondern auch während den teilnehmenden Beobachtungen in den Werkstätten. Mit Hilfe dieses Arbeitsabschnitts wird es auch möglich sein, die körperliche Dimension des männlichen Habitus geistig behinderter Männer weiter zu beleuchten und weitere Herstellungsbedingungen von Männlichkeiten offenzulegen.

4.7 Wettbewerb um Anerkennung

Wenn im Folgenden von Anerkennung die Rede ist, so ist damit die „Anerkennungsweise soziale Wertschätzung" (Honneth 1994, S.211) gemeint. Ich wähle in diesem Zusammenhang bewusst die Bezeichnung Wettbewerb um Anerkennung und nicht wie Honneth „Kampf um Anerkennung" (1994). Erstere Bezeichnung schließt zwar einen Kampf um dieses knappe Gut grundsätzlich nicht aus, denn auch ein Wettbewerb kann kämpferisch akzentuiert sein. Während der Begriff Kampf jedoch unentwegt Härte und entbehrungsreiche Konfrontation suggeriert, können aus meiner Sicht durch den Begriff Wettbewerb auch eher unauffällige und weniger konfrontative Anerkennungsbestrebungen in den Blick genommen werden. Gerade diesen sollte besondere Aufmerksamkeit geschenkt werden, da geistig behinderte Akteure ihre Anerkennungswünsche und Bemühungen um Anerkennung im Feld WfbM nicht unbedingt in externalisierender Form zum Ausdruck gebracht haben. Den Wettbewerb betreffend, wurden zwei Kategorien näher betrachtet, namentlich Anerkennungsmedien und Anerkennungsgegenstände.

Durch das jeweilige **Anerkennungsmedium** wird der 'Aggregatzustand' sozialer Wertschätzung festgelegt. Anerkennung kann allgemein symbolisch durch das Aussprechen eines Lobes oder materiell in Form von Geld oder Objekten zugeeignet werden. Im Hinblick auf das soziale Feld WfbM gilt es in diesem Zusammenhang zu beobachten, in welcher Form symbolisches Kapital (Anerkennung) konkret an behinderte Werkstattmitglieder verteilt wird und welches Maß an Bedeutsamkeit den einzelnen Anerkennungsmedien beigemessen wird.

Die **Anerkennungsgegenstände** stellen hingegen jene Bezugspunkte dar, auf die sich die Zueignungen der Anerkennungsmedien richten. Durch diese Gegenstände werden entsprechend Praxen und Praxisformen festgelegt, deren Vollzug zur Zueignung eines Anerkennungsmediums führen kann. In diesem Zusammenhang ist auch zu fragen, welchen Praxen und Praxisformen insbesondere geistig behinderte Männer ein Potential an Anerkennung beimessen. Wie sich zeigen wird, gibt es hinsichtlich der Anerkennungsmedien und Anerkennungsgegenstände auch Fälle, in denen ein Sachverhalt beiden Kategorien zugeordnet werden kann. Dies gilt beispielsweise im Falle besonderer Aufgaben im Werkstattkontext. Solche Sonderaufgaben werden von behinderten Werkstattmitgliedern einerseits bereits als ein ihnen zugeeignetes Anerkennungsmedium betrachtet, weil sie es als ein Privileg betrachten, diverse Sonderaufgaben übernehmen zu dürfen. Andererseits handelt es sich bei diesen Aufgaben aber zugleich auch um Anerkennungsgegenstände, weil die Erfüllung dieser Aufgaben wiederum ein Bezugspunkt für mögliche Zueignungen von Anerkennung darstellt. Solche und ähnliche Überschneidungen werde ich allerdings eher vernachlässigen, da letztlich die positiv-emotionale Besetzung diverser Anerkennungsmedien- und Gegenstände behinderter Akteure wesentlich bleibt.

4.7.1 Anerkennungsmedien im Kontext Behindertenwerkstatt

Anerkennungsmedium Geld

gesamt n = 309		**männlich konnotierte Werkstattgruppen**			**weiblich konnotierte Werkstattgruppen**			**unspezifisch konnotierte Werkstattgruppen**		
m 189 **w** 120		**m** (n=91) **w** (n=21)			**m** (n=10) **w** (n=31)			**m** (n=101) **w** (n=90)		
Hilfebedarfs-	**m**		2,3	0,3		2,3	0,3		2,8	0,5
gruppe 1-3	**w**		2,2	0,4		1,9	0,2		2,7	0,4
Gehalts-	**m**	**IVa-IVb**			**IVa-IVb**			**IIIa-IIIb**		
gruppe	**w**	**IVb-V**			**IVb-V**			**IIIb**		
Gehalt	**m**		146,7	27,4		130,7	12,5		98,4	9,7
	w		149,6	29,1		156,3	50,1		105,3	11,3
Leistungs-	**m**		15,8	2,0		15,7	0,2		13,6	1,5
punkte	**w**		17,1	4,5		16,6	3,2		14,1	2,7

Abb.10: Gesamtüberblick einer Teilerhebung der WfbM-Arbeitsgruppen hinsichtlich Gehalt, Hilfebedarfseingruppierung, Leistung und Gehaltsgruppen (vgl-

DOK-1-WfbM - DOK-3-WfbM). Der rechte Wert der Einzelerhebungen steht für die jeweilige Standardabweichung.

Im Durchschnitt verdienen behinderte Männer und Frauen in den untersuchten Werkstattgruppen zwischen 98 und 156 Euro. Wie aus der Tabelle hervorgeht, kommen die Gehaltsschwankungen insbesondere durch die stellenweise weit auseinanderliegenden Hilfebedarfseingruppierungen zustande, welche entsprechend zu einer höheren oder niedrigeren Gehaltseinstufung führen. Weiterhin liegen die individuellen Leistungspunkte, welche zur Kompensation der besagten Gehaltsunterschiede gedacht sind, WfbM-gruppenübergreifend relativ eng beieinander. Der kompensatorische Effekt dieser Punkte kann daher als eher vernachlässigbar eingestuft werden. Die teils hohen Standartabweichungen (jeweils rechter Wert) kommen dadurch zustande, weil es in jedem Werkstattbereich Männer und Frauen gibt, die bezogen auf alle oben dargestellten Eingruppierungen höhere Werte erzielen, als die überwiegende Mehrheit der übrigen Werkstattgruppenmitglieder.

Wesentlich ist die Feststellung, dass Männer und Frauen innerhalb der jeweiligen Arbeitsbereiche nahezu die gleichen Gehälter beziehen. Demnach herrscht zumindest bezogen auf diese Werte eine gewisse Ausgewogenheit. Dies gilt im Übrigen auch für die Verteilung der Leistungspunkte. Der geringe Ausschlag nach oben im männlich und weiblich konnotierten Bereich begründet sich mitunter solchermaßen, dass diesen Bereichen Personen zugeordnet sind, die in der Regel einen niedrigeren Behinderungsgrad aufweisen, was sich wie gesagt auch in den niedrigeren Hilfebedarfseinstufungen abbildet. Daran lässt sich aufzeigen, dass Frauen gegenüber den Männern gehaltsbezogen nicht benachteiligt werden. Im Hinblick auf Männlichkeit kann demnach nicht davon ausgegangen werden, dass Männer im Feld Behindertenwerkstatt ökonomisch betrachtet von der patriarchalen Dividende (vgl. hierzu Kap. 1.1.2) profitieren.

Ein wesentliches Benachteiligungskriterium innerhalb der untersuchten WfbM ist vielmehr nicht die Variable Geschlecht, sondern der Schweregrad der geistigen Behinderung. Es herrscht also eine relative Ungerechtigkeit hinsichtlich dieses Sachverhaltes. Nimmt man die sich geringfügig auf die Gehälter auswirkenden individuellen Leistungspunkte einmal aus, wird nur ungenügend berücksichtigt, dass jemand mit einem höheren Behinderungsgrad gemessen an seinem Leistungsvermögen (individuelle Norm) womöglich mehr oder gleich viel leistet wie jemand, der eine geringere Beeinträchtigung aufweist. Betrachtet man die Eingruppierungskriterien der Werkstatt, wird deutlich, dass sich die Klassifizierungen insbesondere an einer nichtbehinderten Norm orientieren. Dies zeigt sich daran, dass die höchsten Gehaltsstufen durch Kriterien definiert werden, die eigentlich vom Anforderungsprofil her einem regulären Arbeitsverhältnis auf dem ersten Arbeitsmarkt entsprächen (vgl. DOK-5-WfbM-Entgelt- u. - Leistungsbestimmungen-Z.3-9).

Insgesamt gesehen sind die Gehälter unabhängig von den gerade angeführten Betragsschwankungen äußerst niedrig. Dies wird jedoch nicht von allen behinderten Werkstattmitgliedern wahrgenommen. Dies liegt auch daran, dass die behinderten Mitarbeiter wenn überhaupt nur eine eher vage Vorstellung von Geld und seiner Funktion haben. Die Wahrscheinlichkeit des Vorhandenseins eines Geldbegriffes steigt mit Absinken des Behinderungsgrades an und umgekehrt. Stärker behinderten Männer und Frauen (Hilfebedarfseinstufung II-IIIb) haben in der Regel zwar verinnerlicht, dass sie für ihre Arbeit Geld erhalten, die meisten Personen haben allerdings keine oder eine eher unrealistische Vorstellungen hinsichtlich der Gehaltshöhe. Dies zeigt sich im Besonderen in der Montage-Verpackungsgruppe (vgl. BP-G1-23-Z.1-7, BP-G1-23-Z.45-49 und BP-G1-23-Z.63-66). Aus den beiden zuletzt genannten Textangaben geht zudem hervor, dass die Befragten in der Regel nur dann einen Geldbezug herstellen können, insofern sie mit dem Medium Geld direkt in Berührung gekommen sind. Das ist wohl insbesondere bei den wöchentlichen Auszahlungen des Taschengelds durch die Mitarbeiter der Behindertenwohngruppen der Fall. Andernfalls bleibt Geld in Form eines Monatsgehaltes für viele Personen eher ein Abstraktum.

In der Montage-Verpackungsgruppe hat sich gezeigt, dass Geld dort explizite als Anerkennungs- und Motivationsmedium eingesetzt wird:

> Als die übrigen behinderten Mitarbeiter nach und nach den Werkstattraum betreten, ruft die Leiterin schließlich: „So, wir haben jetzt nen neuen Auftrag, der ist sehr anspruchsvoll. Wir haben da einen Stanzvorgang, einen Schweißvorgang und einen Verpackungsvorgang und wenn wir uns ganz doll anstrengen, dann bekommen wir vielleicht auch mehr Geld am Monatsende!" (BP-G1-12-Z.38-42).

Ungeachtet dessen, dass die Leiterin der Montage-Verpackungsgruppe eine Gehaltserhöhung nur unbestimmt in Aussicht stell, ist es auf der Grundlage des bisher Gesagten fraglich, ob die behinderte Belegschaft das in Aussicht gestellte höhere Monatsentgelt auch tatsächlich als Ansporn für mehr Leistung verstehen wird. Dies wird vielmehr nur bei denjenigen Werkstattmitgliedern der Fall sein, die einen Zusammenhang zwischen Monatsgehalt und geleisteter Werkstattarbeit herstellen können. Für solche behinderten Werkstattmitglieder ist dann womöglich nicht die exakte Höhe der Verdienststeigerung von Bedeutung, sondern lediglich der Tatbestand, mehr zu verdienen. Obgleich in der Montage-Verpackungsgruppe bis auf eine Ausnahme niemand eine genaue Gehaltsvorstellung hatte, haben manche Mitglieder dieser Werkstattgruppe ohne Betragsangabe deutlich gemacht, „viel Geld“ zu verdienen (vgl. BP-G1-23-Z.17-23).

Ein behinderter Mitarbeiter, der sich in solcher Form äußert, wird womöglich durch den oben genannten Ansporn, „wenn wir uns ganz doll anstrengen, dann bekommen wir vielleicht auch mehr Geld am Monatsende!“, durchaus motiviert sein, seine Arbeitsbemühungen weiter zu steigern, weil er dann eventuell antizipiert, „viel Geld“ in noch mehr Geld transformieren zu können.

Im Gegensatz dazu hatten die behinderten Mitglieder der Metallwerkstatt und WfbM-Küchengruppe in der Regel recht genaue Vorstellungen hinsichtlich ihrer Vergütung[74]. Im Besonderen galt dies für die Personen, die im sogenannten Betreuten Wohnen leben, in der sich diese Personen in der Regel selbst versorgen und sich ihr monatliches Budget selbst einteilen müssen (vgl. BP-G2-9-Z.292-296 u. Int.-G3-1-Z.92-94). Geld ist für diese Werkstattmitglieder folglich ein bedeutender Faktor. Die Möglichkeit eines Mehrverdiensts wird allerdings nicht zwangsläufig genutzt, weil den Mitarbeitenden der Aspekt der Arbeitszufriedenheit oft wichtiger ist als die höheren Verdienstmöglichkeiten in Arbeitskontexten außerhalb der WfbM (vgl. BP-G2-9-Z.330-331).

Anerkennungsmedium Mitgliedschaftsstatus

Mitgliedschaft in der ‘Männergemeinschaft Metallwerkstatt‘

> Ich frage ihn [Steffen einen behinderten Mitarbeiter der Metallwerkstatt], was er denn sonst noch so reizvoll an dieser Arbeit hier findet: „Ei des sin die nette Kollege, die aach mol Spass mache un sisch unnerhalte. Des is ach de Teamgeist hier den isch doll finne tu. Da schaff isch dann mit de Kumpels zusamme, die sisch aach mit dem Metall gut auskenne wie isch. Da komme manschmol aaach Trucker, die des Material liefere tue, mit dene versteh isch misch aaach gut“ (BP-G2-4-Z.71-75).

Indem dieser Mitarbeiter davon spricht, dass sich auch andere Personen in der Metallwerkstatt mit Metall gut auskennen, weist er zunächst darauf hin, dass er sich als kompetentes Mitglied der Metallwerkstatt versteht. Durch die Einführung des Aspekts Teamgeist stellt er den kollektiven Leistungsgedanken in den Mittelpunkt. Nach seinem Verständnis ist die individuelle Leistungsfähigkeit nur relevant, insofern diese einer gemeinsamen Sache dienlich ist. Er versteht sich jedoch nicht nur als Teil der Metallwerkstattgruppe, sondern vornehmlich als Mitglied einer Männergemeinschaft, mit der er sich stark identifiziert. Die behinderten Werkstattangehörigen sind für ihn nicht nur Kollegen, sondern als „Kumpels" auch enge Vertraute. Durch diese Nennung unterstreicht er nochmals die kohäsive Kraft unter den Werkstattmitgliedern, die er durch die Bezeichnung „Teamgeist" implizit zuvor bereits thematisiert hat. „Kumpels" ist zudem gleichbedeutend mit Männerfreundschaft. Freunde unterstützen sich gegenseitig und stellen die Interessen des Anderen bzw. das 'Wir' in den Vordergrund. Bezüglich der Identifikation mit der 'Männergemeinschaft Metallwerkstatt' erinnere ich an das in Kap. 4.4.1 erwähnte T-Shirt mit dem Aufdruck „Metall". Es existiert allerdings noch ein weiteres ästhetisches Indiz für den hohen Identifikationsgrad dieses Mannes mit der Metallwerkstatt. Wesentlich ist in diesem Zusammenhang die Tatsache, dass die meisten Männer dieser WfbM-Gruppe oft auch in ihrer Freizeit Arbeitskleidung und das besagte T-Shirt getragen haben[75]. Die Männer sind demnach daran interessiert, ihren Mitgliedschaftsstatus bezogen auf diese Gruppe einer möglichst breiten Öffentlichkeit zu präsentieren. Hierdurch demonstrieren sie, dass sie auch als behinderte Männer in Lohn und Arbeit stehen und sich als produktives Mitglieder der Gesellschaft betrachten. Sie signalisieren aber zugleich, dass sie einem prototypischen 'Männerarbeitsbereich' angehören, wodurch sie auch ihre Männlichkeit zur Schau stellen.

Zusammenfassend können wir festhalten, dass die Mitgliedschaft in der Metallwerkstatt als Transformationsmedium zur Anerkennung von Männlichkeit verstanden werden kann.

Mitgliedschaft in einem Außenarbeitsbereich innerhalb oder außerhalb der WfbM

Diesen Sachverhalt betreffend hat sich zunächst herausgestellt, dass in der untersuchten WfbM kein signifikanter geschlechtsspezifischer Unterschied im Hinblick auf die Anzahl der vermittelten Außenarbeitsplätze besteht. Im Zeitraum von 2006-2011 wurden insgesamt 11 Männer und 10 Frauen in einen werkstattexternen Bereich vermittelt[76]. Bezogen auf diese Tatsache kann ebenfalls kein Benachteiligungseffekt nachgewiesen werden, der auf der Variable Geschlecht beruht. Geistig behinderte Männer profitieren demnach auch im Hinblick auf diesen Aspekt nicht von der patriarchalen Dividende. Frauen haben gleichermaßen die Möglichkeit, in den meist sehr viel besser entlohnten Außenarbeitsbereich wechseln zu dürfen.

Die Wahl der WfbM-Außenarbeitsbereiche und Arbeitsplätze auf dem allgemeinen Arbeitsmarkt sind allerdings durchgängig als stark geschlechtstypisiert zu betrachten. Während sich behinderte Männer für Arbeitsplätze im Getränkehandel, Bauhof, Garten- und Landschaftsbau, Landwirtschaft, Gaststätte (Kneipe), Catering, Kfz-Werkstatt und Fahrradmanufaktur interessieren, wählen behinderte Frauen Arbeitsorte wie Küche, Wäscherei, hauswirtschaftliche Versorgung, Kindergarten oder Altenheim (vgl. DOK-4-WfbM-Tabellen (Wechsel)). Nach Auskunft des zuständigen Sozialdienstes bekunden die behinderten Arbeitskräfte ihr Interesse an einem Außenarbeitsplatz in der Regel selbst, so dass wir auf dem Hintergrund der nahezu gleichen Geschlechterverteilung folgern können, dass Außenarbeitsplätze für behinderte Männer nicht bedeutsamer sind als für weibliche Personen. Die Wahl eines Außenarbeitsplatzes kann also nicht als ein ausschließlich vermännlichtes Merkmal der Vergeschlechtlichung geistig behinderter Männer betrachtet werden. Gleichwohl stellen diese Arbeitsplätze für manche Männer ein wichtiges Medium zur Herstellung ihrer Männlichkeit dar. Dies leitet sich aus den nachfolgenden Motivationsaspekten ab, auf einen Außenarbeitsplatz wechseln zu wollen:

Motivationsaspekte, auf eine WfbM-externe Arbeitsgruppe wechseln zu wollen

- Verbesserung der finanziellen Situation

[Uwe, behinderter WfbM-Küchengruppenmitarbeiter] „Ja [...] ich verdiene jetzt auch mehr Geld und werde mir ein Mofa kaufen. Herr Friedhelm [Küchengruppenleiter]: „Was verdienst du denn jetzt?“ Uwe: „400 €, da kann ich mir jetzt auch mehr leisten @(1)@“ (BP-G3-4-Z.67-73).

- Unzufriedenheit am Arbeitsplatz durch geringe Möglichkeiten der persönliche Weiterentwicklung

U: [ein behinderter Mitarbeiter der Küchengruppe]: Mir hat des ganze Umfeld gefallen und auch so der Umgang mit de Leut da. Ich konnte mit dem Herrn Ecke ((stellvertretender Küchenchef)) über alles reden. [...] Ich konnt früher auch manchmal dem Koch, ich konnt auch manchmal dem Koch helfen, De Koch zuarbeiten, vorne mithelfen mit'm Kochen un so. Des hat immer supper geklappt. [...] Einmal war des, als die Frau Steiner ((ehemalige Chefin der Küche)) noch da war, da konnt ich mithelfen.
I: Und kam des in den neun Jahren nochmal vor, das du helfen durftest?
U: Eins zwei Mal ((leise mit belegter Stimme)) Ja, eins zwei Mal.
I: Hättest du dir gewünschten öfters in der Küche mithelfen zu dürfen?

U: Ja, hätt ich mir gewünscht, aber aber ich hab ja keine Kochausbildung, wie die anderen Köche da, wie der Herr Ecke ((aktueller Küchenchef)) un so. Immer nur Gemüse schneide is zu langweilig. Da lernste nix Neues ((missmutig mit gesenktem Blick)) (Int.-G3-1-Z.60-91).

Obgleich der Mitarbeiter in der WfbM-Küchengruppe grundsätzlich mit seinem sozialen Arbeitsumfeld, der Arbeitsatmosphäre und der Unterstützung zufrieden ist, sieht er für sich dort persönlich keine Weiterbildungsmöglichkeiten. Im gerade angeführten Interviewauszug wird eine Form des 'Geistigbehindert-Werdens' thematisiert, die aus einer vorsätzlichen, tätigkeitsspezifischen Beschränkung von Partizipation resultiert. Durch die Nichterfüllung formalqualifikatorischer Zugangsvoraussetzungen (legitimes symbolisches Kapital: Ausbildung als Koch) und die Vorenthaltung von Bildungsinhalten (Kochen lernen), wird sein Handlungsraum künstlich beschränkt, obgleich er in Begleitung eines Assistenten in der Lage wäre, einer Kochtätigkeit nachzugehen.

Durch einen Wechsel in der Leitung der Großküche kam es zugleich zu einem Wechsel der strukturellen Rahmenbedingungen, nach denen es nur offiziell ausgebildeten Köchen gestattet ist, kochen zu dürfen. Die Beschränkung des Tätigkeitsraums geht hier mit der Begrenzung des Bildungsraums einher. Dem Mitarbeiter werden hierdurch Erfahrungsmöglichkeiten vorenthalten, die auch zukünftig seinen Tätigkeits- bzw. Handlungsraum einschränken.

Trotz der genannten auch durchaus positiven sozialen Rahmenbedingungen im Arbeitsumfeld hat sich dieser Mitarbeiter dazu entschieden, auf einen Außenarbeitsplatz der WfbM (Integrationsbetrieb des allgemeinen Arbeitsmarktes) zu wechseln. In diesem Betrieb hat er tatsächlich größere Lern- und Entwicklungsmöglichkeiten für sich persönlich vorgefunden. Dort darf er trotz seiner Behinderung und seiner fehlenden offiziellen Qualifikation als Koch einer Kochtätigkeit nachgehen. Folglich wird an diesem Arbeitsort tätigkeitsbezogen undoing disability hervorgebracht:

I: Und was darfst du nun dort [Außenarbeitsplatz in der Küche eines Seniorenwohnheimes] alles machen?
U: Also ich darf Suppe abfüllen un ich darf am Essensband mithelfen. Ich mache Salate, Salatputzen und Salatsoßen machen und so.
I: Darfst du da jetzt auch kochen.
U: Ja, kochen darf ich da auch, hab letztens Suppe gekocht, habsch Fisch gebacken, hab Gulasch gemacht un Hackfleischsoße gemacht (Int.-G3-1-Z.183-188).

- Unterbeweisstellung der individuellen Leistungsfähigkeit/ Suche nach neuen Herausforderungen: Wunsch normal bzw. nicht-behindert sein zu wollen.

I: Was bedeutet es denn für dich auf dem allgemeinen Arbeitsmarkt zu arbeiten, außer dass du jetzt mehr Geld hast? […]
U: Ich hab's eigentlich gemacht, weil viele zu mir gesagt haben früher, ich würd's nie zu was bringen.
I: Wer hat das gesagt?
U: Von den Heimen von früher un so un in de Wfb-Assistenten. Und da hab ich gesagt den zeig ich's mal ((sehr selbstbewusster Tonfall)). Ich weiß des ich's kann un denen zeig ich's mal. Ich hab meine eigene Wohnung un den zeig ich's einfach. Die ham gesagt der Uwe is kräftig und wird's nie zu was bringen. […] Ja und mir beweisen, des ich's au kann. Des ich au nen Mensch bin, des ich auch selbstständisch (Int.-G3-1-Z.115-132).

An dieser Stelle zeigt sich, dass der Wechsel in einen Außenarbeitsbereich auch durch weiter zurückliegende Behinderungserfahrungen motiviert sein kann. Der Mann versucht sich somit über alle bisherigen Demütigungen und Infragestellungen seiner Person und Leistungsfähigkeit hinwegzusetzen. Seine Bestrebungen sind allerdings sehr viel weitgefasster und nicht auf den Arbeitsbereich beschränkt. Er möchte nicht als Behinderter wahrgenommen werden, sondern zuvorderst als ganz 'normaler Mensch'.

Durch die Nennung der eigenen Wohnung führt er ein Symbol ein, dass er mit Selbstständigkeit assoziiert, weil er dort nicht wie auf einer Behindertenwohngruppe permanent von professionellen Unterstützungskräften umgeben ist. Die eigene Wohnung betrachtet er demnach als Anerkennungsmedium und als Beweis seiner Kompetenz und Selbstständigkeit. Durch den Wechsel des Arbeitsbereichs möchte er seine Kompetenz und Selbstständigkeit auf den Lebensbereich Arbeit ausweiten und dort gleichermaßen wie im Wohnbereich Normalität bzw. Nichtbehinderung herstellen. Der Bedeutungszusammenhang zwischen Zugehörigkeit zu einem Außenarbeitsbereich (vorzugsweise auf dem allgemeinen Arbeitsmarkt) und 'Nichtbehindert-Sein' respektive 'Leistungsfähig-Sein' und 'Selbstständig-Sein' wird im nächsten Textauszug deutlich. Die folgende Szene hat sich während der Abschiedsfeier desjenigen Mitarbeiters ereignet, den ich im letzten Textbeispiel gerade zitiert habe:

Uwe [zu seinem ehemaligen Chef Herrn Friedhelm]: „Da ist allerdings noch was, was ich nicht verstehe. Ich habe Post von der ((nennt den Namen der Einrichtung)) bekommen. Darin haben sie mir geschrieben, welches neue Gehalt ich nun von der WfB bekomme. Ich muss da auch ein Formular wegen dem neuen Arbeitsplatz ausfüllen. Ich habe Frau Elin auch schon deswegen gefragt. Ich hab hab sie jedoch nicht verstanden. [...] Ich verstehe nicht recht, ich bin doch jetzt nicht mehr in der WfB." Herr Friedhelm schaut mich ungläubig an und meint schließlich: „Hä, ich kann mir nicht vorstellen, dass du jetzt dein Gehalt von der WfB ausgezahlt bekommst. [...] Du bist jetzt aber nicht mehr in der WfB, sondern ganz normal draußen auf dem ersten Arbeitsmarkt. Uwe: „Ich weiß nich, die Frau Elin hat gesagt, ich wäre noch bei der ((nennt den Namen der Einrichtung - seine Stimme nimmt eine leicht verzweifelte Färbung an)). [...] Ich dachte ich bin jetz nicht mehr in der WfB ((mit weinerliche Stimme))" (BP-G3-4-Z.82-99).

Wie wir weiter oben bereits sehen konnten, verbindet der Mitarbeiter den Wechsel in ein werkstattexternes Arbeitsverhältnis zugleich mit einem Statusaufstieg. Die Feststellung der Sozialdienstmitarbeiterin der WfbM, er wäre noch ein Angehöriger der Behinderteneinrichtung, hat ihn sehr verunsichert. Seine emotionale Aufgewühltheit resultiert allerdings weniger aus dem Tatbestand heraus, dass er im Hinblick auf die vertraglichen Formalia etwas nicht verstanden hat, sondern vielmehr aus seiner Statusunsicherheit - „Ich dachte ich bin jetzt nicht mehr in der WfB ((mit leicht weinerliche Stimme))." Nichtzugehörigkeit zur WfbM und Zugehörigkeit zu einem Betrieb des allgemeinen Arbeitsmarktes ist für ihn gleichbedeutend damit, nicht mehr als Behinderter zu gelten. Dieser subjektiv hergestellte Verweisungszusammenhang wird durch die besagte Statusunsicherheit im Grundsatz irritiert bzw. in Frage gestellt.

- Distinktionsgewinn gegenüber anderen behinderten Männern, die in regulären WfbM-Arbeitsgruppen arbeiten

Ich [Forscher] stehe gerade mit vier behinderten Mitarbeiterinnen und einem behinderten Mitarbeiter [Thomas] an einem Tisch und schneide Tomaten. Ich trage wie der Küchenhelfer ebenfalls ein Schiffchen ((matrosenmützenähnliche Kopfbedeckung aus Papier)), weiße Schuhe, und eine weiße Arbeitsschürze. Von rechts nähert sich ein Mann, ich schätze ihn auf Mitte 30, der schließlich an mir vorbeiläuft, ohne mich anzuschauen. Am Nachbartisch nimmt er sich drei Tomaten, zerkleinert diese vor Ort mit einem Messer in jeweils vier Hälften und legt diese schließlich in ein Plastikbehältnis. Als er mit selbigem wieder an mir vorbeikommt, begrüße ich ihn freundlich mit einem „Hallo" und stelle mich kurz mit Namen vor. Er bleibt stehen, schaut mich mit einem verächtlichen Blick an, sieht dann auf die Tomaten, welche ich kurz zuvor zerkleinert habe und schüttelt den Kopf. Wortlos geht er danach an den Arbeitsplatz des behinderten Mitarbeiters, betrachtet ihn einen kurzen Augenblick beim Tomatenschneiden und schüttelt mit verständnislosem Gesichtsausdruck abermals den Kopf bevor er sich wortlos entfernt. Ich meine zu Steffi [behinderte Mitarbeiterin], die sich gerade die Hände wäscht: „Hm, der is ja nich gerade gesprächig." Steffi: „Ja, des is de Werner, der redet auch mit uns sehr wenig und arbeitet nur selten mit uns und möcht au nix mit uns zu tun habe. Meistens is er drüben in der Küche" (BP-G3-3-Z.32-46).

Diese Szene kann nicht ohne notwendiges Kontextwissen erschlossen werden. Zunächst sollte man wissen, dass WfbM-Außenarbeitsplätze geografisch nicht immer außerhalb der WfbM verortet sind. In diesem Zusammenhang möchte ich nochmals auf den arbeitskontextuellen Hintergrund der WfbM-Großküche hinweisen. Die Großküche der WfbM ist in zwei Arbeitsgruppen aufgeteilt. Zum einen existiert dort eine Arbeitsgruppe (WfbM-Küchengruppe - WfbM-KG) die komplett der WfbM zugeordnet ist und in der sich außer dem WfbM-Küchengruppenleiter nur behinderte Personen befinden. Die zweite Arbeitsgruppe besteht bis auf einen Mann ausschließlich aus nichtbehinderten Arbeitskräften, die nicht der WfbM, sondern einer Küchen-Servicegesellschaft (KSGG) zugeordnet sind. Von diesem Mann ist im letzten Textauszug die Rede. Dieser Mitarbeiter steht in einem WfbM-Außenarbeitsplatzverhältnis. Die Arbeitsgruppen agieren in der Regel bis auf wenige Ausnahmen wie bereits geschildert (vgl. Kap. 4.4.1) nahezu gänzlich getrennt voneinander. Überschneidungen ergeben sich beispielsweise dann, wenn die nichtbehinderten Mitarbeiter der KSGG in Ausnahmefällen selbst Gemüse zerkleinern, was normalerweise ausschließlich die Aufgabe der behinderten Mitglieder der WfbM-KG ist. In der dokumentierten Szene tritt der gerade erwähnte behinderte KSGG-Mitarbeiter Werner in einer solchen Ausnahmesituation in Erscheinung.

Es kann zunächst vermutet werden, dass dieser Mitarbeiter den Forscher als behinderten Mitarbeiter der WfbM-KG beobachtet hat[77]. Der Forschende unterscheidet sich weder in seiner Kleidung noch in seiner Tätigkeit von dem behinderten WfbM-KG-Mitglied Thomas. Ein Indiz hierfür ist die durch Mimik und Gestik zum Ausdruck gebrachte abwertende Haltung von Werner gegenüber dem vermeintlich behinderten Mitarbeiter (Forscher). Dies zeigt sich am Kopfschütteln und dem abschätzigen Gesichtsausdruck des Mannes. Es kann unterstellt werden, dass Werner gegenüber einem nichtbehinderten Mitarbeiter auf der Grundlage des objektiven Machtgefälles zwischen Behinderten und Nichtbehinderten vom beschriebenen Gestus abgesehen hätte. Insbesondere durch das Kopfschütteln stellt er die männlichen Anwesenden in Frage. Er selbst sieht sich diesen gegenüber in einer hegemonial männlichen Position. Durch sein Schweigen macht er den Anwesenden zudem deutlich, dass es außerhalb seiner Würde liegt, ein Wort mit einem behinderten Mitglied der WfbM-KG zu wechseln. Er möchte demzufolge nichts mit den Behinderten der Werkstatt zu tun haben. Diesen Sachverhalt hat auch eine behinderte Mitarbeiterin gegenüber dem Forscher angesprochen (vgl. BP-G3-3-Z.44-46). Dieser behinderte Mitarbeiter möchte demnach seinen selbstzugeeigneten Status als Nichtbehinderter behaupten, was implizite auch aus der nachfolgenden Sequenz hervorgeht:

Ich [Forscher] sehe Werner ((behinderter Mitarbeiter der KSGG)), wie er einen Essenswagen [...] mit einem Lappen auswischt. Als er seine Tätigkeit beendet hat, geht er in Richtung eines Büros, dass sich am anderen Ende der Küchenhalle direkt neben einem Seitenraum der Küche befindet, in dem vormittags von den behinderten WfbM-Küchengruppenmitarbeiter das Gemüse vorbereitet wird. Ich folge ihm [...] Als ich ihn schließlich eingeholt habe, frage ich ihn nach der Uhrzeit. Er hält mir daraufhin seine Uhr entgegen und meint „vierzehn Uhr". [...] Ich nutze die Gelegenheit und erzähle ihm, weshalb ich mich derzeit in der Werkstatt aufhalte und frage schließlich, ob er bei der WfbM- oder in der KSGG angestellt ist. Sogleich meint er: „Ich bin immer da drüben in der Küche. Bei den Behinderten hier ((abfällig)) bin ich nur manchmal, meistens schaff ich an der Spülmaschine oder bringe die Essenswägen" (BP-G3-7-Z.43-55).

Der behinderte Mitarbeiter stellt demnach bewusst eine Distanz zwischen sich und den behinderten WfbM-KG-Mitgliedern her, indem er zwei Gruppenidentitäten konstruiert, die er normativ wertend gegenüberstellt. Durch „drüben in der Küche" meint er die Gruppe der Nichtbehinderten. Auch wenn er diese Bezeichnung nicht explizit wählt, so benennt er diese implizit durch die Nennung der Behindertengruppe, „Bei den Behinderten hier ((abfällig)) bin ich nur manchmal". Insbesondere durch die abfällige Intonation des Wortes Behinderte bringt er zum Ausdruck, dass er sich nicht mit dieser Gruppe identifiziert bzw. nicht mit selbiger identifiziert werden möchte. Wir können demzufolge vermuten, dass sich auch dieser Mitarbeiter bemüht, Normalität herzustellen. Er sieht sich als Mitglied der KSGG in einer privilegierten Position. Aus seiner Perspektive ist er nicht mehr Mitglied der WfbM, sondern in einer Arbeitsgemeinschaft, welche dem allgemeinen Arbeitsmarkt zugeordnet ist. Dass er jedoch nach wie vor an die WfbM gebunden ist, blendet er ebenso aus wie seinen Behindertenstatus. Die KSGG-Mitgliedschaft stellt für ihn demnach eine Strategie dar, seine Behinderung im Lebensbereich Arbeit zu bewältigen. Diese Mitgliedschaft ist jedoch noch in einem ganz anderen Sinne für ihn relevant. Interessanterweise richtet er wie im obigen Beispiel für gewöhnlich seine Missachtungshandlungen gegen Männer der WfbM-KG. Für ihn ist die KSGG-Mitgliedschaft folglich nicht nur ein Privileg im Sinne von Nichtbehindertsein, sondern auch ein Statussymbol, mit dessen Hilfe er sich von anderen behinderten Männern abheben kann. Außenarbeitsplätze werden von manchen Männern demnach als Distinktionsmerkmal favorisiert.

- Verinnerlichter Verweisungszusammenhang Männlichkeit -Arbeit (außerhalb einer WfbM)

In diesem Aspekt kulminieren alle bisher genannten Sachverhalte. Diejenigen Männer, die sich für einen Außenarbeitsplatz entschieden haben, möchten ihre Leistungsfähigkeit, Selbstständigkeit und Lernfähigkeit unter Beweis stellen und Nichtbehinderung erzeugen. In diesem Zusammenhang zitiere ich nochmals den bereits kurz zuvor genannten Mitarbeiter Uwe, der von der WfbM-Küche in eine Küche eines Seniorenwohnheims gewechselt ist:

I: [...] Was mich interessieren würde, was bedeutet denn für dich Männlichkeit oder was ist denn für dich ein richtiger Mann? (20)

U: Richtiger Mann? (5) Der wo ne Frau hat. Der wo morgens aus'm Haus geht, Anzug an hat ((führt beide Hände an seinen Hals und führt eine Bewegung aus, als würde er eine Krawatte binden)), der nen schickes Auto fährt un nen guten Job hat ((selbstbewusster Tonfall)), gut Kohle verdient. (Int.-G3-1-Z.219-223)

Männlichkeit wird von diesem Mitarbeiter explizit mit dem Lebensbereich Arbeit assoziiert. Als Grundfolie orientiert er sich im eigentlichen Sinne an einigen wesentlichen Elementen hegemonialer Männlichkeit, welche mit seiner Vorstellung einer anerkannten nichtbehinderten Männlichkeit direkt konvergieren. Letztere ist für ihn zunächst heterosexuell verfasst, „Der wo ne Frau hat". Durch die Formulierung, „Der wo morgens aus'm Haus geht, nen Anzug an hat", führt er als nächstes das Thema normale Erwerbstätigkeit ein. Der Arbeitstag der meisten Berufstätigen beginnt in der Regel in der Frühe bzw. vormittags. In der Frühe aus dem Haus zu gehen soll aber auch suggerieren, sich nicht durch langes Ausschlafen dem Müßiggang hingeben zu wollen. Demnach steht der zeitige Arbeitsbeginn für diesen Mann auch für eine engagierte Arbeitshaltung bzw. für Fleiß und die potentielle Steigerung beruflicher Erfolgsaussichten, die ihm auch unter dem Gesichtspunkt von Männlichkeit sehr wichtig sind.

Für Uwe bilden beruflicher Erfolg und Männlichkeit eine Einheit. Dies bringt er durch die nachfolgenden Aspekte zum Ausdruck: Ein erfolgreicher Mann hat einen „guten Job", der durch komfortable Verdienstmöglichkeiten, „gut Kohle" und durch Statussymbole definiert wird. Ein „schickes Auto“ ist für ihn also nicht nur ein Beförderungsmittel, sondern ein Veräußerlichungssymbol beruflichen Erfolges. Im Hinblick auf die beruflichen Tätigkeitsformen, welche hier nicht direkt benannt werden, lassen die Erwähnung des Anzuges und das symbolische Binden der Krawatte den Schluss zu, dass der Interviewte ein gesellschaftlich anerkanntes Berufsfeld imaginiert, in dem er eine leitende Position einnimmt. Anzug und Krawatte stellen für ihn demnach wiederum Symbole für Erfolg und Leistung dar. Im Rahmen seiner Möglichkeiten versucht er, dieses Wunschbild von Männlichkeit durch sein neues Arbeitsverhältnis außerhalb der WfbM zu realisieren. An anderer Stelle (vgl. BP-G3-4-Z.68-72) hat er darauf hingewiesen, dass er durch seinen Wechsel in die Küche eines Seniorenheims auch mehr Geld verdienen würde und sich infolgedessen nun auch ein Mofa leisten kann. Letzteres steht demnach entsprechend seiner Möglichkeiten stellvertretend für beruflichen Erfolg und das Statussymbol Auto.

Motivationsaspekte, in einer WfbM-internen Arbeitsgruppe bleiben zu wollen:

Wie deutlich wurde fungieren WfbM-Außenarbeitsverhältnisse und Arbeitsplätze auf dem ersten Arbeitsmarkt als Transformationsmedien nichtbehinderter Männlichkeiten. Diesbezüglich interessieren hier jene Faktoren, welche manche behinderten Männer daran hindern, einen WfbM-Außenarbeitsplatz oder einen Arbeitsplatz auf dem allgemeinen Arbeitsmarkt anzustreben, obgleich sie potentiell die Möglichkeit dazu hätten:

> [Forscher zu einem behinderten Mitarbeiter der Metallwerkstatt] „Was hindert dich denn noch daran nach draußen zu wechseln?“ ((bMA)) „Des wegen dem psychischen Druck, des kann ich net. Hier mit'm Veith ((stellvertretender Chef der Metallwerkstatt)) und so versteh isch mich gut, da kriegste au geholfe. Draußen sin die net so menschlich wie hier. Hier fühl ich mich beschützt“ (BP-G2-9-Z.325-328).

Aus dieser Mitarbeiteräußerung können einige Aspekte abgeleitet werden, welche die besagte Wechselbereitschaft negativ beeinflussen können. Der Mitarbeiter antizipiert in einem Arbeitsfeld außerhalb der WfbM geringere Unterstützungsmöglichkeiten und hat demnach die Befürchtung, dort Anforderungen ausgesetzt zu sein, denen er sich nicht gewachsen fühlt. Er möchte durch seine Entscheidung, in der Metallwerkstatt bleiben zu wollen, somit zukünftige Behinderungserfahrungen vermeiden.

Es ist jedoch nicht nur der Support allein, der ihm wichtig ist. Vielmehr steht die hohe Beziehungsqualität zu den Assistenzkräften allgemein im Mittelpunkt, die sich durch wechselseitiges Verstehen und Vertrauen konstituiert. Hierdurch fühlt er sich vor zukünftigen Erfahrungen des Scheiterns und 'Behindert-Werdens' geschützt. Insgesamt kann auch ein hoher Zufriedenheitswert als Hemmfaktor hinsichtlich eines Wechsels benannt werden. Aus der vorliegenden Textstelle geht hervor, dass der befragte Mann ganz allgemein mit seiner jetzigen Arbeitssituation sehr zufrieden ist.

Im nächsten Textbeispiel steht die arbeitsplatzbezogene Zufriedenheit auch mit einer privilegierten Tätigkeit in Zusammenhang:

> Während ich [Beobachter] mich umziehe, kommt auch Dirk [behinderter Lagerist im Versorgungszentrum der WfbM-Großküche] in den Umkleideraum und ich nutze die Gelegenheit ihm eine Frage zu stellen: „Sag mal Dirk, hast du schon mal darüber nachgedacht auf dem ersten Arbeitsmarkt zu arbeiten, also außerhalb der WfB? Wäre ein Job außerhalb was für dich?" Dirk: „Neeee, des will ich net. Ich bleib lieber hier." Forscher: „Wieso möchtest du lieber hier bleiben?" Dirk: „Weil mir des hier gefällt. Die Arbeit im Lager is super, ich möchte nich wo anders arbeiten" (BP-G3-6-Z.153-158).

Lagerist Dirk hat innerhalb der WfbM eine Sonderposition, was auch für andere Männer gilt, die innerhalb der Einrichtung nicht wie die meisten aller behinderten Personen einer bestimmten Arbeitsgruppe zugeordnet sind. Hierzu zählen beispielsweise Männer, die als Hausmeister oder Hauswirtschaftler tätig sind. Für diese Personengruppe gilt, dass sie sich in einem Bereich etablieren konnten, der mit genügend Anerkennungspotential ausgestattet ist und der ihnen eine höhere soziale Position innerhalb einer WfbM gegenüber anderen behinderten Mitarbeitern verschafft. Daran anschließend kann konstatiert werden, dass ein Wechsel auch unter der Bedingung als weniger attraktiv betrachtet wird, insofern die Arbeitszufriedenheit mit einigem Stolz auf einen privilegierten Tätigkeitsbereich einhergeht oder auf eine bestimmte WfbM-Gruppenmitgliedschaft. Wie deutlich wurde, ist Letzteres beispielsweise bei den Mitarbeitern der Metallwerkstatt der Fall, obwohl dieses Arbeitsfeld innerhalb der WfbM zu verorten ist. Nachfolgend sind die entdeckten negativen Aspekte einer Bereitschaft zu wechseln zusammengefasst:

- Angst vor leistungsbezogenen Enttäuschungserfahrungen bzw. Erfahrungen des 'Behindert-Werdens'
- geringes Selbstvertrauen in die eigenen Fähigkeiten und Fertigkeiten
- zureichend empfundene aktuelle Supportmöglichkeiten in der WfbM/

antizipierte geringe Unterstützungsstrukturen außerhalb der WfbM
- positive Beziehungserfahrungen innerhalb des Unterstützungssystems WfbM
- exponierter Tätigkeitsbereich innerhalb der WfbM (angesehene soziale Position in Relation zu anderen behinderten WfbM-Angehörigen)
- starke Identifikation mit einer Arbeitsgruppe

Es kann demnach insgesamt festhalten werden, dass eine WfbM-Zugehörigkeit unter den gerade genannten Bedingungen nicht zwangsläufig zu einem Anerkennungsverlust im Hinblick auf Männlichkeit führen muss.

Anerkennungsmedium Zertifikate

Diese Form der Anerkennung konnte nur in der WfbM-KG und in der Metallwerkstatt nachgewiesen werden. Grundsätzlich existiert diese Anerkennungsform objektiv betrachtet in 'quasi-legitimer' und in legitimer Form:

[Beate - eine behinderte Mitarbeiterin der Metallwerkstatt] „Ich liebe meine Arbeit sehr (4) ich bin die Hauptperson hier ((deutet auf die Maschine)), andere sind nur Ersatz." - [Forscher] „Welche Personen dürfen denn sonst noch an dieser Maschine arbeiten?" Sie deutet nun auf drei Zertifikate, die an der Maschine angebracht sind. Auf diesen ist jeweils neben einem Passfoto der folgende Text angebracht: „ZERTIFIKAT - ((Name der Person)) - hat nach der Unterweisung die Berechtigung unter Aufsicht an der BUDELIUS zu arbeiten. - ((Unterschriften der Werkstattleiter))". Auf einem der Passfotos ist Beate zu erkennen. Auf den drei anderen Passbildern sind zwei Frauen und ein Mann abgebildet (BP-G2-3-Z.140-146).

Durch die Übereignung von Zertifikaten erfolgt nicht nur eine einmalige Zueignung sozialer Wertschätzung durch nichtbehinderte Mitarbeiter. Vielmehr bietet dieses Anerkennungsmedium den behinderten Werkstattmitgliedern die Möglichkeit, die zurückliegende Zueignung von Anerkennung wiederholt aktualisieren zu können. Sie haben demnach jederzeit die Möglichkeit, ihre offizielle Autorisierung gegenüber anderen behinderten Werkstattmitgliedern und anderen Personen zu beurkunden. Die Sedimentierung früherer Leistungsanerkennungen in beschriebener Form hat im vorliegenden Fall auch eine regulierende Funktion. Hierdurch wird eindeutig gekennzeichnet, wer an der genannten Maschine arbeiten darf.

Objektiv betrachtet handelt es sich bei diesen Dokumenten allerdings um kein legitimes symbolisches Kapital, dass außerhalb des Kontextes Behindertenwerkstatt eine offizielle Gültigkeit besitzen würde. Innerhalb der Werkstatt sind diese Schriftstücke jedoch legitimiert, weil sie von autorisierten nichtbehinderten Mitarbeitern unterzeichnet worden sind. Ein ähnliches Zertifizierungsbeispiel konnte auch in der WfbM-Küchengruppe festgestellt werden. Dort hat ein behinderter Mitarbeiter ein Dokument erhalten, welches ihm bestätigt, dass er an einer Spülmaschine unterwiesen worden ist:

> Oliver [behinderter Mitarbeiter] [...] setzt zu einer weiteren Frage an: „Ich hätte au gerne noch so ne Urkunde." Herr Friedhelm: „Du hast doch schon ne Urkunde bekommen, da gibt es nicht noch ne zweite. Wärest du damit einverstanden, wenn ich dir zwei Kopien von deiner Urkunde mache?" Oliver: „@Ja, des wäre prima@" (Int.-G3-4-Z.28-31).

Für beide Zertifizierungsformen gilt, dass die Nichtlegitimität der Fortbildungsbelege außerhalb des WfbM-Kontextes für behinderte Werkstattangehörige keine Rolle zu spielen scheint. Sie betrachten selbige subjektiv durchaus als legitimes Anerkennungsmedium. Offenkundig wird dies besonders im letzten Textbeispiel, da Mitarbeiter Oliver nach einem weiteren Schriftstück dieser Art verlangt. Deutlich wird dies aber auch daran, dass die behinderten Werkstattmitglieder in anderen Fällen stets mit großem Stolz auf die ihnen zugeeigneten Zertifikate hingewiesen haben.

In der Metallwerkstatt existiert ferner noch eine weitere Zertifizierungsform. Dort werden Lizenzen zum Führen von Flurförderzeugen ausgestellt. Zu diesen gehören handbetriebene und hydraulische Hubwagen zur Beförderung von Lasten. Nahezu alle Männer, die über solche Fahrerlaubnisse verfügen, haben auf diesen Tatbestand durch Vorlage ihres Führerscheins hingewiesen:

> Ich frage ihn [einen behinderten Mitarbeiter] wie lange er denn schon hier in der Metallwerkstatt arbeitet und was ihn an dieser Arbeit besonders reizt. Hieraufhin zieht er sein Portemonnaie aus seiner hinteren Hosentasche, klappt dieses auf und deutet auf einen „Fahrausweis für Flurförderfahrzeuge" [...] [behinderte Mitarbeiter]: „Isch muss aach die fertische Kiste wegfahre un aus'm Laaaacher neues Material hole ((sehr stolzer selbstanerkennender Unterton))" (BP-G2-4-Z.60-64).

Bei diesem Dokument handelt es sich um legitimes symbolisches Kapital, weil es sich um eine offizielle Fahrerlaubnis handelt, welche auch außerhalb der WfbM an nichtbehinderte Personen ausgehändigt wird. Im vorliegenden Fall wird der besagte Führerschein zur Legitimierung eines werkstattbezogenen Zuständigkeitsbereiches instrumentalisiert. Der Mitarbeiter möchte durch das Zeigen seiner Fahrerlaubnis ganz grundsätzlich seine Kompetenz unterstreichen.

In der Gegenüberstellung sämtlicher Fahrerlaubniszertifizierungen hat sich übrigens gezeigt, dass in der Metallwerkstatt eine Führerscheinrangordnung existiert. An unterster Stelle steht der Nichtbesitz einer solchen Fahrerlaubnis. Manche Personen dürfen aus medizinischen Gründen (z.B. Epilepsie) keinen Hubwagen lenken, was von den Betroffenen als große Benachteiligung empfunden wird (vgl. BP-G2-4-Z.81-94). Danach folgen die Handhubwagenführerscheine für Wagen mit nichtelektrischer Hydraulikfunktion. Solche Wagen gelten unter der Mitarbeiterschaft als 'Einsteigermodelle' (vgl. BP-G2-8-Z.111). An oberster Stelle stehen schließlich elektrische Hubwagen, mit deren Hilfe mit sehr wenig Kraftaufwand besonders große Lasten gezogen und angehoben werden können. Über eine solche Fahrerlaubnis verfügen nur wenige Metallwerkstattmitarbeiter (3 von 15), weil das Führen eines solchen Wagens ein höheres Maß an Verantwortung gegenüber den Kollegen und Kolleginnen mit einschließt. Durch diese geringe Personenzahl, die eine solche Fahrerlaubnis besitzt, resultiert mitunter auch der hohe Wert, der diesen Zertifikaten beigemessen wird. Zudem geht aus einigen Textpassagen eindeutig hervor, dass auch die Hubwagenführerscheine unter der männlichen Belegschaft als ein besonderes Distinktionsmerkmal betrachtet werden, um sich von anderen Männern abzuheben (vgl. BP-G2-8-Z.99-115).

Anerkennungsmedium Verantwortungszueignung: 'Privilegiert-Werden' durch exponierte Tätigkeitsbereiche

Dieses Anerkennungsmedium steht mit den zuletzt genannten, aber auch mit den in Kap. 3.6.1 angeklungenen Sonderdiensten (z.B. Rollstuhlfahrservice durch behinderte Mitarbeiter) unmittelbar in Zusammenhang. Sämtlichen tätigkeitsspezifischen Verbesonderungen liegt der Wunsch des 'Auserwählt-Seins' zugrunde. Neben der leistungsbezogenen Selbstvergewisserung stehen diese Tätigkeitsübereignungen im eigentlichen Sinne stellvertretend für die Übertragung von Verantwortung. Letztere scheint mir das eigentliche Anerkennungsmedium zu sein, dass dem Anerkennungsmedium privilegierte Tätigkeitsbereiche übergeordnet werden kann. Durch die Übertragung von Verantwortung in Form besonderer Tätigkeitsbereiche wird den behinderten Werkstattangehörigen demnach Respekt und Vertrauen entgegengebracht.

'Privilegiert-Werden' durch 'Erster-Sein-Dürfen'

In der Montage-Verpackungsgruppe lässt sich eine weitere Form des 'Privilegiert-Werdens' entdecken, die objektiv gesehen zwar nicht auf Leistung und Kompetenz bezogen werden kann, jedoch von den Werkstattmitgliedern subjektiv als Ergebnis ihrer Leistung erlebt wird. Dort geht es vor allem um 'Erster-Sein-Wollen', d.h., eine bestimmte Tätigkeit zeitlich an erster Stelle ausführen zu dürfen:

Frank [behinderter Mitarbeiter] ruft: „De Laumann, de Laumann, Juchhuu!' Die anderen bMAs stimmen in diesen Ausruf ihrerseits ein. Ich erkenne einen Mann, der die Werkstatt vom Haupteingang her betritt. [...] Herr Laumann: „Ja, de Laumann is da" ((leicht ironisch)). Alle rufen nochmals den Namen des Werkstattgastes. Aus allen Ecken sind Juchhu-Rufe zu vernehmen. Tom [nichtbehinderter Mitarbeiter]: „Psssssst, dann seid mal ruhig, damit mer auch den Herrn Laumann versteht." Es wird sofort leise. Herr Laumann: „Ihr habt vielleicht bereits mit bekommen, es gibt wieder Befragungen in den Werkstätten. Es gibt Fragebogen die ausgefüllt werden sollen und deshalb bin ich da. Es wird gefragt wie's euch so gefällt, ob alles hier in Ordnung ist. Ja? Des wird alles abgefragt." Frank: „@Genau!@" Herr Laumann: „So, wer fängt mit mir heute mal an?" Herr Laumann blickt auf eine Liste. Absolute Stille kehrt ein. Herr Laumann: „Ich glaube de Erwin Lächler fängt heute an." Alle Anwesenden beginnen zu applaudieren. Es sind viele Juchhu- und Bravorufe zu vernehmen. Frank: „De Erwin! @(1)@." Erwin strahlt übers ganze Gesicht, erhebt sich von seinem Stuhl, ballt seine rechte Hand zu einer Faust und boxt immer wieder in einer Siegerpose in die Luft. Währenddessen ruft er „Jäh, Jäh, Jäh." Nach jedem „Jäh" lässt er die Faust vorschnellen und blickt immer wieder nach allen Seiten in die Runde. Frank: „@De Erwin darf mal anfangen, Glückwunsch@!" ((leicht gequältes Lächeln und verkrampfte Intonation)). Erwin setzt sich in Richtung Ausgang in Bewegung. Frank erhebt sich von seinem Platz und stellt sich Erwin ein wenig in den Weg. Erwin hält inne [...] [und gibt einen] genervten klingenden Laut ((„Hegrrr")) von sich. Tom wendet sich Frank zu: „Gehst du ein du einen Schritt zurück. Frank!" Frank setzt sich wieder und senkt den Blick (BP-G1-20-Z.75-97).

Wesentlich ist hier, dass die geschilderte Situation von den behinderten Männern in hohem Maße als Wettkampfsituation wahrgenommen wird. Im vorliegenden Fall bringt der 'Auserwählte' seine Freude über den Erfolg durch eine Siegerinszenierung zum Ausdruck. Letztere vollzieht er durch den exponierten Einsatz seines Körpers. Durch den Faustschlag präsentiert er sich gegenüber den Anwesenden als 'erfolgreicher Kämpfer' und dokumentiert symbolisch Stärke und Macht. Diese somatische Form der Männlichkeitsinszenierung und Zuerkennung symbolischen Kapitals wird von einem der anwesenden behinderten Männer (Frank) nicht akzeptiert und als Anlass zur weiteren Aushandlung von Macht genutzt. Vordergründig schließt sich Frank zunächst der anerkennenden Haltung der Gruppe an, indem er ruft, „@De Erwin darf mal anfangen, Glückwunsch@! ((leicht gequältes Lächeln und verkrampfte Intonation))". Durch das verkrampfte Lächeln und die gepresste Intonation zeigt er allerdings, dass er seinem Kollegen den Erfolg eigentlich nicht gönnt und selbigen gerne für sich verbucht hätte. Er fühlt sich zudem durch die Körperinszenierung seines Kollegen provoziert und herausgefordert. Mit seinem Versuch, dem Kollegen den Weg zu versperren, intendiert er, die Machtverhältnisse zu seinen Gunsten umzukehren. Er möchte hierdurch aber auch seine Handlungsfähigkeit trotz Niederlage demonstrieren. Obgleich es sich in der vorliegenden Szene um die Zueignung von Anerkennung in Form von 'Erster-Sein-Dürfen' handelt, so geht es hier im eigentlichen Sinne wiederum auch um die Aushandlung von Männlichkeiten.

Im vorliegenden Fall werden drei unterschiedliche Männlichkeiten verhandelt. Zunächst versetzt sich der nichtbehinderte Mitarbeiter Herr Laumann in eine hegemoniale Männlichkeitsposition. Ihm obliegt die alleinige Entscheidungsgewalt, ein Werkstattmitglied für die anstehende Mitarbeiterbefragung auszuwählen. Auch die nachfolgende Siegerinszenierung durch Erwin kann in Relation zu den übrigen nichtbehinderten anwesenden Männern als hegemonial männlich betrachtet werden. In gleicher Weise möchte sich auch Frank trotz seiner offenkundigen Niederlage entwerfen. Dieser Status wird ihm jedoch durch seinen Vorgesetzten aberkannt. Durch den Aufforderungsakt, einen Schritt zurückzutreten, schreibt der Chef Frank eine untergeordnete Männlichkeit zu. Letztere wird von Frank schließlich auch anerkannt. Er nimmt mit gesenktem Blick wieder seinen Platz ein und symbolisiert hierdurch Unterwürfigkeit. Er erkennt demnach die höhere Machtposition des Assistenten an. Durch den Handlungsakt des Vorgesetzten wir gleichzeitig auch die Hervorbringung von hegemonialer Männlichkeit von Franks behinderten Arbeitskollegen Erwin in eine andere Form transformiert. Erwin löst die Situation nicht durch eigene Bemühungen auf. Erst mit Hilfe der Unterstützung des Vorgesetzten hat Erwin die Möglichkeit, sein Ziel, namentlich den Raum zu verlassen, zu realisieren. Demzufolge bringt Erwin relativ gesehen zu diesem Vorgesetzten eine komplizenhafte Männlichkeit hervor.

Grundsätzlich wird das hier besprochene Anerkennungsmedium immer dann als Distinktionsmerkmal zur individuellen Profilierung selektiert, wenn es um die Zueignung von Handlungen geht, die von allen Personen gleichermaßen übernommen werden dürfen. Durch die

Öffnung eines bestimmten Handlungsbereiches für alle Werkstattmitglieder wird Gewöhnlichkeit hergestellt. Außergewöhnlichkeit bzw. Distinktionsgewinn hingegen erst durch die Einführung des Faktors Zeit. Demnach ist nicht die Handlung als solche bedeutsam, sondern vielmehr, dass selbige zeitlich vor anderen Werkstattmitgliedern zur Durchführung gebracht werden darf.

Kritisch sei allerdings angemerkt, dass solchen Anerkennungssituationen grundsätzlich ein infantilisierendes Moment inhärent ist, weil die Inszenierung von 'Erster-Sein-Situationen' seitens professioneller Kräfte eigentlich eher im Kindergarten und innerhalb des Grundschulbereiches anzutreffen ist. Auf diesem Hintergrund kann die gerade besprochene Szene als äußerst fragwürdig betrachtet werden, weil selbige in einem Erwachsenenkontext verortet ist.

Anerkennungsmedium Lob

Im Ergebnis hat sich gezeigt, dass es stark vom sozialen Geschlecht der nichtbehinderten Assistenzkräfte abhängt, in welcher Form Belobigungspraxen getätigt werden. Die männlichen nichtbehinderten Mitarbeiter sämtlicher Werkstattgruppen bedienten sich vorzugsweise körperbetont kumpelhafter Belobigungspraxen:

> Herr Zimmer [stellvertretender Metallwerkstattleiter] tritt seitlich an den Arbeitsplatz von Stefan heran [...] und beobachtet ihn dann etwa fünf Sekunden beim Bestücken der Maschine. Als sich die Blicke der Beiden begegnen, nickt Herr Zimmer Stefan mit einem anerkennenden jedoch eher ausdruckslosen Gesichtsausdruck zu. Er presst die Lippen ein wenig aufeinander, und vollzieht eine Kopfnickbewegung. Stefan erwidert das Kopfnicken mit einem erfreuten Lächeln. Mit einem kurzen Schlag auf Stefans linke Schulter entfernt sich der Vorgesetzte wieder [...] ((die flache Hand des Vorgesetzten verweilt nur für den Bruchteil einer Sekunde auf der Schulter des Mitarbeiters)) (BP-G2-5-Z.42-49).

Die körperbetonte Zueignung von Anerkennung erfolgt hier fast beiläufig und obendrein ohne sichtbare Gefühlsregungen. Dies deutet darauf hin, dass Anerkennungssituationen mit gleichgeschlechtlichen Personen für nichtbehinderte männliche Kräfte Situationen darstellen, in denen Nähe reglementiert werden muss. Berührungen sind unter gleichgeschlechtlichen Personen männlichen Gleichgeschlechts nur dann statthaft, wenn selbige kurz und in kumpelhafter Form erfolgen (kumpelhafte Männlichkeitsinteraktion seitens der Assistenten). Zudem darf ein geäußertes Lob weder zu freundlich noch zu offensichtlich geäußert werden. Paradoxerweise wird das positive Beziehungsmoment bzw. die innere Gewogenheit des Vorgesetzten gegenüber dem behinderten Mitarbeiter, durch die äußerliche Entrückung dieser Gewogenheit zum Ausdruck gebracht. In dieser entgegengesetzten Bewegung wird jedoch gerade Nähe hergestellt. Die gleiche Regelstruktur liegt auch in Situationen der Anerkennungszueignung vor, in denen zusätzlich verbale Anerkennungsbekundungen eingebracht werden:

Roland [nichtbehinderter Mitarbeiter der Montage-Verpackungsgruppe] [...] entnimmt einer Kiste, die sich neben Uli [behinderter Mitarbeiter] befindet, eine Packung mit sehr gleichmäßig übereinander gestapelten Plastikschablonen und betrachtet diese etwa sieben Sekunden unter mehrmaligen Drehbewegungen. Währenddessen runzelt er die Stirn, kneift die Augen zusammen, nickt kurz mit dem Kopf und wendet sich dann betont kumpelhaft mit den Worten an Uli: „Klappt das jetzt Uli? ((resolut)) Das sieht ja schon ganz gut aus ((‘cooler‘ Tonfall)).“ Uli beginnt übers ganze Gesicht zu strahlen. Roland legt den Stapel in die Kiste zurück, schlägt Uli kurz auf die Schulter und verlässt den Arbeitsplatz (BP-G1-21-Z.61-68).

Der nichtbehinderte Mitarbeiter inszeniert sich als kritischer Gutachter, indem er durch das Zusammenkneifen der Augen den Anwesenden bedeutet, ganz besonders genau hinzuschauen. Er suggeriert demnach seinem Gegenüber, dass seiner Aufmerksamkeit nichts zu entgehen vermag. Die sich anschließende verbale Äußerung kann als Fortsetzung der besagten Inszenierung gelesen werden. Obgleich die Schablonen ordnungsgemäß gestapelt worden sind, wird bezogen auf diesen Tatbestand zunächst eine diesem Arbeitsergebnis nicht angemessene Bewertung vorgenommen. Die Arbeitsleistung wird entsprechend zuerst bewusst in Frage gestellt und nur mit ‘befriedigend‘ bewertet: „des sieht ja schon ganz gut aus“. Auch die etwas provokante Frage, „Klappt des jetzt? ((resolut))“, befördert die arbeitsleistungsbezogene Inkongruenz. Selbige dient lediglich der Machtdemonstration der Assistenzkraft und nicht dem Informationsgewinn, weil das Arbeitsergebnis eigentlich den Erwartungen des Mitarbeiters entspricht. Dies zeigt sich durch das Kopfnicken und den kumpelhaften Schulterschlag des Vorgesetzten. Durch die Reaktion des behinderten Mannes wird deutlich, dass er die Performanz als eine vermeintlich ernste bzw. als ironischen Äußerungsakt enttarnt hat. Den Schulterschlag betreffend zeigt sich schließlich, dass nicht nur die eher verhaltene Wertschätzung ins Positive gewendet, sondern auch die künstlich verbal hergestellte Distanz aufgehoben wird. Durch dieses symbolische Machtspiel hat der Mitarbeiter die Möglichkeit, gerade durch explizite Nichtanerkennung Anerkennung zuzueignen. Diese paradoxe Figur funktioniert allerdings nur, insofern diese von einem Gegenüber in einem männlich codierten Regelzusammenhang beobachtet wird, der für männlich konnotierte Arbeitskontexte oft paradigmatisch zu sein scheint. Selbige zeichnen sich dadurch aus, dass die Vorzeichen diskursiver Bewertungsurteile ins Gegenteil verkehrt und ein emotionales Einfärben des Gesagten vermieden wird.

Bei den weiblichen nichtbehinderten WfbM-Angehörigen konnten solche eher distanzierten Anerkennungsäußerungen nicht beobachtet werden. Diese Personen eigneten soziale Wertschätzung ausschließlich ohne Umschweife in einer sachlich-freundlichen Art und Weise zu:

> [...] die Leiterin [der Montage-Verpackungsgruppe] wendet sich wieder den behinderten Mitarbeitern zu und verteilt diverse Materialien. Sie bleibt bei einem der behinderten Mitarbeiter stehen und meint zu ihm in sehr freundlich warmen und ruhigen Tonfall: „Ah, deine Arbeit sieht sehr gut aus, wie ich sehe kommst du gut voran." Der junge Mann beginnt übers ganze Gesicht zu strahlen (BP-G1-5-Z.64-67).

4.7.2 Anerkennungsgegenstände im Kontext Behindertenwerkstatt

In diesem Zusammenhang werde ich mich auf den Anerkennungsgegenstand Männlichkeit beschränken, weil sich alle weiteren identifizierten Anerkennungsgegenstände in sozialen und sachnormativen Betrachtungen der WfbM erschöpfen. Hierzu zählen insbesondere drei unterschiedliche Anpassungsleistungen: 1) Anpassungsleistung bezogen auf kulturelles Kapital (arbeitsspezifische Leistungserwartungen) 2) Anpassungsleistung bezogen auf kulturelles Kapital (produktionsspezifische regulative Rahmensetzungen) 3) Anpassungsleistung bezogen auf Sozialverhalten.

Ferner kann die Herstellung einer anerkannten Form von Männlichkeit als eine weitere Anpassungsleistung betrachtet werden.

Anpassungsleistung bezogen auf kulturelles Kapital (doing masculinity)

Männliches doing gender: passive Körperästhetik

Diesen Anerkennungsgegenstand betreffend ist die körpermodifikatorische Ebene des männlichen Genders angesprochen. Hierbei geht es folglich um die Betrachtung der gestalterischen Einwirkungen auf den eigenen Körper und die damit in Zusammenhang stehende performative Hervorbringung von Männlichkeit. Konkret stehen Modifikationen wie Frisur, Kleidung, Körperschmuck und die Gestaltung der Hautoberfläche geistig behinderter Männer im Mittelpunkt. Von einer passiven Körperästhetik spreche ich deshalb, weil hier zunächst keine Körperinszenierungen von Interesse sind, die in Form von Bewegungen (Mimik, Gestik, Haltung oder Gangart) vollzogen werden. Eine passive Körperästhetik ist vielmehr dadurch gekennzeichnet, dass bestimmte ästhetische Merkmale, die potentiell Ziel männlich codierter Genderzuschreibungen sein können, während einer sozialen Interaktion keine Veränderung erfahren. Personen treten demnach mit Körperschmuck, frisiert, rasiert, tätowiert und mit entsprechender Kleidung etc. in Erscheinung. Diese Ästhetik ist allerdings nur oberflächlich betrachtet eine passive, weil sie dennoch auf dem Hintergrund eines performativen doing masculinity ein 'Tun' zum Ausdruck bringt. Das eigentliche geschlechtliche 'Tun' besteht allerdings nicht im zur Schau stellen der besagten gendercodierten Ästhetik, sondern abermals im wiederholenden Vollzug einer vermännlichten Geschlechternorm (vgl. hierzu Kap. 1.2.1).

Die passive Körperästhetik betreffend kann zunächst festgehalten werden, dass ein nicht unerheblicher Anteil behinderter Männer versucht hat, sich durch spezielle Objekte oder in seltenen Fällen auch durch eine spezifische Gestaltungsform der Hautoberfläche (Tattoos) als Männer darzustellen[78]. Diesen Zusammenhang betreffend fungiert beispielsweise Schmuck als Objekt männlicher Darstellung.

Schmuck - heteronormatives Symbol von Männlichkeit

[Ein behinderter Mitarbeiter der Metallwerkstatt zum Forscher] „[...] Haste den schon gesehen? ((zieht sich den Arbeitshandschuh von der linken Hand, so dass ein goldener Ring sichtbar wird)) Wir sind jetzt im November zehn Jahre zusammen verheiratet." [Forscher] „Ja schön, ich glaube ich hab dich an der Bushaltestelle auch schon mal mit deiner Frau zusammen gesehen." - „Ja genau, wenn des ne gut un normal aussehende Behinderte ist @(1)@" (BP-G2-9-Z.184-189).

Durch das Präsentieren des Fingerrings tritt der Mitarbeiter gegenüber dem Forscher den manifesten Beweis dafür an, dass er tatsächlich verheiratet ist. Ihm ist es wichtig, den Forscher über seinen Status als Ehemann in Kenntnis zu setzen. Dies zeigt sich daran, dass er das Thema Heirat unaufgefordert einbringt. Eigentlich wurde er kurz vor dem Vorzeigen des Ringes vom Forscher aufgefordert, etwas zu seinem beruflichen Werdegang zu erzählen (vgl. BP-G2-9-Z.166-183). Der Ring steht für ihn allerdings nicht nur als Symbol des Ehebundes, sondern auch als Symbol für eine anerkannte Form nichtbehinderter Männlichkeit. Er weist sich durch dieses Schmuckstück als Ehemann aus, dessen sexuelle Präferenz heterosexuell ausgerichtet ist. Interessant ist seine Äußerung hinsichtlich seiner Frau, die er als „[...] normal aussehende Behinderte [...]" bezeichnet. Auf dem Hintergrund einer Orientierung an hegemonialer Männlichkeit müsste er eigentlich eine nichtbehinderte Frau heiraten, um eine anerkannte nichtbehinderte Männlichkeit hervorzubringen. Diesem Problem begegnet er solchermaßen, indem er seine behinderte Ehefrau als nichtbehinderte heterosexuelle Frau entwirft. Durch seine Äußerung hebt er hervor, dass seine Frau auf der Grundlage ihres äußeren Erscheinungsbildes den Nichtbehinderten keine Vorlage zur Identifizierung von Behinderung liefert. Dieser Sachverhalt ist insofern bedeutsam, weil durch die konstatierte Unsichtbarkeit der Behinderung seiner Partnerin auch seine Behinderung unsichtbar bleibt. Erst durch das Wissen um die Behinderung seiner Frau seitens möglicher Außenbeobachter würde er sich dem Risiko aussetzten, als geistig behinderter Mann identifiziert zu werden, weil nichtbehinderte Männer in der Regel keine Intimbeziehungen mit geistig behinderten Frauen eingehen.

Tätowierung - heteronormatives Symbol von Männlichkeit

Er [behinderter Mitarbeiter der Metallwerkstatt] zeigt mir seinen tätowierten rechten Oberarm, auf dem ein Herz und der Schriftzug „Christine I love you" zu erkennen ist (BP-G2-9-Z.260-261).

In diesem Zusammenhang können wir direkt an das zuvor Gesagte anschließen. Durch den Schriftzug wird in versinnlichter Form die Erfüllung heteronormativer Normen bezeugt. Heteronormativität ist demnach im wörtlichen Sinne in seinen Körper eingeschrieben.

Bildmotive auf Kleidung und Haut - Symbole somatisch-männlicher Dominanz

Er [behinderter Mitarbeiter der Metallwerkstatt] erzählt mir nun von seinen Freunden die am ganzen Körper tätowiert sind und zeigt mir einige Tattoos auf seinen Armen. Ich erkenne Rankenmuster, Runenzeichen und viele Kreuze, Schlangen und Totenköpfe (BP-G2-9-Z.81-83).

Solche Symbole sollen männliche Dominanz demonstrieren und einem imaginären Gegner im übertragenen Sinne Respekt einflößen. Demzufolge können diese Motive gewissermaßen als 'Kriegsbemalungen' für symbolische Männlichkeitskämpfe betrachtet werden. Es geht also nicht um Kämpfe mit physischen Männern, sondern um symbolische visuelle Darstellungskämpfe hinsichtlich Männlichkeit. Diese Form der Vereindeutigung erfolgt auch durch das Tragen von T-Shirts und Sweatshirts, auf denen gleichermaßen oft Totenkopfmotive zu erkennen waren (vgl. z.B. BP-G2-7-Z.28).

Solche Visualisierungen von Männlichkeit fungieren allerdings auch als Merkmale zur Identifikation der eigenen Bezugsgruppe. Nach Auskunft derjenigen behinderten Mitarbeiter, die solche und ähnliche Kleidungsstücke und Tattoos am Körper getragen haben, sind diese Ästhetisierungen in ihrem Freundes- und Bekanntenkreis weit verbreitet (vgl. BP-G2-9-Z.271-281). Somit geben die besagten vermännlichten 'Gender-Marker' auch Auskunft über das jeweilige soziale Herkunftsmilieu. Im vorliegenden Fall kann somit von einer eher niedrigeren Sozialschicht ausgegangen werden, welcher der Mann angehört.

Schmuck - Symbol physisch-männlicher Dominanz

Wie bereits dokumentiert (vgl. Endnote 78), tragen viele der beobachteten Männer Silberhalsketten, die meist sehr feingliedrig gearbeitet sind. In einem Fall konnte allerdings auch eine sehr grobgliedrige Silberhalskette (Kettenglieddurchmesser 10 mm) entdeckt werden (vgl. BP-G2-7-Z.29). Durch die Grobgliedrigkeit der Kette kann abermals eine Affinität zur passiv ästhetischen Vereindeutigung von Männlichkeit konstatiert werden. Diese Kettenvariante steht als Symbol für Macht, Dominanz und Stärke und hat keinerlei dekorative Funktion im Sinne einer schmückenden Ornamentik. Vielmehr soll symbolisch eine 'wilde' oder gar 'zügellose' Männlichkeit nach außen transportiert werden. Es geht folglich um eine Männlichkeit, die im übertragenen Sinne in Ketten gelegt werden muss, um nicht für andere zur Gefahr zu werden.

Schmuck - vermeintliche Symbolisierung von Weiblichkeit

[Mir fällt auf], dass der Mann einen silbernen sehr fein gearbeiteten Nasenstecker mit weißem Stein und einen goldene Ohrring mit feinen Ziselierungen trägt (BP-G2-9-Z.191-194).

Die meisten schmucktragenden Männer haben dezente passive Ästhetisierungen von Männlichkeit favorisiert. Diese Schmuckform kann auf der Grundlage eines höheren Maßes an Ornamentik (durch Stein und

Ziselierungen) nach traditionalistischen Geschlechtsvorstellungen als eher weiblich codiert betrachtet werden. Das Schlichtheitsgebot männlich konnotierter Schmuckelemente wird demnach relativiert, wodurch der männlich vergeschlechtlichte Körper im eigentlichen Sinne zu einer Spielfläche weiblicher Normen wird. Durch die bewusste Zitation dieser Normen wird allerdings nur vermeintlich Weiblichkeit generiert. Vielmehr fungieren die verweiblichten Objektmarker als Kontrastfolie, um ein männliches Gender stärker hervorzuheben. An anderer Stelle wird der Träger des Nasensteckers und Ohrrings nämlich als sehr breitschultrig und muskulös beschrieben (vgl. BP-G2-10-Z.86-87). Sein äußeres Erscheinungsbild ist entsprechend der Feinheit des Schmuckstückes gänzlich entgegengesetzt. Demzufolge entsteht gerade durch das Tragen feingearbeiteter Schmuckobjekte eine zusätzliche Vereindeutigung hinsichtlich Männlichkeit, die durch die Einführung einer dezenten gendercodebezogenen Mehrdeutigkeit vollzogen wird.

Männliches doing gender: aktive Körperästhetik

Eine aktive Körperästhetik ist dadurch bestimmt, dass in einem sozialen Situationszusammenhang eine bestimmte sinnliche Erscheinung wie Körperhaltung, Gangart, Mimik oder Gestik erst entsteht, modifiziert oder aufgelöst wird. Aktive Körperästhetiken zeichnen sich durch eine größere situative und spontane Variabilität aus. Mit dieser Bezeichnung möchte ich verdeutlichen, dass sämtliche Körperpraxen im Verlauf sozialer Interaktionen potentiell unmittelbar verändert werden können.

Körperkraft- und Kraftkörperdemonstration in der Metallwerkstatt:

> Schließlich kommt Robert [behinderter Mitarbeiter der Metallwerkstatt] langsam und humpelnd auf mich zugelaufen. Er ist 55 Jahre alt, trägt eine Brille und läuft mit einer zur rechten Seite extrem s-förmigen Körperhaltung. Kopf und Hals hält er sehr gerade, während der Oberkörper in der besagten Haltung verharrt. Von der Vertikalachse her betrachtet hält er seinen Körperrumpf jedoch sehr aufrecht. Seine Brust exponierend, geht er recht breitbeinig und hält seine recht kräftigen Arme in einem größeren Abstand zu seinem Oberkörper, ähnlich wie ein Kraftsportler. Dabei blickt er sich immer wieder nach allen Seiten mit versteinerter Miene zu seinen Kollegen um, die ihn allerdings nicht anschauen (BP-G2-10-Z.160-165).

Männlichkeit wird hier zuvorderst durch das öffentliche Präsentieren des Körpers akzentuiert. Durch die aufrechte Hals- und Oberkörperhaltung (Vertikalachse), den breitbeinigen Schritt und das Abspreizen der Arme dokumentiert der Mann entsprechend physische Kraft und Selbstbewusstsein. Durch das Abspreizen der Arme hebt er die Oberarmmuskulatur hervor. Der Mitarbeiter möchte folglich seine Kraft durch diese Körperperformanz zur Schau stellen. Die breitbeinige Gangart hingegen soll Standhaftigkeit bzw. Unumstößlichkeit suggerieren. Durch die aufrechte Halshaltung und das Exponieren der Brust wird die horizontale Rumpfachsenverschiebung in Folge der Skoliose des Mitarbeiters einerseits relativiert und die Aufmerksamkeit eines möglichen Außenbetrachters potentiell auf die Vertikalachse des Oberkörpers gelenkt. Die besagte äußere physische Aufrichtigkeit soll entsprechend eine innere selbstbewusste und selbstachtende Haltung nach außen transportieren.

Betrachtet man die bis hierhin beschriebenen somatischen Veräußerlichungen von Männlichkeit, so wird insgesamt sichtbar, dass Männlichkeit zuvorderst durch ein höheres Maß an körperbezogener Raumaneignung vollzogen wird. Ferner wird durch die langsame Gangart der Eindruck von Getriebenheit vermieden und eher innere Ruhe und Souveränität suggeriert. Hierdurch wird die Wahrscheinlichkeit erhöht, dass potentielle Außenbeobachter die beschriebene Performanz länger und genauer in Augenschein nehmen können. In der vorliegenden Szene erregt der Mitarbeiter nicht die Aufmerksamkeit seines sozialen Umfeldes. Er kontrolliert allerdings durch sein Umherblicken möglicherweise seine Außenwirkung auf potentielle Beobachter. Er möchte folglich beobachten, von wem er wie beobachtet wird. Zusammenfassend kann festgehalten werden, dass weder die Skoliose, noch die Disposition geistige Behinderung das männliche doing gender nachteilig überformt haben. Geistige Behinderung hat in diesem Fall demnach nicht zum Verlust vermännlichter Symbolbildung geführt.

In der nächsten Sequenz kann beobachtet werden, dass die Disposition geistige Behinderung durchaus dahingehend einen Einfluss auf die Körperperformanz haben kann, so dass sich partiell ein Verlust vermännlichter Symbolbildung einstellen kann:

> [Ich sehe] Stefan [behinderter Mitarbeiter] schnellen zackigen Schrittes vom Lager in die Werkstatthalle laufen. Fast breitbeinig und den Oberkörper zackig mit jedem Schritt weit nach vorne nickend, läuft er an uns [Forscher und Fritz, ein behinderter Mitarbeiter der Metallwerkstatt] vorbei. Seine Oberarme hat er wie ein Bodybuilder weit nach außen vom Oberkörper abgespreizt. Fritz beginnt spontan laut zu lachen. […] Fritz: „@Unser Wandersbursch@ ((abfällig))“ (BP-G2-9-Z.157-164).

Zunächst weist die hier illustrierte Performanz eine gewisse Ähnlichkeit zur davor beschriebenen Männlichkeitsinszenierung auf. Auch Stefan läuft breitbeinig mit abgespreizten Oberarmen durch die Werkhalle. Durch seine hektische Gangart und den weit nach vorne gebeugten Oberkörper wirkt er allerdings weniger souverän. Wesentlich ist, dass Stefans Fortbewegungsstil bei seinem Kollegen Fritz offensichtlich zu einer Irritation geführt hat. Durch das Lachen dieses Mitarbeiters zeigt sich, dass Stefans Performanz aus dessen gewohnten Wahrnehmungsrahmen herausfällt. Die von Stefan erzeugte Praxisform entspricht nicht den normativen Vorstellungen von Fritz hinsichtlich einer angemessenen 'männlichen Gangart'. Allgemein ließe sich anführen, dass Stefan durch seine Performanz eine Männlichkeitsnorm verletzt hat, die für die Metallwerkstatt insgesamt zu gelten scheint. In diesem Zusammenhang sei erwähnt, dass im Gegensatz zu Stefan alle anderen Metallwerkstattmitarbeiter ihre Körper grundsätzlich aufrecht, langsam und breitbeinig gehend in Szene gesetzt haben. Weiter zeigt sich, dass Stefan von Fritz als wandernder Mann, „@Unser Wandersbursch@ ((abfällig))", bezeichnet wird und demnach im symbolischen Raum von Männlichkeit bleiben darf. Da allerdings die Wortschöpfung Bursche als Synonym für Jüngling steht, Stefan allerdings bereits ein erwachsener Mann ist, wird eine Teilmarginalisierung seiner Männlichkeit vollzogen. Stefan wird demnach hinsichtlich seiner Männlichkeit nicht gänzlich ernstgenommen, was sich auch an der abfälligen Intonation und am ebensolchen Lachen des Kollegen ablesen lässt.

Inwieweit Stefans ruckartige Motorik auf seine neuronale Disposition zurückzuführen ist und welche sozial erlernten Anteile dieser zugrunde liegen, muss hier offen bleiben. Wir können zumindest vermuten, dass seine Behinderungsdisposition seine Bewegungsform zumindest teilweise mit beeinflusst. Unter dieser Prämisse kann im vorliegenden Fall von einem wechselseitigen Überformungsprozess der Diskursprodukte Behinderung und Männlichkeit ausgegangen werden. Geistige Behinderung hat demnach einen formkonstituierenden Einfluss auf Stefans Körperpraxis. Durch die breitbeinige Gangart und das Abspreizen der Oberarme ist in seinen Körperhabitus allerdings auch Männlichkeit eingeschrieben.

Betrachten wir abschließend noch eine weitere Form der Körperinszenierung. Diese unterscheidet sich im Hinblick auf die Mittel zur Darstellung von Männlichkeit von den beiden zuvor illustrierten Beispielen:

[Willi, ein behinderter Mitarbeiter kommt] an mir und den fünf [behinderten] Männern sehr langsam vorbeigelaufen. Sein rechter Arm ist nach hinten angewinkelt und er trägt einen Metallklotz auf Höhe seines rechten Ohres. Das Tragen des Klotzes sieht ein wenig so aus, als würde ein Kellner ein Tablett tragen.

Sein Gang wirkt auf mich äußerst aufrecht. Sein Gesicht scheint ausdruckslos bzw. 'cool'. Er blickt die anwesenden Männer kurz beim Vorübergehen grinsend an. Einer der Männer erwidern seinen Blick mit ausdrucksloser Miene und einer bejahenden Kopfnickbewegung. Währenddessen plustert er seine Backen leicht auf (BP-G2-12-Z.47-52).

Der Verweisungszusammenhang Männlichkeit - Körperkraft wird in diesem Fall insbesondere durch den Metallklotz hergestellt. Letzterer ist demnach hinsichtlich der Hervorbringung von Männlichkeit performativ. Wesentlich ist zunächst die Art und Weise, wie dieses Werkstück getragen wird. Indem der Mann dieses Objekt auf Kopfhöhe trägt, ist dieser Gegenstand für mögliche Außenbeobachter gut zu erkennen. Der Mitarbeiter möchte folglich die Wahrscheinlichkeit erhöhen, dass er beim Tragen des schweren Gegenstandes von seinen Kollegen beobachtet wird. Er setzt demnach den Metallquader in Szene, um sich vermittels desselben seinen (Kraft-)Körper zu exponieren. Physische Stärke wird hier über eine symbolische Visualisierung des Gewichtes des Blockes angedeutet. Diese Sichtbarmachung erfolgt durch zeitliches Zerdehnen. Der Mann läuft äußerst langsam an den anderen Mitarbeitern vorbei. Hierdurch wird das große Gewicht des Metallblocks demonstriert. An diesem Beispiel wird konkret deutlich, dass manche behinderten Männer ihre Körper als Medium kulturellen Kapitals einsetzen, um symbolisches Kapital in Form von Männlichkeit zugewiesen zu bekommen. Der Körper wird demnach zu einem männlichkeitstransformierenden Medium. Im vorliegenden Fall ist die besagte symbolische Kapitalzueignung in Form von Männlichkeit (masculinity attribution process - vgl. Kap. 1.2.1) gelungen, da einer der Anwesenden durch sein Kopfnicken und das Aufplustern seiner Backen seinen Respekt zum Ausdruck gebracht hat.

Anhand der bisherigen Beispiele zeigt sich, dass physische Stärke als ein wesentliches Zuschreibungsmerkmal betrachtet werden kann, das von den männlichen Mitgliedern der Metallwerkstatt unmittelbar mit Männlichkeit in Zusammenhang gebracht wird. Männlichkeit wird aber auch auf dem Hintergrund einer weiblichen Norm (Schutzbedürftigkeit/ körperliche Schwäche) hergestellt:

Die [Männer] könne die Fraue besser beschütze un dene beistehe, weil ((nimmt einen Vollgussmetallzylinder in die rechte Hand und hebt diesen wie eine Hantel auf und ab)) @(2)@ <u>hier</u> ((legt den Zylinder wieder ab und deutet auf seinen Bizeps))" (BP-G2-12-Z.29-31).

Männlichkeitsdemonstrationen durch Steigerung des Arbeitstempos

In der Montage-Verpackungsgruppe und der WfbM-KG spielt Körperkraft bei der Herstellung von Männlichkeit keine signifikante Rolle. Diese Feststellung lässt sich damit begründen, dass in diesen Werkstattgruppen vom Tätigkeitsprofil her keine schweren körperlichen Arbeiten vorgesehen sind. Demnach sind die Werkstattmitglieder dieser Gruppen auf andere Demonstrationsformen ihrer Leistungsfähigkeit angewiesen, wie dies exemplarisch an einer Szene aus der WfbM-KG aufgezeigt werden kann. Hierbei geht es mir allerdings nicht um die bloße Beschreibung einer Leistungssituation. Vielmehr möchte ich an dieser Stelle den Blick dafür schärfen, dass Männlichkeit nicht zwangsläufig an ein bestimmtes morphologisches Körpersubjekt gebunden sein muss:

> Nun kommt auch Petra [behinderte Mitarbeiterin] zu uns an das Spülförderband. Sie begrüßt mich beiläufig mit „Hallo". Ihr Gesichtsausdruck ist wie immer völlig versteinert. Sie stellt sich ans Kopfende des Förderbandes, an dem eine [...] Metallablagefläche angebracht ist. Sie schlägt viermal fest mit der flachen Hand auf besagte Fläche und meint zu mir im Befehlston „<u>los, auf, schneller</u>". Ich steigere daraufhin grinsend mein Arbeitstempo. Petra holt einen Rollwagen herbei, den sie an das Förderbandkopfende stellt und beginnt nun wieder auf die Metallfläche zu schlagen „schneller, schneller". Schließlich hilft sie mit und nimmt in sehr hohem Tempo die großen flachen Teller vom Förderband und stapelt die Teller, indem sie selbige hart übereinander setzt. Es entsteht ein ohrenbetäubender keramisch klirrender Lärm. [...]. Forscher zu Petra: „Des is ja genauso laut hier wie in der Metallwerkstatt, in der ich noch vor ein paar Wochen gearbeitet habe. Tragt ihr hier nie einen Gehörschutz?" Steffi: „<u>Ne, so was brauchen wir hier nicht.</u>" Ich erkenne in der 'coolen' Miene der Frau ein hintergründiges Lächeln (BP-G3-6-Z.49-61).

Der Forscher wird in eine kompetitive Situation eingebunden. Die behinderte Mitarbeiterin Petra inszeniert durch ihr dominantes Auftreten und ihren ausdruckslosen unbewegten Gesichtsausdruck auf der Grundlage traditionalistischer Gendervorstellungen Männlichkeit. Sie übernimmt die Führungsposition, indem sie das Arbeitstempo bestimmt und andere, im vorliegenden Fall den Forscher, für sich arbeiten lässt. Hierdurch konzeptualisiert sie sich als Weisungsbefugte und den Beobachter als untergebenen Mitarbeiter. Durch ihre oben beschriebene demonstrative Übernahme des Geschirrstapelns möchte die Frau dem Forscher zusätzlich seine aus ihrer Sicht niedrigere soziale Position und geringe Leistungsfähigkeit vor Augen führen. Zudem zitiert sie zusätzlich die männlich konnotierte Norm Härte, indem sie eine Arbeitssicherheitsmaßnahme zum Gehörschutz ablehnt, „<u>Ne, so was brauchen wir hier</u>

nicht“. Hierdurch versucht sie abermals, den Forscher in seiner Männlichkeit herabzuwürdigen, indem sie implizit andeutet, dass sie lärmbezogen widerstandsfähiger ist als der Forscher und die Männer in der Metallwerkstatt. Demzufolge verdeutlicht sie indirekt, dass ein Gehörschutz tragender Mann aus ihrer Sicht kein ‘richtiger Mann‘ ist.

Dass sich einige Frauen in der WfbM-Küchengruppe und darüber hinaus auch in der Metallwerkstatt hegemonialer männlich inszenieren, mag daran liegen, dass die Dominanz- u. Leistungsinszenierungen der weiblichen Werkstattmitglieder gewissermaßen als Konzession an Männlichkeit zu betrachten sind. Die Frauen verhalten sich gemäß männlicher Normen, um als Frauen in männlich konnotierten Arbeitsbereichen akzeptiert zu werden. Dieser Sachverhalt konnte bereits in der Metallwerkstatt an anderer Stelle beobachtet werden. Dort hat eine behinderte Mitarbeiterin darauf hingewiesen, dass sie die Hauptverantwortung an einer computergesteuerten Fräsmaschine trägt und auch andere Werkstattmitglieder bezogen auf die Arbeit an dieser Maschine unterweisen darf (vgl. BP-G2-3-Z.140-146). Auf dem Hintergrund traditionalistischer Männlichkeitsnormen hat diese Frau im Grunde auf sozialer Geschlechterebene männliche Normen zitiert, weil Leistung, Führungsstärke und die Arbeit in einem technischen Bereich gesellschaftlich oft männlich definiert werden. Dies zeigt sich auch an der Kleidung der Mitarbeiterinnen der Metallwerkstatt, welche die gleiche Arbeitskleidung tragen wie die Männer (vgl. z.B. BP-G2-2-Z.135-140).

Im Hinblick auf die Wiederholung männlicher Leistungsnormen durch behinderte Frauen ist allerdings noch eine weitere bedeutsame Regel sichtbar geworden, die in manchen vermännlichten Arbeitsfeldern wie der Metallwerkstatt relevant zu sein scheint. Obgleich die behinderten Frauen in der Metallwerksatt als gleichberechtigte Werkstattmitglieder seitens behinderter Männer anerkannt werden, müssen die Frauen trotz ihrer selbstinitiierten Vermännlichung aus Sicht der männlichen behinderten Belegschaft weiterhin als Frauen erkennbar sein. Zur Absicherung dieser Markierung wird Leistung von den Männern nicht gänzlich männlich konnotiert, sondern nur eine besondere Leistungsform, namentlich physische Kraft. Die Erfüllung dieser Norm wird den Frauen generell durch ihre ‘natürliche‘ körperliche Konstitution von den behinderten Männer abgesprochen. Dies ist insofern bemerkenswert, da alle in der Metallwerkstattgruppe arbeitenden Frauen von ihrer Körperstatur her sehr kräftig und robust in Erscheinung getreten sind:

[...] ich [stelle] Fritz [behinderter Mitarbeiter] im Beisein der anderen [vier behinderte Männer] die folgende Frage: „Wie findest Du es denn, dass hier in der Metallwerkstatt auch Frauen arbeiten?“ [Fritz] „Is gut einerseits, is Gleichberechtigung (4) und da gibt's net so viel Chaos hier" [...] „Wer schafft hier eigentlich besser, sind des eher die Männer oder die Frauen?" – Fritz: „Des is gleich, gleisch, da is kein Unterschied. Klar, eingeschränkt ist die körperliche Sache, so die schwere Platte. Des is de eigentlische Unterschied, aber so, vom Bohre oder so, is es ok. Außer von Masse her, Kraft." ((Alle Anwesenden nicken bejahend und geben Bemerkungen wie „ja genau" oder „richtig, recht haste" von sich)) (BP-G2-9-Z.76-92).

Kognitive Leistungsfähigkeit wird hingegen von den Männern eher den Frauen zugeschrieben, so dass die von den Männern männlich definierte physische Leistungsnorm unangetastet bleibt:

[ein behinderter Werkstattmitarbeiter hierzu:] „Die [Frauen] verstehe au schneller wenn de dene was erklärst. Die sin schneller im ((klopft sich mit den Fingern auf seinen Kopf)) un schalte schneller wenn de dene was erzählst" (BP-G2-12-Z.27-28).

Im vorletzten Textauszug wird noch ein weiterer Aspekt sichtbar, der auf eine Flexibilisierung des männlichen Habitus im Hinblick auf den Produktionssektor hinweist. Der Befragte (Fritz) bezieht sich explizit auf eine geschlechterbezogene Emanzipation, welche er ausdrücklich begrüßt. Aus seiner Sicht stellt die Mitgliedschaft von Frauen in einem vermännlichten Arbeitsbereich keine normative Grenzübertretung dar. Er betrachtet die Anwesenheit von Frauen vielmehr als Bereicherung, da er deren Präsenz eine ordnende Funktion zuschreibt.

In ähnlicher Form äußern sich an anderer Stelle auch andere behinderter Metallwerkstattmitarbeiter. Auch sie betrachtet die Präsenz von Frauen im Metallsektor positiv, was durch die Unterscheidung Verschwiegenheit/ Redseligkeit begründet wird. Nach dem Dafürhalten dieser Männer wird durch die Anwesenheit von Frauen der kommunikative Austausch unter den behinderten Werkstattmitgliedern gesteigert und das Arbeitsklima verbessert (vgl. BP-G2-13-Z.159-173). Insgesamt betrachtet gilt die Anwesenheit von Frauen im Metallwerkstattbereich unter den Männern als ein normaler begrüßenswerter Tatbestand.

Männlichkeitsinszenierung durch extensive körperliche Akte der Raumaneignung

Ich sehe wie Axel [behinderter Mitarbeiter mit Down-Syndrom] von der Toilette zurückkehrt. Er wählt nicht den direkten Weg zu seinem Arbeitsplatz und geht stattdessen um eine nahe bei uns [Forscher und nichtbehinderter Mitarbeiter Roland] befindliche Betonsäule. Links neben dieser steht ein größerer Pappkarton. In einem hohen Satz überspringt Axel diesen und setzt sich zu Roland und mir an den Tisch. Er stützt seinen linken Unterarm lässig auf die Arbeitsplatte. Roland schaut Axel ein wenig ungläubig an. Nachfolgend gibt Axel einige Laute von sich: „Bob bob bob bob bob bob bob bob bob bob u u u u u u @(1)@." [...] Roland: „Ei du schleichst ja au noch hier rum" ((lässiger Tonfall, mit tief nach unten modulierter Stimmlage)). Axel verfällt mit großer Lautstärke in ein hämisches Lachen. Roland nimmt ein vor sich stehendes Kästchen, in dem sich die Klebeschutzstreifenabfälle befinden und hält dieses Axel entgegen: „Da, des de au was schaffst" ((lässiger Tonfall, mit tief nach unten modulierter Stimmlage)). Axel lacht abermals hämisch auf, greift nach dem Kästchen und geht beschwingten Schrittes in Richtung Müllcontainer. Roland und ich rollen weiterhin Plastikflaschen ein. Axel kehrt an unseren Tisch zurück und grinst Roland an (BP-G1-20-Z.147-157).

Auch in dieser Beispielsequenz spielt Behinderung bei der Hervorbringung von Männlichkeit keine nachteilige Rolle. Die Präsenz der beiden nichtbehinderten Männer (Forscher und nichtbehinderter Mitarbeiter) kann hier handlungsbezogen als performativ betrachtet werden. Grundsätzlich besteht für Axel keine zweckdienliche Notwendigkeit, über die Kiste springen zu müssen. Er hätte den Karton auch umgehen können, ohne eine wesentlich größere Wegstrecke in Kauf nehmen müssen. Der Sprung wird jedoch gerade dadurch mit Sinn aufgeladen, weil Axel hierdurch eine soziale Normabweichung der Werkstatt vollzieht, um auf der Ebene von Männlichkeit eine Norm zu erfüllen. Normabweichend wirkt sein Verhalten auf der Grundlage des Tatbestandes, dass alle anderen Werkstattmitglieder zu keiner Zeit ein solches Verhalten gezeigt haben. Der Mann akzentuiert durch sein Verhalten seinen Körper dergestalt, dass er einen nichtbehinderten männlichen (Leistungs-)Körper formt. Letzterer manifestiert sich durch die Sprungkraft des behinderten Mannes und durch dessen Geschicklichkeit. Axel setzt sich zudem einem gewissen Risiko aus, bei seinem Sprung zu scheitern oder sich gar zu verletzen. Folglich ist der hervorgebrachte Körper zugleich auch ein „riskierter Körper" (Homfeldt 2005, S.238). Dieses Risiko wird allerdings auf der Grundlage des erhofften symbolischen Kapitalgewinns (Männlichkeit) billigend in Kauf genommen. Durch das lässige Aufstützen der Hände im Anschluss an den gelungenen Sprung bedeutet der Mann, dass ihm die Überwindung des Kartons keine nennenswerten Schwierigkeiten bereitet hat. Durch seine Lautäußerungen, „Bob bob bob [...] u u u @(1)@", möchte er hingegen seinen Chef auf seine Anwesenheit aufmerksam machen. Somit entsteht ein Kontrast zwischen aktiver Leistungsperformanz und dem sich anschließenden Müßiggang, wodurch der vorhergehende Leistungsakt hervorgehoben wird. Obgleich der Mann für seine Aktion nicht explizit gelobt worden ist, wird er dennoch mit dem Anerkennungsmedium Männlichkeit bedacht. Diese Form der Zueignung von Anerkennung wird durch die Äußerung des nichtbehinderten Mitarbeiters, „Ei du schleichst ja au noch hier rum [...] Da, des de au was schaffst“, vollzogen. Sowohl durch den formell distanzschaffenden und informell soziale Kohäsion erzeugenden Mitteilungstext vollzieht dieser Mitarbeiter ein männliches doing gender. Letzteres wir auch durch die vermännlichte Intonation „((lässiger Tonfall, mit tief nach unten modulierter Stimmlage))“ der Sprachhandlung materialisiert. Auf dem Hintergrund dieser kumpelhaften Männlichkeitsinszenierung seitens des Vorgesetzten wird Axel als Mann und nicht als Behinderter beobachtet. Seine Reaktion, „hämisches Lachen“, lässt darauf schließen, dass er sich geschmeichelt fühlt.

Männliches doing gender - verbale Sprachspiele

Im Rahmen der Kumpelinszenierungen nichtbehinderter Mitarbeiter habe ich bereits mehrfach auf den ritualisierten kompetitiven Charakter diverser Sprachhandlungen hingewiesen. Solche Sprachhandlungen finden sich insbesondere auch in den männlich konnotierten Werkstattgruppen unter den behinderten männlichen Werkstattmitgliedern. Grundsätzlich lassen sich besagte Sprachspiele in nachfolgende Kategorien unterteilen:

symbolische Männlichkeitswettbewerbe auf der Grundlage frivoler Sprachspiele –‘Dirty Talk‘

Fritz [behinderter Mitarbeiter der Metallwerkstatt]: „@Sache a mol, was machste denn, wenn dir in de Werkstatt mal de Sack platzt?@“ Thomas [behinderter Mitarbeiter]: „@Ei wieder zusammebinde@“ Fritz bricht in schallendes Gelächter aus (BP-G2-9-Z.65-67).

Ich [Forscher] gehe nun an den Arbeitsplatz von Peter [behinderter Mitarbeiter der Metallwerkstatt]. Er steht mit zwei männlichen Kollegen an einem Hülsentrog und reinigt Hülsen. Er ruft mir zu:„Ei Micha, da is de @Schrubberkönig@.“ Die anwesenden Kollegen grinsen. Forscher: „Was meinst du damit?“ Peter: „Ei guck mal ((grinsend))“ Ich sehe zu Peters Kollegen hinüber. Dieser nimmt den Metallreinigungsstab in die Hand und steckt selbigen in eine durchbohrte Innengewindehülse, die er sogleich in hoher Geschwindigkeit auf und ab bewegt, während er den Metallstab festhält und meint: „Ficki ficki in die Muschi“. Die bMAs - besonders Peter – beginnen amüsiert und laut zu lachen“ (BP-G2-13-Z.46-53).

Diesen für die Metallwerkstatt typischen Interaktionen ist zunächst gemein, dass die Akteure in obszöner Art und Weise auf männliche Sexualität anspielen. Im ersten Textauszug wird ein Mann namens Thomas mit dem Thema unbefriedigte männliche Sexualität konfrontiert. Der „Sack platzt" sinnbildlich nicht irgendwo, sondern in der Metallwerkstatt, folglich an einem Ort, an dem vorzugsweise Männer und weniger Frauen arbeiten (vgl. Kap. 4.1). Mit diesem Tatbestand wird zugleich auf den Heteronormativitätsaspekt von Männlichkeit im Feld Metallwerkstatt angespielt. Der im übertragenen Sinne zerberstende Hoden wird womöglich deshalb als Thema eingeführt, um hintergründig darauf hinzuweisen, dass es in der 'Männergemeinschaft Metallwerkstatt' im Sinne einer heterosexuellen Norm keine sexuellen Befriedigungsmöglichkeiten gibt. Demzufolge steht nur der Weg in die sexuelle Enthaltsamkeit offen, welche Fritz mit übermäßiger Samenakkumulation assoziiert. Letztere bringt schließlich sinnbildlich gesprochen den Hoden zum Zerbersten. Durch diese Form der Aufhebung sexueller Spannung wird der behinderte Mitarbeiter in einer möglichen Zukunft, Fritz fragt, „[...] was machste denn, wenn [...] dir mal", als sexuell unbefriedigter Mann entworfen und bezogen auf seine Männlichkeit dem geschilderten Geschehen vorausgreifend symbolisch-rituell inferiorisiert. Dies kann damit plausibilisiert werden, dass durch die eingeführte Sprachhandlung das Vorzeichen des männlich vergeschlechtlichten Verweisungszusammenhangs Aktivität- Heterosexualität- Männlichkeit umkehrt wird. Dementsprechend kommte es zur Herstellung des prospektiven Verweisungszusammenhang Passivität- sexuelle Enthaltsamkeit- geringer anerkannte Männlichkeit. Hierdurch wird der Adressat zugleich herausgefordert, dieser symbolisch- rituellen Offensive gegen seine Männlichkeit etwas entgegenzusetzen. Ganz pragmatisch merkt Thomas an, seinen Hoden im Falle eines Zerberstens wieder zusammenbinden zu wollen. Diese Bemerkung wird von seinem Herausforderer Fritz mit einem Auflachen honoriert. Letzterer misst der verbalen Konterbewegung folglich einen Unterhaltungswert bei und bedeutet zugleich, dass er die Antwort des Kollegen als souveränes männliches doing gender anerkennt. Peter bekommt folglich symbolisches Kapital in Form von Männlichkeit zugeeignet.

Auch im zweiten Textbeispiel steht das Thema unbefriedigte Sexualität im Mittelpunkt. Dort wird ein Mitarbeiter von seinem Kollegen als „Schrubberkönig" bezeichnet. Derjenige, der diese Bezeichnung einführt, verbindet mit der Tätigkeit des Hülsenreinigens Onanie. Der Stab wird in Allegorie zu einem Penis beobachtet, der durch die beschriebene Handbewegung 'stimuliert' wird. Durch die Nennung des Namens

„Schrubberkönig“ wird wiederum auf eine Verletzung einer Männlichkeitsnorm hingewiesen, welche hegemoniale Männlichkeit zugrunde liegt. Einem Mitarbeiter wird unterstellt, sexuelle Befriedigung nicht über einen Geschlechtsakt (mit einer Frau) erlangen zu können. Seine sexuelle Attraktivität als Mann (gegenüber Frauen) wird demnach angezweifelt. Konkret wird der Mitarbeiter mit der Behauptung konfrontiert, nur durch Selbstbefriedigung den Zustand sexueller Befriedigung erlangen zu können. Hierdurch wird er solchermaßen dargestellt, dass er sich von den anderen Männern der Werkstatt in ganz besonderer Weise dadurch unterscheidet, dass er auf Onanie unbedingt angewiesen ist. Durch diesen Bezeichnungsakt wird seine Männlichkeit zu einem gewissen Grad zunächst desymbolisiert. Symbolisches Kapital in Form des Anerkennungsmediums Männlichkeit wird ihm demnach vorerst entzogen. Der Mann greift die verbale Offensive bzw. den Verdacht der Selbstbefriedigung zunächst affirmativ auf, indem er den Selbstbefriedigungsakt symbolisch demonstriert. Durch seine frivole Äußerung, „Ficki ficki in die Muschi“, konterkariert er jedoch die besagte Unterstellung, weil er hierdurch den Akt der Onanie in einen symbolischen sexuellen Geschlechtsakt mit einer Frau umstilisiert. Die Hülse wird entsprechend präsentativ als Vagina vereindeutigt. Somit entwirft er sich als heterosexueller Mann und bedeutet den Anwesenden, dass er auch durch Sex mit einer Frau zur Befriedigung gelangen kann. Sein (nicht-)diskursives Handeln wird von den anwesenden Männern als souveräne Konterbewegung registriert. Durch ihr amüsiertes Lachen bedeuten sie ihm, dass sie ihm das zuvor entzogene symbolische Kapital (Männlichkeit) gewissermaßen wieder zurückerstattet haben. Aus ihrer Sicht hat er sich zur Heteronormativität bekannt und sich an die Regeln frivoler Sprachspiele gehalten. Diese Regeln lauten entsprechend: 1) Symbolischen Offensiven gegen die eigene Männlichkeit mit Ruhe begegnen 2) Souveräne diskursive Konterbewegungen ausführen, die nach Möglichkeit ebenfalls obszön sind oder die Obszönität anderer übertreffen.

Abschließend kann festgehalten werden, dass obszöne Sprachspiele in der männlich konnotierten Metallwerkstatt als elementarer Bestandteil des Gruppenzusammenhalts betrachtet werden können. Dies gilt auch für leistungsbezogene Beleidigungsrituale.

Symbolische Männlichkeitswettbewerbe auf der Grundlage von leistungsbezogenen Beleidigungsritualen

Die nachfolgende Szene hat sich am Arbeitsplatz eines abwesenden behinderten Metallwerkstattmitarbeiters Joshua zugetragen. Dort instruiert ein behinderter Kollege von Joshua namens Rolf gerade den Forscher, wie ein korrekter Bohrvorgang aus seiner Sicht auszusehen hat:

> [Rolf, ein behinderter Mitarbeiter] „Hier, des is scheiße ((er streift mit seinen Fingern eine milchfarbene Flüssigkeit von dem Metallstück ab und legt dieses zu den anderen zurück)) so mache." Er nimmt ein noch nicht gebohrtes Winkeleisen und spannt dieses in den Schraubstock der Handhebelbohrmaschine ein und betätigt einen roten Schalter an dem Gerät. Der Bohrer setzt sich sogleich rotierend in Bewegung und senkt sich auf die Oberfläche des Winkeleisens. [...] Als die Löcher fertig gebohrt sind, [meint er zu mir] [...]: „So gut, net so, des is scheisse ((er deutet wieder auf die vielen Winkeleisen, die mit Flüssigkeit bedeckt sind))." [...] Plötzlich taucht neben uns Joshua auf: „Du behinderter Mann, Du kapierst doch garnix! @(1)@ Lass mich mei Abbeit weitermache!" Rolf: „@Aaaach Duuuuuu@ hast kei Plan ((macht eine abwinkende Geste und geht wieder an seinen eigenen Arbeitsplatz)). Joshua: „@Ja, ja, de Rolf@, mer muss halt Geduld mit dem haben. Der is eben behindert, des muss mer halt wissen." Joshua wendet sich wieder seiner Arbeit zu und ich verabschiede mich von ihm und verlasse die Werkhalle, um mir einige Notizen zu machen (BP-G2-11-Z.104-120).

Die Männer stellen wechselseitig auf unterschiedliche Art und Weise ihre Leistungsfähigkeit und Kompetenz in Frage. Mitarbeiter Rolf begründet sein negatives Urteil bezogen auf die Arbeitsleistung seines Kollegen präsentativ, indem er durch sein Handeln Fakten schafft: „Hier, des is scheiße ((er streift mit seinen Fingern eine milchfarbene Flüssigkeit von dem Metallstück ab)) so mache". Rolfs Kollege wendet sich hingegen ausschließlich gegen die Kompetenz seines Kollegen. Interessant ist in diesem Zusammenhang, wie er dies vollzieht. Durch die Äußerung „Du behinderter Mann, Du kapierst doch garnix!" wird Rolf als behindertes Subjekt entworfen und zugleich beleidigt. Genaugenommen handelt es sich jedoch nicht um irgendeine Behinderungszuschreibung, sondern um die Zuschreibung geistiger Behinderung, welche Joshua sowohl mit Unwissenheit, als auch mit mangelndem Verstehensvermögen verbindet. Er bezieht sich folglich in direkter Weise auf die kognitive Disposition seines Kollegen und bringt sich selbst als geistig Nichtbehinderter hervor. Er entwirft sich demnach als reflektiertes Subjekt: „[...] de Rolf@, mer muss halt Geduld mit dem haben. Der is eben behindert, des muss mer halt wissen". Joshua stellt sich in gewisser Weise auf eine Metaebene und reflektiert das Handeln von Rolf auf dem Hintergrund seines Wissens um dessen geistige Behinderung. Im vorliegenden Fall ist er der Auffassung, dass von einem geistig Behinderten wie Rolf kein kompetentes Denk- und Handlungsvermögen vorausgesetzt werden kann. Hierdurch naturalisiert er geistige Behinderung als individuelles Merkmal, das eine Person vollständig in ihren Handlungsäußerungen determiniert.

Auf dem Hintergrund, dass Joshua selbst ein geistig behinderter Mitarbeiter ist, kann vermutet werden, dass er durch seine Äußerung nicht nur den Angriff seines Kollegen auf seine Handlungskompetenz abwehren möchte. Vielmehr möchte er durch den beschriebenen diskursiven Akt der Verbehinderung sein von außen zugewiesenes Stigma von sich fernhalten. Letzteres projiziert er auf Rolf. Er desymbolisiert entsprechend seine geistige Behinderung und markiert hingegen jene von Rolf. Für Rolf gilt das gleichermaßen, obwohl er das Thema Behinderung nicht explizit erwähnt. Er inszeniert sich als kompetenter Nichtbehinderter, indem er seine Leistungsfähigkeit durch einen praktischen Handlungsvollzug unter Beweis stellt und seinen Kollegen ebenfalls als inkompetent darstellt: „[…] net so, des is scheisse […] @Aaaach Duuuuuu@ hast kei Plan“.

Insgesamt betrachtet steht in der vorliegenden Szene wiederum ein symbolisch-ritueller Beleidigungsakt im Vordergrund. Es geht den Männern folglich nicht darum, sich ernsthaft beleidigen zu wollen. Dies zeigt sich daran, dass die Kombattanten ihre verbalen Äußerungen mit ironischem Unterton oder mit einem Lachen versehen. Auf der Beziehungsebene signalisieren die vermeintlichen Gegner, dass sie sich im Grunde wechselseitig schätzen und die jeweiligen Äußerungen nicht wirklich ernst gemeint sind. Trotz dieses Tatbestandes kann festhalten werden, dass solche Beleidigungsakte durchaus einem tieferen Ernst entspringen, weil geistig behinderte Männer in der Regel vielfach selbst mit umfangreichen ernstgemeinten Zuschreibungen von Inkompetenz konfrontiert worden sind. Es kann demnach vermutet werden, dass durch sämtliche gegen die Leistungsfähigkeit des Einzelnen gerichtete verbale oder präsentative Beleidigungsakte zwischen geistig behinderten Männern womöglich auch Erfahrungen des ‘Behindert-Werdens‘ reflexiv bearbeitet werden.

Schließlich finden sich unter den behinderten Männern auch verbale Sprachhandlungen, die nicht als ironisch gemeinte Beleidigungsrituale zwecks Aushandlung von Männlichkeit verstanden werden können. Hierzu zählen dominante Männlichkeitsinszenierungen, welche durch ernsthafte (vulgäre) Beleidigungsakte initiiert werden (vgl. hierzu BP-G1-3-Z.114-135 u. BP-G1-10-Z.114-136).

5. Schluss

5.1 Fazit

In dieser Stelle der Arbeit werden jetzt die zu Beginn aufgeworfenen Forschungsfragen zusammenfassend beantwortet:

Forschungsfrage 1: Wie sehen die Männlichkeitsentwürfe geistig behinderter Männer aus?

Wie bereits in Kap. 2.2.4 angemerkt, ging es mir nicht darum, eine reduzierte Typisierung der Männlichkeiten geistig behinderter Männer vorzunehmen. Demzufolge wird diese erste Frage solchermaßen beantwortet, indem besonders prägnante Einzelaspekte dieser Männlichkeiten datenbasiert zusammengetragen werden.

Protonormalisierungstendenzen

Unter Bezugnahme auf den zweidimensional konfigurierten männlichen Habitus (vgl. Brandes 2002, S.85-87) orientieren sich nahezu alle männlichen behinderten Probanden an vergesellschafteten, meist leistungsakzentuierten Männlichkeitsnormen (vgl. Kap. 3.4.2). Zu diesen zählen beispielsweise Aktivität, Selbstständigkeit, Willensstärke, Strebsamkeit, Antagonismus, Durchsetzungsfähigkeit, Widerstandsfähigkeit, Rationalität und Vernunftbegabung. Folglich zitieren die Männer den gleichen bereits von Hausen konstatierten gesellschaftlichen geschlechtsnormativen Referenzrahmen (vgl. 1976, S.368), der auch dieser Arbeit zugrunde gelegt wurde. Selbiger wurde in Kap. 1.1.2 illustriert und diskurstheoretisch hergeleitet. Neben den gerade genannten Attributionen haben sich für die Männlichkeitskonzepte der untersuchten Männer allerdings einige Männlichkeitsaspekte als ganz besonders tragfähig erwiesen, namentlich Selbstständigkeit, Durchsetzungsvermögen, Verantwortungsbewusstsein und stellenweise intellektuelle Leistungsfähigkeit (vgl. Kap. 3.4 - 3.6).

Obgleich geistige Behinderung vielfach über physische Leistungsfähigkeit kompensiert wurde, war es einigen Männern dennoch besonders wichtig, auch auf intellektueller Leistungsebene zu überzeugen.

Vermutlich liegt dies auch darin begründet, dass die Probanden im Verlauf ihrer bisherigen Bildungslaufbahn einer Vielzahl an Diskreditierungen und Beschämungen hinsichtlich ihres kognitiven Leistungsvermögens ausgesetzt waren. Diese Beschämungen wurden an vielen Stellen dieser Arbeit aufgedeckt. Trotz gegenwärtiger flexibilisierender Tendenzen der Gendernorm (vgl. Kap. 1.2.1 u. 1.2.3) richten die Untersuchungsteilnehmer ihre Männlichkeiten vorzugsweise protonormalistisch aus. Dies zeigt sich daran, dass sie große Bemühungen dahingehend anstellen, den gerade genannten traditionalistischen Männlichkeitsnormen in besonderer Weise zu entsprechen. Deutlich wird dies beispielsweise auf Ebene der Körperinszenierungen. Letztere betreffend haben sich die untersuchten Männer als Co-Mitarbeiter, Beschützer, Helden und als 'Starke Männer' dargestellt. Eine Protonormalisierung wurde allerdings in manchen Fällen auch auf kognitiver Leistungsebene vollzogen (vgl. Kap. 3.5.1, 3.6.1 u. 4.7.2).

Insofern sich die Männer verbalisieren können, spielen auch verbale Sprachhandlungen bei der Hervorbringung von Männlichkeit eine bedeutsame Rolle. Sprachkompetente Männer aus sozial begünstigten Herkunftsmilieus mit hohem ökonomischem und kulturellem Kapital nutzen verbale Sprache als Mittel zur Demonstration von Eloquenz und Intellektualität (vgl. Kap. 3.4.1). Darüber hinaus wird verbale Sprache von manchen geistig behinderten Männern auch als Instrument eingesetzt, um sich mit anderen Männern in ernsthafter oder symbolisch-ritueller Form zu messen bzw. Männlichkeit auszuhandeln (vgl. Kap. 4.7.2).

Der Einsatz verbaler Sprache als kompetitives Medium zur Herstellung von Männlichkeit stellt einen Sachverhalt dar, der auch bei Männern ohne Behinderung und männlichen Jugendlichen beobachtet worden ist. In diesem Zusammenhang hat sich beispielsweise Tertilt mit den Rededuellen nichtbehinderter türkischstämmiger Jugendlicher befasst (vgl. 1997, S.157-167). Solche Duelle können mit Meuser als Teil des homosozialen Wettbewerbs um hegemoniale Männlichkeit gesehen werden (vgl. 2008, S. 33-44). In diesem Zusammenhang weist er in ähnlicher Weise wie Tertilt auf die Praxis des Frotzelns (sich necken/ über andere lustig machen) hin, welche gleichermaßen als Aushandlungsmedium von Männlichkeit eingesetzt wird (vgl. 2009, S. 167f.).

Diesen Sachverhalt betreffend wird unter geistig behinderten Männern stellenweise Behinderung in solchen Sprachspielen als Aushandlungsgegenstand von Männlichkeit rituell instrumentalisiert:„ ‚Du Behinderter du. Du hast doch kei Ahnung @(1)@!'" (BP-G2-11-Z.114-115).

Die Thematisierung von Behinderung bzw. kognitiver Beeinträchtigung im Rahmen von Beleidigungsritualen ist ein Tatbestand, der allerdings auch außerhalb sonderpädagogischer Kontexte unter nichtbehinderten männlichen Jugendlichen bekannt ist. Unlängst hat Thielen auf Beschimpfungsrituale unter nichtbehinderten männlichen Jugendlichen hingewiesen, die in Provokationen wie z.B. „Bist du behindert Mann?“ kulminierten (vgl. 2011).

Beleidigungen in der gerade beschriebenen Form haben stellenweise auch eine sozial-kohäsive Funktion. Die Männer versichern sich durch Beleidigungspraxen wechselseitig ihrer Männlichkeit und der damit in Verbindung stehenden Mitgliedschaft in einer Männergemeinschaft. Rituelle Beleidigungen werden von den untersuchten Männern als unterhaltend empfunden, sofern diese in weniger oder nicht ernst gemeinter Form ausgedrückt werden. Solche Sprachhandlungen dienen demnach aus Sicht dieser Männer als Medium zur Herstellung eines positiven Arbeitsklimas. Letztere Sachverhalte konnten am Beispiel der WfbM-Metallwerkstatt aufgezeigt werden (vgl. Kap.4.6.1 u. 4.7.2).

Die Bedeutsamkeit des sozialen Zusammenhalts gleichgeschlechtlicher Bezugsgruppen ist im Übrigen wiederum aus der Männlichkeitsforschung außerhalb sonderpädagogischer Kontexte bekannt. Unter Bezugnahme auf den Begriff „Homosocial“ (Lipman -Blumen 1976) konstatiert Meuser, dass Homosozietät „der wechselseitig[en] Orientierung der Angehörigen eines Geschlechts aneinander [dient]“ (2001, S.13). Im Hinblick auf Männergemeinschaften bedeutet dies letztlich, dass die „habituelle Sicherheit“ (Meuser 2006, S.312) und der soziale Zusammenhalt gestärkt werden. Letzterer wird ferner auch durch den Ausschluss von Frauen aus der sozialen Welt der Männer hergestellt (vgl. Meuser 2001, S. 13).

Flexibelnormalistische Anteile

Im Hinblick auf die tendenziell protonormalistisch ausgerichteten Interaktionsmuster von Männlichkeit entsteht auf den ersten Blick der Eindruck, die untersuchten Männer hätten die bereits angesprochene flexibelnormalistische Bewegung nicht mitvollzogen. Bei genauerer Betrachtung wird allerdings deutlich, dass die Untersuchungsteilnehmer auch flexibelnormalistische Anteile in ihren männlichen Habitus integriert haben. Letztere lassen sich beispielsweise an den Einstellungen der Befragten zum Geschlechterverhältnis bzw. anhand der Frage des Zusammenlebens der Geschlechter identifizieren. Dies zeigt sich insbesondere im Bereich Intimpartnerschaft. Diesbezüglich lässt sich feststellen, dass sich nahezu alle Befragten unabhängig von ihrer sozialen Herkunft eine gleichberechtigte Partnerschaft mit einer Frau auf Augenhöhe wünschen, welche auf wechselseitigem Respekt, Liebe und kommunikativ-kooperativem Austausch gründet (vgl. z.B. Kap. 3.8.1). Der Wunsch, Frauen dominieren zu wollen, spielt demnach innerhalb der gewählten Untersuchungsgruppe offensichtlich keine Rolle.

Vorzugsweise demokratisch verfasste Vorstellungen von Geschlechterverhältnissen lassen sich auch innerhalb der Produktionssphäre entdecken. Selbst in den stark männlich konnotierten Arbeitsbereichen (z.B. Metallwerkstatt) haben die Männer insgesamt eine positive bzw. emanzipatorische Einstellung gegenüber der Tatsache verinnerlicht, dass in ihrem Arbeitsbereich auch Frauen tätig sind. Die Auflösung starrer geschlechtlicher Verräumlichung wird allgemein begrüßt und stellenweise sogar als ein Gewinn für das Arbeitsklima wahrgenommen. Diesbezüglich rekurrieren die Männer auf stereotype Weiblichkeitsvorstellungen (vgl. hierzu Hausen 1976, S.368). Sie weisen Frauen eine ordnende und kommunikationsfördernde Wirksamkeit zu (vgl. Kap. 4.7.2). Vollends selbstverständlich realisiert sich diese Akzeptanz allerdings nicht, da selbige seitens der Männer an gewisse Bedingungen geknüpft wird. Zum einen müssen sich weibliche behinderte Werkstattgruppenmitglieder vermännlichter Arbeitsbereiche zu einem gewissen Grad männlichen Normen anpassen. Dies gilt zunächst in ästhetischer Hinsicht bezogen auf die Arbeitskleidung. In manchen Fällen müssen Frauen allerdings auch an verbalsprachlich-kompetitive Gepflogenheiten männlicher Arbeitsgruppen adaptieren, die kurz zuvor Erwähnung fanden, um als gleichwertige Mitglieder einer Werkstattgruppe unter den Männern anerkannt zu werden (vgl. ebd.).

Diese Anpassungsnotwendigkeit an einen männlichen Normhorizont ist auch aus der Weiblichkeitsforschung bekannt. Exemplarisch sei in diesem Zusammenhang an nichtbehinderte Frauen erinnert, die sich für einen beruflichen Karriereweg entschieden haben. Diese Frauen kommen oft nicht umhin, sich an den beruflichen Normalbiografien ihrer männlichen Kollegen zu orientieren. Von ihnen werden männlich codierte Attribute wie Willenskraft, Führungsstärke und Rationalität erwartet (vgl. Hofbauer/ Pastner 2000, S.120-122).

Ferner wird von geistig behinderten Männern eine männlich-weibliche Unterscheidung der Leistungsfähigkeit eingeführt. Frauen werden von männlichen behinderten Angehörigen vermännlichter Arbeitsbereiche zwar gleichermaßen als leistungsfähige Subjekte wahrgenommen, wogegen ein Unterschied im Hinblick auf die Form ihrer Leistungsfähigkeit gemacht wird. Während die Männer den Frauen grundsätzlich mehr Kommunikationsfähigkeit und ein höheres Maß an kognitivem Leistungsvermögen zubilligen, sehen die Männer ihre Leistungsfähigkeit mehr auf physischer Ebene verortet (vgl. Kap. 4.7.2). Durch diese Unterscheidung bleiben die leistungsbezogene Bilanz der Männer und die männliche Norm innerhalb des genannten Produktionssektors gewissermaßen unangetastet.

Auf dem Hintergrund dieses Tatbestandes sollte grundsätzlich mitgedacht werden, dass wahrscheinlich nicht in jedem Fall von einer tatsächlichen Flexibilitätsnormalisierung gesprochen werden kann. Vielmehr drängt sich der Verdacht auf, dass sich manche männlichen behinderten Mitglieder der Werkstattgruppen mit der Anwesenheit von Frauen in ihrem Produktionssegment arrangiert haben. Mit anderen Worten haben sie eine Möglichkeit gefunden, die Flexibilitätsnormalisierung im Produktionsbereich (Tatsache, dass in sogenannten Männerberufen heute auch Frauen arbeiten dürfen) mit ihren protonormalistisch verfassten männlichen Habitusanteilen zu vereinbaren. Demnach kann in manchen Fällen sicherlich von einer „[flexibelnormalistischen - M.Z.] ***Fassaden-Normalität***" (Link 1998, S.78 – Hervorh. i. Orig.) ausgegangen werden. Die flexibelnormalistischen Einstellungen zu den Geschlechterverhältnissen im Produktionsbereich wären demnach nicht gänzlich authentisch, bzw. ihrem Geltungsanspruch nach nicht unbedingt vollends als wahrhaftig einzuordnen.

Männlichkeit als heterosexuelle Erwerbsarbeitsidentität

Insgesamt betrachtet definieren die Befragten und Beobachteten ihre Männlichkeiten maßgeblich auf der Grundlage der Lebensbereiche heterosexuelle Intimbeziehungen und Erwerbstätigkeit, die gleichermaßen auch für die überwiegende Mehrheit nichtbehinderter Männer von großer Relevanz sind. Die behinderten Männer haben meist unaufgefordert ihre heterosexuellen Präferenzen in besonderer Weise hervorgehoben (vgl. z.B. Kap. 3.4.1 u 4.7.2). Demnach folgen geistig Behinderte ebenfalls dem Gebot der Heteronormativität, welches für die Hervorbringung einer anerkannten Männlichkeit in breiten Bevölkerungsschichten nach wie vor konstitutiv ist (vgl. Connell 2006, S.99; Faulstich-Wieland 2004, S.145). In nahezu allen untersuchten Fällen stellt somit die Erfüllung heteronormativer Männlichkeitsnormen für die männlichen Probanden ein elementares und daher konstitutives Moment zur Generierung einer aus ihrer Sicht legitimen Männlichkeit dar.

Männlichkeit wird darüber hinaus von den Männern aber vor allem über den Sektor Erwerbsarbeit definiert, den sie mit Leistungsnormen wie physische Stärke, Perfektibilität, (berufliche) Selbstständigkeit und fachlich- technischem Sachverstand assoziieren (vgl. Kap. 3.4.1 u. 4.7.2). Demzufolge sind männliche Identitäten geistig behinderter Männer auch als 'Erwerbsarbeitsidentitäten' zu lesen. Damit folgen sie den gleichen Männlichkeitsvorstellungen wie ein großer Teil der nichtbehinderten Männer (vgl. hierzu z.B. Scholz 2003, S.9; 2004 u. 2007, S. 5176). Grundsätzlich lässt sich vermuten, dass heterosexuelle Intimbeziehungen und Erwerbstätigkeit für geistig behinderte Männer nicht nur für eine anerkannte Form von Männlichkeit stehen. Vielmehr kann angenommen werden, dass beide Aspekte für diesen Personenkreis ganz allgemein Normalität repräsentieren. Sie sehen demnach in der Erfüllung von Normen im Bereich Sexualität und Arbeitsleistung auch eine Möglichkeit Nichtbehinderung bzw. undoing disability hervorzubringen.

Trotz weitgehender Überschneidungstendenzen hinsichtlich der Idealvorstellungen von Männlichkeit und der Männlichkeitspraxen der Probanden (vgl. Kap. 3.4.1) ist tendenziell eine Trennlinie zwischen vorzugsweise somatischen und eher geistig-intellektuell ausgerichteten Männlichkeitsentwürfen zu konstatieren.

Soziale Herkunft als Variable zur Herstellung von Männlichkeit

Die Grenze zwischen diesen Grundausrichtungen von Männlichkeit verläuft entlang der jeweiligen sozialen Herkunftsmilieus der Probanden (vgl. Kap. 3.1). In diesem Zusammenhang hat sich gezeigt, dass diejenigen Männer, die aus Elternhäusern mit niedrigeren kulturellen und ökonomischen Kapitalwerten stammen, auf eher somatisch akzentuierte Idealvorstellungen von Männlichkeit zurückgreifen. Konkret stellt sich dies so dar, dass diese Männer ihre Männlichkeiten tendenziell auf der Basis physischer Leistungsnormen formieren und auf eine ausgeprägte passive und aktive Körperästhetik zurückgreifen. Sie definieren ihre Männlichkeiten vorzugsweise durch schwere körperliche Arbeit und durch die öffentliche Zurschaustellung ihres (Muskel-)Körpers (vgl. Kap. 3.4.1 u. 4.7.2). Diese Männer arbeiten dann meist in Werkstattbereichen wie Garten-Landschaftsbau oder Metall.

Demgegenüber definieren diejenigen geistig behinderten Männer, deren Elternhäuser über mehr ökonomisches und kulturelles Kapital u.a. in Form von Allgemeinbildung und Bildungstiteln verfügen, ihre Männlichkeit auf der Grundlage kognitiv-leistungsbezogener Männlichkeitsnormen. Das Exponieren des Körpers zur Männlichkeitsdarstellung spielt für diese Männer eine eher untergeordnete bis gar keine Rolle. Sie bringen ihre Männlichkeit hauptsächlich über rationale Fertigkeiten wie technischen Sachverstand, Demonstration ihrer Allgemeinbildung und über distinguierte Eloquenz hervor (vgl. Kap. 3.4.1). Diese Männer sind vorzugsweise in WfbM-Arbeitsgruppen vertreten, in denen die Produktionsarbeit weniger auf schwer körperliche Arbeit hin ausgerichtet ist. Hierzu zählen beispielsweise Montage-Verpackungsgruppen (vgl. Kap. 4.1). Die besagte Trennlinie konkretisiert sich somit grundsätzlich entlang der Unterscheidung zwischen praktischer und geistiger Kulturarbeit (vgl. Adorno 2006, S.9).

Obgleich der Einfluss der Herkunftsmilieus auf die Männlichkeiten geistig behinderter Männer eine große Rolle spielt, sollte dieser dispositionierende Einfluss nicht überbewertet werden. Dies lässt sich insbesondere an den tendenziell physisch ausgerichteten Männlichkeiten einiger geistig behinderter Männer aufzeigen. Eher somatisch akzentuierte Männlichkeitskonzepte sind vielfach auch das Produkt aktueller und früherer Segregationsprozesse. Auch durch die Verwehrung bestimmter Bildungslaufbahnen, den daraus resultierenden beschränkten Teilhabemöglichkeiten auf dem Arbeitsmarkt und den begrenzten Wahloptionen und Fortbildungsmöglichkeiten in der WfbM, haben die Männer zumindest beruflich gesehen nur begrenzt die Möglichkeit innerhalb des Erwerbsarbeitsbereichs Männlichkeiten zu generieren, die sich jenseits physischer Leistungsfähigkeit konkretisieren.

Bezugspunkte zur Männlichkeitsaffirmation- und Neu-Orientierung

Diesen Sachverhalt betreffend zeigt sich bei nahezu allen untersuchten Männern, dass sie ihre Männlichkeiten weitestgehend an den Männlichkeitskonzepten nichtbehinderter Männer ausrichten. Hier sind vor allem die Väter zu nennen. Darüber hinaus betrachten sie allerdings auch die Männlichkeiten nichtbehinderter Männer innerhalb ihres unmittelbaren weiteren sozialen Umfeldes (Vorgesetzte, Mitarbeiter von Wohngruppen) und medial inszenierte Männlichkeiten als Orientierungspunkte für ihre Männlichkeitskonzepte. Diese Männlichkeiten werden von den Männern sowohl zur Fortsetzung und Affirmation genderbezogener habitueller Sicherheit, aber auch zur männlichen Neuorientierung hinsichtlich Gender herangezogen (vgl. Kap. 3.4.1). Stellenweise orientieren sich behinderte Männer aber auch an den Männlichkeitsentwürfen anderer behinderter Männer, insofern diese aus ihrer Sicht einem bestimmten Männlichkeitsideal besonders entsprechen, mit dem sie sich selbst identifizieren können (vgl. Kap. 3.4.1).

Bedeutsam ist in diesem Zusammenhang, dass diese Männlichkeitskonzepte nicht unbedingt ungeprüft und dauerhaft von den Probanden übernommen werden. Vielmehr findet stellenweise auch ein reflexiver Assimilationsprozess auf der Grundlage früherer habitualisierter Männlichkeitsanteile statt. Insofern sich neue männliche Habitusanteile auf dem Hintergrund früherer habitualisierter Erfahrungsinhalte als problematisch erweisen, werden selbige in manchen Fällen auch verworfen (vgl. ebd.).

Hegemoniale Männlichkeit als Kristallisationspunkt von Männlichkeit

Resümierend können die wechselseitigen Verweisungszusammenhänge **Männlichkeit ↔ Arbeit** und **Männlichkeit ↔ Heterosexualität** als Indizien dafür betrachtet werden, dass sich geistig behinderte Männer gleichermaßen wie nichtbehinderte Männer grundsätzlich am Prinzip hegemonialer Männlichkeit orientieren. Durch die Akzentuierung von Erwerbsarbeit und heterosexuellen Beziehungen (vgl. ebd. u. Kap. 4.7.1) nehmen erstere insgesamt Rückbezug auf zwei zentrale Säulen hegemonialer Männlichkeit (vgl. Döge 2004, S. 64). Hierdurch affirmieren sie dieses Männlichkeitsprinzip und machen sich mit zu seinem 'Komplizen'. Letzterer Tatbestand steht auch in Übereinstimmung mit der Feststellung, dass die untersuchten Männer mehrheitlich komplizenhafte Männlichkeiten hervorgebracht haben. Dies erklärt sich sicherlich nicht zuletzt daraus, dass sie infolge ihres Behindertenstatus als marginalisierte Männer gelten, die objektiv gemessen an einer nichtbehinderten Norm über wenig kulturelles und symbolisches Kapital verfügen. Insbesondere ihren Kapitalmangel auf symbolischer Kapitalebene (Anerkennung) versuchen sie somit durch ihre Komplizenhaftigkeit auszugleichen. Letztere realisiert sich in Relation zu den nichtbehinderten Professionellen. Die behinderten Männer möchten demnach am symbolischen Kapital nichtbehinderter Männer partizipieren (vgl. Kap. 3.6.1).

Insgesamt betrachtet bezieht sich diese Anerkennungszueignung auch allgemein auf die Teilhabe an der patriarchalen Dividende (vgl. Kap. 1.1.2). Auch geistig behinderte Männer werden an dieser stellenweise beteiligt, insofern sie mit vermännlichten Anerkennungsmedien bedacht werden. Hierzu zählen beispielsweise Arbeitsplätze in Integrationsbetrieben außerhalb der WfbM, Arbeitsplätze auf dem sogenannten allgemeinen Arbeitsmarkt oder die Zueignung exponierter WfbM-Einzelarbeitsplätze (z.B. Lagerist, Hausmeister etc.) (vgl. Kap. 4.7.1). Solche Anerkennungsmedien werden von behinderten Männern in vielen Fällen als attraktiv eingestuft und als Distinktionsgewinn gegenüber denjenigen behinderten Männern und Frauen betrachtet, die nicht über die besagten Anerkennungsmedien verfügen (vgl. ebd.).

Hegemonial männliche Positionen werden allerdings auch durch diejenigen Männer eingenommen, die ihr doing masculinity teilweise durch bevormundende soziale Kontrolltätigkeiten realisieren, die normalerweise von nichtbehinderten Assistenzkräften wahrgenommen werden (vgl. z.B. Kap. 3.5.1, 3.6.1 u. 4.7.2). Hierzu zählen die bereits angesprochenen Inszenierungen, in denen sich die Männer als 'Quasi-Assistenzkräfte' hervorbringen. Es geht in diesem Zusammenhang jedoch stellenweise auch um inferiorisierende Demonstrationen von Prosozialität, auf deren Grundlage geistig behinderte Hilfeempfänger von geistig behinderten Männern als hilflose Subjekte konzeptualisiert werden. Solche Darstellungen werden vor allem von denjenigen Männern initiiert, die in erhöhtem Maße Behinderungserfahrungen gemacht haben (vgl. Kap. 3.5.1). Helfer- bzw. Retternszenierungen stellen für diese Männer allerdings nicht nur eine Möglichkeit dar, sich über solche Männlichkeiten als tatkräftig sozial engagierte Männer darzustellen. Vielmehr sehen sie hierin wahrscheinlich auch eine Möglichkeit, ihre eigenen früheren Hilflosigkeits- und Ohnmachtserlebnisse zu bewältigen (vgl. ebd.). Demnach kompensieren manche Männer mit Hilfe der gerade beschriebenen Darstellungsformen von Männlichkeit frühere oder aktuelle Gefühle der Unterlegenheit und Beschämung.

Es kann folglich angenommen werden, dass sich geistig behinderte Männer unter Rückgriff auf dominante Männlichkeitsinszenierungen bemühen, ihre formell untergeordnete Machtposition auf informeller Machtebene zu nivellieren. Durch die gerade beschriebenen Distinktionsgewinne ist es den Männern möglich, sich hegemonial männlich gegenüber anderen Männern zu inszenieren, obgleich sie objektiv gemessen an einer nichtbehinderten Norm keine hegemoniale Männlichkeit generieren. Was sich durch solche Inszenierungen zeigt, ist vielmehr eine 'Spur' einer hegemonial männlichen Schablone. Demnach verhalten sich geistig behinderte Männer nach der gleichen hegemonial männlichen Logik wie nichtbehinderte junge Männer, die aufgrund ihrer sozialen Lage untergeordnete oder marginalisierte Männlichkeiten hervorbringen. In diesem Zusammenhang sind beispielsweise türkischstämmige junge Männer aus prekären Lebensverhältnissen zu nennen (vgl. Meuser 2006, S. 127; Scheibelhofer 2008, S.183). Auf solche und andere Männer mit ähnlich eingeschränkten Handlungsspielräumen oder Zukunftsperspektiven üben traditionalistische Männlichkeitsideale eine besondere Anziehungskraft aus. Diese Männer orientieren sich an Idealen wie Stärke, Dominanz und Unabhängigkeit (vgl. hierzu z.B. Budde/ Faulstich-Wieland 2005). Dies gilt auch für behinderte Jungen/ Männer, die sich nach Jerg ebenfalls tendenziell an stereotypen Repräsentationen von Männlichkeit orientieren (vgl. 2010, S.194), da ihnen nur begrenzte Gestaltungsmöglichkeiten zur Verfügung stehen bzw. zur Verfügung gestellt werden (vgl. ebd. S.200). Letzteren Aspekt betreffend kann an dieser Stelle Flaake zitiert werden, der unter Rückbezug auf die Arbeiten von Helfferich (1994) und King (2002) zu einer Einschätzung für nicht-behinderte Adoleszente gelangt, die nach meinem Dafürhalten auch für geistig behinderte Männer im Erwachsenenalter gilt:

> „Diese Orientierung [an stereotypen Männlichkeitsidealen – M.Z.] ist zwar umso ausgeprägter, je eingeschränkter die Perspektiven und Lebensbedingungen der Jungen und jungen Männer sind – sie gilt also im besonderem Maße für Jugendliche aus unteren sozialen Schichten und mit Migrationshintergrund – verschiedene Studien zeigen jedoch eindrücklich, dass ein solches Leitbild für Jungen und junge Männer aller Milieus – mit jeweils unterschiedlichen inhaltlichen Ausgestaltungen und Schwerpunktsetzungen – eine zentrale Bedeutung hat“ (Flaake 2006, S.5).

Diese Feststellung trifft entsprechend auch für geistig behinderte Männer zu. Neben den teils überstrukturierten Männlichkeitsinszenierungen von Männern aus unterprivilegierteren Herkunftsverhältnissen, die sich an Attributen wie Dominanz, Stärke und Durchsetzungsfähigkeit orientierten, gesellten sich Männlichkeitsinszenierungen von Männern aus sozial komfortableren Verhältnissen, die stärker auf Intellektualität hin ausgerichtet waren. Obgleich sich die Männlichkeiten in der Form ihrer Realisation unterschieden, so wiesen die männlichen Darstellungspraxen grundsätzlich eine stereotyp-traditionalistische Färbung auf. Dies gilt im Grunde auch für Inszenierungen, in denen sich manche Männer als Retter, Helfer oder Familienunterstützer konzeptualisiert haben. In solchen Darstellungen wird wiederum symbolische Gewalt als Grundprinzip hegemonialer Männlichkeit evident. Wie bereits in Kap. 1.1.2 angemerkt wird die Hegemonie von Männlichkeit gerade dadurch verschleiert, indem selbige nicht offensiv durch körperliche Gewalt zutage tritt (vgl. Krais 1993, S.232f.). Die männliche Dominanzbewegung vollzieht sich vielmehr über Opferbereitschaft, Hingabe und Uneigennützigkeit (vgl. Bourdieu 1997, S.216). Diese Aspekte materialisieren sich entsprechend auch in den Retter- und Unterstützerinszenierungen geistig behinderter Männer.

Benachteiligte Frauen/ bevorteilte Männer?

Bezüglich der gerade beschriebenen Darstellungsformen von Männlichkeit, welche einer hegemonial männlichen Logik folgen, ist anzumerken, dass behinderte Männer gegenüber behinderten Frauen oft bevorteilt sind, was insbesondere für den Produktionssektor zutrifft (vgl. z.B. Schön 1993, S.41f.; Niehaus 1993, S.119; Arnade 2000, S.2-4; Schildmann 2001, S.33). Dies gilt allerdings nicht für alle behinderten Männer, da manchen Männern beispielsweise exponierte Außenarbeitsplätze oder privilegierte Tätigkeitsbereiche innerhalb der Behindertenwerkstätten aufgrund ihres zu hohen Assistenzbedarfes bzw. Behinderungsgrades verwehrt bleiben. Zudem schlagen manche behinderte Frauen die Möglichkeit der Übernahme eines höher qualifizierteren und besser entlohnten Arbeitsverhältnisses aus, obgleich sie durchaus die Möglichkeit eines Wechsels hätten (vgl. BP-G3-2-Z.231-239). Des Weiteren waren die geschlechtlichen Verteilungsverhältnisse der untersuchten WfbM-Angehörigen, die auf WfbM-Außenarbeitsplätze oder in Integrationsbetriebe des ersten Arbeitsmarktes gewechselt sind, ausgewogen (vgl. DOK- 4 -WfbM-Tabellen(Wechsel)). Unter bestimmten strukturellen Rahmenbedingungen müssen behinderte Frauen demnach nicht unbedingt gegenüber Männern benachteiligt sein. Ferner geht aus meiner Untersuchung hervor, dass einige besonders engagierte und leistungsfähige geistig behinderte Frauen die gleichen Privilegien genießen wie ihre männlichen Kollegen (vgl. Kap. 4.7.1). Diese Frauen haben demnach leistungsakzentuierte Weiblichkeitsformen hergestellt, die sich von eher traditionalistischen Weiblichkeitskonzepten abheben. Mit Scholz gesprochen folgen diese behinderten Mitarbeiterinnen eher dem Prinzip „Hegemoniale Weiblichkeit“ (2010, S.396). Sie setzen sich folglich über weibliche Leitbilder hinweg, die auf Unterordnung festgelegt sind (vgl. ebd. S.397).

Neben dem Erwerbsarbeitssektor sei noch ein weiterer Bereich möglicher Subordination von Frauen genannt, namentlich jener der (sexualisierten) Gewalt. Grundsätzlich ist es eine Tatsache, dass geistig behinderte Frauen von letzterer besonders betroffen sind (vgl. z.B. Chamberlain 1984, Becker 1995, Zemp/ Pircher 1996, Schildmann 2003). Es sollten allerdings nicht diejenigen geistig behinderten Jungen und Männer vergessen werden, die ebenfalls Opfer (sexualisierter) Gewalt geworden sind. Zu diesem Thema existieren bisher vergleichsweise wenige Veröffentlichungen (vgl. z.B. Noack/ Schmid 1994, S.45; Zemp/ Pircher 1996, S.56-59; Zemp 1997).

Auch im Rahmen meiner Untersuchung wurde der Aspekt sexuelle Gewalt gegen Männer während der Suche nach geeigneten Interviewprobanden evident. Einige Männer haben es auch deshalb abgelehnt, an einem Interview teilzunehmen, weil sie befürchtet haben, etwas über ihre erlebten sexuellen Misshandlungen berichten zu müssen. Ferner wurde vielerorts von psychischen und physischen Gewalthandlungen berichtet, die geistig behinderte Männer im Umgang mit behinderten und nichtbehinderte Männer erlitten haben (vgl. z.B. Kap. 3.6 und 4.4). Demnach greift die Einschätzung, behinderte Männer seien gegenüber behinderten Frauen generell in einer dominanten und komfortableren Ausgangsposition, zu kurz, weil diesem Denkmodell eher traditionalistische Formen von Männlichkeit und Weiblichkeit zugrunde gelegt und problematisiert werden. Konstrukte wie hegemoniale Weiblichkeit, untergeordnete oder marginalisierte Männlichkeit bleiben hier eher unberücksichtigt. Demnach werden behinderte Männer generell als bevorteilt und behinderte Frauen prinzipiell als benachteiligt entworfen.

Ich möchte in diesem Zusammenhang nicht missverstanden werden. Es kann keineswegs darum gehen, die beträchtlichen und in hohem Maße verwerflichen Benachteiligungen behinderter Frauen zu leugnen oder zu bagatellisieren. Ich möchte vielmehr die Aufmerksamkeit darauf lenken, dass behinderte Männer nicht unbedingt qua ihres Körpergeschlechts (Sex) gewaltakzentuierte und benachteiligende hegemonial männliche Männlichkeitsformen hervorbringen müssen. Dies gilt entsprechend auch für Frauen, die nicht zwangsläufig weibliche Normen im traditionalistischen Sinne zitieren. Zwischen männlichem und weiblichem Körpergeschlecht und den dazugehörigen gesellschaftlich erwarteten männlich oder weiblich konnotierten Gender-Verhaltenserwartungen kann entsprechend eine Inkongruenz vorliegen. Hierauf hat bereits Lorber hingewiesen und vorgeschlagen, Frauen und Männer nicht zwangsläufig qua ihres Körpergeschlechts unbedingt als weiblich oder männlich zu betrachten (vgl. 2003, S.37). Letzteren Sachverhalt betreffend möchte ich allerdings einen Problemaspekt ansprechen. Männer und Frauen gegebenenfalls deshalb ein ihrem Körpergeschlecht entgegengesetztes Gender zuzuschreiben, nur weil sie nicht mit traditionalistischen Gendernormen übereinstimmen, birgt das Risiko, dass hierdurch bestimmte Männer und Frauen möglicherweise ihre Gender-Identität abgesprochen bekommen könnten. Ein geistig behinderter Mann, der auf der Grundlage seiner Genderperformanz u.U. als weiblicher Mann beobachtet wird, könnte demnach nicht als ein Subjekt wahrgenommen werden, das Männlichkeit hervorbringt. Nimmt man hingegen eine Flexibilisierung bestimmter Gendernormen in den Blick, dann ist dies sehr wohl möglich. In diesem Fall würden beispielsweise geistig behinderte Personen, die ihrem Körpergeschlecht nach Männer sind, Männlichkeit generieren bzw. männlich im Sinne von Gender sein, auch wenn sie nicht einem traditionalistischen Männlichkeitsbild entsprechen. Ferner würden Frauen (Sex) Weiblichkeit hervorbringen, selbst wenn sie als Karrierefrauen in Erscheinung treten und somit nach traditionalistischen Weiblichkeitsvorstellungen eher männliche Normen zitieren. Wie diese Flexibilisierung theoretisch aussehen könnte, werde ich in Kap. 5.3 noch näher vorstellen, wenn ich Connells Konzept der hegemonialen Männlichkeit nochmals aufgreife.

Forschungsfrage 2: Unter welchen performativen Herstellungsbedingungen generieren geistig behinderte Männer ihre Männlichkeiten und durch welche dieser Bedingungen erhöht (respektive vermindert) sich das Risiko, dass deren Männlichkeiten 'verletzt' werden?

Allgemein hat sich gezeigt, dass die überwiegende Mehrzahl der untersuchten Männer ihre Männlichkeit subjektiv nicht als 'verletzt' bzw. normabweichend betrachtet. Trotz ihrer teils umfänglichen sozialen Behinderungserfahrungen (doing disability) sehen sich die Probanden mehrheitlich als kompetente leistungsfähige und (sexuell) attraktive Männer (vgl. Kap. 3.3.1, 3.4.1 u. 3.7.1 u. 4.7.2). Im Unterschied zu denjenigen Männern, die sich im Rahmen ihrer männlichen Identitätsentwicklung als weniger kompetent und leistungsfähig wahrnehmen, können einige Bedingungen zur Herstellung von Männlichkeit abgeleitet werden, die sich potentiell positiv oder negativ auf das 'Verletzungsrisiko' der Männlichkeiten geistig behinderter Männer auswirken können:

(Nicht-)Zueignung subjektiv vermännlichter Anerkennungsmedien

Wie bereits kurz zuvor deutlich wurde, werden bestimmte Anerkennungsmedien von manchen untersuchten Männern männlich konnotiert. Hierzu zählen insbesondere die Mitgliedschaft in einem anerkannten vermännlichten Arbeitsfeld (Mitgliedschaft in einer Männergemeinschaft), die Übertragung von Verantwortung in Form von privilegierten Aufgabenbereichen innerhalb des WfbM-Kontextes und die Möglichkeit der Mitgliedschaft in einem WfbM-Außenarbeitsbereich oder auf dem regulären Arbeitsmarkt (vgl. Kap. 4.7.1). Diese Anerkennungsmedien werden von den Männern gewissermaßen als Transformationsmedien hinsichtlich Männlichkeit genutzt. Transformation bezieht sich hier entsprechend auf den Umwandlungsprozess von kulturellem Kapital (doing masculinity) in Form physisch-rationaler Männlichkeitspraxen in symbolisches Kapital (Anerkennung aktuell hervorgebrachter Männlichkeiten). Demnach erhöht sich der Anerkennungsgrad von Männlichkeit mit der Zueignung der genannten vermännlichten Anerkennungsmedien. Das 'Verletzungsrisiko' hinsichtlich Männlichkeit wird folglich dadurch prinzipiell abgesenkt. Demgegenüber wird das besagte Risiko potentiell erhöht, wenn denjenigen Männern, die den oben genannten Anerkennungsmedien einen positiven Wert beimessen, die Zueignung derselben verwehrt bleibt (vgl. ebd.).

Positive/ negative Selbstwirksamkeitserfahrungen (Erfüllung vermännlichter Leistungsnormen)

Bereits während der Beantwortung der ersten Forschungsfrage wurde deutlich, dass der Verweisungszusammenhang Männlichkeit ↔ Basisnormalfeld Leistung für geistig behinderte Männer eine bedeutende Rolle bei der Herstellung ihrer Männlichkeiten spielt. In diesem Zusammenhang tritt verständlicherweise auch der Selbstwirksamkeitsaspekt in Erscheinung, der seitens der Untersuchungsteilnehmer zusätzlich an die Männlichkeitsnorm Selbstständigkeit gekoppelt wird. In diesem Zusammenhang sei im Besonderen auf unvermittelte Selbstwirksamkeitserfahrungen verwiesen (vgl. Kap. 3.4.1). Letztere werden in leistungsakzentuierten Erfahrungsräumen möglich, die von den Betroffenen für die Hervorbringung ihrer Männlichkeiten als attraktiv eingestuft werden. Insofern geistig behinderte Männer ihre Männlichkeit auf der Grundlage des Basis-Normalfelds Leistung begründen und sich in den genannten Erfahrungsräumen als leistungsfähig erleben, kann entsprechend von einem niedrigen 'Verletzungsrisiko' im Hinblick auf Männlichkeit ausgegangen werden. Im Gegensatz dazu kann mit einer Erhöhung dieses Risikos gerechnet werden, falls solchen Männer die Möglichkeit verwehrt bleibt, sich als (unvermittelt) selbstwirksam und kompetent zu erleben.

Flexibelnormalistische/ protonormalistische Repräsentationen von Männlichkeit

Die Männlichkeiten geistig behinderter Männer sind immer auch dann als 'verletzungsgefährdet' einzustufen, insofern diese Männer tendenziell protonormalistisch verfasste Männlichkeitspräferenzen verinnerlicht haben. Solche Männer haben teilweise Vorstellungen von Männlichkeit favorisiert, welche für sie auf dem Hintergrund ihrer faktischen Kapitalressourcen unerreichbar sind. Demzufolge scheitern sie zwangsläufig bei dem Versuch, ihrem Männlichkeitsideal gerecht zu werden. Dies zeigte sich besonders deutlich bei den Untersuchungsteilnehmern André (vgl. Kap. 3.4.1 u. 3.7.1) und Frank (vgl. Kap. 3.3.1).

Wesentlich unproblematischer erscheint es hingegen, wenn geistig behinderte Männer eher flexibelnormalistische Normen im Hinblick auf ihre Männlichkeit internalisiert haben. In der Praxis zeigt sich das konkret bei Männern, die ihre potentielle Leistungsfähigkeit eher realistisch einschätzen, was sich insbesondere bei den Probanden Martin und Stefan beobachten ließ (vgl. Kap. 3.3.1 u. 3.7.1). Eine leistungsbezogene Überforderung stellt sich demnach bei diesen Männern eher nicht ein, wodurch deren mitunter leistungsakzentuierten Männlichkeiten unangetastet bleiben.

Ausreichender/ unzureichender Selbstsupport (Mannsein und Behindertsein)

Auf diesen Aspekt bin ich im Besonderen in Kap. 3.7.1 differenziert eingegangen. Dort hat sich gezeigt, dass Behinderung (physisch-psychische Disposition) und die Erfahrungen des ‘Behindert-Werdens‘ (doing disability) nicht zwangsläufig zur ‘Verletzung‘ der Männlichkeiten geistig behinderter Männer führen müssen. Vielmehr ist es der reflexiv-konstruktive Umgang mit diesen Erfahrungen, welcher sich positiv auf das männliche Selbstverständnis der untersuchten Männer auswirkt. Diese Form der Selbstsorge schließt den reflexiven Umgang mit dem Thema (geistige) Behinderung seitens der Betroffenen mit ein. Im Hinblick auf diesen Aspekt geht es um die kompetenzbezogene Selbstwahrnehmung geistig behinderter Männer auf dem Hintergrund ihrer subjektiven Vorstellungen von (geistiger) Behinderung (vgl. Kap. 3.3.1). Hierbei hat sich gezeigt, dass die Bewertung der eigenen Person nicht nur von der Intensität der zurückliegenden Erfahrungen des ‘Behindert-Werdens‘ abhängt. Vielmehr wurde deutlich, dass auch die subjektive psychische Verarbeitung solcher Erlebnisse auf dem Hintergrund der jeweils durch die Probanden konstruierten Behinderungsbegriffe mit eine Rolle spielt. Die Konfrontation mit sozialen Behinderungsprozessen führt in diesem Zusammenhang nicht zwangsläufig zu einem negativen kompetenzbezogenen Selbstbild, insofern die Befragten einen positiven oder prozessualen Behinderungsbegriff verinnerlicht haben. In diesem Fall bleiben auch mitunter leistungsversierte Männlichkeiten unversehrt, was sich insbesondere bei den Probanden Martin und Stefan entdecken ließ. Demgegenüber führt ein negatives Behinderungsverständnis zu einer Erhöhung des 'Verletzungsrisikos' von Männlichkeit, was besonders beim Untersuchungsteilnehmer Frank deutlich wurde (vgl. ebd.).

Ausreichender/ unzureichender Fremdsupport (durch Vertrauenspersonen)

Neben dem Selbstsupport sind allerdings auch bestimmte Formen des pädagogischen Fremdsupports für den Unversehrtheitsgrad der Männlichkeiten geistig behinderter Männer relevant. Insofern durch diesen Support die soziale Teilhabe gesichert bzw. undoing disability hervorgebracht wird, sind die Männlichkeiten behinderter Männer in geringerem Maße 'verletzungsgefährdet' und umgekehrt. Den Aspekt Fremdsupport werde ich allerdings erst während der Beantwortung der dritten Forschungsfrage detailliert aufgreifen.

Positive/ negative Erfahrung bei der Aushandlung von Männlichkeit in männlichen Bezugsgruppen

Die hohe Relevanz dieses Faktors wird in Kap. 3.6 und insbesondere in Kap. 4.7 evident. Am angegeben Ort zeigt sich, dass die untersuchten Männer nicht zuvorderst allgemein durch eine anonyme Gesellschaft als sogenannte geschlechtslose Neutren bzw. als nicht ernstzunehmende Männer konzeptualisiert werden, sondern durch ihr unmittelbares soziales Umfeld. Letzteres setzt sich beispielsweise aus sozialen Bezugsgruppen im WfbM-Bereich zusammen. Insbesondere in vermännlichten Arbeitsbereichen (vgl. Kap. 4.2.1- 4.2.3) treten diese Gruppen als „Geschlechterpolizei" (Bernard/ Schlaffer 1995, S.70) in Erscheinung. Dieses „gender assessment" (West/ Zimmerman 1987, S.136) verteilt oder verwehrt entsprechend symbolisches Kapital in Form von Männlichkeit. Je nach Höhe dieser Kapitalsorte, die sich an der Erfüllung bestimmter vermännlichter Gendernormen bemisst, werden die Männlichkeiten der Untersuchten folglich auf- oder abgewertet. Je mehr symbolisches Männlichkeitskapital die Beteiligten zugewiesen bekommen, umso geringer stellt sich entsprechend die Wahrscheinlichkeit ein, dass die Männlichkeiten geistig behinderter Männer eine 'Verletzung' erfahren und umgekehrt (vgl. Kap. 3.6.1, 4.2 u. 4.7.2).

Respektvolle/ missachtende soziale Umwelt – Anerkennung im 'So-Sein'

Dieser Aspekt ist im Hinblick auf das 'Verletzungsrisiko' von Männlichkeit einer der bedeutsamsten. In Kap. 3.8.1 wurde eingehend dargestellt, was die untersuchten Männer unter einem respektvollen Umgang verstehen. Insgesamt hat sich dort herausgestellt, dass die Männer von ihrer sozialen Umwelt (Assistenzkräfte, Angehörige und Freunde) hauptsächlich in ihrem 'So-Sein' akzeptiert und anerkannt werden möchten. Es geht den Männern demnach um die Anerkennung ihrer individuellen Identitätsäußerungen. Da Identität bzw. das individuelle 'So-Sein' immer auch als vergeschlechtlichte Identität zu verstehen ist, steigt respektive sinkt auch das Anerkennungsniveau von Männlichkeit mit der Höhe der Anerkennung der individuellen Lebensäußerungen.

(Nicht-)Markierung von geistiger Behinderung

Dieser Faktor steht in enger Verbindung mit dem Vorhergehenden. Ein respektvoller Umgang schließt entsprechend auch die Bildung einer nichtbehindernden sozialen Umwelt mit ein. Es geht demnach um eine Umwelt, die nicht durch diskursive, ästhetische oder tätigkeitsbezogene Verbehinderungsakte doing disability hervorbringt (vgl. Kap. 4.4.1 - 4.4.3). In einer solchen Umgebung werden Männer primär nicht als Behinderte markiert bzw. wahrgenommen und behandelt. Die Bedeutsamkeit der Nichtmarkierung von Behinderung bezogen auf Männlichkeit habe ich in Kap. 4.4.2 und besonders in Kap. 4.7.2 herausgearbeitet. Durch diesen Markierungsrahmen werden die männlichen Identitäten geistig Behinderter stabilisiert, da hierdurch prinzipiell die Möglichkeit entsteht, dass Männlichkeit in einen positiven Markierungsfokus vorrücken kann. Es spricht einiges dafür, dass behinderte Männer durch die Akzentuierung von Männlichkeit auch ihre Erfahrungen des 'Behindert-Werdens' kompensieren. Sie vereindeutigen sich folglich als Männer, um der fremdgesetzten Vereindeutigung Behinderte entgegenzutreten.

Durch die externe Markierung der Kategorie Mann und der Nichtmarkierung von Behinderung verringert sich entsprechend das 'Verletzungsrisiko' von Männlichkeit. Dies liegt daran, dass geistig behinderte Männer in erster Linie als Männer und nicht als Behinderte wahr- und ernstgenommen werden möchten. Demgegenüber kann von einer Steigerung des besagten 'Verletzungsrisikos' ausgegangen werden, wenn eher geistige Behinderung fremdreferentiell fokussiert wird. Dies ist verständlich, weil durch diesen Focus zugleich leistungsbezogene Defizite kenntlich gemacht werden. Da die Männlichkeiten geistig behinderter Männer meist leistungsorientiert ausgerichtet sind, werden durch die Offenlegung von Defiziten deren Männlichkeiten zugleich abgewertet.

Niedriger/ hoher Distinguierungsdruck in institutionalisierten Feldern der Behindertenhilfe

Im Hinblick auf Behinderung geht es hier um jene Bedingungen, welche doing disability wahrscheinlicher oder unwahrscheinlicher machen. Grundsätzlich geht es um die in Kap. 4.5.1 herausgearbeitete Korrelation zwischen Distinguierungsdruck und der Wahrscheinlichkeit von Verbehinderung. Dieser Aspekt ist deshalb bedeutsam, weil sich bezogen auf die bisher genannten Faktoren herausgestellt hat, wie nachteilig sich Erfahrungen des 'Behindert-Werdens' bzw. die Markierung von Behinderung in ästhetischer, tätigkeitsbezogener und diskursiver Form (vgl. Kap. 4.4.1 - 4.4.3) auf die männlichen Identitätsentwürfe geistig behinderter Männer auswirken können. Die in Kap. 4.5.1 dokumentierten Faktoren zur Senkung des Distinguierungsdrucks können somit zur Verminderung von Verbehinderungsakten und zugleich zur Verminderung des 'Verletzungsrisikos' von Männlichkeit beitragen. Eine Häufung von Faktoren, welche den Distinguierungsdruck steigern, führen hingegen zur Erhöhung der Wahrscheinlichkeit von Verbehinderungen, wodurch das 'Verletzungsrisiko' von Männlichkeit potentiell ansteigt.

Forschungsfrage 3: Welche heil- und sonderpädagogischen Implikationen lassen sich aus den Ergebnissen der Forschungsfragen 1 u. 2 ableiten?

An dieser Stelle werden nun einige Bedingungen aufgezeigt, auf deren Grundlage adäquate pädagogische Förder- und Unterstützungsangebote für geistig behinderte Männer initiiert werden könnten:

Maßnahmen auf der Mikroebene

Kommunikationsräume schaffen

Diesen Aspekt betreffend verweise ich auf die Behinderungserfahrungen und die daraus resultierenden Repräsentationen von Behinderung der untersuchten Männer. Durch deren Behinderungswissen werden Prozesse der Verbehinderung sichtbar. Indem die Betroffenen Behinderung durch emotionale Körpererfahrungen aneignen und Behinderung durch den Körper bzw. durch verkörperte Symbole externalisieren, wird sichtbar, ob und in welchen Lebenszusammenhängen sich Behinderte bevormundet, fremdbestimmt, unfrei, unselbstständig, diskeditiert und benachteiligt fühlen und wie dieses Erleben zustande gekommen ist (vgl. Kap. 3.3.1).

Demnach bestünde die Notwendigkeit, mit den Betroffenen über das Thema (geistige) Behinderung ins Gespräch zu kommen, um etwas über deren konkrete Probleme und Bedürfnisse erfahren zu können. Hierdurch bestünde entsprechend die Möglichkeit, unsichtbar gewordene Prozesse der Verbehinderung offenzulegen, an denen gegebenenfalls auch pädagogische Assistenzkräfte mit beteiligt sind oder waren. Die Auseinandersetzung mit dem Thema (geistige) Behinderung ist demnach nicht nur eine Bildungs- bzw. Bewältigungsaufgabe, der sich geistig Behinderte bereits ohne institutionalisierte Impulse ausgiebig widmen, sondern darüber hinaus eine Weiterbildungsaufgabe, welche den Multiplikatoren übertragen werden sollte.

Insgesamt betrachtet könnten aus den geschilderten Behinderungserfahrungen und darüber hinaus auch aus den Zukunftswünschen der Männer (vgl. Kap. 3.5.1 u. 3.7.1) pädagogische Arbeitsaufträge abgeleitet werden. Die subjektiven Sichtweisen dieser Männer fungieren demnach als Primärquellen zur Ermittlung angemessener Bedarfe. Dies gilt in besonderer Weise auch für die teils umfänglichen Selbstidealisierungen (vgl. Kap. 3.7.1). Nach meinem Dafürhalten wäre es sinnvoll, solche Idealisierungen grundsätzlich auch als Ausdruck eines noch nicht oder nur ansatzweise realisierten Wunsches und weniger als Hinweis auf eine leistungsbezogene übersteigerte Selbstwahrnehmung zu betrachten. Durch eine solche Herangehensweise wäre es möglich, Angebotsstrukturen zu schaffen, die mit den Präferenzen der Adressaten stärker konvergieren.

Ferner sollten kommunikative Begegnungsräume auch deshalb erschlossen werden, um den Männern positive Objektbeziehungserfahrungen zu ermöglichen. Grundsätzlich geht es hierbei um die Ermöglichung von Beziehungsarbeit, welche darauf abzielen sollte, einen vertrauensvollen Rahmen zu schaffen, in dem sich die Männer verstanden und gut aufgehoben fühlen. Es bedarf demnach pädagogischer Fachkräfte, die von den betroffenen Männern als Vertrauenspersonen wahrgenommen werden. Diese Einsicht resultiert aus den Erfahrungen während der Datenerhebung (vgl. Kap. 3.7.1). Bei der Beziehungsarbeit kommt insbesondere den männlichen Assistenzkräften eine besondere Verantwortung zu (vgl. Kap. 4.6), weil sich behinderte Männer in sekundären Milieukontexten vorzugsweise an diesen Personen orientieren (vgl. Kap. 3.4.1). Die Männer tun dies aus zwei Gründen. Zum einen suchen sie nach 'Gender-Sicherheit' im Hinblick auf bereits verinnerlichte Männlichkeitsaspekte. Ferner suchen sie allerdings auch nach 'Gender-Orientierung' bezogen auf noch nicht vorhandene oder noch unzureichend realisierte Aspekte ihrer männlichen Identität.

Bei der Erschließung kommunikativer Begegnungsräume wäre schließlich besonders darauf zu achten, auch auf Männer zuzugehen, die sich mitunter auf der Grundlage ihrer männlichen Genderkonzepte eher verschlossen zeigen. Es geht folglich um solche Männer, die sich deshalb nicht verbal mitteilen, weil sie ihre Männlichkeit durch die Abstinenz verbaler Sprache und Gefühlskontrolliertheit normativ abzusichern versuchen (vgl. ebd. u. Kap. 3.4.1).

Empowerment fördern

Wie sich gezeigt hat, verfügen die untersuchten Männer bereits über ein breites Spektrum an Strategien, die ihnen zur konstruktiven Bewältigung ihrer Lebenssituation zur Verfügung stehen (vgl. Kap. 3.3.1 u. 3.7.1). An diesen Kompetenzen gilt es unbedingt anzuknüpfen, um diese in pädagogische Handlungskonzepte mit einzugliedern.

Diese Vorgehensweise ist aus mindestens zwei Gründen voraussetzungsvoll. Zunächst wird hierdurch einer entmündigenden, defizitorientierten und paternalistisch akzentuierten Pädagogik entgegengewirkt. Die Männer werden demnach zuvorderst nicht als leistungsschwache, inkompetente und in erster Linie hilfsbedürftige Subjekte entworfen, sondern als Experten in eigener Sache. Durch letztere Konzeptualisierung könnte einer potentiellen Negation diverser Männlichkeitsaspekte entgegengewirkt werden, die geistig behinderte Männer für sich als bedeutsam erachten. Hierzu gehören hauptsächlich Selbstständigkeit (Unabhängigkeit) und Leistungsfähigkeit (unvermittelte Selbstwirksamkeit) (vgl. Kap. 3.4.1).

Durch die Förderung von Empowerment könnte den Männern das Gefühl vermitteln werden, als aktive Gestalter ihrer Lebensentwürfe wahrgenommen zu werden. Auch dieser Aspekt ist hinsichtlich Männlichkeit für die Untersuchten relevant, da sie Männlichkeit insgesamt gesehen mit der traditionalistischen Männlichkeitszuschreibung Aktivität in Verbindung bringen (vgl. Kap. 1.1.2). Diese Männlichkeitsnorm kann wiederum aus den leistungsakzentuierten Hervorbringungen von Männlichkeit abgeleitet werden (vgl. Kap. 3.4.1).

Schließlich könnte durch die Förderung von Empowerment jedoch auch ganz grundsätzlich ein Beitrag dahingehend geleistet werden, den Männern Anerkennung in Form von Respekt im Sinne von 'Ernstgenommen-Werden' bzw. Anerkennung im 'So-Sein' zuzueignen. Die hohe Relevanz dieser Anerkennungsform wurde im Besonderen in Kap. 3.8.1 evident.

Haltung des Respekts fördern

Anschließend an den letzten Abschnitt kann gefolgert werden, dass im Rahmen institutionalisierter Angebotsstrukturen innerhalb der Behindertenhilfe eine professionelle Haltung des Respekts etabliert oder weiter befördert werden sollte. Dies würde sicherlich mit dazu beitragen, der Herstellung sozialer Ungleichheit in Behinderteneinrichtungen entgegenzuwirken bzw. undoing disability zu befördern. In diesem Zusammenhang sollten pädagogische Assistenzkräfte ihre professionelle Haltung gegenüber den Assistenzempfängern auf der Grundlage der nachfolgenden Fragen reflektieren. Letztere lassen sich aus den in Kap. 3.8.1 ermittelten subjektiven Definitionen von Respekt der Befragten ableiten:

- Nehme ich den Lebensentwurf meines Gegenübers ernst?
- Bin ich offen für die individuellen Verhaltens- und Handlungsweisen des anderen?
- Bin ich bereit, selbige nicht gleich negativ zu bewerten und vielmehr als Ausdruck von Sinnhaftigkeit und Individualität zu verstehen?
- Bin ich bereit, mich mit den Lebensentwürfen und Gepflogenheiten Behinderter unvoreingenommen auseinanderzusetzen?
- Nehme ich die verbalen Äußerungen Behinderter ernst?
- Betrachte ich Behinderte als gleichberechtigte Gesprächspartner?
- Schaue ich mein Gegenüber an, wenn ich ihm etwas mitteile?
- Nehme ich behinderte Menschen ausschließlich als Behinderte wahr?
- Gehe ich achtsam mit den Ressourcen (Fähigkeiten und Fertigkeiten) besonders kompetenter Behinderter um?

Schaffung von Gender-Entlastungsräumen

Während der Untersuchung hat sich gezeigt, dass geistig behinderte Männer tendenziell von nichtbehinderten Assistenzkräften verbehindert worden sind (vgl. Kap. 4.4.3, 4.6.1 u. 4.6.1). Es sind jedoch auch soziale

Benachteiligungen zu konstatieren, die durch behinderte Männer initiiert wurden. Hierdurch kam es bei denjenigen behinderten Männern, welche innerhalb des Wettbewerbs um Kapital über weniger Macht und Anerkennung verfügten, zur Hervorbringung untergeordneter Männlichkeiten (vgl. Kap. 3.6.1). Demzufolge ist es geboten, Gender-Entlastungsräume bzw. 'Gender-Urlaub' in allen Lebensbereichen bzw. sozialen Kontexten zu schaffen, in denen behinderte Männer ihre sozialen Positionen bzw. Männlichkeiten aushandeln müssen. Es geht folglich um die Schaffung sozialer Refugien, in denen geistig behinderte Männer nicht permanent dem Druck ausgesetzt sind, den Männlichkeitsnormen bestimmter männlicher Bezugsgruppen zu entsprechen (vgl. Kap. 3.7.1). In der vorliegenden Arbeit konnte die Notwendigkeit dieses Erfordernisses im Besonderen für den Lebensbereich Arbeit (WfbM-Produktionssektor) herausgearbeitet werden. Zu diesen Schonräumen gehören jene Kommunikationsräume, die in Kap. 3.7.1 Erwähnung fanden. Dort haben Männer die Möglichkeit, offen in einem geschützten Rahmen ihre Probleme und Nöte zu artikulieren. Die Relevanz der Bearbeitung zurückliegender Diskreditierungen ist auch während der Durchführung des Forschungsvorhabens wiederholt offen zutage getreten. Gelegenheiten zum 'Gender-Urlaub' ergeben sich allerdings auch durch die Schaffung von sozialen Entlastungsräumen im Bereich der Erwerbsarbeit, in denen behinderte Männer nicht oder weniger intensiv mit anderen Männern oder männlichen Bezugsgruppen um Männlichkeitspositionen konkurrieren müssen. Dies ist dort der Fall, wo behinderte Männer entweder weniger dominant in Erscheinung treten oder die Möglichkeit haben, exponierte Einzelarbeitsplätze zu belegen. Schließlich gehören zu den undoing 'Gender-Räumen' aber vor allem private Rückzugsräume (vgl. ebd.).

Anerkennungsmöglichkeiten fördern

Die hohe Relevanz dieses Aspektes geht besonders aus Kap. 4.7.1 u. 4.7.2 hervor. In diesem Zusammenhang steht die Schaffung von Zueignungsmöglichkeiten der „Anerkennungsweise soziale Wertschätzung" (Honneth 1994, S.211) im Mittelpunkt. In Bezug auf diese Form der Wertschätzung ist es nach meinem Dafürhalten notwendig, darauf zu achten, welche Anerkennungsmedien und Anerkennungsgegenstände geistig behinderte Männer für sich favorisiert haben. Mit anderen Worten gilt es mitzudenken, in welcher Form bzw. 'Währung' sie soziale Wertschätzung bzw. symbolisches Kapital zuerkannt bekommen möchten und welchen Praxen und Praxisformen sie selbst prinzipiell ein Zueignungspotential von Anerkennung beimessen. Hierdurch kann aus meiner Sicht sichergestellt werden, dass der Fokus auf soziale Wertschätzungsaspekte gelenkt wird, die den Männern auch tatsächlich wichtig sind. Grundsätzlich hat sich im Kontext Behindertenwerkstatt gezeigt, dass die Männer in erster Linie Anerkennungsmedien in Form von Verantwortung für exponierte Tätigkeitsfelder übertragen bekommen möchten. Zusätzlich spielen jedoch auch leistungsbezogene verbale Belobigungen und Zertifizierungen durch nichtbehinderte Assistenzkräfte und die Übertragung der Mitgliedschaft eines vermännlichten Arbeitsfeldes für viele der untersuchten Männer eine tragende Rolle (vgl. Kap. 4.7.1). Geld hat hingegen nur für diejenigen Männer als Anerkennungsmedium eine Relevanz, die einen niedrigeren Behinderungsgrad und Assistenzbedarf aufweisen und sich selbst versorgen können und müssen (z.B. Wohnform: „Betreutes Wohnen“) (vgl. ebd.). Was die Anerkennungsgegenstände anbelangt, so hat sich eine deutliche Tendenz dahingehend abgezeichnet, dass die Männer kulturelles Kapital in Form leistungsbezogener Inszenierungen von doing masculinity für sich als besonders wichtig erachten. Mit anderen Worten betrachten viele geistig behinderte Männer Männlichkeitsinszenierungen in Form physisch-psychischer Leistungsdemonstrationen als Möglichkeit der Anerkennung (Anerkennungsmedium: autorisierte Männlichkeit) (vgl. Kap. 4.7.2). Da die Männlichkeiten der untersuchten Männer insgesamt leistungsorientiert ausgerichtet sind, sollten entsprechend Möglichkeiten geschaffen werden, dass sich diese Männer als leistungsfähig bzw. kompetent und unvermittelt selbstwirksam erleben können.

Maßnahmen auf der Mesoebene

Um die individuellen Bedürfnislagen geistig behinderter Männer adäquat aufgreifen zu können, ist es ebenfalls notwendig, einige Veränderungen auf der Professionalisierungsebene innerhalb der institutionalisierten Behindertenhilfe vorzunehmen:

„Gender-Kompetenz“[79] fördern

In Kap. 4.6.1 und 4.6.2 wurden insbesondere die doing gender-Inszenierungen bzw. männlichen Interaktionsformen männlicher Assistenzkräfte problematisiert. Nach meinem Dafürhalten sind diese nichtbehinderten Männer maßgeblich an der Produktion und Reproduktion problematischer männlicher Genderkonzepte behinderter Männer mit beteiligt. Obgleich ein eindeutiger Nachweis hierfür nicht erbracht und dieser Zusammenhang lediglich plausibilisiert werden konnte, spricht doch einiges dafür, dass die Männlichkeitsdarstellungen männlicher Assistenzkräfte (vgl. Kap. 4.6.1) die Darstellungspraxen von Männlichkeit behinderter Männer mit dispositioniert haben (vgl. Kap. 4.6.2). Diese Vermutung begründet sich insbesondere aus dem Tatbestand heraus, dass geistig behinderte Männer ihre Männlichkeiten hauptsächlich an den Männlichkeitskonzepten nichtbehinderter Männer orientierend und affirmierend ausrichten (vgl. Kap. 3.4.1 u. 3.4.2). Daraus kann für männliche Pädagogen in sonderpädagogischen Arbeitsfeldern die Notwendigkeit abgeleitet werden, dass diese Personengruppe ihre eigenen Männlichkeitskonzepte reflexiv und kritisch offenlegen müsste. Dies ist besonders bei denjenigen Assistenzkräften geboten, die äußerst autoritäre bzw. dominante Formen von Männlichkeit verinnerlicht und selbige in ihre pädagogischen Alltagspraxen hineintragen haben (vgl. Kap. 4.6.2).

Zur Initiation solcher Reflexionsprozesse wäre es zuvorderst notwendig, das pädagogische Personal über Fortbildungsprogramme dahingehend zu sensibilisieren, dass es sich sowohl bei geistiger Behinderung, als auch bezogen auf Geschlecht um soziale Gegenstände handelt. Diese Notwendigkeit lässt sich insbesondere daran aufzeigen, dass das nichtbehinderte Personal hauptsächlich essentialistische bzw. naturalistische Vorstellungen von Behinderung (vgl. z.B. Kap. 4.4.3) und Geschlecht verinnerlicht hat (vgl. Kap. 4.2.2 u. 4.6.2).

Psycho-soziale Entlastung nichtbehinderter Assistenzkräfte

In diesem Abschnitt berufe ich mich abermals auf die Korrelation zwischen Distinguierungsdruck und der Wahrscheinlichkeit von Verbehinderung (vgl. Kap. 4.5.1). In diesem Zusammenhang wurde deutlich, dass sich auch nichtbehinderte Assistenzkräfte mit Gefühlen der Beschämung auseinandersetzen müssen. Diese Gefühle werden durch gesellschaftliche Diskreditierungen hervorgerufen, die sich auf die pädagogische Behindertenarbeit bezieht (vgl. ebd.). Wie sich gezeigt hat, müssen diese Beschämungen allerdings nicht zwangsläufig zu einem negativen Selbstbild bei den Multiplikatoren und zu einer erhöhten Wahrscheinlichkeit führen, dass diese hierdurch doing disability hervorbringen. Es wurde deutlich, dass u.a. der Faktor zur Senkung des Distinguierungsdrucks „niedrige Bedeutungszumessung von Diskreditierungen“ seitens nichtbehinderter Mitarbeiter maßgeblich zur Senkung der Wahrscheinlichkeit von Verbehinderungen beitragen kann (vgl. Kap. 4.2). Es geht folglich um den reflexiven Umgang mit gesellschaftlichen Diskreditierungen seitens der Assistenzkräfte. An diesem Tatbestand kann abgeleitet werden, dass nichtbehinderte Mitarbeiter bei der Bewusstmachung verdrängter Kränkungen und der reflexiven Bearbeitung derselben unbedingt psycho-sozial unterstützt werden sollten. Demnach müsste psychologisch und sozialpädagogisch geschultes Personal bereitgestellt werden, welches sich im Sinne der Mitarbeitersorge den Nöten der Multiplikatoren annimmt. Hierdurch wäre ein erster Schritt getan, den narzisstischen Kränkungen einen reflexiven Raum zu geben. Zudem könnte hierdurch das den Kränkungen inhärente Verbehinderungspotential reduziert werden (vgl. ebd.).

Öffentlichkeitsarbeit fördern

Als weitere Maßnahme, die unmittelbar mit der gerade wiederholt angesprochenen Korrelation in Zusammenhang steht, wäre grundsätzlich dafür Sorge zu tragen, die Behindertenarbeit transparenter zu gestalten. Bezogen auf den WfbM-Bereich würde das bedeuten, die Produktionsarbeit in ihrer differenzierten Vielfalt nach außen öffentlichkeitswirksam darzustellen. Dies würde eventuell mit dazu beitragen, gesellschaftliche Vorurteile über dieses Arbeitsfeld abzubauen und die Wahrscheinlichkeit von Diskreditierungen zu vermindern (vgl. Kap. 4.2).

Die Darstellung der Produktionsarbeit, welche im Rahmen der institutionalisierten Behindertenhilfe vollzogen wird, käme jedoch nicht nur den nichtbehinderten Kräften entgegen, sondern auch behinderten Menschen. Geistig behinderte Männer und Frauen möchten nämlich im Hinblick auf ihr Tätigsein in einer WfbM gesellschaftlich wahrgenommen und anerkannt werden. Dieser Wunsch zeichnete sich daran ab, dass der Forscher von manchen behinderten Mitarbeitern u.a. als Botschafter bzw. Vermittler zwischen WfbM-Kontext und nichtbehinderter Öffentlichkeit beobachtet wurde. Der Forschungsprozess wurde seitens der behinderten Arbeitskräfte als Möglichkeit identifiziert ihre Arbeit in angemessener Weise nach außen darzustellen (vgl. ebd.).

Integrative Prozesse fördern und verbesondernde Strukturen auflösen

Über den zuletzt genannten Aspekt hinaus sollten vielmehr auch Bedingungen etabliert werden, welche eine Öffentlichkeitsarbeit in der gerade beschriebenen Form überflüssig machen. In Kap. 4.3 wurde die institutionalisierte Behindertenarbeit als ein gesellschaftlich unsichtbarer Bereich beschrieben. Insbesondere im Sinne von Inklusion sollten dementsprechend Strukturen geschaffen werden, welche mit dazu beitragen, dass die Arbeit mit und von behinderten Menschen ohne zusätzliche

Öffentlichkeitsarbeit sichtbar wird. Konsequent zu Ende gedacht bedeutet dies letztlich, die WfbM-Produktionsarbeit vollständig in den regulären Arbeitssektor zu überführen. Mit anderen Worten ginge es um die Schaffung unterstützender Rahmenbedingungen, die eine wirkliche Zusammenarbeit Nichtbehinderter und Behinderter in den Produktionsbetrieben des ersten Arbeitsmarktes befördern. Dies käme insbesondere, wie bereits mehrfach erwähnt, auch den Anerkennungspräferenzen mancher geistig behinderter Männer entgegen, die ihre Männlichkeit über eine reguläre Erwerbstätigkeit auf dem allgemeinen Arbeitsmarkt definieren.

5.2 Erkenntnisgewinn für die Heil- u. Sonderpädagogik

Lebensentwürfe als Grundlage zum Verstehen

Allgemein betrachtet gewährt die vorliegende Forschungsarbeit einen tiefen Einblick in die Lebenswelten einer bisher nur wenig bis gar nicht erforschten Zielgruppe (geistig behinderte Männer im Erwachsenenalter). Zum einen tragen die differenzierten Beschreibungen der Identitätsentwürfe dieser Männer bzw. der Blick durch eine 'männliche Gender-Brille' mit dazu bei, das Handeln dieser Personen besser verstehen zu können. Die Darstellung der männlichen Lebensentwürfe können zudem als 'Primärquellen' zur Ermittlung von Bedürfnislagen betrachtet werden. Demzufolge haben die Untersuchungsergebnisse eine Relevanz für die Heil- u. Sonderpädagogik.

Geistig behinderte Männer – eine heterogene Population

Trotz entdeckter Gemeinsamkeiten bilden geistig behinderte erwachsene Männer nach meinen Untersuchungsergebnissen insgesamt gesehen keine homogene Gruppenidentität. Demnach stimmt diese Feststellung unmittelbar mit jener überein, zu der Jerg für behinderte Jungen (vgl. 2010, S.202) und Gschwandtner / Jakob für Männer und Frauen ganz allgemein gelangt sind (vgl. 2011). Diesen Sachverhalt betreffend konnte durch meine milieusoziologische Herangehensweise ein Zusammenhang zwischen der Diversität des männlichen Habitus und sozialer Lebenslagen herausgearbeitet werden. Demzufolge kann meine Untersuchung als Fortsetzung der milieusoziologischen Forschungstätigkeit von

Meuser/ Behnke (1998), Meuser (2006) und Behnke (2000) gelesen werden. Während sich diese Autoren mit dem Zusammenhang soziale Lage und Männlichkeiten nichtbehinderter Männer auseinandergesetzt haben, habe ich diesen Zusammenhang für geistig behinderte Männer zu erschließen versucht. Da ich eher unscharfe Milieukategorien wie „Arbeitermilieu“ oder „bürgerliches Milieu“ vermeiden wollte, habe ich die soziale Lage der Probanden und deren Eltern durch einen Untersuchungsrahmen bestimmt, der sich an der Soziologie Bourdieus orientiert. In „Die feinen Unterschiede“ (1987) hat er ein Konzept des sozialen Raumes entwickelt und neben dem Kapitalvolumen einer Person zusätzlich deren Kapitalstruktur beobachtet (vgl. ebd. S.211-219). Bei der Bestimmung der sozialen Lage der untersuchten Stichprobe bin ich in ähnlicher Weise verfahren. Hierbei wurde insbesondere das Verhältnis zwischen ökonomischem und kulturellem Kapital betrachtet (zur näheren Milieubestimmung vgl. Abb.4 in Kap. 3.1).

Während der Beantwortung der ersten Forschungsfrage hat sich herausgestellt, dass die je unterschiedlichen Soziallagen einen Einfluss auf die Männlichkeitskonzepte geistig behinderter Männer haben. Demzufolge gilt für diese Männer entsprechend gleichermaßen jene Feststellung, zu der bereits Brandes im Hinblick auf nichtbehinderte Männer gelangt ist: Er kommt im Rahmen der Milieu- und Lebensstilforschung zu dem Ergebnis:

> „[…] dass unterschiedliche ökonomische und sozialstrukturelle Lebenslagen, Generationszugehörigkeit, Bildungsvoraussetzungen und unterschiedlich ausgeprägte traditionelle Bindungen zu differenzierten kulturellen Milieus innerhalb einer nationalen Kultur führen, die sich in qualitativ unterschiedlichen Deutungsmustern gegenüber allen möglichen Facetten des Realitätslebens und mithin auch des Erlebens von Geschlechtlichkeit und Geschlechterverhältnissen ausdrücken“ (2002, S.15).

Demnach bieten meine Untersuchungsergebnisse die Möglichkeit, dass geistig behinderte Männer innerhalb der Heil- und Sonderpädagogik milieusensibel beobachtet werden können. Diese Wahrnehmungsperspektive ist deshalb bedeutsam, weil ein differenziertes Spektrum an Darstellungsformen von Männlichkeit sichtbar wird. Mögliche stereotype Vorstellungen, die Männlichkeiten geistig behinderter Männer seien als unmännlich und ausschließlich somatisch akzentuiert zu betrachten, können hierdurch relativiert werden. Während der Beantwortung der ersten Forschungsfrage hat sich, wie weiter oben bereits erwähnt, herausgestellt, dass sich die Männlichkeiten geistig behinderter Männer nicht grundsätzlich von den Männlichkeiten nichtbehinderter Männer unterscheiden, die unter ähnlichen sozialen Bedingungen hergestellt worden sind. Diese Erkenntnis leistet nach meinem Dafürhalten einen Beitrag zur Entbesonderung bzw. Normalisierung der Männlichkeiten geistig behinderter Männer und liefert demnach ein weiteres Argument für die Förderung einer inklusiv akzentuierten Pädagogik. Letztere wurde bereits durch mehrere Diskussions- und Forschungsbeiträge der Jungenforschung innerhalb der Sonderpädagogik thematisiert (vgl. z.B. Sickinger 2007, Jerg 2008 u. 2010, Hoffmann 2011).

Die Männlichkeiten geistig behinderter Männer sind nicht zwangsläufig 'verletzte Männlichkeiten'

Eine weitere Einsicht besteht darin, dass Behinderungserfahrungen unter bestimmten Umständen nicht zwangsläufig einen negativen Einfluss auf die Identitätsentwürfe geistig behinderter Männer haben müssen (vgl. hierzu Antwort Forschungsfrage 2). Es wäre folglich grundsätzlich verfehlt, bezogen auf die Männlichkeiten geistig behinderter Männer generalisierend von 'verletzten', 'beschädigten' oder 'behinderten Männlichkeiten' zu sprechen. In diesem Punkt stimme ich nur bedingt mit Anke Langer überein, die für geistig behinderte Jungen zu dem Ergebnis gelangt, dass deren Männlichkeit trotz intensiver Kompensationsbemühungen und Zitation von Rollenstereotypien immer 'beschädigt' seien (vgl. 2009, S.245). Unter Rückbezug auf eine hegemonial männliche nichtbehinderte Norm mag dies aus fremdreferentieller Warte aus zutreffen, diese Einschätzung steht allerdings nicht mit dem Selbsterleben geistig behinderter Männer hinsichtlich ihrer Männlichkeit grundsätzlich überein. Insgesamt betrachtet nehmen sich die untersuchten Männer, wie bereits weiter oben besprochen, in selbstbewusster Weise als kompetent und männlich wahr (vgl. Kap. 3.3.1, 3.4.1, 3.7.1 u. 4.7.2). Auch diese Erkenntnis trägt zur Entdramatisierung und Normalisierung der Männlichkeiten geistig behinderter Männer bei.

Jürgen Budde hat marginalisierte Männlichkeit als Männlichkeit operationalisiert, in der Homosexualität dramatisiert wird (vgl. 2005, S.85-87). Im Rahmen meiner Arbeit habe ich marginalisierte Männlichkeit hingegen in einen Dramatisierungskontext von geistiger Behinderung gestellt. Die Entdramatisierung von Männlichkeit bei geistiger Behinderung geht demnach mit einer Entmarginalisierung einher. Diesen Gesichtspunkt betreffend wurde ferner deutlich, dass sich die Männer in sehr viel höherem Maße durch soziale Prozesse der Verbehinderung im Vollzug ihrer Praxen beeinträchtig fühlen, als durch ihre physisch-psychische Disposition. Die kognitive Disposition geistige Behinderung ist demnach für die gewählte Untersuchungsgruppe weitaus weniger relevant, als sich dies vermuten ließe. Zu dieser Einschätzung gelangen beispielsweise auch Kampmeier (vgl. 1997, S.240) und Shuttleworth (vgl. 2004, S. 166–178) hinsichtlich Körperbehinderung und Antor/ Bleidick (vgl. 2000, S.111) bezogen auf Behinderung allgemein. Dementsprechend können diese Erkenntnisse in eine formale Theorie überführt werden, die im Grunde für jede Behinderungsform zutrifft: Eine Behinderung (psychisch-physische Disposition) muss sich nicht zwangsläufig negativ auf die Identitätsentwicklung Behinderter auswirken. Dies gilt im Übrigen auch für die soziale Behinderungsebene (doing disability). Diskreditiereungen bzw. für Zuschreibungen von Stigma müssen nicht unbedingt zu einem negativen Selbstbild führen (vgl. Julius 2000, S.178).

Als mögliche Erklärung für letzteren Tatbestand konnte in Kap. 3.1.1 herausgearbeitet werden, dass hier vor allem eine soziale Umwelt förderlich ist, welche eine positive Einstellung in Bezug auf den Tatbestand geistige Behinderung verinnerlicht und ein der Realität angepasstes Enttäuschungsmangement etabliert hat und umgekehrt.

Geistig behinderte Männer setzten sich intensiv mit ihrer Behinderung auseinander und kompensieren selbige durch Männlichkeit

Weiter konnte eine dialektische Bewegung wechselseitiger sozialer Überformungsprozesse von geistiger Behinderung und Männlichkeit offengelegt werden. Geistige Behinderung (psychisch-physische Disposition und soziale Benachteiligung) wirken sich auf die Männlichkeitshervorbringungen mitunter auch nachteilig aus. Die Männer setzen sich mit diesem Umstand stellenweise sehr intensiv auseinander, was sich in Kap. 3.3 deutlich abgezeichnet hat. Durch eine selbstreflexive Auseinandersetzung mit dem Thema (geistige) Behinderung, gelangen die untersuchten Männer zu einem positiven, prozessualen oder negativen Behinderungsbegriff und entsprechend zu einem positiv oder negativ akzentuierten Selbsterleben. Folglich handelt es sich bei Behinderung nicht nur um einen Diskursgegenstand (vgl. Moser/ Sasse 2008) und ein soziostrukturelles Produkt (vgl. Markowetz 2000, S.139), sondern auch um ein Ergebnis eines selbstreflexiven Wahrnehmungsprozesses.

Ein weiteres Indiz für die intensive Auseinandersetzung mit dem Thema geistige Behinderung seitens der Männer, stellen allerdings auch die umfänglichen Kompensationsbemühungen hinsichtlich Behinderung der Betroffenen dar. In diesem Zusammenhang wird mittels Männlichkeit, die einer hegemonial männlichen Logik folgt, stellenweise geistige Behinderung (doing disability) überformt und bewältigt. Männlichkeit wird seitens geistig behinderter Männer folglich als Kompensationsmedium zur Bewältigung von Behinderungserfahrungen instrumentalisiert. Geistige Behinderung wird folglich entgegen der Einschätzung anderer Autoren (vgl. hierzu z.B. Saal 2002, S.43) von Behinderten nicht unbedingt als selbstverständlicher Tatbestand erlebt, andernfalls würde sich kein kompensatorisches Erfordernis manifestieren.

Der Kompensationsgedanke sollte allerdings andererseits nicht überbewertet werden, was in vorhergehenden Untersuchungen durchaus in Ansätzen der Fall ist (vgl. hierzu z.B. Hobrecht 1981, S.116; Sandfort 1993, S.49; Gerschick/ Miller 1993 u. Langer 2009, S. 245 u. 252). Nach meiner Einschätzung bemühen sich geistig behinderte Männer vor allem auch deshalb ihre Männlichkeiten in hegemonial männlicher Form auszurichten, um innerhalb ihrer männlichen Bezugsgruppen Anerkennung zu finden.

Behinderung ist kein beschwichtigendes Argument

Diesen Sachverhalt betreffend kann festgehalten werden, dass geistig behinderte Männer gleichermaßen wie nichtbehinderte Männer vor der Identitätsaufgabe stehen, sich in anerkannter Form als Männer darstellen zu müssen. Dies wird im Besonderen durch die Anstrengungen evident, welche diese Männer unternehmen, um von ihrem sozialen Umfeld als Männer anerkannt zu werden. Die Aufgabe der Männlichkeitsbewältigung (Mannsein) wird bezogen auf geistig behinderte Männer allerdings teilweise zusätzlich durch die Aufgabe der Bewältigung von Behinderung (Behindertsein) erschwert. Auf diesem Hintergrund kann konstatiert werden, dass geistig behinderte Männer trotz geistiger Behinderung (physisch-psychische Disposition) und 'Behindert-Werden' (soziale Disposition) dem gleichen männlichkeitsnormativen Anpassungsdruck ausgesetzt sind wie nichtbehinderte Männer. Behinderung wirkt demnach nicht als beschwichtigendes Argument. Geistig behinderte Männer sind folglich nicht durch ihre Behinderung von der Notwendigkeit befreit ihre Männlichkeiten an Männlichkeitsnormen auszurichten, welche in bestimmten Sozialkontexten gefordert werden. Besonders deutlich wird dies in gleichgeschlechtlichen WfbM-Kontexten wie der Metallwerkstatt oder dem Garten-Landschaftsbau. Damit setzt sich im Erwachsenenalter der gleiche Tatbestand fort, den Langer bei kognitiv beeinträchtigten Jugendlichen festgestellt hat. Sie kommt zu dem

Schluss, dass geistig behinderte Jugendliche auf der Grundlage ihrer Behinderung keine größere Freiheit im Hinblick auf die Erfüllung geschlechtlicher Rollenstandards haben (vgl. 2010, S.164). Diese Erkenntnis ist dahingehend relevant, weil selbige einen dringenden Handlungsbedarf auf der institutionellen Struktur- und Prozessebene der Behindertenhilfe aufzeigt. Demnach ginge es darum, verbehindernde Strukturen aufzudecken und zu beseitigen, die mitunter auch dazu führen, dass der von Jerg formulierte Widerspruch bezogen auf behinderte Jungen zwischen fehlender Bereitstellung von Ressourcen bei gleichzeitiger Erwartung der Erfüllung von männlichen Rollenanforderungen in Erscheinung tritt (vgl. 2010, S.200).

In diesem Zusammenhang leistet meine Forschungsarbeit auch einen Beitrag zur Aufdeckung verbehindernder Strukturen. Die Studie verweilt folglich nicht bei der bloßen Feststellung und Beschreibung diverser sozialer Benachteiligungsakte (doing disability). Vielmehr liefert sie zugleich Erklärungen dafür, wodurch doing disability performativ hervorgebracht wird und wie diese prozessuale Hervorbringung unterbunden oder reduziert werden kann. Die freigelegten Bedingungen zur Herstellung und Beseitigung von doing disability (Faktoren zur Steigerung oder Senkung des Distinguierungsdrucks) können demnach als Beitrag zur Reduktion psychischer Verletzungen bzw. Beschämungen in sonderpädagogischen Kontexten betrachtet werden (vgl. hierzu Kap. 4.5.1).

Zur fehlenden Notwendigkeit einer 'besonderen Pädagogik' für geistig behinderte Männer

Nimmt man alle bisher dargestellten Ergebnisse und Erkenntnisse zusammen, dann komme ich zu der Einsicht, dass für geistig behinderte Männer keine 'besondere Pädagogik' oder Bildungsarbeit etabliert werden muss. Demnach legen meine Untersuchungsergebnisse den gleichen Schluss nahe, zu dem Jerg zuvor im Hinblick auf körperbehinderte Jungen gelangt ist (vgl. 2010, S.199). Gleichwohl gilt es, mit geschärftem Blick die besonderen, teils bedenklichen Lebenslagen und Verteilungsverhältnisse von Kapitalressourcen dieser Männer wahrzunehmen. Unter diesem Blickwinkel gilt es grundsätzlich, Zugangsmöglichkeiten zu knappen Ressourcen (bzw. auch knapp gehaltenen Ressourcen - vgl. z.B. Kap. 4.4.2) wie Geld, Macht, Anerkennung und Bildung zu schaffen. Daran anschließend lässt sich ableiten, dass primär Bedingungen geschaffen werden müssten, um im Sinne einer entbesondernden Heil- und Sonderpädagogik Inklusion und soziale Teilhabe zu fördern.

Narrative Interviews trotz geistiger Behinderung - Erhebungsmethodischer Beitrag der Untersuchung

Bezüglich des gewählten Erhebungsinstruments biografisch narrativer Interviews wurde deutlich, dass mit Hilfe geringfügiger methodischer Modifikationen (vgl. Kap. 2.2.1) auch mit geistig behinderten Personen solche Interviews durchgeführt werden können. Demnach kann ich beispielsweise die positiven Erfahrungen bei der Durchführung narrativer Interviews mit geistig behinderten Personen von Hagen (2002) bestätigen. Entgegen dieser Erfahrungen werden die Äußerungen geistig behinderter Menschen von manchen Forschern als nicht authentisch bzw. wahrheitsgemäß betrachtet, was dazu führt, dass in vielen Fällen davon abgesehen wird, narrative Interviews durchzuführen (vgl. ebd. S.293f.). Ungeachtet dessen, dass sich in solchen pauschalisierenden Ansichten mehr die Vorbehalte oder Vorurteile mancher Forscher und weniger der Tatbestand widerspiegelt, dass geistig behinderte Menschen in ihren Äußerungen tatsächlich nicht ernst zu nehmen sind, halte ich den tatsächlichen Wahrheitsgehalt der Äußerungen geistig Behinderter im Zuge narrativer Interviews als eher vernachlässigbar. Lindmeier macht darauf aufmerksam, dass es sich bei den biografischen Erzählungen der Interviewten nur in seltenen Fällen um historische Wahrheiten handelt. Ihm zufolge können die Erzählinhalte der Interviewpartner als reinterpretierte und weniger als rehistorisierte Lebensgeschichte betrachtet werden. Demnach vollziehen die Befragten weniger eine rekonstruktive, sondern vielmehr eine konstruktive Erzählleistung (vgl. 2008, S.38; vgl. hierzu auch Petzold 1999, S.56). Wenn es darum geht, im Rahmen von Biografiearbeit herauszufinden, wie ein bestimmter historischer Erfahrungsinhalt auf dem Hintergrund einer je aktuellen Lebenssituation der Probanden neu konstruiert wird, dann spielt es nach meinem Dafürhalten nur eine eher untergeordnete Rolle, ob geistig behinderte Personen tatsächlich erlebte Geschichte rekapitulieren. Wesentlich bedeutsamer ist das 'Wie' der konstruierten Erinnerung, weil daraus Rückschlüsse auf die gegenwärtige Lebenssituation und das aktuelle Erleben gezogen werden können, die auch für zukünftige Entwicklungen relevant sein können.

An dieser Stelle möchte ich zum Erkenntnisgewinn für die Theoriebildung überleiten, die aus meinen Untersuchungsergebnissen abgeleitet werden können. In diesem Zusammenhang werde ich mich nochmals mit dem Konzept der hegemonialen Männlichkeit von Connell auseinandersetzen. Die nachfolgende Reflexion und theoretische Differenzierung dieses Modells dient auch dazu, einige forschungspraktische Entscheidungen, welche der Dissertation zugrunde gelegt wurden, theoretisch weiter zu fundieren.

5.3 Erkenntnisgewinn für die Theoriebildung

Differenzierungsvorschlag hinsichtlich des Konzeptes der hegemonialen Männlichkeit

In der vorliegenden Untersuchung wurde bei der Beobachtung der Männlichkeiten geistig behinderter Männer auf den gesamten von Connell benannten Kategorierahmen zurückgegriffen. Demnach wurde in gleicher Weise verfahren wie bei Budde, der sämtliche von Connell beschriebene Männlichkeitskategorien auf männliche Jugendliche im Gymnasium übertragen hat. Sowohl bei Budde, als auch im Rahmen meiner Forschung wird in der Rückschau allerdings ein Problem sichtbar. Die Übertragung der Kategorie hegemoniale Männlichkeit auf geistig behinderte Männer (bzw. bei Budde auf männliche jugendliche Gymnasiasten) entbehrt im Grunde jedweder Grundlage. Weder geistig behinderte erwachsene Männer, noch Jugendliche männlichen Geschlechts können hegemoniale Männlichkeit tatsächlich generieren, weil ihnen hierfür die notwendigen Ressourcen fehlen. Gleichwohl wurden im Rahmen der Operationalisierung von hegemonialer Männlichkeit wesentliche Ordnungsmuster zur Grundlage genommen, die sich an einer hegemonial männlichen Handlungsmatrix orientieren, um bei geistig behinderten Männern auch hegemonial männliche Interaktionsanteile sichtbar machen zu können (vgl. Kap. 2.2.4). Mittels dieser Vorgehensweise wurden männlich codierte Interaktionsmuster benannt, die aus forschungspraktischer Sicht einen guten Zugang ermöglichten, auch hegemoniale Männlichkeit empirisch erfassen zu können. Dennoch steht eine weitere theoretische Vermittlung dahingehend noch aus, wie (nicht-)hegemoniale Männlichkeit bezogen auf geistig behinderte Männer genauer gefasst werden kann. Bevor ich meine theoretischen Überlegungen zur Abhilfe dieser Unzulänglichkeit darlege, seien die wesentlichen Grundpfeiler des Konzeptes der hegemonialen Männlichkeit kurz rekapituliert:

Hegemoniale Männlichkeit konstituiert sich auf der Grundlage symbolischer Gewalt (vgl. Krais 1993, S.232f.) und wird durch Komplizenschaft von Männern und Frauen abgesichert (vgl. May 2007, S.42; Connell 2006, S.99-102). Nach Connell markiert hegemoniale Männlichkeit den obersten Referenzpunkt innerhalb der Hierarchie unterschiedlicher Interaktionsmuster von Männlichkeit. Diejenigen Männer, welche hegemoniale Männlichkeit legitim repräsentieren, verfügen relativ zu den übrigen nichthegemonial männlichen Männern über sehr viel mehr Kapitalressourcen. Diese gesellschaftliche Elite setzt sich aus einer sehr geringen Zahl an Männern zusammen (vgl. Connell 2006, S.100 u. Meuser 2009, S.169), die vorzugsweise in prominenten Führungspositionen innerhalb der Felder Wirtschaft, Politik und Militär vertreten sind (vgl. Connell 2006, S.98). (Nicht-)hegemoniale Männlichkeit realisiert sich somit vor allem durch die Stellung männlicher Subjekte relativ zur Sphäre der Produktion (Erwerbsarbeit).

In seiner theoretischen Erweiterung wird das Konzept der hegemonialen Männlichkeit als generatives Prinzip beschrieben (vgl. Meuser 2006, S.123), dass sich auf ein aktuell gesellschaftlich akzeptiertes „Männlichkeitsideal" stützt (Meuser/ Scholz 2005, S.213). Demnach ist hegemoniale Männlichkeit eine idealtypische Orientierungsmatrix zur Herstellung von Männlichkeit.

An letzteren Sachverhalt anknüpfend, können die Männlichkeitspraxen geistig behinderter Männer durchaus hegemonial männlich akzentuiert sein, wenngleich sie auch hegemoniale Männlichkeitsnormen nicht wirklich erfüllen. Wie sich gezeigt hat, stellen geistig behinderte Männer realiter vielmehr marginalisierte (vgl. hierzu auch Jerg 2010, S. 195), komplizenhafte und untergeordnete Männlichkeit her. Wenn in dieser Arbeit also davon gesprochen wurde, die Männer hätten hegemoniale Männlichkeit hervorgebracht, dann diente dies lediglich der Kenntlichmachung, dass sich manche Männer hegemonial männlicher Interaktionsmuster bedient haben, um sich von jenen Männern zu unterscheiden, bei denen dies nicht der Fall war. Objektiv auf dem Hintergrund der Erfüllung einer hegemonial männlichen Norm, können solche hegemonial männlichen Hervorbringungen von Männlichkeit allerdings lediglich als komplizenhafte Männlichkeit verstanden werden.

Wie kann das Konzept der hegemonialen Männlichkeit nun weiter ausdifferenziert werden, um die Männlichkeiten geistig behinderter Männer auf einer theoretischen Ebene noch genauer beschreiben zu können? In diesem Zusammenhang möchte ich die Normalismustheorie von Link erneut aufgreifen. Auf der Grundlage dieser Theorie kann hegemoniale Männlichkeit mit einer protonormalistischen und nichthegemoniale Männlichkeiten (marginalisierte, untergeordnete und komplizenhafte Männlichkeit) mit einer flexibelnormalistischen Bewegung assoziiert werden. Diesen Gedanken betreffend, sei zunächst eine Grafik eingefügt, die ich gleich näher erläutern werde[80]:

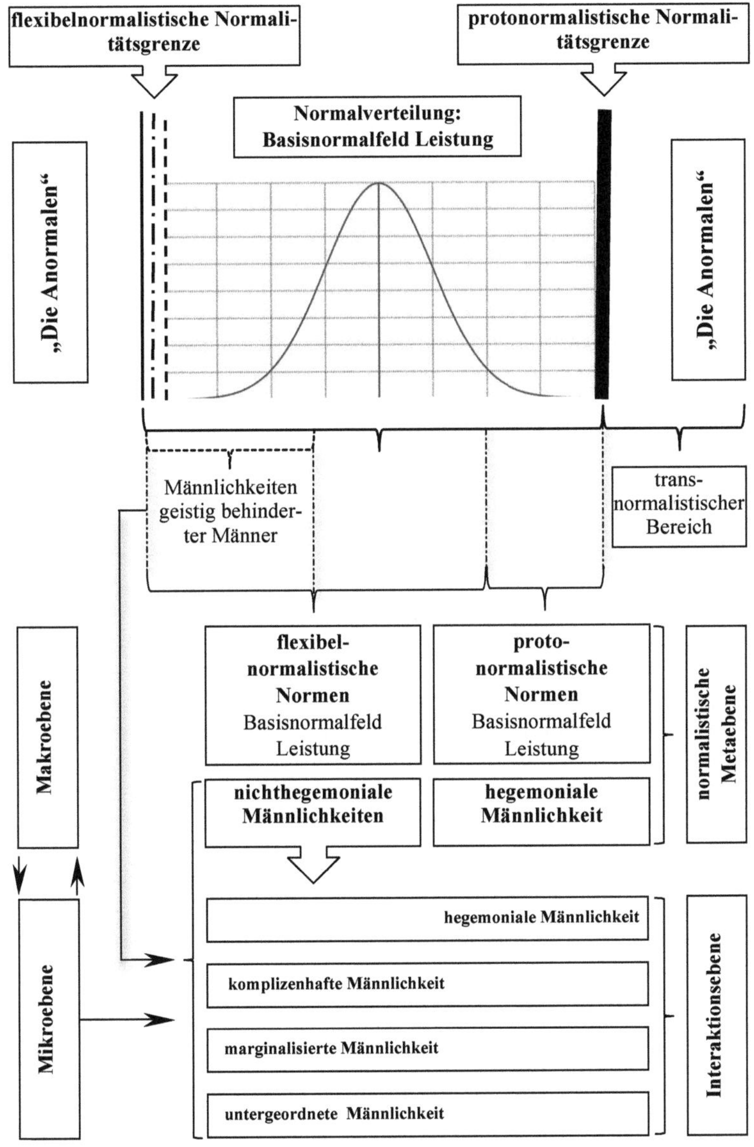

Abb.11: Das Konzept der hegemonialen Männlichkeit auf dem Hintergrund von flexibel- u. protonormalistischen Normen.

Wie sich im Verlauf meiner Untersuchung herausgestellt hat, ist das Basisnormalfeld Leistung für die Männlichkeiten geistig behinderter Männer in gleicher Weise von großer Relevanz wie für die Männlichkeiten nichtbehinderter Männer. Dieses Normalfeld ist nicht nur hinsichtlich Männlichkeit von elementarer Bedeutung. Schildmann betrachtet selbiges auch für die soziale Kategorie Behinderung als zentral (vgl. 2004, S.20). Unter Rückbezug auf das vorliegende Schaubild, bildet die Normalverteilungskurve das Normalitätsspektrum des Basisnormalfeldes Leistung hinsichtlich (geistige) Behinderung/ Nichtbehinderung (im Besonderen intellektuelle Leistungsfähigkeit) und (nicht-)hegemoniale Männlichkeit ab. Im rechten Randbereich der leistungsbezogenen Normalverteilung ist hegemoniale Männlichkeit mit ihrer protonormalistischen Normalitätsgrenze bzw. „Stigmagrenze“ (Link 1997, S.349) zu verorten. Die nichthegemonialen Männlichkeiten, die von der überwiegenden Mehrzahl aller Männer hervorgebracht werden (vgl. Connell, S.100), sind hingegen innerhalb eines flexibelnormalistischen Normalitätsspektrums verankert.[81] Letzteres weist an seiner äußersten linken Flanke eine flexibelnormalistische Normalitätsgrenze auf. Männer, die keine hegemoniale Männlichkeit generieren, sind dann innerhalb der Grenzen eines flexibelnormalistischen Normalitätsbereichs zu lokalisieren, selbst wenn sie ihre Männlichkeitskonstruktionen lediglich an hegemonialer Männlichkeit bzw. protonormalistischen Normen ausrichten. Dies gilt vor allem für Männer, die komplizenhafte Männlichkeiten konstruieren (vgl. hierzu Kap. 3.6.1). Diese Männer folgen einer hegemonial männlichen Logik in abgeschwächter Form, weil sie sich „[...] nicht den Spannungen und Risiken an der vordersten Frontlinie des Patriarchats aussetzen“ (Connell 2006, S.100). Aus dieser Sachlage heraus können auch manche geistig behinderte Männer u.a. als komplizenhafte und hegemoniale Männlichkeit hervorbringende Männer beobachtet werden. Dies legen die identifizierten Männlichkeitsinszenierungen geistig behinderter Männer nahe, welche tendenziell auch eine Affinität zu protonormalistischen hegemonial männlichen Normen aufweisen.

Neben den normalistischen Normalitätszonen nennt Link zusätzlich noch den transnormalistischen Normalitätsbereich. Letzteren charakterisiert er als eine Art unbestimmten „Schwebezustand“ an den Grenzen des Flexibelnormalismus (1997, S.33). Der „Transnormalismus“ (Lingenauber 2008) ist entsprechend außerhalb von Proto- und Flexibilitätsnormalismus angesiedelt. Wie in der Grafik dargestellt, befindet sich der transnormalistische Normalitätsbereich in einer Zone der „Anormalität“ (Link 1997, S. 349), weil selbiger nicht in ein System von proto- u.

flexibelnormalistischen Diskursstrategien eingebettet ist. Transnormalistische Normen sind meiner Ansicht nach von besonderer Bedeutung, wenn es um eine mögliche Verschiebung bzw. Umstrukturierung des Diskurses hinsichtlich (geistige) Behinderung und Männlichkeit geht. Durch transnormalistische Diskurse wären entsprechend soziale Normen denkbar, welche die meist fraglos gegebene Zweigeschlechtlichkeit oder die Unterscheidung behindert/ nichtbehindert in Frage stellen würden. Transnormalistische Normen wären demnach beispielsweise auch eine Grundlage dahingehend, dass völlig neue Konzepte hinsichtlich Männlichkeit denkbar wären, die sich weder auf protonormalistische noch auf flexibelnormalistische Normen stützen. Diese Normen befinden sich demzufolge nicht in einem Bereich des uns bisher bekannten symbolischen Rahmens von Männlichkeit und beziehen sich auf soziale Phänomene, die (noch) außerhalb 'normaler' Diskurse zu verorten sind.

Allgemein betrachtet sind protonormalistische Männlichkeitsnormen eher als ideale Richtschnur bzw. Orientierungsfolie bei der Hervorbringung anerkannter Männlichkeiten, denn als Maß zu betrachten, dass es in der Praxis tatsächliche einzuhalten gilt. Die Regel ist vielmehr die Erfüllung flexibelnormalistischer Normen, die sich in breiten Übergangszonen um einen gesellschaftlich festgelegten Mittelwert bewegen. Wäre die Erfüllung protonormalistischer männlicher Normen für die Anerkennung von Männlichkeit tatsächlich ausschlaggebend, dann hätte dies zwangsläufig zur Folge, dass die überwiegende Mehrheit behinderter und nichtbehinderter Männer keine Anerkennung hinsichtlich ihrer Männlichkeiten erfahren könnten. Innerhalb und um eine solche flexibelnormalistische Übergangszone herum, sind die Männlichkeiten geistig behinderter Männer zu verorten. Dieser Bereich ist in Abb.11 durch eine gestrichelte Klammer gekennzeichnet. Auf der Grundlage einer hegemonial männlichen protonormalistischen Norm (Makroebene) können diese Männer als Männer beobachtet werden, die flexibelnormalistische hegemoniale, komplizenhafte, marginalisierte oder untergeordnete Männlichkeiten real herstellen.

Praxisbezug des vorgelegten Differenzierungsvorschlags am Beispiel geistig behinderter Männer:

Anhand dieses Modells kann veranschaulicht werden, welchen normalistischen Referenzrahmen die Männer bei der Herstellung ihrer Männlichkeiten zitieren und welche Männlichkeit sie je aktuell tatsächlich hervorbringen.

Im Kontext WfbM können geistig behinderte Männer beispielsweise durch ihren Behinderten- und WfbM-Mitarbeiterstatus relativ zur Ebene normalistischer Normen objektiv betrachtet nur Männlichkeiten generiert, die mit flexibelnormalistischen Normen übereinstimmen. Gleichwohl haben manche Männer beispielsweise in der Metallwerkstatt auf der Grundlage physischer Leistungsfähigkeit und ihr dominantes Auftreten gegenüber anderen Männern, auch protonormalistische Normen favorisiert, so dass diese tendenziell auch als hegemonial männlich agierend beobachtet werden konnten. Demzufolge wäre eine solche Männlichkeit objektiv als **flexibelnormalistische hegemoniale Männlichkeit** zu bezeichnen. Die erste Zuschreibung ist hier auf den normalistischen Normhintergrund bezogen, der von den Männern tatsächlich erfüllt wird. Die zweite Attribution bezieht sich hingegen auf hegemonial männlich protonormalistisch verfasste Männlichkeitsnormen, auf welche die Männer zitierend Bezug nehmen, ohne jedoch die Ansprüche einer legitimen hegemonialen Männlichkeit zu erfüllen. Beide Zuschreibungen erfolgen entsprechend auf dem Hintergrund einer normanalytisch **normalistischen Metaebene** von Männlichkeit (Makroebene).

Bezogen auf eine **flexibelnormalistische komplizenhafte Männlichkeit**, zitieren die Männer hingegen gleichermaßen wie im Fall der flexibelnormalistischen hegemonialen Männlichkeit zwar protonormalistische Normen, nur mit dem Unterschied, dass die Akzentuierung dieser Normen bei diesen Männern sehr viel geringer ausfällt. Diese Männer sind entsprechend der vorgenommenen Operationalisierung von komplizenhafter Männlichkeit bei der Realisierung ihrer Ziele auf Kooperation und Aushandlung angewiesen. Zudem handeln selbige meist im Auftrag von Männern, die eine höhere Machtposition einnehmen und flexibelnormalistische hegemoniale Männlichkeit generieren (vgl. Kap. 2.2.4).

Andere Männer entsprechen hingegen objektiv weder den protonormalistischen Normmaßstäben (erste Zuschreibungsebene), noch haben sie protonormalistisch verfasste Normen hegemonialer Männlichkeit als Referenzrahmen wiederholt (zweite Zuschreibungsebene). Diese Männer haben demnach **flexibelnormalistische nichthegemoniale** (also marginalisierte oder untergeordnete) **Männlichkeiten** hervorgebracht.

Auf der Grundlage dieses Modells wären auch ganz andere Männlichkeitsbeobachtungen (respektive Weiblichkeitsbeobachtungen) denkbar, die sich bei manchen nichtbehinderten Männern und Frauen beobachten lassen: Als Beispiel sei hier eine **protonormalistische hegemoniale Männlichkeit** (bzw. **„hegemoniale Weiblichkeit"** Scholz 2010 - Hervorh. M.Z.) genannt. Hierzu könnten beispielsweise die

Männlichkeiten und Weiblichkeiten hochrangiger Funktionsträgerinnen und Funktionsträger in Politik, Wirtschaft und Militär gerechnet werden, die in diesen Kontexten tatsächlich protonormalistische Normen erfüllen und somit den Ansprüchen einer hegemonialen Männlichkeit (bzw. Weiblichkeit) genügen.

Abschließend möchte ich die gerade dargestellte Analyse-Bezugsebene von Männlichkeit in ein von Connell, Kontos und May vorgelegtes Analyseraster einordnen. Connell hat Männlichkeit auf drei Ebenen untersucht:

- „*Machtbeziehungen*": Männer untereinander und Männer gegenüber Frauen
- „*Produktionsbeziehungen*": Arbeitsteilung unter den Geschlechtern/ Ungleichverteilung von Kapitalien zwischen Männern und Frauen [zu ergänzen wären hier die Ungleichverteilung unterschiedlicher Kapitalien zwischen Männern untereinander– M.Z.]
- „Emotionale *Bindungsstruktur*": Sexuelles Begehren (homo- hetero- bisexuell). Hinsichtlich Männlichkeit ist hier die Dominanz der Heteronormativität von besonderer Bedeutung (vgl. 2006, S.94f. - Hervorh. i. Orig.).

Auch Kontos und May haben deutlich gemacht, dass Zwecks einer differenzierten Betrachtung von Männlichkeit mehrere Ebenen unterschieden werden sollten:

> Sie schlagen vor, „[...] bei der Untersuchung von hegemonialen Geschlechterverhältnissen doch zwischen 1. struktureller, 2. normativ kultureller und 3. kommunikativ handlungsbezogener Ebene zu differenzieren, wohl wissend, dass diese Ebenen durchaus miteinander vermittelt sind" (2008, S.8).

Diese Ebenen stehen im Grunde eng mit den von Connell benannten Analyseebenen in Verbindung: Die kommunikativ handlungsbezogene Ebene bezieht sich u.a. auf intime Beziehungsverhältnisse (vgl. ebd.), bei Connell emotionale Bindungsstruktur (vgl. 2006, S.94). Daneben steht die strukturelle Ebene bei Kontos und May für die geschlechtliche Arbeitsteilung (vgl. 2008, S.8), Connell nennt diese Ebene Produktionsbeziehungen (vgl. 2006, S.95). Die von Connell benannte Ebene Machtbeziehungen (vgl. ebd.) kann ebenfalls der kommunikativ handlungsbezogenen Ebene zugeordnet werden, während die normativ kulturelle Ebene als Metaebene zu betrachten ist, die sämtliche Ebenen durchdringt. Letztere Ebene, habe ich als normanalytische **normalistische**

Metaebene von Männlichkeit bezeichnet. Selbige wurde weiter oben im Speziellen auf der Basis normalistischer Normen hinsichtlich (nicht-)hegemonialer Männlichkeit weiter ausdifferenziert und mit den von Connell benannten Interaktionstypen von Männlichkeit vermittelt. Die auf einer Mikroebene liegende **Interaktionsebene** (vgl. Abb.11) kann im Grunde der kommunikativ handlungsbezogenen Ebene zugerechnet werden. Je nach Akzentuierung sind die Interaktionsbeziehungen durch die von Connell benannten Aspekte Produktionsbeziehungen, Machtbeziehungen und emotionale Bindungsstruktur bestimmt.

Nach meinem Dafürhalten haben sich diese Aspekte in meiner Untersuchung gut abgezeichnet. In vielen Fällen haben die Männer ihr symbolisches Kapital (Männlichkeit) untereinander teils äußerst engagiert ausgehandelt (vgl. hierzu z.B. Kap. 3.6). Dort standen Machtbeziehungen im Mittelpunkt. In anderen Fällen ging es um Männlichkeit unter dem Gesichtspunkt Produktionsbeziehungen. In diesem Zusammenhang standen die geschlechtlichen Arbeitsteilungsverhältnisse und das soziale Positionsgefüge unter behinderten Männern und zwischen behinderten Männern und Frauen im Mittelpunkt. Schließlich konnten viele Interaktionen im Einflussbereich heterosexuellen Begehrens (emotionale Bindungsstruktur) verortet werden, welche zur Autorisierung von Männlichkeit instrumentalisiert wurden.

5.4 Ausblick

Durch diese Forschungsarbeit konnte der Gegenstand Männlichkeit bei geistiger Behinderung an vielen Stellen lediglich für weitere Untersuchungen geöffnet werden. An dieser Feststellung anschließend, möchte ich einige Fragen formulieren, mit denen sich eine zukünftige Männlichkeitsforschung befassen sollte.

Für meine Untersuchung habe ich Männer im (jungen) Erwachsenenalter ausgewählt, die einen leichten bis mittleren Behinderungsgrad aufwiesen. Folglich wurde es möglich, Aussagen zu den Männlichkeiten dieses Stichprobenausschnittes vornehmen zu können. Demnach bezog sich die Studie auf eine Lebensphasephase, die Laslett als „Zweites Alter“ (1995, S.35) bezeichnet. Im Rahmen dieses Alters stehen Themen wie Unabhängigkeit, Reife und die Übernahme von Verantwortung im Mittelpunkt (vgl. ebd.). Wie verhält es sich hingegen mit den Männlichkeiten von geistig behinderten Männern, die sich in einem Lebensabschitt realisieren, den Laslett als „Drittes Alter“ (ebd.) bezeichnet, einer

Lebensphase also nach Ausscheiden aus der Erwerbsarbeitsleben zwischen dem 60ten und 80ten Lebensjahr (vgl. Amrhein 2011, S.6)?

Zudem wäre es interessant zu erfahren, wie es um die Männlichkeiten von schwerstmehrfach-behinderten Männern bestellt ist? Hat Männlichkeit für diese Männer überhaupt eine Relevanz? Wenn ja, wie sehen die Männlichkeitskonzepte dieser Männer aus, die unter noch schwierigeren physisch-psychischen und sozialen Bedingungen hervorgebracht werden?

Der Aufmerksamkeit müsste demzufolge auf Männer gelenkt werden, die noch weitreichenderen Einschränkungen unterliegen und sich zudem womöglich nicht in verbaler Sprache äußern können. Letzteren Sachverhalt betreffend wäre es unabdingbar, die Rolle des Körpers bei der Herstellung von geistiger Behinderung und Männlichkeit noch dezidierter zu untersuchen. Ich habe mich an vielen Stellen, insbesondere während den teilnehmenden Beobachtungen, zwar ebenfalls mit der körperlichen Dimension des männlichen Habitus befasst, dennoch lag der Schwerpunkt der Untersuchung vielfach eher auf den verbalen Äußerungsanteilen der Männer. Durch eine noch stärkere Berücksichtigung des Körpers würden sich womöglich noch tiefere Einblicke in die männlichen Lebenswelten geistig behinderter Männer ergeben, da sich ein großer Teil des männlichen Habitus verbaler Sprache eher entzieht.

Der vorliegenden Forschungsarbeit lag eine intersektionelle Perspektive zugrunde, aus der primär Geschlecht (Männlichkeit), geistige Behinderung und soziale Lage in den Blick genommen wurden. In diesem Zusammenhang wäre es notwendig, die Männlichkeiten behinderter Männer auch mit anderen Achsen sozialer Ungleichheit in Beziehung zu setzen. Wie hängen beispielsweise geistige Behinderung und Männlichkeit mit ethnischer Herkunft oder Religionszugehörigkeit zusammen und welche weiteren heil- u. sonderpädagogischen Implikationen ließen sich daraus ableiten?

Darüber hinaus wäre es notwendig die Männlichkeiten geistig behinderter Männer auch außerhalb der institutionalisierten Behindertenhilfe näher zu betrachten. Mit welchen Benachteiligungen und Problemen sind diese Männer dort konkret konfrontiert? Welche Bedürfnislagen können bei diesen Männern aufgedeckt werden? Eine solche Forschungsperspektive halte ich auch insbesondere auf dem Hintergrund einer aktuell sukzessiv fortschreitenden Deinstitutionalisierung und Regionalisierung innerhalb der Behindertenhilfe und nicht zuletzt aus Gründen der Fortschreitung von Inklusion für bedeutsam. In diesem Zusammenhang wäre es zudem interessant, die Männlichkeiten bei geistiger Behinderung auch in den Lebensbereichen Wohnen und Freizeit zu beobachten, was durch meinen Fokus auf den Bereich Behindertenwerkstatt nur teilweise geschehen ist. Wie stellen sich entsprechend die Männlichkeiten in diesen Kontexten dar? Weisen Letztere signifikante Unterschiede gegenüber den erwerbsarbeitsspezifischen Männlichkeiten auf? Welche Erfordernisse lassen sich aus solchen Betrachtungen ableiten? Einen solchen Forschungsschwerpunkt halte ich auch auf dem Hintergrund eines nach wie vor überrepräsentierten Fokus auf den sonderschulischen Bereich für angezeigt.

Forschungsbedarf sehe ich auch hinsichtlich der Wahrnehmung geistig behinderter Männer aus Sicht der Professionellen. Wie wirken sich deren Sichtweisen konkret in heil- und sonderpädagogischen Handlungskontexten auf geistig behinderte Männer aus? An welchen Stellen lassen sich Ungerechtigkeiten entdecken, welche auf die Kategorie Gender zurückzuführen sind? Dieser Themenkomplex konnte durch meine Untersuchung lediglich angeschnitten werden. Ich erinnere in diesem Zusammenhang an die Interaktionstypen von Männlichkeit nichtbehinderter Mitarbeiter (vgl. Kap. 4.6.1).

Schließlich wäre eine evaluative Untersuchung im Hinblick auf die handlungspraxisbezogenen Ergebnisse dieser Arbeit bedeutsam (vgl. hierzu die Ergebnisse zur dritten Forschungsfrage, S.294-302). Viele der von mir formulierten Maßnahmen auf Meso- und Mikroebene wurden auf der Grundlage des vorliegenden Datenmaterials lediglich plausibilisiert. Daraus ergibt sich allerdings das Problem, dass die angeführten Maßnahmen grundsätzlich auch einer spekulativen Bewegung folgen. Obgleich viele gute Gründe für bestimmte Handlungspraxen oder strukturelle Veränderungen bezogen auf geistig behinderter Männer sprechen, so bleiben diese Vorschläge dennoch ohne empirisch belastbare Grundlage. Demnach stellt sich die Frage, wie sich diese Maßnahmen konkret zur Realität verhalten. Jedwede Vorgehensweise sollte demnach mit validierten methodisch abgesicherten Erfahrungsinhalten angereichert werden.

Literaturverzeichnis

Adorno, Th.-W (2006): Theorie der Halbbildung. 1. Aufl. Frankfurt a.M.: Suhrkamp Verlag.

Amrhein, L. (2011): „Jeder will alt werden, aber niemand alt sein“ Die gesellschaftliche Konstruktion des hohen Alters und ihre gerontologische und soziologische Rekonstruktion. „Hochaltrigkeit in der Gesellschaft des langen Lebens“ - Frühjahrstagung der DGS-Sektion Alter(n) und Gesellschaft in Berlin am 20./21. Mai 2011. Online verfügbar unter http://www.sektion-altern.de/shareddocs/presentations/2011.Amrhein _gerontol_soziolog_Konstruktion.pdf, zuletzt geprüft am 12.08.2015

Anderson, M. (1992): Preface. In Race, class and gender. Unter Mitarbeit von P. H. u. a. CollinssINS. Belmont: Wadsworth.

Antor, G. (2000): Behindertenpädagogik als angewandte Ethik. Unter Mitarbeit von U. Bleidick. Stuttgart.

Arnade, S. (1991): Doppelt diskriminiert. Zur Situation behinderter Frauen. In: *Blätter der Wohlfahrtspflege: Deutsche Zeitschrift für Sozialarbeit* (2), S. 50–51.

Arnade, S. (2000): Schlusslicht auf dem Arbeitsmarkt. Die berufliche Situation behinderter Frauen. Online verfügbar unter http://bidok.uibk.ac.at/ library/imp15-00-frauen.rtf.html, zuletzt geprüft am 31.12.2013.

Austin, J. L. (1962): How to do things with words. The William James Lectures delivered at Harvard University in 1955. Second Edition. Edited by J. O. Urmson and Marina Sbisa. 2. Auflage. Oxford, New York: Oxford University Press.

Austin, J. L. (1972): Zur Theorie der Sprechakte (How to do things with words). Unter Mitarbeit von Eike von [Bearb.] Savigny. Stuttgart: Reclam.

Barthes, R. (2000): Der Tod des Autors. In: F. Jannidis (Hg.): Texte zur Theorie der Autorschaft. Stuttgart (Erstveröffentlichung 1967).

Becker, M. (1995): Sexuelle Gewalt gegen Mädchen mit geistiger Behinderung. Heidelberg.

Behnke, C. (2000): ‚Und es war immer, immer der Mann'. Deutungsmuster von Mannsein und Männlichkeit im Milieuvergleich. In: H./ King V. Bosse (Hg.): Männlichkeitsentwürfe. Wandlungen und Widerstände im Geschlechterverhältnis. Frankfurt a.M., New York: Campus Verlag, S. 124–138.

Bergen, D.J./ Williams J.E (1991): Sex stereotypes in the United States revisted. 1972-1988. In: *Sex Roles* ,24, S. 413–423.

Bernard, C./ Schlaffer E. (1995): Wer sozialisiert die Jungen? Biografische Brüche und der Zwang zur Männlichkeit. In: M. u.a Blum (Hg.): Mannsbilder, Entwicklung und Umbruch männlicher Identität. Freiburg, S. 70–87.

Bleidick, U. (1972): Pädagogik der Behinderten. Grundzüge einer Theorie der Erziehung behinderter Kinder und Jugendlicher. Berlin: Marhold.

Bleidick, U. (1998): Einführung in die Behindertenpädagogik. I:Allgemeine Theorie der Behindertenpädagogik. Unter Mitarbeit von U. Hagemeister. 6. Aufl. Stuttgart: Kohlhammer (Band 1).

Blickhäuser, A. / von Bargen, H. (2006): Mehr Qualität durch Gender-Kompetenz. Ein Wegweiser für Training und Beratung in Gender Mainstreaming. Königstein (Taunus), Herausgegeben von der Heinrich-Böll-Stiftung.

Böhnisch, L. (2004): Männliche Sozialisation. Eine Einführung. Weinheim/München,: Juventa.

Bohn, C. (1991): Habitus und Kontext. Ein kritischer Beitrag zur Sozialtheorie Bourdieus. Mit einem Vorwort von Alois Hahn. Opladen: Westdeutscher-Verlag GmbH.

Bohnsack, R. (1991): Rekonstruktive Sozialforschung. Opladen.

Bourdieu, P. (1979): Entwurf einer Theorie der Praxis. auf der ethnologischen Grundlagen der kabylischen Gesellschaft. Übersetzt von Cordula von Pialoux und Bernd Schwibs. 1. Auflage. Frankfurt a.M.: Surkamp Verlag Frankfurt.

Bourdieu, P. (1985): Sozialer Raum und >Klassen<. Lecon sur la lecon. Zwei Vorlesungen. übers. von Bernd Schwibs. Frankfurt a.M.

Bourdieu, P. (1987): Die feinen Unterschiede. Kritik der gesellschaftlichen Urteilskraft. 1. Aufl. Frankfurt a.M.: Suhrkamp Verlag.

Bourdieu, P. (1993): Sozialer Sinn. Kritik der theoretischen Vernunft. 1. Aufl. Frankfurt a.M.: Surkamp Verlag Frankfurt.

Bourdieu, P. (1997): Die männliche Herrschaft. In: Ein alltägliches Spiel. Geschlecherkonstruktion in der sozialen Praxis. Unter Mitarbeit von I./ Krais B. Dölling. Frankfurt a.M., S. 153–217.

Bourdieu, P. (1997a): Die verborgenen Mechanismen der Macht. Schriften zu Politik & Kultur 1. Herausgegeben von Margareta Steinbrücke. Aus dem Französischen von Jürgen Boler unter Mitabeit von Ulrike Nordmann u.a. 2. Auflage. Hamburg: VSA -Verlag (1).

Bourdieu, P. (2005): Die männliche Herrschaft. Frankfurt a.M.: Suhrkamp Verlag.

Brandes, H. (Hg.) (1996): Handbuch Männerarbeit. Unter Mitarbeit von H. Bullinger. Weinheim: Beltz Verlag.

Brandes, H. (2001): Der männliche Habitus. Band 1: Männer unter sich; Männergruppen und männliche Identitäten. 2 Bände. Opladen: Leske+Budrich (1).

Brandes, H. (2002): Der männliche Habitus. Band 2: Männerforschung und Männerpolitik. 2 Bände. Opladen: Leske+Budrich (2).

Bublitz, H. (2001): Diskurs und Habitus als zentrale Kategorien der Konstitution gesellschaftlicher Normalität. Uni-Paderborn. Paderborn. Online verfügbar unter http://www.uni-paderborn.de /fileadmin/kw/ Institute/Soziologie/ Personal/Bublitz/Habitus.pdf, zuletzt geprüft am 17.03.2010.

Bublitz, H. (2003): Diskurs und Habitus. Zentrale Kategorien der Herstellung gesellschaftlicher Normalität. In: J. Link (Hg.): >Normalität< im Diskursnetz soziologischer Begriffe. Unter Mitarbeit von T. Loer und Neuendorff

H. Heidelberg: Synchron Wissenschaftsverlag der Autoren (DISKURSIVITÄTEN Literatur. Kultur. Medien. Herausgegeben von Klaus-Michael Bogdal, Alexander Honold, Rolf Parr, Band 3), S. 151–181.

Butler, J. (1990): "Performative Acts and Gender Constitution: An Essay in Phenomenology and Feminist Theory". In: S. -E Case (Hg.): Performing Feminism. Feminist Critical theory and Theatre. Baltimore: The Johns Hopkins University Press, S. S. 270-282.

Butler, J. (1991): Das Unbehagen der Geschlechter. 1. Auflage. Frankfurt a.M.: Surkamp Verlag Frankfurt.

Butler, J. (1997): Körper von Gewicht. Die diskursiven Grenzen des Geschlechts. Frankfurt a.M.: Surkamp Verlag Frankfurt.

Butler, J. (1998): Hass spricht. Zur Politik des Performativen. Berlin.

Chamberlain A. (1984): Issues in fertility control for mentally retarded female adolescents. I. Sexual activity, sexual abuse, and contraception. In: *Pediatrics* 73 (4), S. 445–450.

Chrenshaw, K. (1991): Mapping the margins: Intersectionality, identity politics, and violence against women of colour. In: *Stanford Law Review* (43 (6):), S. 1241–1299.

Cloerkes, G. (1979): Einstellungen und Verhalten gegenüber Körperbehinderten. Eine Bestandsaufnahme der Ergebnisse internationaler Forschung. Berlin: Marhold.

Connell, R. (2006): Der gemachte Mann. Konstruktion und Krise von Männlichkeiten. 3. Aufl. Wiesbaden: VS Verlag für Sozialwissenschaften/ GWV Fachverlage GmbH.

Coogan, P. (2007): The definition of the Superhero. In: W. Haslem (Hg.): Super/ Heroes. From Hercules to Superman. Unter Mitarbeit von A. u.a Ndalianis. Washington, S. 21–36.

Diekmann, A. (2005): Empirische Sozialforschung, Grundlagen, Methoden, Anwendungen. Reinbeck bei Hamburg: Rowolt Taschenbuch Verlag GmbH.

DIMDI (2009): DIMDI-ICD-10-GM Version 2009. Online verfügbar unter www.dimdi.de/static/de/klassi/diagnosen/icd10/htlmgm2009/block-F70-F79/html, zuletzt geprüft am 12.05.2009 15.40 Uhr.

Dittmar, N. (2002): Transkription. Ein Leitfaden mit Aufgaben für Studenten, Forscher und Laien. Opladen: VS Verlag für Sozialwissenschaften/ GWV Fachverlage GmbH.

Dölling, I. (2005): ‚Geschlechter-Wissen' - ein nützlicher Begriff für die ‚verstehende' Analyse von Vergeschlechtlichungsprozessen? In: *Zeitschrift für Frauenforschung & Geschlechterstudien* 23 (1 + 2), S. 44–62.

Döge, P. (2004): Vom Geschlecht zur Differenz. Politikwissenschaft im Zeichen von Diversity. In: P. Döge (Hg.): Schaustelle Gender. Aktuelle Beiträge sozialwissenschaftlicher Geschlechterforschung. Unter Mitarbeit von G. Schambach K. Kassner. Bielefeld: kleiner Verlag, S. 61–83. Online verfügbar unter http://denkraumgestaltung.aim-ste.de/fileadmin/PDF/ Publikationen/Vielfalt/Politik_und_Differenz.pdf, zuletzt geprüft am 01.01.2014.

Dörner, K. (1994): Wir verstehen die Geschichte der Moderne nur mit den Behinderten vollständig. In: *Leviathan - Zeitschrift für Sozialwissenschaften*, S. 367–390.

Eberwein, H. (1975): Lernbehinderung - eine negativ sanktionierte Normabweichung. In: *Zeitschrift für Heilpädagogik* 26 (2), S. 68–75.

Eckes, T. (1997): Geschlechterstereotype. Frau und Mann in sozialpsychologischer Sicht. Pfaffenweiler: CENTAURUS - Verlagsgesellschaft.

Exner, K. (1997): Deformierte Identität behinderter Männer und deren emanzipatorischen Überwindung. In: B. Warzecha (Hg.): Geschlechterdifferenz in der Sonderpädagogik. Forschung – Praxis – Perspektiven. Hambug: LIT VERLAG Hamburg, S. 67–87. Online verfügbar unter http://bidok.uibk.ac.at/library/Exner-deformiert.rtf.html, zuletzt geprüft am 04.04.2010.

Faulstich-Wieland, H. (2004): Doing Gender im heutigen Schulalltag. empirische Studien zur sozialen Konstruktion von Geschlecht in schulischen Interaktionen. Unter Mitarbeit von K. Willems u.a M. Weber. Weinheim: Juventa-Verlag.

Fenstermaker, S (2001): ‚DOING DIFFERENCE' REVISITED. Probleme, Aussichten und der Dialog in der Geschlechterforschung. Sahra Fenstermaker und Candace West. Unter Mitarbeit von C. West . In: B. Heintz (Hg.): Geschlechtersoziologie. Wiesbaden: Westdeutscher-Verlag GmbH (Sonderband 41), S. 236–249.

Feuser, G. (1981): Beiträge zu Geistigbehindertenpädagogik. Solms-Oberbiel

Feuser, G. (1996): "Geistigbehinderte gibt es nicht!". Zum Verhältnis von Menschenbild und Integration. Referat am 11. Österreichischen Symposium für die Integration behinderter Menschen "Es ist normal, verschieden zu sein". "Tafie - Tiroler Arbeitskreis für integrative Erziehung" in Zusammenarbeit mit der "Tiroler Vereinigung zugunsten behinderter Kinder" und dem "Institut für Erziehungswissenschaften der Universität Innsbruck". Innsbruck, 1996.
Online verfügbar unter URL: http://bidok.uibk.ac.at/library/feuser-geistigbehinderte.html, zuletzt geprüft am 15.11.2008Uhr).

Feuser, G. (1998): Gemeinsames Lernen am gemeinsamen Gegenstand. Didaktisches Fundamentum einer Allgemeinen (integrativen) Diadaktik. In: A/ Schnell I. Hildeschmidt (Hg.): Integrationspädagogik: Auf dem Weg zu einer Schule für alle. Weinheim, München,

Filipp, S.-H./ Schmidt K. (1998): Mittleres und höheres Erwachsenenalter. In: R. Oerter (Hg.): Entwicklungspsychologie. Ein Lehrbuch. Unter Mitarbeit von L. Montada. 4. Aufl. Weinheim: Belz - Psychologie Verlags Union, S. 439–486.

Flaake, K. (2006): Geschlechterverhältnisse - Adoleszenz - Schule. Männlichkeits- und Weiblichkeitsinszenierungen als Rahmenbedingungen für pädagogische Praxis. In: *Zeitschrift für Frauenforschung & Geschlechterstudien* 24 (1), S. 3–13.

Fischer-Rosenthal, W/ Rosenthal G. (1997): Warum Biographieanalyse und wie man sie macht. In: *Zeitschrift für Sozialforschung und Erziehungssoziologie* 17, S. 405–427.

Flick, U. (1995): Qualitative Forschung. Theorie, Methoden, Anwendung in Psychologie und Sozialwissenschaften. Reinbeck bei Hamburg: Rowohlt.

Flick, U. (2007): Qualitative Sozialforschung. Eine Einführung. Hambug: Rowolt Taschenbuch Verlag GmbH.

Fornefeld, B. (2000): Einführung in die Geistigbehindertenpädagogik. 1. Aufl. München, Basel: Reinhard Verlag.

Foucault, M. (2006): Die Geburt der Biopolitik. Geschichte der Gouvernementalität II. 1. Auflage. Frankfurt a.M.: Surkamp Verlag Frankfurt.

Foucault, M. (1973): Die Geburt der Klinik: Eine Archäologie des ärztlichen Blicks. München: Hanser.

Foucault, M. (1974 - Erstveröffentlichung 1966): Die Ordnung der Dinge. Eine Archäologie der Humanwissenschaften. 1. Auflage. Frankfurt a.M.: Surkamp Verlag Frankfurt.

Foucault, M. (1974a): Die Ordnung des Diskurses. Inauguralvorlesung am Collge de France - 2. Dezember 1970 Aus dem Französischen von Walter Seitter. Herausgegeben von Wolf Lepenies und Henning Ritter. München: Carl Hanser Verlag (Hansa Anthropologie).

Foucault, M. (1977): Überwachen und Strafen. Die Geburt des Gefängnisses. 1. Auflage. Frankfurt a.M.: Surkamp Verlag Frankfurt.

Foucault, M. (1978): Recht der Souveränität/Mechanismus der Disziplin. Vorlesung vom 14. Januar 1976. In: M. Foucault (Hg.): Dispositive der Macht. Michel Foucault über Sexualität, Wissen und Wahrheit. Berlin: Merve Verlag GmbH, S. 75–95.

Foucault, M. (1981): Archäologie des Wissens. 1. Auflage: Surkamp Verlag Frankfurt.

Foucault, M. (1983): Der Wille zum Wissen. Sexualität und Wahrheit 1. 1. Auflage. Frankfurt a.M.: Surkamp Verlag Frankfurt (Erster Band).

Foucault, M. (1994): Warum ich Macht untersuche: Die Frage des Subjekts. In: H. L. Dreyfus (Hg.): Michel Foucault Jenseits von Strukturalismus. Mit einem Nachwort von und einem Interview mit Michel Foucault. Unter Mitarbeit von P. Rabinow. 2. Aufl. Weinheim: Beltz Athenäum, S. 243-??

Foucault, M. (2000): Die >>Gouvernementalität. In: U. Bröckling (Hg.): Gouvernementalität der Gegenwart. Studien zur Ökonomisierung des sozialen. Unter Mitarbeit von S. Krasmann und T. Lemke. 1. Auflage. Frankfurt a.M.: Surkamp Verlag Frankfurt, S. 41–67.

Foucault, M. (2003): Was ist ein Autor?. In: M. Foucault (Hg.): Schriften zur Literatur. Frankfurt a.M. (Entstanden 1969).

Foucault, M. (2005): Analytik der Macht. 1. Auflage. Frankfurt a.M.: Surkamp Verlag Frankfurt.

Frevert, U. (2000): Männer(T)Räume. Die allgemeine Wehrpflicht und ihre geschlechtergeschichtlichen Implikationen. In: *Österreichische Zeitschrift für Geschichtswissenschaften* 11 (3), S. 111–123.

Freud, S. (1969): Vorlesungen zur Einführung in die Psychoanalyse. Frankfurt am Main: Fischer Verlag.

Friebertshäuser, B. (1997): Feldforschung und teilnehmende Beobachtung. In: B. Friebertshäuser (Hg.): Handbuch Qualitative Forschungsmethoden in der Erziehungswissenschaft. Unter Mitarbeit von Prengel A. Weinheim, München, S. 503–534.

Friske, A. (1995): Als Frau geistig behindert sein. Ansätze zu frauenorientiertem heilpädagogischen Handeln. München/ Basel.

Garfinkel, H. (1967): Studies in Ethnomethodology. Englewood Cliffs.

Gennep, A. (2005): Übergangsriten. Aus dem Franz. von Klaus Schomburg und Sylvia M.Schon. 3. Aufl. Frankfurt a.M., New York: Campus Verlag.

Gerschick, T.J /. Miller A.S (1993): Coming to terms. masculinity and physical disability. American Sociological Association Annual Meeting. Miamai.

Gildemeister, R./ Wetterer A. (1992): Wie Geschlechter gemacht werden. Die soziale Konstruktion der Zweigeschlechtlichkeit und ihre Reifizierung in der Frauenforschung. In: G. Knapp (Hg.): Traditionen Brüche. Unter Mitarbeit von A. Wetterer. Freiburg, S. 201–254.

Glaser, B. /Strauss A. (1974): Interaktion mit Sterbenden. Beobachtungen für Ärzte, Schwestern, Seelsorger und Angehörige. Göttingen: Vandenhoeck & Ruprecht.

Glaser, B. /Strauss A. (1998): Grounded Theory. Strategien qualitativer Forschung. 2. Aufl. Bern: Huber.

Goffman, E. (1977): Rahmen-Analyse. Ein Versuch über die Organisation von Alltagserfahrungen. Erving Goffman. Übers. von Hermann Vetter. Frankfurt a.M.: Suhrkamp Verlag.

Goffman, E. (1994): Interaktion und Geschlecht. Frankfurt a.M.: Campus Verlag.

Goffman, E. (1996): Über Feldforschung. In: H. Knoblauch (Hg.): Kommunikative Lebenswelten. Zur Ethnographie einer geschwätzigen Gesellschaft. Konstanz: UVK Verlagsgesellschaft mbH, S. 261–269.

Goffman, E. (2010): Stigma: Über Techniken der Bewältigung beschädigter Identität. Frankfurt a.M.: Suhrkamp Verlag.

Göhlich, M. (2001): Performative Äußerungen. John L. Austins Begriff als Instrument erziehungswissenschaftlicher Forschung. In: C. Wulf (Hg.): Grundlagen des Performativen. Einführung in die Zusammenhänge von Sprache, Macht und Handeln. Unter Mitarbeit von M. Göhlich und J. Zirfas. Weinheim/ München,: Juventa, S.25–46.

Gschwandtner, H./ Jakob A. (2011): Gender Mainstreaming als wesentlicher Aspekt einer inklusiven Pädagogik. In: *Zeitschrift für Inklusion* (1). Online verfügbar unter http://www.inklusion-online.net/index.php/ inklusion-online/article/view/103/103, zuletzt geprüft am 02.01.2014.

Hähner, U. (1997): Von der Verwahrung über die Förderung zur Selbstbestimmung. Fragmente zur geschichtlichen Entwicklung der Arbeit mit "geistig behinderten Menschen" seit 1945. In: U. Hähner (Hg.): Vom Betreuer zum Begleiter. Eine Neuorientierung unter dem Paradigma der Selbstbestimmung, Marburg, S. 25–52.

Hagemann-White, C. (1988): „Wir werden nicht zweigeschlechtlich geboren…“. In: M. Rerrich (Hg.): FrauenMännerBilder – Männer und Männlichkeit in der feministischen Diskussion. Bielefeld.
Hagen, J. (2002): Zur Befragung von Menschen mit einer geistigen oder mehrfachen Behinderung. In: *Geistige Behinderung* (4/02), S. 293–306.
Hausen, K. (1976): Die Polarisierung der „Geschlechtscharakltere“ - Eine Spiegelung der Dissoziation von Erwerbs- und Familienleben. In: W. Conze (Hg.): Sozialgeschichte der Neuzeit Europas. Stuttgart: Ernst Klett Verlag.
Hark, S. (1999): Deviante Subjekte. Normalisierung und Subjektformu. In: W. Mertens H. Sohn (Hg.): Normalität und Abweichung: Studien zur Theorie und Geschichte der Normalisierungsgesellschaft. Opladen, Wiesbaden, S. 65-84.
Heartney, E. (2002): Postmoderne. Ostfildern-Ruit: Hatje Cantz Verlag (Kunst basics).
Heilmann, A. (2007): Work in Progress: „Mein Chef ist schwul … was tun?“ – Normalisierung offen homosexueller Männlichkeit. Konzeptionelle Vorüberlegungen für eine Medien- und Deutungsmusteranalyse der Outings von homosexuellen Spitzenpolitikern. 5. Fachtagung 13-15. Dezember 2007. Arbeitskreises für interdisziplinäre Männer- und Geschlechterforschung - Kultur-,Geschichts- und Sozialwissenschaften (AIM Gender). Stuttgart-Hohenheim, 2007. Online verfügbar unter http://www.sowi.hu-berlin.de/de/lehrbereiche/sag/pdf/heilmann_diss/at_download/file - zuletzt geprüft am 04.06.2015.
Helfferich, C. (1994): Jugend, Körper und Geschlecht und Selbstvertrauen. Die Suche nach sexueller Identität. Opladen.
Hildenbrand, B. (2005): Anselm Strauss. In: U./ Kardorff E. Flick (Hg.): Qualitative Forschung. Ein Handbuch. Unter Mitarbeit von I. Steinke. Hambug: Rowolt Taschenbuch Verlag GmbH, S. 32–42.
Hinz, A. (2002): Von der Integration zur Inklusion - terminologisches Spiel oder konzeptionelle Weiterentwicklung? In: *Zeitschrift für Heilpädagogik* (9).
Hinz, A. (2007): Inklusion - Vision oder Realität. Herausforderungen in Deutschland und Praxis in Kanada. In: D. Katzenbach (Hg.): Vielfalt braucht Struktur. Heterogenität als Herausforderung für die Unterrichts- und Schulentwicklung. Frankfurt a.M.: Hergestellt: Books on Demand GmbH (Frankfurter Beiträge zur Erziehungswissenschaft Reihe Kolloquien), S. 81–98.
Hirschauer, S. (1993): Die soziale Konstruktion der Transsexualität. Über die Medizin und den Geschlechtswechsel. Frankfurt a.M.
Hirschauer, S. (1994): Die soziale Fortpflanzung der Zweigeschlechtlichkeit. In: *Kölner Zeitschrift für Soziologie und Sozialpsychologie* 46, S. 668–692.
Hirschauer, S. (Hg.) (1997): Die Befremdung der eigenen Kultur. Zur ethnographischen Herausforderung soziologischer Empirie. Frankfurt a.M.
Hirschauer, S. (2001): Das Vergessen des Geschlechts. Zur Praxeokogie einer Kategorie sozialer Ordnung. In: B. Heintz (Hg.): Geschlechtersoziologie, Bd. 41. Wiesbaden: Westdeutscher-Verlag GmbH (Sonderband 41), S. 208–235.

Hobrecht, J. (1981): Du kannst mir nicht in die Augen sehen. Berlin, Jossa: März Verlag.

Hofbauer, J./ Pastner U. (2000): Der diskrete Charme der Diskriminierung. Ästhetisierung von Frauenarbeit als unscheinbare Form der Missachtung. In: U. Holtgrewe (Hg.): Anerkennung und Arbeit. Unter Mitarbeit von S. Voswinkel und G. Wagner. Konstanz, S. S. 219-246.

Hoffmann, I. (2006): >>Gute<< Jungs kommen an die Macht, >>böse<< in die Sonderschule. Bedingungen der Entstehung und Verstärkung von Lernproblemen und Verhaltensauffälligkeiten männlicher Kinder und Jugendlicher. Saarbrücken: CONTE Verlag.

Hoffmann, I. (2011): Inklusion - auch für "böse" Jungs? In: *Zeitschrift für Inklusion* Nr.1. Online verfügbar unter http://www.inklusion-online.net/index.php/inklusion/rt/printerFriendly/95/97, zuletzt geprüft am 26.05.2013.

Hollstein, W. (2007): Männlichkeit als Macht und Ohnmacht. Ambivalenzen der männlichen Rolle. In: W. Hollstein (Hg.): Soziale Arbeit mit Jungen und Männern. Unter Mitarbeit von Matzner M. München: Reinhard Verlag, S. 31–46.

Homfeldt, H.G (2005): Riskierte Körper - kann Erlebnispädagogik helfen. In: H.G Homfeldt (Hg.): Sozialer Brennpunkt Körper. Körpertheoretische und praktische Grundlagen. Hohengehren: Schneider-Verl., S. 238–248.

Honegger, C. (1991): Die Ordnung der Geschlechter. Die Wissenschaft vom Menschen und das Weib 1750-1850. Frankfurt a.M./ New York: Campus Verlag.

Honneth, A. (1994): Kampf um Anerkennung. Zur moralischen Grammatik sozialer Konflikte. Mit einem neuen Nachwort. 1. Aufl. Frankfurt a.M.: Surkamp Verlag Frankfurt.

Hüther, G. (2009): Männer: das schwache Geschlecht und sein Gehirn. Göttingen: Vandenhoeck & Ruprecht.

Jäger, S. (2001): Dispositiv. In: M. S. Kleiner (Hg.): Michel Foucault. Eine Einführung in sein Denken. Frankfurt a.M./ New York: Campus Verlag, S. 72–89.

Jantzen, W. (1987): Allgemeine Behindertenpädagogik. Band 1 Sozialwissenschaftliche und psychologische Grundlagen. 2 Bände. Weinheim, Basel: Beltz Verlag (1).

Jantzen, W. (1990): Behinderung. In: H.-J Sandkühler (Hg.): Europäische Enzyklopädie zu Philosophie und Wissenschaft. Hamburg: Felix Meiner, S. 369–371.

Jerg, J. (2006): „Gleichheit ohne Angleichung"- VIELFALT und DIFFERENZ statt Normalität und Behinderung. Basistext VII aus der Reihe: Jo Jerg, Gunter Neubauer, Harald Sickinger:Basistexte zur inklusionsorientiert Jungenpädagogik. Online verfügbar unter www.pfunzkerle.de/bodyzone.htm. Stand 1. Okttober 2006.

Jerg, J. (2006): Inklusion – Vom Integrationsgedanken zum Inklusionsverständnis. Basistext I aus der Reihe: Jo Jerg, Gunter Neubauer, Harald Sickinger:

Basistexte zur inklusionsorientierten Jungenpädagogik. Online verfügbar unter www.pfunzkerle.de/bodyzone.htm. Stand: 1. Oktober 2006.

Jerg, J. (2008): Jungenarbeit angemessen. Berichte Anregungen, Materialien und Erkenntnisse aus einem Projekt für Jungen mit und ohne Behinderungserfahrungen. Reutlingen: Diakonie Verlag.

Jerg, J. (2010): Bo(d)yzone - Jungen mit Behinderungserfahrungen. Konstruktion von Geschlecht und Behinderung im Jungenalltag. In: J./ Köbsell S. Jacob (Hg.): Gendering Disability. Intersektionale Aspekte von Behinderung und Geschlecht. Bielefeld: Transcript Verlag (Studien interdisziplinärere Geschlechterforschung, 7), S. 185–206.

Julius, M. (2000): Identität und Selbstkonzept von Menschen mit geistiger Behinderung. In: BEHINDERTENPÄDAGOGIK 39 (2), S. S.175-194.

Kampmeier, A.S (1997): Körperliche Behinderung: Auswirkungen auf das Körperbild und das Selbstbild des Menschen. Eine vergleichende Untersuchung zum körper- und Selbstbild körperbehinderter und nichtbehinderter Menschen. Dortmund.

Katzenbach, D. (1999): Computer und Psyche - Technologisierung des Inneren? Psychoanalytische Anmerkungen zur geistigen Behinderung und zur Computerfaszination. In: W. Lamers (Hg.): Computer- und Informationstechnologie.Geistigbehindertenpädagogische Perspektiven. Düsseldorf, S. 121–136.

Kelle, H. (2001): »Ich bin der, die das macht« Oder: Über die Schwierigkeit, »doing gender«-Prozesse zu erforschen. In: *Feministische Studien* (2), S. 39–56.

Keller, R. (2001): Wissenssoziologische Diskursanalyse. In: R. Keller (Hg.): Handbuch Sozialwissenschaftliche Diskursanalyse, Band 1. Unter Mitarbeit von A. Hirseland, W. Schneider und Viehöver. Opladen: Leske+Budrich (Theorien und Methoden, Band 1), S. 113–143.

Kessler, S./ McKenna (1978): Gender: An Ethnomethodological Approach. Chicago: University of Chicago Press

King, V. (2002): Die Entstehung des Neuen in der Adoleszenz. Transformationen in der Jugendphase in Generationen- und Geschlechterverhältnissen in modernisierten Gesellschaften. Opladen.

Kneer, G. (2000): Niklas Luhmanns Theorie sozialer Systeme. Eine Einführung. Unter Mitarbeit von A. Nassehi. 4. Auflage. München: Wilhelm Fink Verlag.

Köbsell, S. (1993): Eine Frau ist eine Frau ist eine Frau..., Zur Lebenssituation von Frauen mit Behinderung. In: G. Barwig (Hg.): "Unbeschreiblich weiblich!?". Frauen unterwegs zu einem selbstbewußten Leben mit Behinderung. Unter Mitarbeit von C. BUSCH. München.

Köbsell, S. (2010): Gendering Disability: Behinderung, Geschlecht und Körper. In: J./ Köbsell S. Jacob (Hg.): Gendering Disability. Intersektionale Aspekte von Behinderung und Geschlecht. Bielefeld: Transcript Verlag (Studien interdisziplinärere Geschlechterforschung, 7), S. 17–33.

Kontos, S./ May, M. (2008): Hegemoniale Männlichkeit und männlicher Habitus: Überlegungen zu einem analytischen Bezugsrahmen zur Untersuchung von Geschlechterverhältnissen. In: *Zeitschrift für Frauenforschung & Geschlechterstudien* 26 (1), S. 3-14.

Krais, B. (1993): Geschlechterverhältnis und symbolische Gewalt. In: G. Wulf Ch Gebauer (Hg.): Praxis und Ästhetik. Neue Perspektiven im Denken Pierre Bourdieus. Frankfurt a.M., S. 208–250.

Krais, B. (2002): Habitus. Unter Mitarbeit von G. Gebauer. Bielefeld: Transcript Verlag.

Krause, D. (2005): Luhmann -Lexikon. Eine Einführung in das Gesamtwerk von Niklas Luhmann. 4. Aufl. Stuttgart: Lucius & Lucius.

Langer, A. (2009): Behindertwerden in der Identitätsarbeit. Jugendliche mit geistiger Behinderung - Fallrekonstruktionen. Wiesbaden: VS Verlag für Sozialwissenschaften/ GWV Fachverlage GmbH.

Langer, A. (2010): Eine Ohnmacht. Geschlecht und >>geistige Behinderung<<. In: J./ Köbsell S. Jacob (Hg.): Gendering Disability. Intersektionale Aspekte von Behinderung und Geschlecht. Bielefeld: Transcript Verlag (Studien interdisziplinärere Geschlechterforschung, 7), S. 153–168.

Laqueur, T. (1992): Auf den Leib geschrieben. Die Inszenierung der Geschlechter von der Antike bis Freud, Frankfurt/Main u. New York, Campus.

Laslett, P. (1995): Das Dritte Alter. Historische Soziologie des Alterns. Weinheim, München: Juventa.

Lemke, T. (1997): Eine Kritik der politischen Vernunft. Foucaults Analyse der modernen Gouvernementalität. 1. Auflage. Berlin, Hamburg: Argument Verlag Berlin - Hamburg.

Lemke, T. (2003): Andere Affirmationen. Gesellschaftsanalysen und Kritik im Postfordismus. In: M. Saar (Hg.): Michel Foucault. Zwischenbilanz einer Rezeption. Frankfurter Foucault-Konferenz 2001. Unter Mitarbeit von A. Honneth. Frankfurt a.M., S. 259–274.

Lemke, T. (2007): Max Weber, Norbert Elias und Michel Foucault über Macht und Subjektivierung. In: T. Lemke (Hg.): Gouvernementalität und Biopolitik. Wiesbaden: VS Verlag für Sozialwissenschaften/ GWV Fachverlage GmbH, Wiesbaden, S. 23–46.

Lenz, H.J (1996): Spirale der Gewalt. Jungen und Männer als Opfer von Gewalt. Berlin: Morgenbuchverl.

Lindmeier, C. (2008): Biografiearbeit mit geistig behinderten Menschen. Ein Praxisbuch für Einzel- und Gruppenarbeit. Unter Mitarbeit von D. Lindmeier B. u.a Gruber. 3. Aufl. Weinheim, München,: Juventa.

Lingenauber, S. (2001): Flexibel-normalistische Strategien im Diskurs der Integrationspädagogik. In: U. Schildmann (Hg.): Normalität, Behinderung und Geschlecht. Ansätze und Perspektiven der Forschung. Opladen: Leske+Budrich (Konstruktion von Normalität. Herausgegeben von Ulrike Schildmann, 1), S. 121–128.

Lingenauber, S. (2003): Integration, Normalität und Behinderung. Eine normalismustheoretische Analyse der Werke (1970-2000) von Hans Eberwein und Georg Feuser. Opladen: Leske+Budrich (Konstruktion von Normalität. Herausgegeben von Ulrike Schildmann, 3).

Lingenauber, S. (2008): Normalität. In: Sabine Lingenauber (Hg.): Handlexikon der Integrationspädagogik. Bochum, Freiburg (Kindertageseinrichtungen,1), S.160–168. Online verfügbar unter http://bidok.uibk.ac.at/library/ lingenauber-normalitaet.html

Link, J. (1997): Versuch über den Normalismus. Wie Normalität hergestellt wird. Opladen: Westdeutscher-Verlag GmbH.

Link, J. (1998): Die Angst des Kügelchens beim Fall durch die Siebe : Zum Anteil des Normalismus an der Kontingenzbewältigung der Moderne. In: P. Zimmermann (Hg.): Eigentlich könnte alles auch anders sein. Köln: Verlag der Buchhandlung W.König, S. 92–105.

Link, J. (1998a): Von der >>Macht der Norm<< zum >>flexiblen Normalismus<<: Überlegungen nach Foucault. In: J. Jurt (Hg.): Zeitgenössische französische Denker: eine Bilanz. 1. Auflage. Freiburg im Breisgau: Rombach GmbH Druck- u. Verlagshaus (Rombach Wissenschaften Reihe Litterae. herausgegeben von Gerhard Neumann und Günter Schnitzler, Band 61), S. 251–268.

Link, J. (2001): Zur Einleitung: >Normalität< im Diskursnetz soziologischer Begriffe. Unter Mitarbeit von T. Neuendorff H. Loer. In: J. Link (Hg.): >Normalität< im Diskursnetz soziologischer Begriffe. Unter Mitarbeit von T. Neuendorff H. Loer. Heidelberg: SYNCHRON Wissenschaftsverlag der Autoren (DISKURSIVITÄTEN Literatur. Kultur. Medien. Herausgegeben von Klaus-Michael Bogdal, Alexander Honold, Rolf Parr, 3), S. 7–20.

Link, J. (2002): Normal/Normalität/Normalismus. In: K. Barck (Hg.): Ästhetische Grundbegriffe (ÄGB). Historisches Wörterbuch in sieben Bänden. Stuttgart/Weimar: Stuttgart/Weimar (Metzler) (Band 4), S. 538–562.

Lipman-Blumen, J. (1976): Toward a Homosocial Theory of Sex Roles. In: Signs. 1, S. 15–31.

Lisi, R./ Soundranayagam L. de (1990): The conceptual structure of sex role stereotypes in college students, 23, S. 593–611.

Lorber, J. (2003): Gender-Paradoxien. Aus dem Englischen übersetzt von Hella Beister Redaktion und Einleitung zur deutschen Ausgabe: Ulrike Teubner und Angelika Wetterer. Unter Mitarbeit von M. Mae u.a I. Lenz. 2. Aufl. Opladen: Leske+Budrich (Geschlecht und Gesellschaft).

Lüders C. (2005): Beobachten im Feld und Ethnographie. In: U./ Kardorff E. Flick (Hg.): Qualitative Forschung. Ein Handbuch. Unter Mitarbeit von I. Steinke. Hambug: Rowolt Taschenbuch Verlag GmbH, S. 384–401.

Luhmann, N. (1987): Soziale Systeme. Grundriß einer allgemeinen Theorie. 1. Auflage. Frankfurt a.M.: Surkamp Verlag Frankfurt.

Luhmann, N. (1990): Die Wissenschaft der Gesellschaft. 1. Auflage. Frankfurt a.M.: Surkamp Verlag Frankfurt.

Luhmann, N. (1999): Die Gesellschaft der Gesellschaft 1. 2. Aufl. 2 Bände (1).

Lutz, H./ Wenning N. (2001): Differenzen über Differenzen - Einführung in die Debatten. In: H./ Wenning N. Lutz (Hg.): Unterschiedlich verschieden. Differenz in der Erziehungswissenschaft. Opladen: Leske+Budrich, S. 11–24.

Markowetz, R. (2000): Identitätsentwicklung und Pubertät – über den Umgang mit Krisen und identitätsrelevanten Erfahrungen von Jugendlichen mit Behinderung. In: *BEHINDERTENPÄDAGOGIK* 39 (2), S. S.136-174.

May, M. (2007): Zur (Re-)Produktion sozialer Differenzen auf der Ebene von Kultur und Geschlecht. Grundpfeiler eines theoretischen Bezugsrahmens. In: *WIDERSPRÜCHE. Zeitschrift für sozialistische Politik im Bildungs-, Gesundheits- und Sozialbereich* 27 (104), S. 37–62.

Meuser, M./ Behnke C. (1998): Tausendundeine Männlichkeit? Männlichkeitsmuster und sozialstrukturelle Einbindungen.In: *WIDERSPRÜCHE. Zeitschrift für sozialistische Politik im Bildungs-, Gesundheits- und Sozialbereich* 18 (67), S. 7–23.

Meuser, M. (2001): Männerwelten. Zur kollektiven Konstruktion hegemonialer Männlichkeit. Hg. v. D. Janshen u. M. Meuser. Essener Kollegs für Geschlechterforschung. Essen (Schriften des Essener Kollegs für Geschlechterforschung). Online verfügbar unter https://www.uni-due.de/ imperia/ md/content/ekfg/michael_meuser_maennerwelten.pdf, zuletzt geprüft am 28.12.2013.

Meuser, M. (2005): Hegemoniale Männlichkeit. Versuch einer Begriffsklärung aus soziologischer Perspektive. Unter Mitarbeit von S. Scholz. In: M. Dinges (Hg.): Männer - Macht - Körper. Hegemoniale Männlichkeit vom Mittelalter bis heute. Frankfurt a.M.: Campus Verlag, S. 211–228.

Meuser, M. (2006): Geschlecht und Männlichkeit. Soziologische Theorie und kulturelle Deutungsmuster. 2., überarbeitete und aktualisierte Auflage. 2. Auflage. Wiesbaden: VS Verlag für Sozialwissenschaften/ GWV Fachverlage GmbH, Wiesbaden.

Meuser, M. (2008): Ernste Spiele. Zur Konstruktion von Männlichkeit im Wettbewerb der Männer. In: N. Baur (Hg.): Die soziale Konstruktion von Männlichkeit. Hegemoniale und marginalisierte Männlichkeit in Deutschland. Unter Mitarbeit von J. Luedtke. Opladen & Farmington Hills: Verlag Barbara Budrich, S. 33–44.

Meuser, M. (2009): Hegemoniale Männlichkeit – Überlegungen zur Leitkategorie der Men's Studies. In: B. Aulenbacher (Hg.): FrauenMännerGeschlechterforschung. Unter Mitarbeit von M. u.a Löw. 2. Aufl. Münster, S. 160–174. Online verfügbar unter http://www.laudenbach.at/hosted/vofem_geiger-voglmayr/meuser_maennlichkeitsforschung.pdf, zuletzt geprüft am 01.01.2014.

Meyer-Rey, C. (1994): Identität – Frau – Behinderung: Identitätsbildung und Identitätsentwicklung von Frauen mit Behinderung. Zürich.

Moser, I. (2006): Sociotechnical Practices and Difference: On the Interferences between Disability, Gender, and Class. In: *Science, Technology & Human Values* 31 (5), S. 537–564. Online verfügbar unter http:// sth.sagepub.com/ cgi/content/abstract/31/5/537, zuletzt geprüft am 25.04.2009.

Moser, V. (2008): Theorien der Behindertenpädagogik. Unter Mitarbeit von A. Sasse. München: Ernst Reinhardt Verlag München Basel.

Niehaus, M.: Behinderung und sozialer Rückhalt. Zur sozialen Unterstützung behinderter Frauen. New York: Campus Verlag (698).

Noack, C. /Schmid H.J (1994): Sexuelle Gewalt gegen Menschen mit geistiger Behinderung. Eine verleugnete Realität. Stuttgart.

Oerter, R. (Hg.) (1998): Entwicklungspsychologie. Ein Lehrbuch. Unter Mitarbeit von L. Montada. 4. Aufl. Weinheim: Belz - Psychologie Verlags Union.

Oevermann, U. (1996). Theoretische Skizze einer revidierten Theorie professionalisierten Handelns. In: Combe, A. & Helsper, W. (Hrsg.) Pädagogische Professionalität. Untersuchungen zum Typus pädagogischen Handelns. Suhrkamp: Frankfurt. S. 70 - 182.

Ölschläger, C. (2005): Gedächtnis. In: C. Braun (Hg.): Gender@Wissen. Ein Handbuch der Gender-Theorien. Unter Mitarbeit von Stephan, I., 1. Aufl. Köln, Weihmar, Wien: Böhlau Verlag, S. 239–260.

Osbahr, S. (2000): Selbstbestimmtes Leben von Menschen mit einer geistigen Behinderung. Beitrag zu einer systemtheoretisch-konstrukti-vistischen Sonderpädagogik. Luzern: Edition SZH/SPC (ISP-Universität Zürich, Band 4).

Petzold, H. G. (1999):Lebensgeschichten verstehen lernen heißt, sich selbst und andere verstehen lernen. Über Biographiearbeit, traumatische Belastungen und Neuorientierung. In: Behinderte in Familie, Schule und Gesellschaft 22 (1999), S. 41-55.

Pixa-Kettner, U. (1997): „Dann waren sie sauer auf mich, daß ich das Kind haben wollte …“: Eine Untersuchung zur Lebenssituation geistig behinderter Menschen mit Kindern in der BRD. Baden-Baden.

Pohl, A. (1999): Frausein und Behinderung. Identität und postmoderne Denkfiguren. Butzbach.

Prengel, A. (1995): Pädagogik der Vielfalt. Verschiedenheit und Gleichberechtigung in Interkultureller, Feministischer und Integrativer Pädagogik. 2. Aufl. Opladen: Leske+Budrich (Reihe Schule und Gesellschaft, 2).

Prengel, A. (2001): Egalitäre Differenz in der Bildung. In: H./ Wenning N. Lutz (Hg.): Unterschiedlich verschieden. Differenz in der Erziehungswissenschaft. Opladen: Leske+Budrich, S. 93–107.

Rehbein, B. (2006): Die Soziologie des Pierre Bourdieus. Konstanz: UVK Verlagsgesellschaft mbH.

Reichertz, J. (2005): Abduktion, Deduktion und Induktion in der qualitativen Sozialforschung. In: U./ Kardorff E. Flick (Hg.): Qualitative Forschung. Ein Handbuch. Unter Mitarbeit von I. Steinke. Hambug: Rowolt Taschenbuch Verlag GmbH, S. 276–286.

Renggli, C. (2004): Disability Studies - ein historischer Überblick. In: J. Weisser (Hg.): Disability Studies. Ein Lesebuch. Unter Mitarbeit von C. Renggli. Luzern: Edition SZH/CSPS (<<ISP-universität Zürich>> des Instituts für Sonderpädagogik der Universität Zürich. Herausgegeben von Wilfried Schley, Band 11), S. 15–26.

Rousseau, J.-J. (1987): Émile oder Über die Erziehung. Paderborn, München, Wien, Zürich: Schöningh.

Saal, F. (2002): Das Recht auf Leben und auf Würde ist unteilbar. Vorüberlegungen zum Traum von einer menschlichen Stadt. In: Behinderte in Familie, Schule und Gesellschaft Nr. 4/5/2002; Thema: Achtung und Anerkennung. Online verfügbar unter http://bidok.uibk.ac.at/library/ beh4-5-02-saal-wuerde.rtf.html, zuletzt geprüft am 17.03.2015

Saft, D. (2013): Trisomie 21 (Down-Syndrom). Online verfügbar unter http://www.heilpaedagogik-info.de/fachwissen/medizin-psychologie/217-trisomie-21-down-syndrom.html, zuletzt geprüft am 18.01.2014.

Sandfort, L. (1993): Esmeralda - ich liebe dich nicht mehr: Behinderte emanzipieren sich. Frankfurt a.M.: Haag und Herchen.

Scheibelhofer, P. (2008): Ehre und Männlichkeit bei jungen türkischen Migranten. In: N. Baur (Hg.): Die soziale Konstruktion von Männlichkeit. Hegemoniale und marginalisierte Männlichkeit in Deutschland. Unter Mitarbeit von J. Luedtke. Opladen & Farmington Hills: Verlag Barbara Budrich, S. 183–199.

Schildmann, U. (1983): Lebensbedingungen behinderter Frauen. Gießen.

Schildmann, U. (2000): Forschungsfeld Normalität. Reflexionen vor dem Hintergrund von Geschlecht und Behinderung. In: *Zeitschrift für Heilpädagogik* 51 (3), S. 90–94.

Schildmann, U. (Hg.) (2001): Normalität, Behinderung und Geschlecht. Ansätze und Perspektiven der Forschung. Opladen: Leske+Budrich (Konstruktion von Normalität. Herausgegeben von Ulrike Schildmann, 1).

Schildmann, U. (2003): Behinderung und Geschlecht. In: *Beilage zur Wochenzeitung. Das Parlament. Aus Politik und Zeitgeschichte* (8), S. 29–36. Online verfügbar unter http://www.bpb.de/apuz/27796/geschlecht-und-behinderung?p=all#footnodeid_30-30, zuletzt geprüft am 29.12.2013.

Schildmann, U. (2004): Normalismusforschung über Behinderung und Geschlecht. Eine empirische Untersuchung der Werke von Barbara Rohr und Annedore Prengel. Opladen: Leske + Budrich Opladen (Konstruktion von Normalität. Herausgegeben von Ulrike Schildmann, Band 4).

Schmale, W. (2003): Geschichte der Männlichkeit in Europa (1450-2000). Wien, Köln, Weimar: Böhlau Verlag.

Schön, E. (1993): Frauen mit Behinderungen auf dem Arbeitsmarkt. In: G. Barwig (Hg.): "Unbeschreiblich weiblich!?". Frauen unterwegs zu einem selbstbewußten Leben mit Behinderung. Unter Mitarbeit von C. Busch. München: AG SPARK-Publ. 993, S. 41–55.

Scholz, S. (2003): "Hegemoniale Männlichkeit" - Innovatives Konzept oder Leerformel? In: K. Schäfgen (Hg.): "Ausnahme (Regel)? Gender in Politik, Wissenschaft und Praxis". Unter Mitarbeit von S. Veth. Frankfurt a.M.

Scholz, S. (2004): Männlichkeiten erzählen. Identitätskonstruktion ostdeutscher Männer. Münster.

Scholz, S. (2007): Männlichkeit(en) und Erwerbsarbeit. Neue Herausforderungen in einer flexibilisierten Arbeitswelt. Online verfügbar unter http://www.ssoar.info/ssoar/bitstream/handle/document/18482/ssoar-2008-scholz-mannlichkeiten_und_erwerbsarbeit.pdf?sequence=1, zuletzt geprüft am 01.01.2014.

Scholz, S. (2010): Hegemoniale Weiblichkeit? Hegemoniale Weiblichkeit! In: *Erwägen Wissen Ethik (EWE)*, 21 (3), S. 369-398.

Schulze, Th. (1993): Lebenslauf und Lebensgeschichte. In: Th Baacke (Hg.): Aus Geschichten lernen: Zur Einübung pädagogischen Verstehens. Unter Mitarbeit von D. Schulze. Weinheim, München, S. 174–226.

Schütz, A. (2004): Der sinnhafte Aufbau der sozialen Welt. Eine Einleitung in die verstehende Soziologie. Herausgegeben von Martin Endreß und Joachim Renn. Konstanz: UVK Verlagsgesellschaft mbH (Alfred Schütz Werkausgabe, Band 2).

Schütze, F. (1977): Die Technik des narrativen Interviews in Interaktionsfeldstudien – dargestellt an einem Projekt zur Erforschung von kommunalen Machtstrukturen. Bielefeld: Universität Bielefeld, Fakultät für Soziologie (vervielf. Ms.).

Schwingel, M. (1995): Pierre Bourdieu. zur Einführung. Hamburg: Junius Verlag GmbH.

Searle, J. R. (1983): Sprechakte. Ein sprachphilosophischer Essay. Auflage 1. Frankfurt a.M.: Surkamp Verlag Frankfurt.

Shuttleworth, R.P (2004): Disabled Masculinity. Expanding the Masculine Repertoire. In: B.G/ Hutchison B. Smith (Hg.): Gendering Disability. New Brunswick, New Jersey, London: Rutgers University Press, S. 166–178.

Sickinger, H. (2007): Körper und inklusionsorientierte Jungenpädagogik. Online verfügbar unter http://bidok.uibk.ac.at/library/jerg-bodyzone.html#idp7017104, zuletzt geprüft am 06.01.2014.

Soiland, T. (2005): Kritische Anmerkungen zum Machtbegriff in der Gender-Theorie auf dem Hintergrund von Michel Foucaults Gouvernementalitätsanalyse. In: *WIDERSPRÜCHE. Zeitschrift für sozialistische Politik im Bildungs-, Gesundheits- und Sozialbereich* 25 (95), S. 7–25.

Speck, O. (1979): Geschichte. In: O. Speck (Hg.): Handbuch der Sonderpädagogik. Pädagogik der Geistigbehinderten. Berlin: Carl Marhold Verlagsbuchhandlung (5), S. 57–72.

Speck, O. (1999): Menschen mit geistiger Behinderung. Ein heilpädagogisches Lehrbuch. 9. Aufl. München/ Basel.

Steinke, I. (2005): Gütekriterien qualitativer Forschung. In: U./ Kardorff E. Flick (Hg.): Qualitative Forschung. Ein Handbuch. Unter Mitarbeit von I. Steinke. Hambug: Rowolt Taschenbuch Verlag GmbH, S. 319–331.

Strauss, A./ Corbin J. (1996): Grounded Theory: Grundlagen Qualitativer Sozialforschung. Aus dem Amerikanischen von Solveigh Niewiarra und Heiner Legewie. Vorwort zur deutschen Ausgabe von Heinz Legewie. Weinheim: Belz - Psychologie Verlags Union.

Strauss, A. (1998): Grundlagen qualitativer Sozialforschung. Datenanalyse und Theoriebildung in der empirischen soziologischen Forschung. 2. Aufl. München: Wilhelm Fink Verlag.

Strauss, A.; Corbin, J. (1994): Grounded Theory Methodology. An Overview. In: N. K. Denzin (Hg.): Handbook of Qualitative Research. London, New-York: Sage, S. 273–285.

Strübing, Jörg (2008): Grounded Theory. Zur sozialtheoretischen und epistemologischen Fundierung des Verfahrens der empirisch begründeten Theoriebildung. 2., überarbeitete und erweiterte Auflage. 2. Aufl. Wiesbaden: VS

Verlag für Sozialwissenschaften/ GWV Fachverlage GmbH, Wiesbaden (Qualitative Sozialforschung, 15).

Tertilt, H. (1997): Rauhe Rituale. Die Beleidigungsduelle der Turkish Power Boys. In: SPoKK (Hg.): Kursbuch Jugend Kultur. Stile, Szenen und Identitäten vor der Jahrtausendwende. Mannheim: Bollmann, S. 157–167.

Tervooren, A. (2001): Körper, Inszenierung und Geschlecht. Judith Butlers Konzept der Performativität. In: C. WULF (Hg.): Grundlagen des Performativen. Einführung in die Zusammenhänge von Sprache, Macht und Handeln. Unter Mitarbeit von M. Göhlich und J. Zirfaas. Weinheim/ München,: Juventa, S. 157–180.

Thielen, M. (2011): "Bist du behindert Mann?" - Überlegungen zu Geschlecht und Geschlechterinszenierungen in sonder- und integrationspädagogischen Kontexten aus einer intersektionalen Perspektive. In: *Zeitschrift für Inklusion Nr.1*. Online verfügbar unter http://www.inklusion-online.net/index.php/inklusion/article/viewArticle/100/102, zuletzt geprüft am 13.12.2012.

Thomas, C. (2004): Theorien der Behinderung. Schlüsselkonzepte, Themen und Personen. In: J. Weisser (Hg.): Disability Studies. Ein Lesebuch. Unter Mitarbeit von C. Reneggli. Luzern: Edition SZH/CSPS (<<ISP-Universität Zürich>> des Instituts für Sonderpädagogik der Universität Zürich. Herausgegeben von Wilfried Schley, Band 11), S. 31–56.

Treibel, A. (1993): Einführung in soziologische Theorien der Gegenwart. 4 Bände. Opladen: Leske+Budrich (Einführungskurs Soziologie Herausgegeben von Herrmann Korte und Bernhard Schäfers, 3).

Tronbacke, B. I. (1999): Richtlinien für Easy-Reader Material. Zusammengestellt und herausgegeben von Bror I. Tronbacke. IFLA Bereich Bibliotheksdienste für benachteiligte Personen. Hg. v. Bror I. Tronbacke. International Federation of Library Associations and Institutions. Den Haag (IFLA Professional Reports, 57). Online verfügbar unter http:// archive.ifla.org/ VII/s9/nd1/iflapr-57g.pdf, zuletzt geprüft am 09.01.2014.

Tyrell, H. (1986): Geschlechtliche Differenzierung und Geschlechterklassifikation. In: *Kölner Zeitschrift für Soziologie und Sozialpsychologie* 38 (2), S. 450–489.

Vogt, A. (1996): Das Leben in die eigene Hand nehmen - Biographisches Lernen als gezielte Arbeit am eigenen Lebenslauf. In: W. Schulz (Hg.): Lebensgeschichten und Lernwege: Anregungen und Reflexionen zu biografischen Lernprozessen. Baltmannsweiler, S. 37–56.

Wagner, M. (1995): Menschen mit geistiger Behinderung - Gestalter ihrer Welt. Bad Heilbrunn: Klinkhardt.

Wagner, F. W. (2009): Soziale Exklusion und Ressentiments gegen Behinderte in der modernen Stadt. 1. Aufl. Rudolstadt: Greifenverlag.

Waldschmidt, A. (2003): Behinderte Menschen zwischen Normierung und Normalisierung. In: A. Waldschmidt (Hg.): Kulturwissenschaftliche Perspektiven der Disability Studies. Tagungsdokumentation. 1. Auflage. Kassel: bifos e.V., S. 129–137.

Weber, M. (1982): Gesammelte Aufsätze zur Wissenschaftslehre / von Max Weber. 5., erneut durchges. Aufl. / hrsg. von J. Winckelmann. Tübingen.

Weinbach, C. (2004): Systemtheorie und Gender: Geschlechtliche Ungleichheit in der funktional differenzierten Gesellschaft. In: S. Kampmann (Hg.): Gender Studies und Systemtheorie. Studien zu einem Theorietransfer. Unter Mitarbeit von A. Karrentzos und T. Küpper. Bielefeld: Transcript Verlag, S. 47–76.

Weinbach, C. (2004a): Systemtheorie und Gender. Das Geschlecht im Netz der Systeme. Auflage 1. Wiesbaden: VS Verlag für Sozialwissenschaften/ GWV Fachverlage GmbH, Wiesbaden.

Weinbach, C. (2004b): … und gemeinsam zeugen sie geistige Kinder: Erotische Phantasien um Niklas Luhmann und Pierre Bourdieu. In: A. Nassehi (Hg.). Unter Mitarbeit von G. Nollmann. Frankfurt a.M.: Surkamp Verlag Frankfurt, S. 57–84.

Weinmann, Ute (2001): Normalität im wissenschaftlichen Diskurs verschiedener Fachdisziplinen. In: U. Schildmann (Hg.): Normalität, Behinderung und Geschlecht. Ansätze und Perspektiven der Forschung. Opladen: Leske+Budrich (Konstruktion von Normalität. Herausgegeben von Ulrike Schildmann, 1), S. 14–41.

Weisser , J. (2005): Behinderung, Ungleichheit und Bildung. Eine Theorie der Behinderung. Bielefeld: Transcript Verlag.

Weisser, J. (2005a): „Der Begriff der Behinderung und sein Gebrauch". In: *Vierteljahresschrift für Heilpädagogik und ihre Nachbargebiete* 74 (2).

Weisser,J. (2007): Für eine antiessentialistische Theorie… In: *BEHINDERTENPÄDAGOGIK* 46 (3/4), S. 237–249.

West, C./ Zimmerman D.-H (1987): Doing Gender. In: *Gender and Society*, S. 125–151. Online verfügbar unter http://gas.sagepub.com/cgi/content/abstract/1/2/125, zuletzt geprüft am 17.03.2013

West, C./ Fenstermaker S. (1995): Doing difference. In: *Gender and Society* (9 (1)), S. 8–37. Online verfügbar unter http://gas.sagepub.com/cgi/ content/abstract/9/1/8.

Wetherell, M./ Edley N.: Psycho-Discursive Practices Negotiating Hegemonic Masculinity: Imaginary Positions and Psycho-Discursive Practices. In: *Feminism & Psychology* 9 (3),S.335–356. Online verfügbar unter http://fap.sagepub.com/cgi/content/abstract/9/ 3/335.

Witkop, P. (1933): Kriegsbriefe gefallener Studenten. München: Georg Müller Verlag.

Wulf, C. (2001): Sprache, Macht, Handeln - Aspekte des Performativen. Unter Mitarbeit von M. Göhlich und J. Zirfas. In: C. Wulf (Hg.): Grundlagen des Performativen. Einführung in die Zusammenhänge von Sprache, Macht und Handeln. Unter Mitarbeit von M. Göhlich und J. Zirfas. Weinheim/ München,: Juventa, S.9-24

Wulf, C. (2001a): Mimesis und Performatives Handeln. Gunter Gebauers und Christoph Wulfs Konzeption mimetischen Handelns in der sozialen Welt. In: C. Wulf (Hg.): Grundlagen des Performativen. Einführung in die Zusammenhänge von Sprache, Macht und Handeln. Unter Mitarbeit von M. Göhlich und J. Zirfas. Weinheim/ München,: Juventa, S.253-272.

Zemp, A./ Pircher E. (1996): Weil das alles weh tut mit Gewalt. Sexuelle Ausbeutung von Mädchen und Frauen mit Behinderung. Online verfügbar unter http://bidok.uibk.ac.at/library/zemp-ausbeutung.html, zuletzt geprüft am 29.12.2013.

Zemp, A. (1997): Sexualisierte Gewalt im behinderten Alltag. Jungen und Männer mit Behinderung als Opfer und Täter. Projektbericht, unter Mitarbeit von Christine Neubauer, GenderLink - Netzwerk für Sozialforschung, August 1997, Bundesministerin für Frauenangelegenheiten und Verbraucherschutz. Unter Mitarbeit von E. Schoibl H. Pircher. Online verfügbar unter http://bidok.uibk.ac.at/library/zemp-gewalt.rtf.html, zuletzt geprüft am 29.12.2013.

Zulehner, P.M./ Volz, R. (1998): Männer im Aufbruch. Wie deutschlands Männer sich selbst und wie Frauen sie sehen. Ein Forschungsbericht. Ostfildern.

[1] Vgl. hierzu Goffman 2010.
[2] Bei den Altersangaben handelt es sich nach Oerter um relativ willkürliche Abgrenzungen (vgl.1998, S.312). Die Benennung der Lebensalter frühes Erwachsenalter und Erwachsenenalter ist Filipp/ Schmidt entnommen (vgl. 1998, S. 447).
[3] Diesen Aspekt hat Brandes als eigenständige Dimension des männlichen Habitus aufgeführt und nicht als Teil männlicher Geschlechtsidentität. Dies resultiert daraus, dass er davon ausgeht, dass von expliziten Äußerungen nicht unmittelbar auf die männliche Geschlechtsidentität geschlossen werden kann, da Sprechen und Handeln auseinanderdriften können (vgl. 2002, S.87). Diese mögliche Diskrepanz ist allerdings auch den expliziten und impliziten Geschlechterwissensanteilen in Relation zu einem tatsächlichen Handeln innerhalb der Geschlechtsidentitätsdimension inhärent. Demnach werde ich den besagten Aspekt dennoch als Dimension geschlechtlicher Identität behandeln.
[4]Bei Geschlechter-Wissen handelt es sich um ein analytisches Instrument, welches in der sozialwissenschaftlichen Genderforschung eingesetzt wird.
[5] Mit Repräsentationen ist hier der Aspekt des Wissens gemeint, dass in „Ordnung der Dinge“ (Foucault 1974) noch als ein vollends epistemisches – also als ein durch die Humanwissenschaften generiertes – Wissen dargestellt wurde.
[6] Foucault hat an keiner Stelle explizite verdeutlicht, was er unter diesen Gegenständen genau versteht; es lässt sich allerdings mit Jäger davon ausgehen, dass es sich hierbei um ausschließlich diskursive Gegenstände, also theoretische Aussagen oder Themen handelt (vgl. 2001, S.74).
[7] Von der inhaltlichen und chronologischen Bestimmung der jeweiligen Diskursgegenstände her gesehen, die sich auf geistige Behinderung beziehen, habe ich mich vorzugsweise an Moser/ Sasse (2008) orientieren.
[8] Während der Nazidiktatur wurde schließlich auf der Basis eugenischer Ideologieentwicklung das ‚Gesetz zur Verhütung erbkranken Nachwuchses‘(Fornefeld 2000, S.39) erlassen. Selbiges bildete entsprechen die Grundlage für Massensterilisationen und die Euthanasie im Dritten Reich (vgl. ebd.).
[9] Zu ergänzen wären in diesem Zusammenhang noch die „Gefühls-Schemata“ – Rehbein spricht unter Berufung auf Krais von den im Habitus verankerten Empfindungen und Emotionen (vgl. 2006, S.92).
[10] „Geistige“ und „männliches“ sind hier in Klammern gesetzt, weil sich viele der nachfolgenden Aussagen auch auf Behinderung und Geschlecht im Allgemeinen beziehen lassen.
[11] Exemplarisch seien hier u.a. Chrenshaw (1991) und Anderson (1992) genannt.
[12]„Accomplishment“ werde ich in Anlehnung an Marion Müller, die Fenstermaker (2001) ins Deutsche übertragen hat, ebenfalls mit Hervorbringung übersetzen (vgl. S.237).
[13] Moser bezieht ihre Überlegungen zu Behinderung und Geschlecht explizite auf das undoing gender – Konzept von Hirschauer: „This latter possibility, however, has been opened up in the work of Stephan Hirschauer (1994, 2001). According to Hirschauer, the contingency of enactments of gender and other differences has not yet been taken seriously as an empirically demonstrable contingency that exists also for participants in interaction [...] His project is to investigate the conditions of possibility for the social forgetting and undoing of gender differentiation as well as its reproduction" (2006, S.541).
[14] An dieser Stelle benennt Butler Geschlechtsidentität explizite als Teilungsprinzip, dass durch Unterwerfung bzw. Subjektivierung realisiert wird (vgl. 1991, S.176) und bezieht sich damit implizite auf die erste Dimensionen der Bedeutung des Wortes Subjekt nach Foucault: „Das Wort *Subjekt* hat einen zweifachen Sinn: vermittels Kontrolle und Abhängigkeit jemandem unterworfen sein und durch Bewusstsein und Selbsterkenntnis seiner eigenen Identität verhaftet sein. Beide Bedeutungen unterstellen eine Form der Macht, die einen unterwirft und zu jemandem Subjekt macht“ (1994a, S.246f. – Hervorh. i.Orig.).

[15] Butler geht von einer „Reformulierung der Geschlechtsidentität als Disziplinarprodukti-on“ (1991, S.199) aus. – Damit lehnt sie sich an den disziplinären Machtbegriff Foucaults an, den er in „Überwachen und Strafen“ (1977) ausgearbeitet hat und dort von einer „Politik der Zwänge“ spricht, die den Körper formiert und gefügig macht (vgl. ebd. S.176).
[16] Hinsichtlich der Problematik eines der Handlung vorgelagerten Subjektes sei exemplarisch auf die Auseinandersetzung von Benhabib u.a. (1993) mit Judith Butler hingewiesen, auf die ich hier nicht näher eingehen kann.
[17] Der Aspekt des Vollziehens einer Handlung kommt direkt in dem Verb to perform (vollziehen) zum Ausdruck, den Austin für seinen Performativitätsbegriff verwendet (vgl. 1972, S.29f.).
[18] Die Anregung, dass der Habitus in seiner Verfasstheit durch konstitutive Regel bestimmt ist, habe ich einer nur ansatzweise weiter ausgeführten Anmerkung von Markus Schwingel entnommen (vgl. 1995, S.83).
[19] Bourdieu spricht auch von einer „Verinnerlichung der Äußerlichkeit *(Interiorisierung der Exteriorität)*“ (1993, S.102 – Hervorh. i. Orig.).
[20] Vgl. hierzu z.B. auch Wagner (1995, S.186) oder besonders Osbahr (2000, S.102-104); auch dort wird Behinderung als ein Konstrukt beschreiben, dass erst auf der Grundlage von Erwartungen durch einen subjektiven Beobachter entsteht.
[21] Diesen Sachverhalt habe ich bereits für den Genderaspekt im Zuge meiner Kritik an Butlers Normativitätsansatzes besprochen (vgl. Kap.1.2.1).
[22] Der hier verwendete Beobachtungsbegriff, ist nicht in einem alltäglichen Sinne, sondern in einem systemtheoretischen Zusammenhang zu verstehen: Beobachten ist infolgedessen eine Operation, die sich aus Unterscheiden (distinction) und Bezeichnen (indication) zusammensetzt (vgl. Luhmann 1990, S.87). Luhmann macht in diesem Zusammenhang darauf aufmerksam, dass sich aus diesen beiden Operationen die semantischen Resultate Differenz und Identität ableiten. Daraus folgend wird also immer nur eine Seite bezeichnet, während die nicht bezeichnete Seite durch den Bezeichnungsakt nicht einfach verschwindet, sondern lediglich in einem Zustand der Inaktualität gehalten wird. Zu einem anderen Zeitpunkt kann dieser latente Aspekt seinerseits zu einem Bezeichneten werden (vgl. Luhmann 1987, S.100-101).
[23] Der Beobachter zweiter Ordnung knüpft demnach an die Beobachtung erster Ordnung an (vgl. Luhmann 1990, S.86), woraus folgt, dass auch der Beobachter, der diese Beobachtung beobachtet, wiederum an den blinden Fleck seiner eigenen Beobachtung gebunden ist, denn auch er kann nur sehen, was er sehen kann und sieht nicht was er nicht sehen kann. Daraus resultiert nach Luhmann, dass es unter den Beobachtungsperspektiven keine Reflexivitätshierarchien geben kann (vgl. Kneer 2000, S.101).
[24] Begründung aus systemtheoretischer Perspektive: Unter Gesellschaft versteht Luhmann die „[...] Gesamtheit aller erwartbaren Kommunikationen [...]“ (1987, S.535). Letztere stellen seiner Ansicht nach die nicht weiter zerlegbaren „[...] Letztelemente sozialer Systeme [...]“ dar (ebd.). „Soziale Systeme“ sind Sinnsysteme, das bedeutet, dass auf der Basis eines Möglichkeitshorizontes möglicher Kommunikationen kommunikative Anschlüsse (Anschlusskommunikationen) erzeugt werden müssen. Diese Notwendigkeit geht aus einem Selektionszwang zur Reduzierung der Komplexität der Umwelt hervor. Auf der Grundlage einer ausschließlich transversalen Betrachtungsweise von Behinderung – genaugenommen müssten wir von einer Zweiseitenform Nichtbehinderung/ Behinderung sprechen – hätten wir es dann mit einer basalen Universalunterscheidung zu tun, die einem jeden sozialen (Teil-)System zugrunde läge, weil es in allen System bzw. System-Umwelt-Relationen zeitweise oder dauerhaft zu Unterbrechungen hinsichtlich kommunikativer Anschlüsse kommen kann. Folglich können beispielsweise Zahlungen ausgesetzt, Erziehungsprozesse ins Stocken geraten bzw. misslingen oder politische Entscheidungen aufge-

schoben werden oder scheitern. In diesem Fall wären wir nicht weit von der vereinfachenden - und aus meiner Sicht Behinderung bagatellisierenden – Sichtweise entfernt, dass Behinderung ein elementarer Bestandteil eines jeden Sozialsystems und eines jeden Menschen darstellt. Behinderung würde somit nur noch einem normalen erwartbaren Zustand entsprechen, was dazu führen würde, dass mit dieser Normalisierung von Behinderung auch die Benachteiligung von behinderten Menschen normalisiert werden würde. Demnach könnte es dann als normal gelten, dass jeder in irgendeiner Weise behindert und zeitweise von je unterschiedlichen Formen sozialer Teilhabe ausgeschlossen ist. Durch eine derartige Sichtweise von Behinderung würden entsprechend die Bedingungen sozialer Benachteiligung verdeckt werden.

[25]Eine soziale Sichtweise von Behinderung darf allerdings nicht dazu verleiten eine Überakzentuierung einer sozialen Sichtweise von Behinderung Vorschub zu leisten, indem sämtliche wie auch immer geartete psychisch/ physische Dispositionen als irrelevant abgetan werden (vgl. Thomas 2004, S.38f.).

[26] Dieser Schluss kann aus den diskurstheoretischen Ausführungen zur hegemonialen Männlichkeit in Kap. 1.1.2 abgeleitet werden.

[27] Dies bedeutet selbstverständlich nicht, dass das Subjekt unbedingt genaue Messwerte in sich verankert haben muss. Vielmehr liegen diese diskursiv hergestellten Quantifizierungen bereits mehr oder weniger markant versinnlicht vor. An dieser Stelle sei exemplarisch an den sogenannten Body-Mass-Index erinnert, der sich in den Bildern der Werbe- und Kulturindustrie in Form visualisierter (Ideal-)Maße“ in Gestalt schlanker oder weniger schlanker Männer und Frauen wiederspiegelt.

[28] Während Bublitz zuvor eher allgemein einen Zusammenhang zwischen Normalismus und Habitus sieht, hat Heilmann eine Kontextualisierung von proto- und flexibelnormalistischer Strategien für das Thema Männlichkeit hergestellt: „Als moderne Subjektivierungsweise prägt Normalismus also die Habitus individualisierter Subjekte und mithin auch den Habitus von Männlichkeit in individualisierten Gesellschaften. [...] So eröffnet sich mit der modernen Tendenz vom Protonormalismus zum flexiblen Normalismus für das generative Prinzip von hegemonialer Männlichkeit die theoretische und praktische Perspektive einer flexiblen Normalisierung“ (2007, S.14).

[29] Die individuelle Lebensgeschichte ist nach Schulze als ein Produkt eines bereits vorausgesetzten Lebenslaufes zu sehen. Letzterer ist ein Produkt der Lebensgeschichte, in der neue sinnkonstituierende Erzählelemente generiert werden (vgl. Schulze 1993, S.192)

[30] Es geht hier entsprechend um eine „*Alltagsexpertenschaft*“ (Lindmeier 2008, S.31 – Hervorh. i. Orig.) der Befragten, wodurch sie zu „*Experten ihrer Biografie* und ihres Alltags“ (ebd. S.36 – Hervorh. i. Orig.) werden.

[31] Innerhalb des „Easy-Reader“-Prinzips geht es nach Tronbacke u.a. um die Verwendung von kurzer, direkter und möglichst unkomplizierter Sprache (vgl. 1999, S.12).

[32] Irgendwann tritt ein theoriebezogener Sättigungsgrad ein. Hier handelt es sich um jenen Zeitpunkt, an dem das Datenmaterial keine weiter erkennbaren Aufschlüsse mehr zum untersuchten Gegenstand bereithält (vgl. Glaser/ Strauss 1998, S.69).

[33] Andernfalls hätte die Forschungsarbeit nicht in einem Zeitraum von vier Jahren abgeschlossen werden können.

[34] Dies war dann der Fall, wenn die Interviewten nach mehreren Minuten keine Äußerungen mehr getätigt haben.

[35] In diesem Zusammenhang spricht Oevermann auch von „spezifischen und diffusen Sozialbeziehungen“ (1996, S.123).

[36] Die Montage-Verpackungsgruppe ist hiervon ausgenommen, weil das Duzen dort gegenüber den behinderten Mitarbeitern seitens der nichtbehinderten Mitarbeiter als Machtmittel eingesetzt wurde.

[37] Es existieren eine Vielzahl an unterschiedlichen Übersetzungsversuchen, die allesamt nur wenig Trennschärfe aufweisen (vgl. Hildenbrand 2005, S.40f.). Nach Strübing kommt die Übersetzung „datenbasierte Theorie“ der englischen Originalbezeichnung am nächsten (vgl. 2008, S.13). Im vorliegenden Aufsatz werde ich dennoch den englischen Ausdruck beibehalten, da dieser in der Literatur als etabliert betrachtet werden kann.

[38] Mit angemessen meinen die Autoren, dass der Zusammenhang zwischen den Daten und dem Forschungsgegenstand ohne Schwierigkeiten erkennbar sein muss (vgl. Glaser/ Strauss 1998, S.13).

[39] Unsicher ist diese Schlussform deshalb, weil faktisch nur das Resultat vorliegt, von dem aus auf die Regel und den Fall geschlossen werden kann (vgl. Reichertz 2005, S.281). Daraus folgt, dass jede abduktiv generierte Hypothese unbedingt zusätzlich mit empirischen Daten angereichert werden muss.

[40] Der Pragmatismus gründet auf der Maxime, eine Beziehung zwischen rationaler Erkenntnis und rationalem Zweck herzustellen (vgl. Peirce 1975, S.101).

[41] Anselm Strauss gehörte der sogenannten Chicagoer Schule an, die beispielsweise durch die symbolischen Interaktionisten G.H. Mead und Herbert Blumer geprägt worden ist (vgl. Flick 2007, S.83).

[42] Nach Strauss steht eine Eigenschaft für einen bestimmten Aspekt einer Kategorie (vgl. 2005, S.45).

[43] Strauss/ Corbin beschreiben intervenierende Bedingungen als solche, die sich weitläufiger und allgemeiner auf soziale Handlungen auswirken. Hierzu zählt beispielsweise Raum, individuelle Biografie, sozialökonomischer Status und Kultur (vgl. 1996, S.82). Bezogen auf den letzten Aspekt gehören demnach auch (geistige) Behinderung und Geschlecht (Männlichkeit) zu den intervenierenden Bedingungen.

[44] Die Darstellung des axialen und selektiven Codierprozesses wäre zu komplex, als das dieser näher vorgestellt werden könnte. Ich verweise den Leser deshalb auf Strauss (2005, S.101-115) und Strauss/ Corbin (1996, S.75-117).

[45] Zur „Objektlibido“ vgl. Freud 1969, S. 401f.

[46]Zur genauen Fachdefinition vgl.: http://www.neurologie.uni-duesseldorf.de/privvolkmann/Dystonia/torti.html (zuletzt geprüft 09.01.2014).

[47] Kontexte der imperativischen Verfasstheit von Franks sozialer Umwelt: Bereich (Wohnen/Familie): Perfektibilität: Themen – Ordnung und Körperpflege (vgl. Int.-F-3-Z.372; Int.-F-3-Z.377-379) - Normalität/Sozialverhalten: Thema – Verhaltensmodifikation (vgl. Int.-F-3-Z.391-392; Int.-F-3-Z.815-817) - Sittlichkeit: Thema – Sexualität (vgl. Int.-F-3-Z.903-906) - Bereich (institutionalisierte Lernkontexte): Perfektibilität: Thema - Steigerung der Rechenkompetenz (vgl. Int.-F-3-Z.593-598) - Produktionsbereich (WfbB): Perfektibilität: Thema – Qualitätssteigerung der Arbeit (vgl. Int.-F-3-Z.1699-1700). - Sozialverhalten: Thema – Einhaltung von Regeln (vgl. Int.-F-2-Z.722-730; Int.-F-1-Z.98-101) Normalität: Thema – Verhaltensmodifikationsbereitschaft (Int.-F-3-Z.1292-1294) - Freizeitbereich (institutionell u. außerinstitutionell**):** Perfektibilität im Freizeitbereich (vgl. Int.-F-1-Z.402-407).

[48] Es war übrigens generell nicht möglich mit André über seine Behinderung zu sprechen, was mit als Indiz dafür zu werten ist, dass Behinderung für ihn ein höchst negativ besetztes Thema ist.

[49] Eine weitere interessante Textstelle findet sich beispielsweise in Int.-S-1-Z.1331-1341. Dort beschreibt er wie er dank seiner hohen Reaktionsgeschwindigkeit eine Discobesucherin während eines plötzlichen Schwächeanfalls aufgefangen hat.

[50] Im Datenmaterial findet sich kein Hinweis darauf, ob André eine Freundin hat. Er hat mir allerdings nach der Interviewphase im Nebenbei erzählt, dass er noch nie eine Freundin gehabt hätte.

[51] André misst etwa 170 cm und ist seiner Statur nach eher schmächtig und leicht untersetzt.
[52] Ergänzend sei erwähnt, das dieser Sachverhalt auch bei Stefan in Erscheinung tritt (vgl. Int.-S-1-Z.2307-2310).
[53] Dieser Befund resultiert aus der Feststellung heraus, dass Frank immer dann sein nahezu gleichbleibendes Artikulationsmuster verlässt, wenn er den Vater zitiert. Er wechselt dann in einen teils imperativisch resoluten Tonfall. Das die Intonationsveränderung auf die „Stimme des Vaters" hindeutet, geht aus Int.-F-3-Z.369-456 - im Besonderen Int.-F-3-Z.388 hervor. In dieser Textsequenz wurde Frank vom Interviewer aufgefordert zu erzählen, welche Ansprüche sein Vater an ihn stellt. Während der Zitation der Worte seines Vaters, wechselte er immer in einen resoluten Tonfall.
[54] Den Männlichkeitsaspekt Solidarität (Empathie) bzw. vermännlichte Prosozität werde ich im Anschlusskapitel 3.5.1 aufgreifen. Die Männlichkeitswissenssegmente Selbstkontrolle und Selbstständigkeit behandele ich hingegen in Kap. 3.7.1 .
[55] Bedeutsam sind jedoch auch männliche behinderte Personen innerhalb der jeweiligen Bezugsgruppen (vornehmlich im Bereich Arbeit – vgl. Kap. 4.7.2 oder im Wohnbereich, was insbesondere bei Martin deutlich wurde).
[56] Prosoziales Verhalten (Hilfsbereitschaft) wurde von Martin, Stefan und Frank explizite männlich vergeschlechtlicht (vgl. hierzu ME-Martin, S.8; ME-Frank, S.8; ME-Stefan, S.8).
[57] An dieser Stelle zeigt sich auch, dass das Prädikat „beste Schüler" nicht auf die schulischen Leistungen bezogen ist, sondern auf den Aspekt unbedingter Gehorsam.
[58] Diese Information habe ich von Wohngruppenmitarbeitern erhalten, die für die Begleitung von Franks (ehemaliger) Freundin zuständig sind (Telefonat: 25.04.2010).
[59] Vgl. hierzu Coogan 2007, S.21.
[60] Mit „erste Hilfe" meint er das Rettungsschwimmabzeichen, was er auf Nachfrage in einem kurzen Gespräch außerhalb des Interviewrahmens (01.11.2010) bekräftigt hat.
[61] Vgl. hierzu auch Int.-M-1-Z.33, dort tritt der Aspekt der behinderungsbezogenen Entbehrungen indirekt in Erscheinung: [...] hat mein Mutter so überleg (1) boahr ((holt betont Luft)) (1) ganz schön schwierig, ein Junge.
[62] Martin thematisiert wiederholt den Tod seines Vater (vgl. z.B. Int.-M-1-Z.187-191; Int.-M-1-Z.1469-1473).
[63] Obgleich ich mich in diesem Arbeitsabschnitt vorzugsweise auf das Interviewdatenmaterial der vier Probanden beziehe, werde ich an wenigen Stellen ergänzend auch Beobachtungsdaten hinzuziehen, das ich während der Interviewphase erhoben habe.
[64] In der Werkstatt existiert die offizielle Regel, dass Frank immer vormittags und Axel immer nachmittags den Fahrservice übernehmen darf. Nur der jeweils Diensthabende darf sich aus dem Büro eine Kunststoffmarke holen (vgl. BP-G1-20-Z.177-179).
[65] Weitere Referenzstellen zu den Rivalitätskämpfen unter Männern befinden sich beispielsweise in den Sequenzen Int.-S-1-Z.1470-1476 u. Int.-S-1-Z.1517-1525.
[66] Martin hat dem Interviewer in einem zusätzlichen Gespräch (29.07.2010) versichert, dass er mit „derjenige", seinen Mitbewohner meint.
[67] Diesen Geltungsanspruch betreffend beziehe ich mich auf eine Geltungsanspruchseinteilung, die Habermas vorgenommen hat. Wahrhaftigkeit bezieht sich bei ihm auf die Unterstellung, dass eine manifeste Äußerung auch tatsächlich mit der Intentionalität eines Subjektes in Übereinstimmung steht (vgl. 1995, S.138f.).
[68] Vgl. hierzu auch F-3-Z.29-37.
[69] „[...] leicht abgeflachter Hinterkopf, flaches Gesicht, Hautfalte in Sichelform an den Innenseiten der Augenwinkel, geschrägte Lidachsen [...]"(Saft 2013).
[70] Solche kleidungsbezogenen (Nicht-)Generalisierungen lassen sich auch im hauswirt-

schaftlichen Bereich der WfbB beobachten. Auf einem Foto einer Gruppe des Reinigungsservice tragen alle Personen weiße Arbeitskittel über ihrer Alltagskleidung (Jeans, T-Shirt etc.) Lediglich die Leiterin dieser Gruppe trägt nur ihre Alltagskleidung. Somit werden ebenfalls Unterschiede im Hinblick auf die soziale Position sichtbar gemacht.

[71] Die Ausnahme bilden lediglich zwei Köche mit sonderpädagogischer Zusatzqualifikation, die in der WfbM-KG arbeiten und ein WfbM-externer behinderter Mitarbeiter, der in der KSGG mitarbeitet.

[72] Im gesamten Beobachtungszeitraum waren stets 80% der behinderten Metallwerkstattbelegschaft mit dem Reinigen von Gewindemetallhülsen beschäftigt. Hierbei handelt es sich um eine körperlich sehr anstrengende und mühsame Tätigkeit (vgl. z.B. BP-G2-5-Z128-138).

[73] Die weibliche Konnotation von Care-Arbeit basiert auf dem in Kap. 1.1.2 zur Sprache gebrachten Arbeitsteilungsprinzips zwischen Männern und Frauen (Produktion/ Reproduktion).

[74] Die von den Behinderten genannten Beträge, standen weitestgehend in Übereinstimmung mit den Beträgen der Gehaltstabellen.

[75] Dies gilt übrigens auch für männliche behinderte Mitarbeiter, die im Garten-Landschaftsbau, in der Gärtnerei oder Holzwerkstatt arbeiten. Auch dieser Personenkreis macht seinen Mitgliedschaftsstatus durch entsprechende Aufdrucke in der Öffentlichkeit sichtbar. Manche tragen außerhalb der Arbeitszeit zudem auch andere Arbeitskleidungsstücke wie Schutzhelme, Sicherheitsschuhe oder Handschuhe.

[76] **2006:** 2 (m)/ 3 (w); **2007:** 1 (m)/ 3 (w); **2008:** 3 (m)/ 1 (w); **2009:** 2 (m)/ 1 (w); **2010:** 2 (m)/ 0 (w); **2011:** 1 (m)/ 2 (w) (vgl. DOK-4-WfbM-Tabellen (Wechsel)).

[77] Als Zusatzinformation sei hinzugefügt, dass der KSGG-Mitarbeiter Werner nicht an der Informationsgesprächsrunde teilgenommen hat, die ich vor meinem Forschungsaufenthalt durchgeführt habe. Er weiß zum Zeitpunkt der dokumentierten Beobachtung also noch nichts über mein Vorhaben und meine Forscherrolle innerhalb der WfbM-KG.

[78] **Körperschmuck** (Halsketten, Ohringe etc.)**:** Montage-Verpackungsgruppe: n=8 Männer von 15/ Metallwerkstattgruppe: n=20 Männer von 20/ WfbM-Küche: n=3 Männer von 3. **Tätowierungen**: Montage-Verpackungsgruppe: n=0 Männer von 15/ Metallwerkstattgruppe: n=2 Männer von 20/ WfbM-Küche: n=0 Männer von 3. **Männlich genderisierte Kleidung durch Schrift- und Bilddrucke:** Montage-Verpackungsgruppe: n=3 Männer von 15/ Metallwerkstattgruppe: n=20 Männer von 20/ WfbM-Küche: n=2 Männer von 3.

[79] Gender-Kompetenz steht für die Fähigkeit und Bereitschaft das Wissen über soziale Geschlechtszuschreibungen und deren Auswirkungen kritisch reflektieren zu können. Ferner verweist der Begriff auf die Fähigkeit dieses Wissen in solcher Weise anwenden zu können, so dass das eigen Handeln nicht zur Herstellung von Ungleichheiten innerhalb der Geschlechterverhältnisse beiträgt (vgl. Blickhäuser/ von Bargen, 2006, S. 12).

[80] Der obere Abschnitt der Abbildung (Gaussverteilungskurve mit ihren normalistischen Grenzmarkierungen) ist in Anlehnung an Link entstanden (vgl. 1997, S. 349).

[81] Die Übersetzung spezifischer normalistischer Normalitätsbereiche in die von Connell benannten (nicht-)hegemonialen Männlichkeiten, erfolgte nicht auf der Basis faktischer Normalitätswerte. Die erfolgte auf der Grundlage der Ausführungen von Connell zur grundsätzlichen Beschaffenheit und den Verteilungsverhältnissen einzelner hegemonialer und nichthegemonialer Hervorbringungen von Männlichkeit.

Frankfurter Beiträge zur Erziehungswissenschaft

Fachbereich Erziehungswissenschaften der Goethe-Universität

Reihe Monographien:

Matthias Proske
Pädagogik und Dritte Welt – Eine Fallstudie zur Pädagogisierung sozialer Probleme
Frankfurt am Main 2001

Thomas Höhne
Schulbuchwissen – Umrisse einer Wissens- und Medientheorie des Schulbuchs
Frankfurt am Main 2003

Thomas Höhne/Thomas Kunz/Frank-Olaf Radtke
Bilder von Fremden. Was unsere Kinder aus Schulbüchern über Migranten lernen sollen
Frankfurt am Main 2005

Wolfgang Meseth
Aus der Geschichte lernen. Über die Rolle der Erziehung in der bundesdeutschen Erinnerungskultur
Frankfurt am Main 2005

Elke Wehrs
Verstehen an der Grenze – Erinnerungsverlust und Selbsterhaltung von Menschen mit dementiellen Veränderungen
Frankfurt am Main 2006

Matthias Herrle
Selektive Kontextvariation
Die Rekonstruktion von Interaktionen in Kursen der Erwachsenenbildung auf der Basis audiovisueller Daten
Frankfurt am Main 2007

Iris Clemens
Bildung – Semantik – Kultur
Zum Wandel der Bedeutung von Bildung und Erziehung in Indien
Frankfurt am Main 2007

Nils Köbel
Jugend – Identität – Kirche
Eine erziehungswissenschaftliche Rekonstruktion kirchlicher Orientierungen im Jugendalter
Frankfurt am Main 2009

Marianne Weber
Anfänge und Übergänge
Bildungsentscheidungen der Grundschule
Frankfurt am Main 2010

Meron Mendel
Jüdische Jugendliche in Deutschland
Eine biographisch-narrative Analyse zur Identitätsfindung
Frankfurt am Main 2010

Jens Rosch
Das Problem des Verstehens im Unterricht
Frankfurt am Main 2010

Matthias Schmolke
Bildung und Selbsterkenntnis im Kontext Philosophischer Beratung
Frankfurt am Main 2011

Johannes Jöhnck
Ressentiment. Eine erziehungswissenschaftliche Studie im Anschluss an Friedrich Nietzsche und Theodor W. Adorno
Frankfurt am Main 2015

Peter Held und Imbke Behnken
Handlungsforschung an einer Hauptschule um 1970 – 40 Jahre später: Lebensgeschichten und Lernprozesse
Frankfurt am Main 2015

Reihe Kolloquien:

Frank-Olaf Radtke (Hrsg.)
Die Organisation von Homogenität – Jahrgangsklassen in der Grundschule
Kolloquium anläßlich der 60. Geburtstage von Gertrud Beck und Richard Meier, Frankfurt am Main 1998

Frank-Olaf Radtke (Hrsg.)
Lehrerbildung an der Universität – Zur Wissensbasis pädagogischer Professionalität
Dokumentation des Tages der Lehrerbildung an der Johann Wolfgang Goethe-Universität, Frankfurt am Main 1999 (vergriffen)

Heiner Barz (Hrsg.)
Pädagogische Dramatisierungsgewinne – Jugendgewalt. Analphabetismus. Sektengefahr
Frankfurt am Main 2000

Gertrud Beck, Marcus Rauterberg, Gerold Scholz, Kristin Westphal (Hrsg.)
Sachen des Sachunterrichts
Dokumentation einer Tagungsreihe 1997–2000
Frankfurt am Main 2001
Korrigierte Neuauflage 2002

Brita Rang und Anja May (Hrsg.)
Das Geschlecht der Jugend – Dokumentation der Vorlesungsreihe Adoleszenz: weiblich/männlich? im Wintersemester 1999 / 2000
Frankfurt am Main 2001

Dagmar Beinzger und Isabell Diehm (Hrsg.)
Frühe Kindheit und Geschlechterverhältnisse. Konjunkturen in der Sozialpädagogik
Frankfurt am Main 2003

Vera Moser (Hrsg.)
Behinderung – Selektionsmechanismen und Integrationsaspirationen
Frankfurt am Main 2003

Gisela Zenz (Hrsg.)
Traumatische Kindheiten – Beiträge zum Kinderschutz und zur Kindesschutzpolitik aus erziehungswissenschaftlicher und rechtswissenschaftlicher Perspektive
Frankfurt am Main 2004

Tanja Wieners (Hrsg.)
Familienbilder und Kinderwelten – Kinderliteratur als Medium der Familien- und Kindheitsforschung
Frankfurt am Main 2005

Micha Brumlik und Benjamin Ortmeyer (Hrsg.)
Erziehungswissenschaft und Pädagogik in Frankfurt – eine Geschichte in Portraits
Frankfurt am Main 2006

Argyro Panagiotopoulou und Monika Wintermeyer (Hrsg.)
Schriftlichkeit – Interdisziplinär – Voraussetzungen, Hindernisse und Fördermöglichkeiten
Frankfurt am Main 2006

Dieter Katzenbach
Vielfalt braucht Struktur – Heterogenität als Herausforderung für die Unterrichts- und Schulentwicklung
Frankfurt am Main 2007

Reihe Forschungsberichte:

Thomas Höhne/Thomas Kunz/Frank-Olaf Radtke
Bilder von Fremden – Formen der Migrantendarstellung als der „anderen Kultur“ in deutschen Schulbüchern von 1981–1997
Frankfurt am Main 1999 (vergriffen)
http://www.uni-frankfurt.de/fb/fb04/personen/radtke/Publikationen/Bilder_von_Fremden.pdf

Uwe E. Kemmesies
Umgang mit illegalen Drogen im 'bürgerlichen' Milieu (UMID). Bericht zur Pilotphase
Frankfurt am Main 2000 (vergriffen)

Oliver Hollstein/Wolfgang Meseth/Christine Müller-Mahnkopp/Matthias Proske/Frank-Olaf Radtke
Nationalsozialismus im Geschichtsunterricht.
Beobachtungen unterrichtlicher Kommunikation
Bericht zu einer Pilotstudie
Frankfurt am Main 2002 (vergriffen)
http://www.uni-frankfurt.de/fb/fb04/personen/radtke/Publikationen/Forschungsbericht_3_Nationalsozialismus_im_Geschichtsunterricht.pdf

Andreas Gruschka/Martin Heinrich/Nicole Köck/Ellen Martin/
Marion Pollmanns/Michael Tiedtke
Innere Schulreform durch Kriseninduktion?
Fallrekonstruktionen und Strukturanalysen zu den Wirkungen administeriell verordneter Schulprogrammarbeit
Frankfurt am Main 2003

Andreas Gruschka
Auf dem Weg zu einer Theorie des Unterrichtens.
Die widersprüchliche Einheit von Erziehung, Didaktik und Bildung in der allgemeinbildenden Schule
Vorstudie
Frankfurt am Main 2005

Frank-Olaf Radtke/Maren Hullen/Kerstin Rathgeb
Lokales Bildungs- und Integrationsmanagement
Bericht der wissenschaftlichen Begleitforschung im Rahmen der Hessischen Gemeinschaftsinitiative Soziale Stadt (HEGISS)
Frankfurt am Main 2005

Benjamin Ortmeyer
Die geisteswissenschaftliche Pädagogik und die NS-Zeit
(Vier Teilbände im Schuber)
Teil 1: Eduard Spranger und die NS-Zeit
Teil 2: Herman Nohl und die NS-Zeit
Teil 3: Erich Weniger und die NS-Zeit
Teil 4: Peter Petersen und die NS-Zeit
Frankfurt am Main 2008

Raphael Koßmann
Streitschlichtung in der Schule
Eine rekonstruktionslogische Betrachtung
Frankfurt am Main 2012

Stefan Weyers
Entwicklung von Rechts- und Menschenrechtsvorstellungen
Normenkonflikte und Menschenrechte aus Sicht junger Christen und Muslime
Frankfurt am Main 2012

Günter Burkart, Nikolaus Meyer
Leben und Studieren am Fachbereich Erziehungswissenschaften
Abschied vom Campus Bockenheim